Alfred Dregger

Streiter für Deutschland

ALFRED DREGGER

STREITER FÜR DEUTSCHLAND

Günter Reichert
Dieter Weirich
Werner Wolf
(Hrsg.)

ULLSTEIN

Schutzumschlag: Wolfgang Heinzel, Merching
Satz und Druck: Jos. C. Huber KG, Dießen
Binden: R. Oldenbourg, München
Printed in Germany
ISBN: 3-550-07413-1

Inhaltsverzeichnis

Analysen

Vorwort

Das Jahr 1990 wird in der europäischen Geschichte untrennbar mit dem Begriff »Deutschland« verbunden bleiben. Was bis vor kurzem selbst führende Repräsentanten der deutschen Politik nicht auf die »Tagesordnung der Weltgeschichte« setzen wollten, ist unerwartet schnell und erstaunlich komplikationslos – wenn auch nicht ohne innere Schmerzen und Zerreißproben – Realität geworden: *ein* deutscher Staat.

In dieser Phase gehörte es plötzlich für nahezu jeden Bonner Politiker zur Selbstverständlichkeit, sich als Förderer der deutschen Einheit zu bezeichnen. Doch nur bei wenigen läßt sich der persönliche Einsatz für das ganze Deutschland so eindrucksvoll über Jahrzehnte hinweg nachweisen wie bei dem langjährigen hessischen CDU-Chef und Vorsitzenden der CDU/CSU-Fraktion des Deutschen Bundestages, Dr. Alfred Dregger. Für ihn war die Wiederherstellung der deutschen Einheit eine Angelegenheit der nationalen Würde und zugleich die einzige tragfähige Grundlage für eine neue europäische Friedensordnung. Die friedliche Umwälzung in Deutschland und Europa erreicht einen ihrer Höhepunkte – nämlich die erste demokratische Wahl in einem einheitlichen deutschen Staat seit knapp sechzig Jahren – gerade zu einem Zeitpunkt, in dem Alfred Dregger seinen 70. Geburtstag begeht. Dies ist zwar ein Zufall, kann aber durchaus als Sinnbild für die Lebensleistung dieses Politikers bewertet werden.

Drei langjährige Mitstreiter Alfred Dreggers haben es sich in diesem Buch zur Aufgabe gemacht, aus Beiträgen verschiedener Wegbegleiter Dreggers – Freunde, politische Gegner und »neutrale« in- und ausländische Beobachter – ein vielgliedriges, möglichst farbig gezeichnetes Porträt des Jubilars zusammenzufügen. Es ging ihnen dabei nicht vorrangig um eine Würdigung, sondern in erster Linie um eine kritische Auseinandersetzung mit der betrachteten Person. Die Herausgeber haben vielen Autoren dafür zu danken, daß sie sich gerade dieser – gewiß nicht einfachen – Aufgabe gestellt haben.

Sinn des Buches ist die geistige und doch lebensnahe Annäherung an

einen Menschen, der Politiker ist. Das Persönlichkeitsbild Alfred Dreggers wird in den Beiträgen eines Mitschülers, eines Kriegskameraden und eines Studienfreundes in seinen verschiedenen Facetten deutlicher. Es wird erkennbar, daß der Kommunalpolitiker Alfred Dregger als Oberbürgermeister von Fulda und als Präsident des Deutschen Städtetages ein weitsichtiger Gestalter war. Der Aufbruch und Aufstieg der hessischen CDU als zentrale Lebensleistung Dreggers wird aus verschiedenen Blickwinkeln verdeutlicht. Der Wechsel von Wiesbaden nach Bonn schließlich eröffnete neue politische Gestaltungsmöglichkeiten, die im Einsatz Alfred Dreggers für Deutschland und Europa aus der Sicht deutscher und ausländischer Beobachter nachgezeichnet werden. Es folgen Analysen über die Personalpolitik Dreggers, über sein Echo in der öffentlichen Bewertung sowie über seine Ideen und Handlungsmaximen in der Deutschlandpolitik und in dem Suchen nach einer neuen europäischen Sicherheitsordnung. Den Abschluß bildet schließlich die Spiegelung des persönlichen und politischen Lebensweges Alfred Dreggers in der Fotografie, im Plakat und in der Karikatur.
Die Herausgeber sind allen Autoren, Ratgebern und Mittlern sowie den Verantwortlichen im Verlag zu Dank verpflichtet. Unser besonderer Dank aber gilt dem Porträtierten, der uns durch seine Persönlichkeit und durch sein Wirken Anlaß zu der Herausforderung gab, dieses Buch der interessierten Öffentlichkeit anzubieten.

Günter Reichert, Dieter Weirich, Werner Wolf
Bonn, November 1990

Zur Person

Dr. Alfred Dregger

Geboren am 10. Dezember 1920 in Münster (Westfalen); katholisch; verheiratet, zwei Söhne.

Volksschule und humanistisches Gymnasium in Werl (Westfalen). 1939 bis 1945 Militärdienst, zuletzt Hauptmann und Bataillonskommandeur; viermal verwundet. 1946 bis 1950 Studium der Rechts- und Staatswissenschaften in Marburg (Lahn); Promotion zum Dr. jur., 1950 bis 1953 Referendarausbildung in Nordrhein-Westfalen. 1953 großes juristisches Staatsexamen in Düsseldorf. 1954 bis 1955 Referententätigkeit beim Bundesverband der Deutschen Industrie; 1955 bis 1956 Referententätigkeit beim Deutschen Städtetag. 1956 bis 1970 Oberbürgermeister der Stadt Fulda. 1962 bis 1972 Mitglied des Hessischen Landtages. 1965 bis 1970 Präsident bzw. Vizepräsident des Deutschen Städtetages. 1971 bis 1984 Vorstandsmitglied des Überlandwerk Fulda AG.
1967 bis 1982 Landesvorsitzender der Christlich Demokratischen Union in Hessen; seit 1982 Ehrenvorsitzender. 1970 bis 1972 Vorsitzender der CDU-Fraktion im Hessischen Landtag.

Seit 1972 Mitglied des Deutschen Bundestages. 1977 bis 1983 stellvertretender Vorsitzender der Christlich Demokratischen Union Deutschlands; seit 1977 Mitglied des Präsidiums der CDU. 1976 bis 1982 stellvertretender Vorsitzender der CDU/CSU-Bundestagsfraktion; seit dem 4. Oktober 1982 Vorsitzender der CDU/CSU-Bundestagsfraktion.

Mitglied im »Aktionskomitee für Europa« (Monnet-Komitee).

Bibliographie

Dr. Alfred Dregger

Systemveränderung. Brauchen wir eine andere Republik? Seewald-Verlag Stuttgart, 1972

Freiheit in unserer Zeit. Reden und Aufsätze, zusammengestellt von Günter Reichert, Herbig-Verlag München-Berlin, 1980

Der Preis der Freiheit. Universitas-Verlag München, 2. Auflage 1986

Der Vernunft eine Gasse. Politik für Deutschland. Reden und Aufsätze, zusammengestellt von Klaus Hoff, Universitas-Verlag München, 2. Auflage 1987

Wegbegleiter

Freunde und Gegner

Ein führender Staatsmann unseres Landes

von Karl Carstens)*

1.

Dr. Alfred Dregger ist einer der hervorragenden deutschen Politiker der Nachkriegszeit. Er hat die politische Entwicklung in der Bundesrepublik Deutschland seit vier Jahrzehnten mitgeprägt, er hat zusammen mit anderen ihre freiheitlichen Grundlagen gefestigt, er hat einen großen Beitrag zur Erhaltung und Entwicklung demokratischer Wertvorstellungen geleistet, er hat sich unermüdlich für die Einheit und Freiheit des ganzen deutschen Volkes in einem geeinten Europa und für die Bewahrung seines Geschichtsbewußtseins eingesetzt.

Vor fast 70 Jahren wurde er in Münster in Westfalen geboren. Seine Vorfahren waren seit Jahrhunderten in Westfalen ansässig. Die Kraft und innere Sicherheit dieses Volksstammes ist für ihn bis heute kennzeichnend. Seine Jugend war durch den Geist seines Elternhauses und durch seine humanistische Schulbildung geprägt. Von seiner Mutter hat er selbst gesagt, sie habe ihm durch ihre Liebe so viel Kraft geschenkt, daß er noch heute davon zehre. Ausgezeichnete Lehrer unterwiesen ihn in den klassischen Fächern des Gymnasiums in Deutsch, Latein, Griechisch und Geschichte. Noch heute knüpft er in vielen seiner Reden an die antike Überlieferung an. Immer wieder hat er die Rede des Perikles zitiert, die dieser im Jahre 429 v. Chr. bei der Gedenkfeier für die im Kriege gefallenen Athener hielt, und daraus besonders den Satz: *»Wisset, daß das Geheimnis des Glücks die Freiheit, der Freiheit Geheimnis aber der*

---

*) geb. 1914, 1972–1979 Mitglied des Deutschen Bundestages, 1973–1976 Vorsitzender der CDU/CSU-Fraktion des Deutschen Bundestages, 1976–1979 Präsident des Deutschen Bundestages, 1979–1984 Bundespräsident der Bundesrepublik Deutschland.

Mut ist.« Die zeitlosen Maßstäbe der Antike für menschliche Größe, Weisheit, Tapferkeit und Schönheit haben Alfred Dreggers Geist geprägt.

Die nächste Etappe in seinem Leben war durch den Krieg bestimmt. Er war von 1939 bis 1945 Soldat, wurde viermal verwundet und beendete seinen Dienst als Hauptmann und Bataillonskommandeur. Er war ein tapferer Soldat und ein hervorragender Truppenführer. Den Leitsatz der alten preußischen Armee, *»Die höchste Tugend des Soldaten ist die Kameradschaft. Sie bewährt sich besonders in Not und Gefahr«*, hat er vorgelebt. Er trauert bis heute um die Kameraden, die tapfer und ehrenhaft gekämpft haben und die der Krieg von unserer Seite riß. Ihr Andenken zu ehren, ist sein Anliegen. Ich bin ihm dafür dankbar.

Als amerikanische Senatoren Präsident Reagan aufforderten, den geplanten Besuch auf dem Soldatenfriedhof in Bitburg abzusagen, schrieb Dregger an die Senatoren, er empfinde ihre Haltung als Beleidigung seines im Kriege gefallenen Bruders und seiner gefallenen Kameraden. Ich sehe in Dreggers Brief eine mutige Geste gegenüber einer künstlich erregten Meinungsbildung in den USA, die, nachdem sie auch hier in Deutschland bei den Medien für Aufregung gesorgt hatte, ebenso schnell wieder abklang, wie sie entstand.

Nach dem Kriege nahm Alfred Dregger das Studium der Rechtswissenschaft auf. Er studierte in Marburg und Tübingen und promovierte mit einer Arbeit über das Gesellschaftsrecht, die vom Bundesgerichtshof herangezogen wurde, als dieser seine Rechtssprechung in einer gesellschaftsrechtlichen Frage änderte. Eine solche Wirkung können nur wenige Doktor-Dissertationen für sich in Anspruch nehmen.

So mit den Grundkenntnissen des Rechts und auch der Verwaltung vertraut gemacht, wandte sich Alfred Dregger der Kommunalpolitik zu, in der er Bedeutendes leistete. Er war 14 Jahre, von 1956 bis 1970, Oberbürgermeister der Stadt Fulda, jahrelang auch Präsidialmitglied des Deutschen Städtetages und 1965 bis 1967 und 1970 dessen Präsident.

Eine Regel besagt, daß niemand in die Landes- oder Bundespolitik gehen sollte, der nicht Erfahrungen in der Kommunalpolitik gesammelt hat. Das ist ein wahres Wort. Der Kommunalpolitiker steht

dem Bürger unmittelbar gegenüber. Er erlebt sozusagen hautnah die guten und die weniger guten Folgen der von ihm getroffenen Entscheidungen.
Alfred Dregger war ein hervorragender Kommunalpolitiker. Die Pflege der kulturellen Schätze der Stadt Fulda lag ihm ebenso am Herzen wie der Wohnungsbau und die Entwicklung moderner Stadtteile in der alten, historischen Stadt.
Vielleicht waren diese Fuldaer Jahre die glücklichsten seines Lebens. Er hatte 1952 die Diplom-Volkswirtin Dagmar Hillenhinrichs geheiratet. Drei Söhne gingen aus der Ehe hervor, von denen der älteste den Eltern vor fast 20 Jahren durch einen tragischen Unfall entrissen wurde. Die Familie gab Alfred Dregger Halt und Kraft. Seine Frau trug mit ihm die Erfolge und die Rückschläge seiner politischen Arbeit. Ihr kommt ein großes Verdienst an seiner Lebensleistung zu. Ihr gebührt unser Dank!
1962 wurde Alfred Dregger in den hessischen Landtag gewählt, dem er bis 1972 angehörte. Fünf Jahre danach – 1967 – wurde er der Landesvorsitzende der hessischen CDU. Nach der kommunalpolitischen Arbeit in Fulda bildete die Parteiarbeit in Hessen den zweiten Schwerpunkt in Alfred Dreggers Leben. Er schaffte es, daß die Partei in den Wahlen einen Aufstieg nahm, wie er in der deutschen Nachkriegsgeschichte ohne Beispiel ist.
Innerhalb von sieben Jahren stieg der Anteil der CDU-Stimmen bei Landtagswahlen von 26 % auf 47 %. 1982 stand die Partei nach allen demoskopischen Umfragen unmittelbar vor dem Ziel der absoluten Mehrheit. Die Ereignisse in Bonn, das Ausscheiden der FDP aus der Koalition mit der SPD, führten jedoch zu einer politischen Erschütterung und zu einer schlagartigen Veränderung des Wahlverhaltens. So erhielt die CDU nicht wie erwartet 50, sondern 45,6 %. Sie blieb die stärkste politische Kraft in Hessen, aber zur Übernahme der Regierung reichte es nicht. Erst 1987 konnte die CDU mit Walter Wallmann zusammen mit der FDP die Regierung in Hessen bilden.
Alfred Dregger legte 1982 noch in der Wahlnacht den Landesvorsitz nieder und widmete sich von da ab ausschließlich seiner dritten großen Lebensaufgabe, der Führung der CDU/CSU-Bundestagsfraktion in Bonn. Er war 1972 in den Bundestag gewählt worden. Nach Rainer Barzel, mir und Helmut Kohl wurde er 1982 der

Vorsitzende der CDU/CSU-Fraktion. Er ist ein kraftvoller und zugleich besonnener, auf Ausgleich bedachter Fraktionsvorsitzender. Jahrelang erreichte er, daß die Fraktion alle wichtigen Entscheidungen einstimmig traf.
Die Fraktion ist die wichtigste institutionelle Klammer zwischen CDU und CSU. Alfred Dregger verkörpert in seiner Person diese Einheit. Er hatte von jeher ein besonders gutes Verhältnis zur CSU und zu Franz Josef Strauß. An seinem 60. Geburtstag hielt Strauß auf Alfred Dregger eine große Rede, die Herzlichkeit, Verbundenheit und Übereinstimmung in den wesentlichen politischen Fragen ausdrückte. Angebote auf Kabinettsposten lehnte Dregger ab. Nach seiner Meinung ist der Fraktionsvorsitz das wichtigste Amt nach dem Bundeskanzler. Ich stimme ihm darin zu. Acht Jahre bekleidet er jetzt dieses Amt.

2.

Worin, so möchte ich fragen, liegt die Erklärung für die außerordentlich erfolgreiche Arbeit von Alfred Dregger in allen drei Bereichen, in denen er tätig war, als Oberbürgermeister von Fulda, als Vorsitzender der hessischen CDU und als Vorsitzender der CDU/CSU-Bundestagsfraktion?
Die erste Antwort darauf lautet: Diese Erfolge sind in seiner Persönlichkeit, in seinem Charakter begründet. Er hat die Fähigkeit der Analyse politischer Probleme, die ihn zu klaren Ergebnissen führt. Er kann seine Ansichten in einfachen, deutlichen und unmißverständlichen Worten formulieren, und vor allem kann er die Menschen mitreißen. Er kann sie überzeugen, er kann in ihnen den Glauben an den Erfolg in der bevorstehenden Auseinandersetzung wecken. Wer erlebt hat, wie es ihm gelingt, eine zunächst unentschlossene und auseinanderstrebende Gruppe von Menschen zu einer einheitlichen Entscheidung zu führen, wird das nie vergessen.
Dabei bedient er sich niemals billiger oder demagogischer Tricks. Er schildert die Lage nüchtern, verschweigt die Gefahren und Risiken nicht, er hängt keinen Illusionen an, aber er vermittelt die Überzeugung, daß er selbst von der Richtigkeit seiner Vorstellungen durchdrungen ist. Auf dem Landesparteitag in Hessen am 2. Dezember 1967 sagte er:

»Wir wissen, daß der Weg zur Mehrheit in Hessen hart, steinig und möglicherweise lang sein wird. Wir stehen einer SPD gegenüber, deren Mehrheiten in Hessen traditionell sind und die bei den letzten Landtagswahlen die absolute Mehrheit errungen hat.«

Und dann fährt Dregger fort:

»Unsere politische Aktivität setzt außer dem Einsatz von Kraft, Zeit und Energie ein zweites voraus. Sie setzt voraus, daß wir eine verschworene Gemeinschaft sind. Dazu gehört, daß wir uns über die verschiedenen Gruppeninteressen, die auch unter uns wirksam sind, hinwegsetzen. Dazu gehört, daß wir bereit sind, persönliche Ambitionen der Sache und der Partei unterzuordnen. Dafür hat es in der hessischen CDU in den letzten Wochen viele überzeugende Beispiele gegeben. Wir haben den Führungswechsel durchgeführt, ohne uns zu zerstreiten. Wir haben uns zusammengefunden zu einer Geschlossenheit, die vorbildlich ist, zu einer Mannschaft, die sich sehen lassen kann, zu einem Team, das jeden einzelnen zwingt, um den Erfolg zu ringen. Loyalität zueinander und Solidarität untereinander, das ist es, was die hessische CDU kennzeichnet.«

Dies sind charakteristische Sätze aus Dreggers politischen Reden. Die Menschen glauben ihm, weil er sie niemals irregeleitet oder hinter das Licht geführt hat. So zehrt er von einem in Jahrzehnten angesammelten Vertrauenskapital. Er ist ein glänzendes Beispiel für politische Führungskunst in einer freiheitlichen Demokratie. Er ist ein ehrenhafter und ein ehrlicher Mann. Er ist darin ein Vorbild.

Er ist auch ein Vorbild für Ausdauer und Beständigkeit. Was mich in den letzten Jahren besonders beunruhigt hat, war die Schnelligkeit, mit der einige führende deutsche Politiker ihre Meinungen änderten – und zwar nicht nur in nebensächlichen Fragen, sondern in Existenz- und Schicksalsfragen unserer Nation. Was gestern verdammt wurde, wird heute hochgepriesen und umgekehrt. Übrigens beunruhigt das nicht nur mich, sondern auch manchen klugen Beobachter unter unseren europäischen Nachbarn.

Alfred Dregger ist ein Gegenbeispiel. Seine Grundpositionen sind fest; er wird sie in guten und in bösen Zeiten vertreten. Auch wenn ihm der Wind ins Gesicht bläst. Das gilt vor allem für seine klaren Aussagen zur Einheit der deutschen Nation. Ich möchte ihm dafür besonders danken.

3.

Ich kann nicht den Versuch machen, alle Sachfragen zu schildern, zu denen Alfred Dregger Stellung genommen hat und in denen er sich durchgesetzt hat. Ich will mich auf die Darstellung einiger weniger grundsätzlicher Positionen beschränken.

Er ist ein engagierter Verfechter unserer freiheitlichen, demokratischen und rechtsstaatlichen Ordnung. Er verteidigt sie kraftvoll gegen die Angriffe, die ideologisch orientierte Gruppen gegen sie richten. Früh hat er die Gefahren gesehen, die die Anhänger einer philosophischen Schule, die sich die »kritische« nannte, heraufbeschworen. Sie hinterfragten die Werte und Orientierungen, auf denen unsere freiheitliche Ordnung beruht. Und indem sie sie hinterfragten, schickten sie sich an, diese Werte zu zerstören. Dem Bürger unseres Landes, der freier ist als irgendein Mensch sonst auf der Welt, wurde eingeredet, daß er von anonymen Kräften abhängig sei, daß er manipuliert und mißbraucht werde. Werte wie Fleiß, Ehrlichkeit, Treue, Verläßlichkeit, Mut, Tapferkeit, Verantwortungsbewußtsein, Pflichtgefühl und Opferbereitschaft wurden als Instrumente dieses anonymen Herrschaftsapparates hingestellt und diffamiert. Das natürliche Verhältnis von Eltern und Kindern, die Bande der Liebe, die eine Familie zusammenhalten, wurden als Mittel der Unterdrückung geschildert, von denen die Kinder sich so früh wie möglich emanzipieren müßten. So hinterfragten die Anhänger der kritischen Theorie zum Teil in grober Vereinfachung der philosophischen Grundlagen die elementaren Wertvorstellungen, auf denen das Zusammenleben freier Menschen seit eh und je beruht hat, nur sich selbst hinterfragten sie nicht. Und vor dem immensen Schaden, den sie anrichteten, verschlossen sie die Augen.

Demgegenüber forderte Alfred Dregger Gesetzesgehorsam, Gehorsam gegenüber den nach unserer freiheitlichen, rechtsstaatlichen und demokratischen Verfassung beschlossenen Gesetzen. Herrschaft des Rechts ist, so sagt er, die Garantie für den Bestand der Freiheit. Er hat an dieser Auffassung in turbulenten Zeiten festgehalten, und er konnte erleben, wie der ideologische Angriff auf unsere Verfassungsordnung abflaute. Wir haben das Schlimmste hinter uns.

Alfred Dregger ist ein deutscher Patriot. Er ließ nie einen Zweifel

daran aufkommen, daß Deutschland, das vereinigte Deutschland, unser Vaterland ist. Immer wieder sprach er von der Notwendigkeit, die Einheit Deutschlands in einem vereinten Europa wiederherzustellen. »Der Wille zur Gemeinsamkeit, zur Einheit der Nation, ist in den beiden getrennten Teilen Deutschlands ungebrochen«, sagt er 1983, »die deutsche Frage ist offen«.
Häufig spricht Alfred Dregger von der deutschen Geschichte als der uns Deutsche verbindenden Kraft. Er wehrt sich gegen die Versuche, sie auf die Zeit der nationalsozialistischen Herrschaft zu reduzieren. »Vor Hitler war Bismarck und nach Hitler war Adenauer«, sagt er. Unsere Geschichte umfaßt 1200 Jahre. Sie begann geistig-religiös mit dem Hl. Bonifatius, der in Fulda, und politisch mit Karl dem Großen, der in Aachen bestattet ist. Aber Dregger verschweigt die Schreckensjahre nicht, die Vertreibung und Ermordung der Juden, und den Widerstand gegen Hitler, den 20. Juli. Er nennt den Widerstand eine große, sittliche Tat.
Alfred Dregger ist ein engagierter Europäer. Er wirbt für die Einigung Europas, für die Stärkung der EG, für ihre Entwicklung zur politischen Union. Die deutsch-französische Zusammenarbeit und Freundschaft ist für ihn die unverzichtbare Grundlage einer soliden Entwicklung. Er fordert u. a. eine europäische Sicherheitsunion als Teil der politischen Union; als Rahmen dafür sieht er die WEU, die Westeuropäische Union an.
Aber er denkt weiter. Er fordert die Überwindung der Teilung Europas ebenso wie der Teilung Deutschlands. »Das in Freiheit geeinte Europa im Westen ist die große Hoffnung aller unfreien Völker auf unserem Kontinent«, sagt er 1987. Er geht auch auf die Bedürfnisse der Sowjetunion ein. Es sei notwendig, die Sicherheits- und Zukunftsinteressen der Sowjetunion mit den Lebensinteressen eines freien Europa in Einklang zu bringen. Dazu müsse die Sowjetunion das Selbstbestimmungsrecht der europäischen Völker respektieren.
Eingehend hat Alfred Dregger sich mit Fragen der Sicherheit befaßt. Er fordert demokratische Verteidigungsbereitschaft innerhalb des Atlantischen Bündnisses. »Unsere jungen Soldaten stehen für den Frieden und für die Freiheit unserer Republik, die das Modell für Gesamtdeutschland ist«, sagt er 1983. Kritisch nimmt er zu der atomaren Komponente der Verteidigung Stellung. Er fordert die

Abschaffung der in Deutschland stationierten atomaren Gefechtsfeldwaffen, da sie – wenn sie zum Einsatz kommen – nur Ziele auf deutschem Boden treffen würden. Stattdessen muß nach Dreggers Ansicht die atomare Abschreckung den Angreifer »unter existentielles Risiko in seinem Sanktuarium stellen«; die atomare Abschreckung muß sich also auf die weitreichenden Nuklearwaffen stützen.

Mehrfach hat Alfred Dregger zu den Vertriebenen gesprochen. Er dankte ihnen für ihren großen Beitrag beim Wiederaufbau der Bundesrepublik Deutschland. Er dankte ihnen dafür, daß sie durch ihr klares Bekenntnis zum Vaterland das Bewußtsein der Einheit der Nation wachgehalten haben. Er würdigte die Charta der Heimatvertriebenen als Dokument der Humanität und Friedensliebe. Er bekundete seine Solidarität mit den Vertriebenen und den 2 Millionen Opfern, die bei Flucht und Vertreibung ihr Leben verloren. Die Vertreibung war bitteres Unrecht, so sagt er: Und es bleibt bitteres Unrecht, auch wenn vorher schreckliches Unrecht von Deutschen an Polen begangen wurde. Er bittet Polen um Verständnis für die aus ihrer Heimat vertriebenen Deutschen. Einmal sagt er: »Man darf den Heimatvertriebenen nicht ihre Identität nehmen. Auch wenn sie und ihre Nachbarn ihre Heimat nie wiedersehen würden. Daß es ihr Land war, darf niemand bestreiten.«

4.

Kennzeichnend für Alfred Dreggers politische Grundhaltung ist die Art seiner Auseinandersetzungen mit dem politischen Gegner. Er sieht in ihm nie den Feind, sondern im Gegenteil immer zugleich auch den unentbehrlichen Partner. In seiner Rede auf den 1976 verstorbenen früheren hessischen Ministerpräsidenten Georg August Zinn nennt Dregger den Verstorbenen einen großen Mann und einen Kämpfer für das Recht. Er schließt mit den Worten: »In dieser Stunde verneigt sich die Christlich Demokratische Union Deutschlands und verneigt sich die CDU Hessens vor Georg August Zinn und seiner staatsmännischen Leistung, die jetzt das Erbe aller hessischen Bürger geworden ist.«

Alfred Dregger hat es verdient, in diesem Jahr mit dem Freiheitspreis ausgezeichnet zu werden, der nach dem ersten Bundeskanzler unseres Landes, nach Konrad Adenauer, benannt ist. Wie Adenauer

hat Alfred Dregger für Einigkeit, Recht und Freiheit für das ganze deutsche Volk gekämpft. Wie Adenauer hat er seinen Mitbürgern immer wieder Mut und Zuversicht vermittelt. Lamentieren und Klagen ist nicht seine Sache. Er weiß, daß dadurch nichts besser wird. »Auch in schweren Zeiten den Gleichmut bewahren«, diese Worte des römischen Dichters Horaz sind seine Devise.
Möge er noch länger als führender Staatsmann unseres Landes unsere freiheitliche Ordnung eines geeinten Volkes in einem einigen Europa mitgestalten!

Geradlinigkeit im Denken und Verläßlichkeit im politischen Handeln

Ein Wertkonservativer aus Überzeugung

von Helmut Kohl[*)]

»Ein deutscher Patriot, der sich Europa verpflichtet weiß« – diese Selbstcharakterisierung Alfred Dreggers entspricht dem Bild, das ich von ihm in den vielen Jahren enger und freundschaftlicher politischer Zusammenarbeit gewonnen habe. Aus der Sicherheit dieser Wertorientierung kommen seine Geradlinigkeit im Denken und seine Verläßlichkeit im politischen Handeln. Dahinter stehen die Lebenserfahrung und der in den Stürmen unserer Zeit geformte Charakter dieses Mannes.

Sein Einfluß und seine politische Gestaltungskraft zielen nicht auf billige Publizitätseffekte. In Loyalität und Überzeugungstreue entfaltet er mit Entschlossenheit und Augenmaß Integrationskraft und politische Führung.

Alfred Dregger hat sich stets als Konservativer bekannt – auch in Zeiten, in denen es manchem ganz und gar nicht opportun erschien. Er versteht diese Bezeichnung als Ehrentitel. Sie heißt ja nicht: unter allen Umständen an dem zu hängen, was einmal war; vielmehr bedeutet sie: aus dem zu leben, was bleibt und immer gilt. Das wertkonservative Bekenntnis zum Schutz des Bewährten ist untrennbar verbunden mit dem Gebot, neue Perspektiven politischen Handelns zu entwickeln, um den notwendigen Wandel in Freiheit zu bewältigen.

Wertkonservative Politik, wie wir sie in der Christlich Demokratischen Union Deutschlands verstehen, gründet sich auf dem christlichen Verständnis vom Menschen und seiner Verantwortung vor

---

*) geb. 1930, 1966–1973 Landesvorsitzender der CDU in Rheinland-Pfalz, 1969–1973 Stellvertretender CDU-Bundesvorsitzender, seit 1973 CDU-Bundesvorsitzender; 1976–1982 Vorsitzender der CDU/CSU-Fraktion des Deutschen Bundestages, seit 1982 Bundeskanzler der Bundesrepublik Deutschland.

Gott. Sie steht für das Miteinander der konservativen, freiheitlich-liberalen und christlich-sozialen Strömungen. Ein moderner Wertkonservativer sein bedeutet, sich gleichermaßen zur verantwortungsbewußten Führung wie zur Bereitschaft zum Kompromiß zu bekennen – zum Gebot der Solidarität wie zu Toleranz und Ausgleich. Alfred Dregger hat dies in vielen Stationen seines Lebens bewiesen.

Alfred Dregger, 1920 geboren, gehört zur Generation derjenigen, die nach dem Abitur von der Schulbank zur Wehrmacht eingezogen wurden und die den Zweiten Weltkrieg von Anfang bis Ende als Soldaten durchzustehen hatten. Diese Erfahrung hat ihn entscheidend geformt.

Er hat aus seinem Kriegserlebnis die sein Politikerleben bestimmende Lehre gezogen, daß Krieg als Mittel der Politik nicht mehr in Betracht kommt und daß die Erhaltung des Friedens eben nicht nur eine Frage friedlicher Absichten und Gesinnungen ist. Alfred Dregger weiß, daß Friede täglich neu gewonnen werden muß. Ohne Nüchternheit und Wachsamkeit kann der Friede schneller verloren gehen, als mancher es sich vorzustellen vermag.

Dies klar auszusprechen, ist gerade in unseren Tagen notwendig, in denen sich das Risiko der Androhung oder Anwendung militärischer Gewalt in Europa nachhaltig gemindert hat und weiter verringert. Alfred Dregger steht dafür, daß diese Nüchternheit und diese Wachsamkeit bleiben; sie sind auch künftig Voraussetzung unserer Freiheit.

Das politische Handwerk hat Alfred Dregger »von der Pike auf« erlernt. Nach einem mit Erfolg absolvierten Jura-Studium und erster beruflicher Praxis beim Deutschen Städtetag wurde er 1956 in Fulda jüngster Oberbürgermeister der Bundesrepublik Deutschland. Was er dort an positiven Entwicklungen angestoßen und vollendet hat, ist beispielhaft.

Wie sehr Hessen dem in Westfalen Geborenen und Aufgewachsenen zur Heimat geworden war, stellte er seit 1967 durch die beispiellose Aufbauleistung als Vorsitzender der CDU Hessens unter Beweis. Was es bedeutet, eine Partei in wenigen Jahren von 26 auf 47 Prozent der Wählerstimmen zu bringen, kann wahrscheinlich nur der voll ermessen, der die Kärrnerarbeit in den Orts- und Kreisverbänden aus eigener Erfahrung kennt. Es war zweifellos eine bittere Enttäuschung, daß ihm das Ziel dieses schweren und zugleich schönen Weges, die zum Greifen nahe Hessische Ministerpräsidentschaft, versagt blieb. Alfred Dregger war der Hauptleidtragende der »Verratskampagne«, die den Bonner Regierungswechsel von 1982 begleitete.

Er wandte sich dann – als Vorsitzender der CDU/CSU-Bundestagsfraktion – ganz der Bundespolitik zu, auf die er auch vorher schon beträchtlichen Einfluß genommen hatte. Für ihn, der unter der Teilung unseres Vaterlandes besonders litt, ist die deutsche Revolution von 1989/90 der Höhepunkt einer politischen Laufbahn, die er nicht um des eigenen Ehrgeizes, sondern um seiner Überzeugung willen durchschritten hat.

Die Einheit Deutschlands in Freiheit war und ist ein herausragendes Motiv seiner Politik. Die Gewißheit, daß Freiheit und Menschenrechte sich im Osten unseres Kontinents durchsetzen und dem deutschen Volk die Einheit bringen werden, hat ihn nie verlassen. Wie Konrad Adenauer betrachtete er die freiheitliche Demokratie auf dem Boden der Bundesrepublik Deutschland als Modell für ganz Deutschland.

Dieses freie und vereinte Deutschland wird – daran hat Alfred Dregger nie einen Zweifel zugelassen – als gleichberechtigtes Glied in ein freies, vereintes Europa eingebettet sein. Die von Rivalität geprägte europäische Staatenordnung des 19. Jahrhunderts ist für ihn Vergangenheit, kein Vorbild für die Zukunft.

Ich wünsche Alfred Dregger zum 70. Geburtstag von Herzen Gesundheit, Wohlergehen und Gottes Segen!

Stets von Sachlichkeit, Kooperationsbereitschaft und Loyalität geprägt

Ein verläßlicher Partner der CSU

von Theo Waigel[*)]

Mit Dr. Alfred Dregger dankt die Christlich Soziale Union einem jener wenigen Unionspolitiker, dem es in seinem Leben beschieden war, herausragende politische Positionen auf allen Ebenen unseres Staates wahrzunehmen: 14 Jahre Oberbürgermeister, 10 Jahre Mitglied des Hessischen Landtages, 18 Jahre Mitglied des Deutschen Bundestages und über 20 Jahre Mitglied des Vorstandes der CDU. Alfred Dregger hat in seiner langjährigen politischen Laufbahn nicht nur Höhen erklommen, sondern auch Rückschläge souverän und mit christlicher Gelassenheit überwunden. Seine Erfolge, seine Beiträge zur Gestaltung der Unionspolitik und seine Menschlichkeit im Umgang mit politischen Freunden, Partnern und Gegnern verdienen Respekt und Anerkennung.

CDU und CSU sind selbständige, moderne, liberal-konservative Volksparteien, die sich aufgrund weitgehender programmatischer Übereinstimmung zu einer Union zusammengeschlossen haben. Institutionelles Scharnier dieser Union bildet die Fraktionsgemeinschaft im Deutschen Bundestag. Die gemeinsame Fraktion war – wie könnte es in einer Demokratie anders sein – immer wieder Spannungen ausgesetzt. Eine der entscheidenden Aufgaben des Vorsitzenden der gemeinsamen Unionsfraktion ist es, bestehende Spannungen abzubauen, das Aufkommen sachlicher und personeller Konflikte zu verhindern und stets für einen rationalen und fairen Interessenausgleich zwischen den Fraktionspartnern Sorge zu tragen. Seit dem Regierungswechsel im Herbst 1982 hat Alfred Dregger als Vorsitzender der gemeinsamen Fraktion diese Aufgabe

[*)] geb. 1939, seit 1972 Mitglied des Deutschen Bundestages, 1982–1989 Vorsitzender der CSU-Landesgruppe und 1. Stellvertretender Vorsitzender der CDU/CSU-Fraktion des Deutschen Bundestages, seit 1989 Bundesminister.

hervorragend bewältigt. Seine Zusammenarbeit mit den Repräsentanten der CSU, dabei vorrangig mit dem Vorsitzenden der CSU-Landesgruppe, war stets von Sachlichkeit, Kooperationsbereitschaft und Loyalität geprägt. Er hat sich in den politisch schwierigen Jahren nach der »Wende« als verläßlicher Partner und Freund der CSU erwiesen.

In den Augen seiner politischen Gegner – aber auch einer Vielzahl von Medienvertretern – verbindet sich mit dem Namen Alfred Dregger das Bild eines »Rechtsaußen« der CDU, für viele von ihnen ist er das Symbol für eine angebliche »law-and-order-policy« der Union. Diese Ansicht ist falsch. Alfred Dregger zählt vielmehr zu jenen Unionspolitikern, die sowohl liberale und soziale Elemente verkörpern, als auch nationalbewußten und wertkonservativen Parteianhängern und Wählerschichten verpflichtet sind. Dies verband und verbindet ihn mit dem Politikverständnis der CSU. Und hier liegt wohl auch der entscheidende Punkt, warum sich Alfred Dregger auf den Parteitagen der CSU stets wohl fühlte. Er ist auch in Zukunft ein gern gesehener Gast in der Münchner Bayernhalle.

Als Alfred Dregger 1972 den Stuhl des Oppositionsführers im Landtag von Wiesbaden mit der noch härteren Oppositionsbank im Deutschen Bundestag tauschte, steuerte die damalige SPD/FDP-Koalition auf den Höhepunkt der Reformeuphorie zu. Die Forderung nach grenzenloser Demokratisierung von Staat und Gesellschaft, die staatliche Vollbeschäftigungsgarantie, die Abqualifizierung aller Nicht-Akademiker als Bürger zweiter Klasse, die Herabstufung der Familie zur bloßen Sozialisationsagentur und der Aufbruch zur illusionären Entspannungspolitik kennzeichneten das damalige politische Bewußtsein.

Alfred Dregger war immer gegen diesen Geist der Zeit. Er hielt an den bewährten Grundsätzen fest, mit denen die Unionsparteien in der Ära Adenauer/Erhard ihre großen Erfolge hatten.

Es zählt mit zu seinen größten Errungenschaften, durch seine richtungsweisende Rede in der Frage der Mitbestimmung die CDU auf einen vernünftigen Kurs in dieser so schwierigen Materie festgelegt zu haben.

Mit dem Terrorismus hat sich der Jubilar niemals abgefunden. Er stand in den Reihen der Unionsparteien immer an vorderster Front, wenn es galt, die geistige Auseinandersetzung mit den neomarxistischen Strömungen zu führen und darüber hinaus den gesetzlichen Spielraum zur Gewährleistung der inneren Sicherheit auszuschöpfen. Er war sich immer im klaren: Toleranz, die sich auch noch gegenüber den Gegnern der Demokratie tolerant verhält, schaufelt sich ihr eigenes Grab.

Auch in der Sicherheitspolitik widerstand Alfred Dregger allen Versuchen, durch einseitige Vorleistungen des Westens in Verkennung der tatsächlichen Ursachen der Spannung einen künstlichen, einen auf Illusionen beruhenden Zustand der Entspannung herbeizuführen. Immer wieder warnte er vor der »verhängnisvollen Unterstützung« der sowjetischen Hegemonialpolitik, so vor allem in seinem heute noch lesenswerten Buch über die »Sicherheitspolitik im geteilten Europa«, und er rechtfertigte leidenschaftlich die existenznotwendigen Verteidungsanstrengungen als den »Preis der Freiheit«.

Alfred Dregger hat sich auch in jenen Zeiten zum Auftrag unseres Gundgesetzes, die Einheit Deutschlands in Freiheit zu vollenden, bekannt, als der Zeitgeist der rechtlichen und politischen Zementierung der Teilung unseres Vaterlandes zuneigte. Nach seinem Politikverständnis besitzt die deutsche Nation »geistig, kulturell und auch politisch ein Erbe, auf das sich eine freie und demokratische Zukunft gründen läßt«, wie es in seiner Sammlung von Reden und Aufsätzen mit dem Titel »Der Vernunft eine Gasse« nachzulesen ist. Die Geschichte hat ihm und den Unionsparteien Recht gegeben.

Außenpolitisch stand und steht der Jubilar in der Tradition Konrad Adenauers. Sein Ziel war immer »ein wiedervereinigtes Europa, dem alle Völker angehören dürfen, die nach ihrem kulturellen und historischen Selbstverständnis zum Abendland gehören«. Nach den Umwälzungen im Osten stehen wir jetzt vor der großen Chance einer derartigen Wiedervereinigung Europas im Geiste von Freiheit, Demokratie, Marktwirtschaft und kooperativem Miteinander. Dieses neue Europa könnte dann in der Tat, wie es Alfred Dregger einmal formuliert hat, zur »friedenserhaltenden Mitte zwischen den Weltmächten« werden. Mit der Fortentwicklung der europäischen Wirtschafts- und Währungsunion zu einer politischen Union werden wir den Vorstellungen Alfred Dreggers recht nahe kommen.

Die Christlich Soziale Union dankt Alfred Dregger für die von ihm geleistete politische Arbeit im Dienste der gemeinsamen Sache beider Unionsparteien und bittet ihn, auch in Zukunft mit aller Kraft an der Neuordnung Europas in Frieden und Freiheit mitzuarbeiten.

Verfolgt seine Ziele mit Konsequenz und großer Härte

Trotz gelegentlicher Differenzen erfolgreiche Zusammenarbeit mit dem Koalitionspartner

von Wolfgang Mischnick[*)]

Alfred Dregger gehört ohne Zweifel zu den herausgehobenen Persönlichkeiten bundesdeutscher Politik.
Meine Begegnungen mit ihm reichen weit über jenen 4. Oktober 1982 hinaus, als er in Bonn den Vorsitz der CDU/CSU-Fraktion im Deutschen Bundestag übernahm. Damals wurden wir als Fraktionsvorsitzende auch im Deutschen Bundestag Kollegen, nachdem wir bereits zuvor zur gleichen Zeit in Hessen Landesvorsitzende unserer Parteien waren. Mit Fleiß, Ausdauer und großem politischen Geschick führte Dregger die CDU von 26 Prozent in den 70er Jahren aus der Talsohle heraus und machte sie zur stärksten Fraktion im Hessischen Landtag. Wenn ich diese Leistung mit Rücksicht auf die sozial-liberale Koalition in Bonn verständlicherweise auch mit Skepsis betrachtete, so habe ich doch nie übersehen, welch beachtlicher Einsatz und Siegeswille hinter dieser Anstrengung stand. Und auch die Öffentlichkeit nahm Dreggers Erfolge mit Achtung zur Kenntnis. Bald schon stand er im Ruf eines durchsetzungs- und kampfbetonten Erfolgspolitikers, dem eine glänzende politische Karriere vorausgesagt wurde. »Dregger kommt«, hieß es damals in hessischen Landen. Doch Alfred Dregger kam nicht.
Die Landtagswahl vom Herbst 1982 war für ihn eine tragische Wende. Was war geschehen? Die FDP hatte sich vor den Wahlen erstmals seit langer Zeit auf eine Koalitionsaussage mit der CDU festgelegt. Zusammen, so hatten die Demoskopen errechnet, stand damit einer liberal-konservativen Zusammenarbeit in Wiesbaden

[*)] geb. 1921, 1967–1977 Landesvorsitzender der FDP Hessen, seit 1957 Mitglied des Deutschen Bundestages, seit 1968 Vorsitzender der FDP-Fraktion des Deutschen Bundestages.

nichts mehr entgegen. Der Wähler entschied aber anders. Die FDP erreichte keine 5%, die erstrebte Mehrheit war dahin. Ich bin auch heute noch davon überzeugt, die Landtagswahl wäre anders ausgegangen, wenn noch vor dem Wahltermin Helmut Kohl zum Kanzler gewählt worden wäre. Aber das hatte Strauß verhindert, weil er vor den bayerischen Wahlen, die am gleichen Tag wie die hessischen stattfanden, dies noch offen halten wollte. Eine Fehlentscheidung, deren ganz persönliche Last Alfred Dregger völlig ungerechtfertigt zu spüren bekam.

Daraus ergab sich zwangsläufig auch das Scheitern Alfred Dreggers, der an der Spitze einer als sicher geglaubten Mehrheitskoalition von CDU und FDP das Amt des hessischen Ministerpräsidenten angestrebt hatte. Daraus wurde nun nichts. Für Alfred Dregger war dies seine wohl schwerste und bitterste Niederlage. Aber auch für uns war das Ergebnis nicht leicht zu ertragen. Denn einerseits waren wir im Landtag nicht mehr vertreten, und andererseits hatten wir durch unser schlechtes Abschneiden das Zustandekommen einer rotgrünen Mehrheit in Wiesbaden nicht verhindern können. Die honorige Haltung, mit der Alfred Dregger auf all diese Ereignisse reagierte, verdient auch heute noch Respekt. Noch in der Wahlnacht gab er seinen Rücktritt bekannt und machte damit seine Partei, ohne sie durch innere Konflikte zu belasten, in kürzester Zeit wieder einsatzbereit.

In Bonn waren die hessischen Ereignisse für Dregger dann kein Thema mehr. Unsere Zusammenarbeit als Fraktionsvorsitzende blieb davon jedenfalls unberührt. Ich erinnere mich nicht, von ihm im nachhinein je ein bitteres Wort oder einen Vorwurf gegenüber der FDP gehört zu haben. Dregger erschien mir stets als ein Mann, der seine politischen Ziele zwar mit Konsequenz und oft auch mit großer Härte in der Auseinandersetzung verfolgte, der aber, wenn er erkannte, daß ein Ziel nicht zu erreichen ist, nicht verbissen und verbittert weiterkämpfte, sondern seine Energie neuen politischen Aufgaben zuwandte. Bei meinen Bonner Begegnungen und Kontakten mit Alfred Dregger war es aber vor allem eine andere Eigenschaft seiner Person, auf die ich mich – nicht immer ohne Mühe, wie ich gestehen muß – einzustellen hatte. Ich meine seine konfrontative, scheinbar kompromißlos an Grundsätzen und Prinzipien festhaltende Art, seine Überzeugungen in praktische Politik umzusetzen. Dregger hat diese Eigenschaft selbst einmal mit folgenden Worten zum Ausdruck gebracht: »Der Politiker muß, wenn er zu einer Entscheidung kommen will, einen Tatbestand sehr genau durchdenken und analysieren, dann aber eine bestimmte Linie wählen und sie beharrlich durchsetzen.« Auf der Grundlage dieses Leitgedankens zwischen den Fraktionen in kontroversen Sachfragen einen tragfähigen politischen Kompromiß zu finden, war, wie man sich vorstellen kann, nicht immer einfach. Auf der anderen Seite trug diese Geradlinigkeit und Prinzipientreue Dreggers aber auch dazu bei, in ihm einen erkennbaren und kalkulierbaren Partner zu finden, mit dem eine Einigung in den meisten Fällen dennoch möglich war. Die Zusammenarbeit mit Alfred Dregger war daher ganz im Sinne seines Demokratieverständnisses geprägt von Härte und Durchsetzungsbereitschaft in der Sache, aber von Fairneß im persönlichen Miteinander.

Dreggers Hauptaugenmerk in der Bundespolitik gilt vornehmlich der Sicherheitspolitik und der inneren Ordnung. Besonders der letzte Bereich beinhaltete als klassisch liberale Domäne nicht selten Reibungspunkte. Dreggers Grundüberzeugung als konservativer Politiker in diesen Fragen war klar. In starker Betonung des Prinzips der wehrhaften Demokratie war es stets sein Ansatz gewesen, den demokratischen Rechtsstaat als die Grundlage eines menschenwürdigen Zusammenlebens durch eine mehr am Staat selbst orientierte Innen- und Rechtspolitik funktions- und aktionsfähig zu halten und ihn vor Angriffen von innen zu schützen. Das Credo der Liberalen war es dagegen immer schon gewesen, daneben auch und im besonderen den Schutz der Freiräume des Bürgers vor dem Staat – ob in Fragen des Datenschutzes oder des Demonstrationsstrafrechts – in gleichberechtigter Weise zu gewährleisten. Diese grundsätzlichen, im verschiedenen Wesen der Grundeinstellungen wurzelnden Meinungsunterschiede »bescherten« unseren Fraktionen manches mal aufgeregte und gelegentlich spannungsgeladene Diskussionen, auch in der Öffentlichkeit. So zum Beispiel nach unserem Kieler Parteitag im September 1987, den Dregger zum Anlaß nahm, das Abrücken der FDP von einer drastischen Verschärfung der Sicherheitsgesetze in deutlichen Worten anzuprangern. Vereinbarungen, so erinnerte er uns Liberale damals unter Hinweis auf den Koalitionsfrieden, seien dazu da, eingehalten

zu werden. Aber auch in diesem Fall wurde letztlich eine Einigung erzielt, bei der es der FDP-Fraktion im übrigen gelang, den Gesetzentwurf an entscheidenden Stellen wie beispielsweise beim Vorhaben der Strafandrohung für Gewaltbefürwortung nach liberalen Grundsätzen zu korrigieren.
Die Deutschland- und Ostpolitik von Dregger, von mir stets mit großer Aufmerksamkeit begleitet, war auch ein Bereich, in dem ich mit seinen Auffassungen nicht immer einer Meinung sein konnte. Als Wortführer von Teilen der Union wurde Dregger hier häufig zu Unrecht pauschal als revanchistischer und erzkonservativer Deutschlandpolitiker verteufelt. Diese Vorwürfe waren und sind unfair und in der Sache falsch. Eher trifft da schon zu, was Walter Bajohr im Oktober 1985 in einem Beitrag für den »Rheinischen Merkur« schrieb, als er feststellte, daß die Union unter seiner Führung zu wenig deutschlandpolitische Perspektiven zu bieten gehabt habe, die über die verfassungsrechtlichen Festschreibungen zum Grundlagenvertrag mit der DDR hätten hinausweisen können. In der Tat war es immer wieder auffällig, wie Dregger mit Blick auf die ehemals deutschen Ostgebiete das Fortbestehen des Deutschen Reiches in den Grenzen von 1937 betont hatte. Dieser rechtsformale Ansatz wurde sicherlich aus seiner berechtigten Sorge um die Minderheitenrechte der in Polen lebenden deutschstämmigen Familien geäußert. Dreggers Verständnis von der Bewahrung alter Rechtspositionen engte nach meinem Verständnis den Spielraum einer aktiven und kreativen Ost- und Deutschlandpolitik gelegentlich ein, was sich aber im Laufe der Zusammenarbeit auflockerte.
Ähnlich verhielt es sich auch auf dem Feld der Sicherheitspolitik, etwa bei der Diskussion um die doppelte Null-Lösung bei den atomaren Raketen mittlerer Reichweiten im Frühjahr 1987. Ein wirksamer Schutz der Bundesrepublik Deutschland, so argumentierte er, sei ohne atomare Raketen nicht gewährleistet. Die FDP-Fraktion konnte sich dieser Sichtweise im Bundestag damals nicht anschließen. Hier hätten die Vorstellungen Dreggers zu einer Verengung der sicherheitspolitischen Möglichkeiten der Bundesrepublik führen können. Wir Liberale hatten jedenfalls die Sorge, eine gute und große Chance, das uns bedrohende nukleare Mittelstreckenpotential drastisch zu verringern, ungenutzt verstreichen zu lassen. Überdies sahen wir die Gefahr, daß die Bundesrepublik

Deutschland auf einem so wichtigen Feld wie der Abrüstungspolitik dann in eine wenig hilfreiche Distanz zu den USA geraten wäre. Im übrigen waren wir uns immer einig, die atomaren Gefechtsfeldwaffen so schnell wie möglich verschwinden zu lassen.

Trotz gelegentlicher Differenzen, die ja auch ganz natürlich das Wesen einer Koalition bestimmen, war die Zusammenarbeit mit der CDU/CSU unter Führung ihres Fraktionsvorsitzenden Alfred Dregger insgesamt sehr erfolgreich. Die Jahre seit 1982 haben die Bundesrepublik Deutschland innen- wie außenpolitisch erheblich weitergebracht. Die innere Festigkeit und die wirtschaftspolitische Kraft der Bundesrepublik Deutschland sind die Voraussetzung dafür gewesen, daß wir heute die Teilung Europas überwinden können. Das Ziel, die deutsche Einheit zu vollenden, konnte nur durch die konsequente Politik der letzten Jahre erreicht werden. Dazu hat Alfred Dregger redlich beigetragen.

Er hat Freunde und Gegner – Feinde hat er nicht

von Hans-Jochen Vogel[*)]

Alfred Dregger und ich sind uns zum ersten Mal im Winter 1945/46 als Jurastudenten in Marburg begegnet. Beide waren wir vom Kriegserlebnis geprägt und nahmen wohl auch deshalb unser Studium ziemlich ernst. Zusammen mit einer Reihe weiterer Kommilitonen arbeiteten wir daher regelmäßig nach den Vorlesungen miteinander und zwar zumeist in Dreggers Studentenbude, weil er über einen Ofen und auch über Steinkohle verfügte, die ihm in Fässern aus der Heimat geschickt wurde, und es deswegen bei ihm im Winter wärmer war als bei anderen. Ich erinnere mich noch, daß einmal ein solches Faß polternd die Treppe hinabstürzte, als wir beide es mühsam nach oben wuchteten, und sein Inhalt uns gleichermaßen schwärzte und wie Kohlenmänner erscheinen ließ.

Seitdem haben sich unsere Wege immer wieder berührt. Sei es, daß sie sich kreuzten, sei es, daß sie parallel zueinander liefen. So gehörten wir beide nach 1960 dem Präsidium des Deutschen Städtetages an. Alfred Dregger als Oberbürgermeister von Fulda, ich als Münchner Oberbürgermeister. Als er sich nach Einführung der Inkompatibilität 1970 für das Landtagsmandat entschied und deshalb auch seine Tätigkeit als Präsident des Städtetages vorzeitig beendete, bin ich ihm in dieser Funktion nachgefolgt. Vorher hatten wir zuletzt noch im Jahr 1969 gemeinsam für eine möglichst gemeindefreundliche Ausgestaltung der kommunalen Finanzreform gekämpft.

Dann sind wir 1983 in Bonn von neuem zusammengetroffen. Diesmal beide als Fraktionsvorsitzende im Bundestag. Der eine als Vorsitzender der stärksten Regierungsfraktion, der andere als Vorsitzender der stärksten Oppositionsfraktion – also als ausgesprochene Gegenspieler.

[*)] geb. 1926, 1945–1948 Studium in Marburg, 1960–1972 Oberbürgermeister der Stadt München, 1971–1972 Präsident des Deutschen Städtetages, seit 1983 Vorsitzender der SPD-Fraktion des Deutschen Bundestages, seit 1987 Vorsitzender der SPD.

Unsere politischen Ansichten waren schon in der Marburger Zeit einigermaßen unterschiedlich. Dregger zog aus den Ereignissen, die unmittelbar hinter uns lagen, andere Schlüsse als ich. Ich neigte ziemlich bald zu der Auffassung, daß grundlegende gesellschaftliche Veränderungen notwendig seien, um eine Perspektive für die Zukunft zu finden. Dabei hat mich Paul Serings »Jenseits des Kapitalismus« sehr beeinflußt. Dregger schien die richtigen Antworten eher in der Vergangenheit zu suchen, in den positiven Elementen des Preußentums oder in den Traditionen des Bismarckreiches, deren Mißbrauch und Perversion durch Hitler er nicht minder kritisch sah als andere. Hingegen war ihm die Vorstellung festgefügter hierarchischer Ordnungen durchaus nicht fremd. Und auch die nationale Einbettung solcher Ordnungen hielt er für etwas im Grunde Selbstverständliches.

Diesem Grundmuster seines Denkens, in dem auch militärische Kategorien einen festen Platz hatten, ist Alfred Dregger zeit seines Lebens treu geblieben. In seinen kommunalen Jahren war es durch einen konstruktiven Pragmatismus überlagert, dessen er durchaus fähig ist und den er dann auch mit einer gewissen Liberalität zu verbinden weiß. Aber in seinem Innersten blieb er wohl doch stets der Ansicht, daß die Macht bei Konservativen seiner Prägung am besten aufgehoben sei und Sozialdemokraten allenfalls für die Opposition, keinesfalls aber für die Regierung taugten.

Als hessischer Landesvorsitzender seiner Partei und als Vorsitzender der CDU/CSU-Bundestagsfraktion hat Alfred Dregger nach diesen Maximen gehandelt und Politik betrieben. Manchmal geriet er dadurch an den Rand des konservativen Spektrums. So etwa mit seinem sehr persönlich gehaltenen Brief, den er 1985 auf dem Höhepunkt der Bitburg-Kontroverse an 53 US-Senatoren schrieb. Mitunter gab es auch Widerspruch in den eigenen Reihen. Zumeist aber sprach er aus, was eine Mehrheit seiner Anhängerschaft erwartete, jedenfalls von ihm erwartete.

Alfred Dregger hat wie jeder aktive Politiker Freunde und Gegner. Feinde im eigentlichen Sinne des Wortes hat er nicht. Er ist zielstrebig, berechenbar, standfest und beharrlich bis zum Eigensinn. Er läßt sich nicht vereinnahmen, hat eine ausgesprochene Aversion gegen kumpelhafte Vertraulichkeit und legt Wert darauf, zwischen sich und seiner Umgebung eine gewisse Distanz zu

wahren. Komplizierte Sachverhalte bringt er auf einen möglichst einfachen Nenner. Und in seinen Reden sind ihm Hauptsätze lieber als Nebensätze. Das gibt seinen Äußerungen Klarheit, läßt sie aber gelegentlich als zivile Tagesbefehle erscheinen. Nur wenige wissen, daß Dregger durchaus auch der leiseren Zwischentöne mächtig ist. Etwa als Kunstkenner und -sammler von hohen Graden.
Sein bisheriger Lebensweg ist von großen Erfolgen ebenso gekennzeichnet wie von bitteren Enttäuschungen. Erfolgreich war er als junger Oberbürgermeister, der sich aufgrund seiner Leistungen in Fulda auch den Respekt seiner älteren Großstadtkollegen erwarb und dessen Wort auch auf der Bundesebene zunehmend gehört wurde. Noch bemerkenswerter ist die Tatsache, daß sich der Stimmenanteil seiner Partei in Hessen während seiner Amtszeit als Landesvorsitzender von 26 Prozent im Jahre 1966 auf 47,3 Prozent im Jahre 1974 bzw. 46,0 Prozent im Jahre 1978 steigerte. Als um so enttäuschender mußte er es empfinden, daß er 1982 die ihm doch sicher erscheinende Ministerpräsidentschaft infolge der Reaktion der hessischen Wählerinnen und Wähler auf die Bonner Wende knapp verfehlte. Und enttäuscht hat es ihn wohl auch, daß er seit seinem Abschied von der Kommunalpolitik keine unmittelbar gestaltende Funktion mehr ausüben konnte.
Denn darum ging es Alfred Dregger wohl zeitlebens – das zu tun, was er für seine Pflicht hielt, dem Gemeinwohl, so wie er es verstand, zu dienen und auf die öffentlichen Angelegenheiten einen meß- und sichtbaren Einfluß zu nehmen. Die Ziele, die er dabei verfolgte, kann der Vorsitzende der Partei, gegen die sich der Jubilar die meisten Jahre seines Lebens kämpferisch gewandt hat, nicht loben. Dem Manne selbst dennoch den persönlichen Respekt nicht zu versagen, ihm vielmehr die unter Demokraten gebotene Reverenz zu erweisen, ist für mich schon im Blick auf unsere über vier Jahrzehnte andauernde Bekanntschaft eine gern geübte Selbstverständlichkeit.

Leben und Wirken

Sein spezielles Interesse galt dem Fach Geschichte

Alfred Dregger als Gymnasiast – Erinnerungen eines Schulfreundes

von Dietrich Rohwerder[*)]

Im vorigen Jahr begingen wir das 50jährige Jubiläum unseres Abiturs. Viele von uns hatten sich seither nicht oder nur selten gesehen. Unter den Teilnehmern des Treffens befand sich auch mein langjähriger Schulfreund Alfred Dregger. Manche waren mit gewissen Bedenken angereist, ob es sich denn lohnen oder ob die lange zeitliche Distanz gute, ergiebige Gespräche verhindern werde, zumal unsere Klasse alles andere als eine homogene Gemeinschaft war. Schon rein äußerlich gab es drei verschiedene Gruppen. Die einen stammten aus Werl. Die anderen waren Fahrschüler. Sie kamen per Rad oder Bahn zur Schule von den Höfen und Dörfern der Umgebung, unter ihnen auch Alfred Dregger. Die dritte Gruppe gehörte zu den Insassen des bischöflichen Konvikts. Deren Eltern wohnten zumeist im Sauerland. Zur allgemeinen Verwunderung und Freude wurde das Treffen ein gelungenes Wiedersehen. Den Grund dafür fanden wir in einem über die Jahre offenbar nicht verschütteten Konsens. Dieser ergab sich uns aus der Besonderheit unserer Schule, dem Marien-Gymnasium zu Werl in Westfalen, einer kleinen Land- und Wallfahrtsstadt.

Ehe ich nun auf Alfred Dregger persönlich zu sprechen komme, halte ich es für angebracht, einiges über die Schule und deren geistiges Umfeld zu berichten.

Gleich zu Beginn unseres Klassentreffens erinnerten wir uns des

---

*) geb. 1921, Gymnasialbesuch in Werl/Westfalen, 1939 Abitur, 1939–1945 Arbeits- und Kriegsdienst, 1945–1950 Studium in Göttingen und Marburg, 1950–1984 Schuldienst.

Spruches auf unserer Abiturkarte: aien aristeuein kai hypeirochon emmenai allon ... Immer der Beste sein und die anderen übertreffen und nicht das Geschlecht der Väter beschämen, die bei weitem die Besten waren. Diese Worte stammen aus der Ilias des Homer und sind das Ergebnis unseres Griechisch-Unterrichts. Tradition und Fortschritt sind hier auf den Punkt gebracht. Diese Maxime hat uns unser Leben lang begleitet, wir haben sie uns zu eigen gemacht, ein jeder auf seine Weise.

Die humanistische Bildung war also die eine Komponente der Erziehung an unserer Schule. An ausgewählten Beispielen lernten wir Wesen und Eigenart der Griechen und Römer kennen und erhielten einen Einblick in die einzigartige Bedeutung ihrer kulturellen Leistungen für das Entstehen und Wachsen des abendländischen Geistes.

Die andere Komponente, die an unserer Schule ein besonderes Gewicht hatte, war die religiöse Ausrichtung der Erziehung. Auch das wurde während des Treffens deutlich. Einer unserer Konabiturienten las für uns in der ehemaligen Gymnasialkirche, der alten Wallfahrtskirche in Werl, eine Messe. Dabei formulierte er eine Fürbitte so: »Herr, laß uns nicht vergessen, daß wir hier am Werler Marien-Gymnasium durch gläubige, vorbildliche Lehrer für unser ganzes Leben christlich geprägt worden sind.«

Der christlich-humanistische Geist unserer Schule konnte auch in den Jahren der nationalsozialistischen Herrschaft gewahrt werden. Dafür gibt es gute Gründe. Von den fünfzehn Lehrern der Schule im Jahre 1936 waren zehn nicht Mitglieder der Partei und sind ihr auch später nicht beigetreten[1]. Bis zur Machtübernahme durch die NSDAP war der Direktor stets ein Geistlicher. Danach entsandte das Schulkollegium in Münster einen Parteigenossen. Dieser Mann war nach einhelliger Meinung des Kollegiums und ehemaliger Schüler ein Glücksfall für die Schule. Obwohl er nach außen als überzeugter Nationalsozialist auftrat, hat er während der elf Jahre seiner Schulleitung nie etwas zum Nachteil seiner Kollegen oder Schüler unternommen und konnte so Schule und Kollegium erhal-

[1] Zu diesen und anderen Angaben über die Schule in der NS-Zeit s. Festschrift »Fünfundsiebzig Jahre Marien-Gymnasium Werl«, Dietrich-Coelde-Verlag Werl 1982. Eine apologetische Tendenz liegt nicht in meiner Absicht. Ich versuche lediglich darzustellen, »wie es eigentlich gewesen« (L.v. Ranke).

ten. In einer Sitzung des Stadtrates am 2. November 1940 attestierte der Ortsgruppenleiter der Schule »antinationalsozialistischen Geist«[2].

Auch wir Abiturienten des Jahres 1939 waren uns in unseren Gesprächen einig: Wir sind von unseren Lehrern nicht indoktriniert worden. Und wenn einer der jüngeren Lehrer doch einmal einen Versuch machte, so wurde ihm widersprochen. Ich entsinne mich einer Unterrichtsstunde, in der Alfred Dregger in beredten Worten gegenüber einem Assessor, Angehörigem der SS, seine christkatholische Überzeugung verteidigte.

Was den Unterrichtsstoff betrifft, so mußten natürlich Konzessionen gemacht werden, besonders in den Fächern Biologie, Geschichte und Deutsch. Ich bin noch im Besitz eines Hausaufsatzes mit dem Thema »Volk, Staat und Vaterland, Fichtes Gedanken in heutiger Sicht«. Solche »Pflichtübungen« ergaben sich aus dem Lehrplan und waren notwendig zum Schutz von Schule, Lehrern und der Familien.

Betont sei jedoch, daß auch diejenigen Lehrer, die nicht der NSDAP angehörten, traditionsgemäß eine ausgeprägt patriotische Einstellung hatten. Dazu ein Zitat aus einem Brief unseres verehrten Deutsch-Lehrers vom Dezember 1942 an seine in der militärischen Ausbildung stehenden ehemaligen Schüler: »Ihr werdet vorbereitet für eine große Aufgabe, die größte, die es im natürlichen Bereiche gibt: den Schutz der Heimat und Eures Volkes«[3]. Und ein anderes Zitat aus einem Brief unseres Griechisch-Lehrers, der als Reserveoffizier am Zweiten Weltkrieg teilnahm: »Kameraden! Es ist jetzt nicht die Zeit, über Alltägliches zu sprechen. Die Wucht der Ereignisse erdrückt uns fast. ... Erweist Euch würdig Euren Vätern und Vorfahren! Sie kämpften 1914/18, sie kämpften 1870/71, sie kämpften 1813 und weiter zurück in die Jahrhunderte, und Ihr seid gehalten, Euren Mann ebenso zu stehen wie jene«[4].

Einen nicht geringen Anteil an dem christ-katholischen Geist unserer Schule hatten auch die Schüler. Vor 1933 gab es in Werl, einer Stadt mit vorwiegend katholischer, politisch konservativ eingestell-

---

[2] s.o.a. Festschrift S. 34
[3] s.o.a. Festschrift S. 32
[4] Der Brief (vom Mai 1940) befindet sich im Besitz des Verfassers.

ter Bevölkerung, eine NS-Jugendorganisation. Am Marien-Gymnasium (im Jahre 1934 hatte die Schule etwa 250 Schüler) waren die zur Jugendbewegung zählenden katholischen Schülervereinigungen Neudeutschland und Quickborn stark vertreten. Die Neudeutschen, denen auch ich angehörte, setzten ihre Tätigkeiten trotz erheblicher Behinderung seitens der Hitlerjugend noch bis Mitte 1936 fort[5]. Daß man zur Abiturprüfung nicht zugelassen wurde, wenn man nicht Mitglied der HJ war, ist allgemein bekannt. Einige meiner Klassenkameraden verweigerten sich bis kurz vor dem Abitur.

Zu unserer Mitgliedschaft in der HJ wäre von einem »Zeitzeugen« im nachhinein etwa folgendes zu sagen: Diejenigen von uns, die aus einem Elternhaus mit antinationalsozialistischer Einstellung – sei es aus religiösen, sei es aus politischen Gründen – stammten, empfanden den Eintritt in die HJ durchaus als Zwang. Andere betrachteten den Dienst in der HJ als lästige Einschränkung ihrer persönlichen Freiheit. Wieder andere hatten Freude an Sport, Spiel, Lagerleben und Geselligkeit, Dinge, die ja auch in anderen Jugendverbänden üblich waren. Sie wollten zudem in der allgemeinen sozialen und patriotischen Aufbruchstimmung nicht abseits stehen, was nicht heißen muß, daß sie mit allem einverstanden waren, was die HJ ihnen bot. Vaterländische Gesinnung ist m. E. etwas Normales und bedarf keiner Rechtfertigung. Die totale Perversion des Patriotischen durch die Nationalsozialisten konnte damals keiner von uns ahnen.

Für die Zugehörigkeit zur HJ brauchte sich nach dem Ende der NS-Zeit normalerweise niemand zu verantworten, auch dann nicht, wenn er eine kleine Führungsposition innehatte, wie Alfred Dregger in seinem Dorf. Für unsere Freundschaft, unser Dasein als Schüler und die Einstellung zu unserer Schule ist die Mitgliedschaft in der HJ jedenfalls nicht von Belang gewesen.

Innerhalb unserer Klasse – ein Mitschüler war sogar höherer HJ-Führer – gab es unter uns keine ideologischen Auseinandersetzungen oder politischen Diskussionen. Dasselbe trifft sicher auch für die ganze Schule zu. Summa summarum darf man wohl sagen, daß

---

[5] s.o.a. Festschrift S. 26

es am Marien-Gymnasium zu Werl möglich war, relativ unbehelligt vom »braunen« Zeitgeist zu lehren und zu lernen.
Alfred Dregger gehörte immer zu den besten Schülern der Klasse. Sein spezielles Interesse galt dem Fach Geschichte. Hier war er der von allen neidlos anerkannte Primus. Er besaß auf diesem Gebiet ein Wissen, welches erheblich über das von der Schule Verlangte hinausging. Einer unserer Mitschüler erzählte kürzlich noch, er habe einmal auf dem Bücherbord in Alfreds Zimmer ein Geschichtswerk von Leopold von Ranke gesehen und voll Bewunderung gehört, daß er es auch las und studierte. Manch eine Geschichtsstunde verlief im Dialog zwischen Alfred und unserem vorzüglichen Lehrer Dr. Vennofen. Dieser war von allen geachtet wegen seines hervorragenden Unterrichts und seines immensen Wissens, von einigen auch gefürchtet wegen seiner Strenge und gelegentlichen Ironie. Diesem Lehrer stattete Alfred Dregger sogar während der spärlich bemessenen Urlaubstage im Krieg zuweilen einen Besuch ab und erwies ihm so seine Reverenz.
Weiter bevorzugte Fächer waren für Alfred Dregger Deutsch, Griechisch, Religion und Sport. In Deutsch wurden wir ebenfalls von Dr. Vennofen unterrichtet. Gelesen wurden in erster Linie die deutschen Klassiker. Unser Lehrer in Griechisch und Sport war mein Vater, Dr. Rohwerder. Er galt als anspruchsvoll, streng und gerecht. Bei ihm lasen wir Homer, Sophokles, Platon und Thukydides. Am Beispiel der attischen Demokratie haben wir gelernt, daß eine Erziehung zu einem soma autarkes, wie es bei Thukydides heißt, zu einer »autarken«, d. h. selbständig denkenden und handelnden Persönlichkeit, anders ausgedrückt, zu einem mündigen Bürger, nur in einer Demokratie möglich ist. Auch der Griechisch-Unterricht hat, wie mein Freund Alfred Dregger selbst sagt, eine nachhaltige Wirkung auf sein Denken und Handeln als Mensch und Politiker ausgeübt. Eine Bestätigung dafür findet sich in manchen seiner Reden und Aufsätze[6)]. Im Sport wurde damals viel verlangt. Aber wo es auf Leistung ankam, war Alfred Dregger in seinem Element. Er war ein guter Leichtathlet und begeisterter Fußball-

[6)] So z. B. in der Sammlung unter dem Titel: Alfred Dregger, Freiheit in unserer Zeit, Verlag Herbig München 1980, S. 17ff oder S. 152ff, oder kürzlich im Fragebogen des FAZ-Magazins Nr. 535 vom 1. 6. 1990

spieler. Er übernahm stets die Aufgabe des Verteidigers. Nach einem damals berühmten Verteidiger in der deutschen Nationalmannschaft hatte er seinen Spitznamen »Dregger Stub«. Auf einer Hindernisbahn auf unserem Schulhof unter den Ersten zu sein, wo Geschicklichkeit, Kraft, Schnelligkeit und Mut zu zeigen waren, machte uns besonderen Spaß. Unser Sportlehrer war unser Griechisch-Lehrer. Er verkörperte für uns das Ideal griechischer paideia, d. h. Formung und Bildung von Geist *und* Körper.
Nicht zuletzt in der Interessenskala Alfred Dreggers ist das Fach Religion zu nennen. Bezeichnenderweise wurde es während der NS-Zeit auf den Zeugnisformularen von der ersten Stelle auf die letzte gesetzt. Auch in diesem Fach hatten wir in der Oberstufe einen vorzüglichen Lehrer, den Geistlichen Dr. Grüner. Er gab einen für die damalige Zeit sehr modernen Unterricht. Durch seine ausgesprochen antinationalsozialistische Einstellung hat er sich in Schule und Öffentlichkeit einen Namen gemacht. Furchtlos vertrat er von der Kanzel in stets überfüllter Kirche die Belange des katholischen Glaubens. Nur die schützende Hand des Erzbischofs von Münster, Kardinal Graf Galen, konnte ihn vor Schlimmem bewahren.
In den Unterrichtspausen gesellten wir uns beide zu einer Gruppe von Klassenkameraden – von den anderen »der Verein« genannt –, die immer in derselben Zusammensetzung, immer in derselben Richtung lebhaft diskutierend den Schulhof durchmaßen.
Das sog. »Einjährige« (Abschluß der Mittelstufe) wurde bei uns nach studentischem Komment gefeiert, desgleichen das Abitur. Da ging es mitunter hoch her, und Trinkfestigkeit und Contenance waren gefragt.
Zu einem rechten »Pennälerdasein« gehörte natürlich auch ein Tanzkursus. Und wer hatte beim Abschlußball das schönste Mädchen? Mein Freund Alfred. Aien aristeuein ...!
Die Nachmittage und Wochenenden verbrachten wir zumeist gemeinsam bei Schularbeiten oder Freizeitbeschäftigungen, mal in seinem Elternhaus in Westönnen, mal bei uns in der Stadt. Mein Vater wurde 1933 wegen seiner religiösen Überzeugung und politischen Einstellung unter unwürdigen Umständen seines Amtes als Direktor eines Gymnasiums im Osten Deutschlands enthoben, ein Jahr zwangsweise beurlaubt und nach Werl strafversetzt. Auch dort

hatte er weiterhin unter Anfeindungen und Diffamierungen seitens der NSDAP zu leiden. Der Freundschaft zwischen uns beiden Jungen und den familiären Beziehungen tat das jedoch keinen Abbruch.
An zwei Ferienerlebnisse erinnere ich mich noch besonders gerne. Wir gingen auf große Fahrt. Das eine Mal machten wir eine mehrwöchige Radtour durch meine Heimat Ostpreußen: Masuren, die Romintener Heide mit dem damals berühmten Tannenberg-Denkmal (zur Erinnerung an die Rettung Ostpreußens vor den Russen durch Hindenburg im Jahr 1914), Königsberg, Danzig, die Marienburg. Die andere Fahrt führte uns mit Faltboot und Zelt auf der Donau von Regensburg nach Wien. Natürlich suchten wir bei solchen Unternehmen Stätten historischer und kunstgeschichtlicher Bedeutung auf.
Während unserer Studienzeit machten wir noch einmal eine Faltbootfahrt, diesmal auf Fulda und Weser. Dabei kam ein Zug im Wesen meines Freundes zum Vorschein, den man wohl kaum an ihm vermuten wird. Eines Tages glitten wir im milden Abendsonnenschein gemächlich flußabwärts. Die herrliche Landschaft versetzte uns in eine romantische Stimmung, und wir sangen hingebungsvoll Löns-Lieder.
Trotz allen guten Einvernehmens kam es bei einer Besichtigung zu einem ansehnlichen Steit. Wir konnten uns nicht einigen. So durchmaß ein jeder für sich die Straßen der Stadt. Erst am Abend im Zelt beendeten wir den Alleingang bei einem guten Tropfen.
Nach der Gymnasialzeit absolvierten wir auch den Arbeitsdienst gemeinsam in derselben Abteilung. Dann trennten sich unsere Wege. Beide wurden wir aktive Offiziere, jedoch in verschiedenen Infanterieregimentern. Unmittelbar nach dem Krieg führte uns das Schicksal wieder zusammen. Wir studierten beide in Marburg. Zu uns gesellte sich ein weiterer Konabiturent. Alle drei hatten wir den Krieg lebend überstanden. Kurz zuvor noch geachtet und angesehen, zwei als Frontoffiziere, einer als Leitender Ingenieur eines U-Bootes, verwundet und dekoriert, waren wir jetzt vor eine radikal veränderte Situation gestellt. Voll Entsetzen wurde uns klar, daß wir durch unseren soldatischen Einsatz, wenn auch ohne es zu wollen, ein verbrecherisches System gestützt hatten. Wir waren überzeugt, anständige Soldaten gewesen zu sein und eine vaterlän-

dische Pflicht erfüllt zu haben. Bei den Diskussionen unter Studenten und in der Öffentlichkeit war damals viel von Kollektivschuld die Rede. Wir aber hielten mit Sokrates[7)] Kollektivschuld nicht nur für ungerecht, sondern auch für undemokratisch. Mit Politik hatten wir allerdings zunächst nichts im Sinn. Für uns galt es jetzt, unseres Abiturwahlspruches eingedenk, durch unser Studium die Basis für eine neue Existenz zu schaffen.

---

7) Sokrates hatte in einem Prozeß (406 v. Chr.) als einziger der kollektiven Verurteilung griechischer Admirale durch die Volksversammlung nicht zugestimmt (Platon, Apologie p. 32 b).

Toleranz und Fairneß gegenüber Mitmenschen, Achtung ihrer Menschenwürde und Persönlichkeit

Erinnerungen eines Kriegskameraden

von Eugen Buhl[*)]

Herbst 1944 auf dem Hof eines polnischen Staatsgutes. Auf der Treppe des alten, zerfallenen Herrenhauses eine Gruppe zum Teil hochdekorierter deutscher Offiziere, bekannte Soldaten- und Pfadfinderlieder singend. In der anderen Ecke des Gutshofes ein älterer Stabsoffizier, der eindrucksvoll und gestenreich versucht, einigen Offizier-Kameraden Verse des Freiherrn von Münchhausen vorzutragen, dabei aber nicht immer die gewünschte Aufmerksamkeit und Anerkennung findet.
Anlaß für die gehobene Stimmung: Dem Divisions-Kommandeur waren an jenem Tage die goldgeflochtenen Schulterstücke eines Generals verliehen worden – Auszeichnung und Anerkennung für die guten dienstlichen Leistungen seiner Division, vom einfachen Soldaten bis hinauf zum Kommandeur!
Dennoch wollte keine rechte Stimmung aufkommen. Die Truppe befand sich im Einsatz, wenn auch z. Zt. ohne Kampftätigkeit. Deshalb konnten nur die Kommandeure der Bataillone und Regimenter kurzfristig aus ihren Frontabschnitten herausgelöst und in das Divisions-Stabsquartier zu einer Dienstbesprechung befohlen werden.
Anschließend lud der neubeförderte General seine Kommandeure zu einem Glas Sekt ein; deren Gedanken aber weilten weiter bei ihren Soldaten; sie fühlten sich wenig wohl dabei, fernab von ihnen die Beförderung ihres Divisionärs zu feiern. Sie, die kampferprobten Kommandeure, fühlten sich am wohlsten vorne bei ihren Männern im Schützengraben.

[*)] geb. 1915, 1936 Eintritt in die Wehrmacht als Offizieranwärter, Kriegsteilnehmer, 1944 Adjutant der 6. Infanterie-Division, 1945–1950 sowjetische Kriegsgefangenschaft, 1957–1985 Zahnarzt in Lübeck.

Dienstliches Können, Korpsgeist, gemeinsames Erleben an der Front und daraus resultierende Kameradschaft, unabhängig von Dienstgrad und Dienststellung, das waren die Elemente, die die Truppe zusammenhielten und aneinanderketteten; das »Haufengefühl«, die »Tuchfühlung mit dem Kameraden«.
Unter den feiernden Offizieren befand sich auch der erst 24 Jahre alte Hauptmann und Kommandeur des Füsilier-Bataillons Alfred Dregger, ein bereits mit dem EK I ausgezeichneter Offizier. Welch ungeheure Verantwortung für ihn! Lag doch das Schicksal von weit über 500 Soldaten in seinen Händen. Nachdenklich, fast besorgt und zeitweise etwas abgesetzt von seinen Offizierkameraden, so konnte man ihn an jenem Tage beobachten.
Was mag in diesem, als kontaktfreudig und selbstbewußt bekannten Offizier vor sich gegangen sein? Was trieb ihn zu dieser reservierten Haltung? War es seine Bescheidenheit? War es die Bürde des erst vor kurzem übernommenen verantwortungsreichen Amtes als Kommandeur eines Front-Bataillons? Vielleicht sprach sein ganzes Naturell gegen Feiern und frohe Feste! Eines aber scheint mir gewiß: Es war der Ausdruck des engen Kontaktes zu seinen Soldaten. Daher trieb es ihn zu »seinem Haufen« zurück, zu seinem Bataillon.
Gewiß machte er sich Gedanken über den Verlauf der kommenden Wochen und Monate; an eine entscheidende Wende der militärischen Lage war nicht zu denken. Der Untergang des Großdeutschen Reiches schien vorprogrammiert, nachdem ein Jahr zuvor – im Januar 1943 – Roosevelt und Churchill die bedingungslose Kapitulation Deutschlands beschlossen hatten.
Oder aber ging sein Blick wenige Monate zurück in die Zeit um den 20. Juli dieses Jahres 1944, als deutsche Offiziere versucht hatten, den Führer und Oberbefehlshaber der Wehrmacht, Adolf Hitler, zu töten?
Die große Rede, die Dregger zum Volkstrauertag 1986 gehalten hat, läßt erkennen, daß er sich eingehend mit dem Geschehen des 20. Juli 1944 befaßt hat und sich zu den Männern des Widerstandes hingezogen fühlte. Er anerkennt, daß sich diese Männer und Frauen angesichts der damaligen Lage »ehrenhaft, verantwortungsbewußt und im besten Sinne patriotisch verhalten« haben. So kann man annehmen, daß Dregger schon damals ein gewisses

Verständnis zeigte für das »Aufbegehren« seiner Offizierkameraden.
Hauptmann Dregger, damals jüngster Kommandeur der Division, war ein Offizier mit Ausstrahlung, der das besondere Geschick besaß, seinen Soldaten kameradschaftlichen Zusammenhalt zu vermitteln, sie zum Korpsgeist zu erziehen und durch eigenes glaubwürdiges und beispielhaftes Handeln das Gefühl der Zusammengehörigkeit zu fördern. In Verbindung mit seinem guten fachlichen Wissen und Können schuf er ein Vertrauensverhältnis zu seinen Soldaten als Grundlage dafür, sich als Befehlsgeber durchsetzen zu können.
Er hatte »das Zeug zur Menschenführung«. Es war ihm von Natur aus mitgegeben. Nur so ist es zu erklären, daß er – wie auch andere oft recht junge Offiziere – den diffizilen und in ihrer Art wechselnden Führungsaufgaben eines Kommandeurs im Kriegseinsatz gerecht werden konnte. Dregger war eine Führerpersönlichkeit, tapfer, klar im Denken und Handeln. Gerechtigkeit und auch unermüdliche Fürsorge für die Bedürfnisse seiner Soldaten – das war ihm Leitsatz im Wirken als Offizier.
So ist es nicht verwunderlich, daß er wiederholt bei seiner vorgesetzten Dienststelle, seinem Regiment oder seiner Division, vorstellig wurde – meist auf fernmündlichem Wege, aber auch durch persönlichen Vortrag anläßlich Kommandeur-Besprechungen – und um die Korrektur bzw. um das Aufheben eines Einsatzbefehls bat, wenn er erkannt hatte, daß die personellen, die taktischen oder die logistischen Voraussetzungen für die Durchführung eines Kampfauftrages nicht gegeben waren.
Ich selbst war oft Mithörer bzw. Teilnehmer an solchen Gesprächen, da bei derartigen Eingaben immer neben den taktischen Belangen auch personelle Probleme zu lösen waren, für die ich als Divisions-Adjutant zuständig war und über die ich mitverantwortlich zu entscheiden hatte.
Daß dennoch so manches Mal die von der kämpfenden Truppe erwünschte Korrektur der »Einsatzplanung« nicht erreicht wurde, soll nicht verschwiegen werden. Dennoch: Raubbau mit den körperlichen und seelischen Kräften seiner Soldaten, das hätte der junge Kommandeur und Hauptmann nie zugelassen. Aber auch hier

waren Grenzen gesetzt, sowohl für Befehlsgeber wie auch für Befehlsempfänger.
Daß ein derartiger »Einspruch« seinerzeit viel Fingerspitzengefühl, Entschlossenheit und Zivilcourage erforderte, wird nur denen verständlich sein, die sich eingehend mit den Vorgängen in der Truppe nach 1943 befaßt haben. Die politische Ausrichtung der Soldaten und Offiziere stand jetzt im Vordergrund der »Erziehung«. Jedes nur kleinste Abweichen vom Befehl wurde bereits als Defätismus bewertet und streng bestraft, wenn auch die preußisch-deutsche Militärgeschichte zeigt, daß in Ausnahmefällen der Gehorsam des Soldaten seine Grenzen finden konnte. War doch das Recht auf Verweigerung eines als rechtswidrig oder verbrecherisch erkannten Befehls schon im Militärstrafgesetzbuch von 1872 verankert und Bestandteil der Heeresdienstvorschrift 3/1 von 1935 und 1940, auch wenn es der Truppe weitgehend unbekannt blieb.
»Der Offizier muß Herr sein!« Dieser oft mißverstandene oder bewußt falsch interpretierte Satz aus der »Weisheit des Soldaten« besagt, daß Offiziere ihr ganzes dienstliches wie privates Leben darauf auszurichten hatten, Achtung und Vertrauen ihrer Gefolgschaft zu gewinnen. Das läßt sich weder durch Anbiederung noch durch Herablassung erwerben, sondern nur durch Zuverlässigkeit und Verantwortungsbewußtsein gegenüber den Untergebenen. Hauptmann Dregger verfügte über beides.
Toleranz und Fairneß gegenüber Mitmenschen, Achtung ihrer Menschenwürde und Persönlichkeit, das waren für ihn die unverzichtbaren Elemente für ein harmonisches Zusammenleben in einem Volk und auch der Völker untereinander. In diesem Sinne erzog er seine Soldaten. An dieser Maxime hielt er fest, solange er Soldat war. Sie gilt für ihn heute noch. Denn nicht anders kann man seine zur Versöhnung aufrufenden Worte in seiner großartigen Rede zum Volkstrauertag 1986 erklären: Versöhnung nach innen und außen, ohne Rücksicht auf politische Gesinnung, Hautfarbe, Rasse, Sprache und Religion.
Unvergessen bleibt der Satz in dieser Rede über die gefallenen Soldaten: »Wer sich persönlich ehrenhaft verhalten hat, der hat Anspruch darauf, daß wir seiner in Ehrfurcht gedenken. Das gilt für alle und für jeden, gleichgültig, welchem Volk er entstammt oder welcher Waffengattung er angehört hat.«

Die Verwundungen machten ihm noch schwer zu schaffen

Prägende und verbindende Studienjahre in Marburg/Lahn

von Alfred Röher[*)]

Vor 44 Jahren haben wir uns kennengelernt. Beide ließen wir uns für das Sommersemester 1946 an der Universität Marburg an der Lahn für das Studium in der Rechts- und Staatswissenschaftlichen Fakultät einschreiben. Die Zeiten waren damals hart. Die Studienplätze waren begehrt, nicht jeder fand Aufnahme. So begann eine Bekanntschaft, die zu einer wunderbaren Freundschaft gereift ist. Wir brauchten keine großen Worte. Wir haben uns einfach immer verstanden. Besonders glücklich bin ich darüber, daß sich die Verbindung noch im weiteren Berufsleben bis nach Bonn erhalten hat, so daß ich Dir, lieber Alfred, für viele schöne und aufregende Begegnungen danken kann. Schön fand ich auch, daß Du im vorigen Jahr anläßlich meiner Verabschiedung in den Ruhestand die Marburger Zeit noch einmal angesprochen hast, auf die ich jetzt etwas näher eingehen will.
Es trifft sich gut, daß Bundeskanzler Helmut Kohl gerade in diesen Tagen in seiner Regierungserklärung während der Debatte über den Staatsvertrag mit der DDR am 21. Juni 1990 darauf hingewiesen hat, daß sich die Deutschen auf die Fähigkeit besinnen sollten, »mit denen wir vor über 40 Jahren aus den Trümmern unserer zerstörten Städte und Landschaften« die Bundesrepublik Deutschland aufgebaut haben. Das Geheimnis der damaligen Situation war, daß es keine Aussteiger gab! Jeder war von dem Drang beseelt, nach dem Zusammenbruch des III. Reiches möglichst früh einzusteigen, um wieder Grund unter die Füße zu bekommen.

---

*) geb. 1924, 1946–1950 Studium der Rechts- und Staatswissenschaften in Marburg/Lahn, 1964–1989 Leiter der Bundesgeschäftsstelle der Landesbausparkassen im Deutschen Sparkassen- und Giroverband.

Der Aufbau einer neuen Existenz und damit der Aufbau eines neuen Staatswesens waren die vor uns liegenden großen Aufgaben. Dies erforderte neue Überzeugungen und ein Umlenken der Gedanken und Empfindungen, die der neuen Wirklichkeit angepaßt waren. Das ging freilich nicht von heute auf morgen. Und so fanden unter den Kommilitonen von damals tiefschürfende und hitzige Diskussionen statt, denen vielfach die theoretischen Grundlagen noch fehlten. Denn nur eine kleine Zahl der jungen Menschen der damaligen Studentengeneration hatte während der Schulzeit ausreichend Gelegenheit gehabt, sich mit dem Wesen wahrer Menschlichkeit oder mit Fragen der Philosophie oder Religion zu beschäftigen. Zu sehr war die ganze Erziehung der letzten 12 Jahre auf wenige Generalnenner gebracht worden, als daß sich ein wahrhaft kritisches Denken hätte ausbreiten können. Im Gegenteil! Wie von einem Fokus wurde das Denken und Fühlen und das daraus folgende Wollen auf ganz bestimmte Ideale und Ziele ausgerichtet, die alle mit dem Führerkult und den Vorstellungen vom großdeutschen Reich zusammenhingen.
Diejenigen, die im Sommersemester 1946 das Studium in Marburg/Lahn aufnehmen konnten, waren überwiegend Teilnehmer des gerade zu Ende gegangenen Krieges, vielfach bitter gezeichnet durch Verwundungen und Gesundheitsschäden. Besonders schwer hatten es dabei die durch Kriegseinwirkungen erblindeten Kommilitonen. Sie waren in Marburg besonders zahlreich, weil sie in der dortigen Blindenstudienanstalt auf ein neues Leben vorbereitet wurden. Sie waren auf ständige Hilfe und Betreuung angewiesen.
In dieser Umgebung also, verehrter, lieber Freund Alfred, haben wir uns kennengelernt. Obwohl die Kriegsgeneration ein offenes und ungezwungenes Verhältnis zueinander hatte, stand das vertrauliche »Du« nicht sogleich auf der Tagesordnung. Das hing wohl auch damit zusammen, daß viele Kommilitonen ehemalige Offiziere waren und sich bei der Anrede »Herr« noch sehr wohlfühlten. Erst langsam lockerte sich die Konvention, begünstigt durch neue Erlebnisse im Universitätsleben, durch erste Erfolge im Studium, aber auch durch erste gemeinsame Enttäuschungen. So erinnere ich mich an einen Kommilitonen, der sich bereits im 2. Semester an einer Übungsklausur im BGB beteiligt hatte und die Beurteilung

erhielt: »Völlig unbrauchbar! Es fehlt das juristische Denken!« Na, ja! Wo sollte es im 2. Semester auch herkommen!
Ich kannte den Kollegen gut! Er war so frustriert von der Juristerei, daß er sofort umsattelte und Philologe wurde. Er war zuletzt Oberstudiendirektor, ist heute pensioniert und hat eine ganze Schulgeneration vor der Aufnahme des juristischen Studiums gewarnt!
Die Not der damaligen Tage war groß. Beim täglichen Brot fing es an! Wir hatten zwar unsere Lebensmittelkarten. Die darauf verzeichneten Portionen aber waren gewiß nicht zum Zunehmen. Propagandisten von Schlankheitskuren könnten heute aus den damaligen Zuteilungsmengen viel Kapital schlagen. Auch die Kleiderfrage wurde mehr und mehr zum Problem. In den Hörsälen sah man viele eingefärbte ehemalige Uniformteile. Jägergrün und dunkles Braun waren dabei besonders bevorzugte Farben. Von Glück konnten diejenigen sagen, die in dem kalten Winter 1946/47 noch eine lange Unterhose aus Wehrmachtsbeständen hatten. Marinelederjacken, Pilotenjacken und Ledermäntel des Heeres gehörten zum allgemeinen Stadtbild in Marburg. Schreibpapier und Schreibgeräte waren ein besonderes Problem. Zu kaufen gab es bis zur Währungsreform so gut wie nichts.
Beim Klausurenschreiben waren Bleistifte an der Tagesordnung, auf alten Firmenbögen, die Kommilitonen besorgt hatten, wurden die ersten Klausuren gefertigt. Hausarbeiten wurden natürlich mit Hand geschrieben. Wer eine Schreibmaschine hatte, hütete sie wie einen Augapfel. Schlimm war es bei der Benutzung der Bibliothek. Bei Hausarbeiten gab es eingespielte Teams, die sich im schnellen Zugriff die entsprechenden Lehrbücher und Kommentare besorgten. Fotokopien gab es nicht, es mußte alles abgeschrieben werden.
Das Mensaessen war damals eine mittelmäßige Katastrophe. Daß wir das so unbeschadet überstanden haben, wundert mich heute noch.
Glücklich, wer ein Fahrrad hatte. Da konnte man an den Wochenenden schon mal das Umland erkunden. Manche Kollegen wurden in den reichen Gemeinden des Ebsdorfer Grundes fündig und kamen mit einer Anzahl geschnorrter Eier heim. Teilen war Ehrensache. Alfred Dregger bekam schon mal ein Paket aus Westfalen.

Auch da wurde brüderlich geteilt. Das Marburger Bier der damaligen Tage war sehr dünn. Man hätte schon ein kleines Fäßchen trinken können, um mit der heutigen Promillegrenze in Konflikt zu geraten. Alle Stadtwege wurden zu Fuß erledigt. Wer eine Badehose hatte, war im heißen Sommer 1947 ein Glückspilz. Geschwommen, oder besser gesagt, ins Wasser getaucht, wurde damals unterhalb des Lahnwehres, weil die Amerikaner das sog. Sommerbad für sich haben wollten. Eine kurze Lederhose, so wie sie uns Hans-Jochen Vogel damals vorführte, war ein Wunschtraum.
Auf den Studentenbuden wurden abwechselnd Süppchen mit abenteuerlichen Zutaten gekocht. Mehlwürmer waren nicht unbedingt ein Grund, die Suppe wegzuschütten.
Wir alle kannten einen Kommilitonen, der immer mit einem Laib Brot in der Vorlesung erschien, sich einen Kanten herunterschnitt und in kleinen Stücken während der Vorlesung zu sich nahm. »Mein Magen soll nicht einschrumpfen«, war seine Antwort, wenn er gehänselt wurde. Heute ist er einer der erfolgreichsten Anwälte in Nordrhein-Westfalen.
Und überhaupt erfolgreich! Ich habe heute noch eine Ausgabe der Zeitschrift LIFE vom 2. 9. 1946 in meinem Besitz, in der eine Bildreportage über die Universität Marburg gebracht wurde. Die Reporter hatten damals gut recherchiert und folgende Daten veröffentlicht: »More than two third of the 3000 students were in military service from four to six years. A third of all the male students returned blind or desabled. Only 1% of all Marburg students come from working-class-family backgrounds.« In dieser Zeitschrift findet sich auch ein Großfoto von einer Vorlesung mit Professor Fritz von Hippel, auf dem fast die gesamte Anzahl der damals studierenden angehenden Juristen mehr oder weniger gut zu erkennen ist. Von den damals Anwesenden sind inzwischen viele als Senatspräsidenten, Geschäftsführer von Wirtschaftsverbänden, Anwälte, Professoren, Richter und Staatsanwälte bereits im wohlverdienten Ruhestand.
In den Vorlesungen und Übungen lernte man sich schätzen. Es sprach sich herum, daß der Ritterkreuzträger in der zweiten Reihe mit den Klausuren die gleichen Schwierigkeiten hatte wie unsereiner. Alfred Dregger glänzte mit überwiegend guten Noten. So nebenbei erfuhr man auch, daß er schon mit 24 Jahren als Haupt-

mann und Bataillonskommandeur seinen Mann gestanden hatte. Seine schwere Verwundung aus den letzten Kriegstagen machte ihm noch sehr zu schaffen.
Neben dem eigentlichen Brotstudium war unter den ehemaligen Kriegsteilnehmern ein ungeheurer Drang nach Wissen und Erkenntnis. Viele hatten nur ein Notabitur, die Entwicklung der Weltliteratur war an uns jahrelang vorübergegangen. Deshalb versuchten wir auf allen Wissensgebieten nachzuholen. Philosophie und Geschichte, Religion und Gesellschaftswissenschaften waren dabei bevorzugte Gebiete. Auf Drängen der Studenten wurde eine Vorlesungsreihe mit dem Thema »Studium generale« eingerichtet, die eifrig besucht wurde. Besonders interessierte Kollegen fanden sich beim damaligen Rektor Professor Ebbinghaus ein, der als Neukantianer Vorlesungen über »Die Erkenntnistheorie bei Immanuel Kant« hielt. Das waren für uns neue Gedanken, die wir begierig einsogen.
In der Universitätskirche predigte Professor Bultmann über seine neuesten Erkenntnisse in Sachen »Entmythologisierung«. Klar, daß die Kirche bei seinen Predigten bis auf den letzten Platz gefüllt war.
Ja, und dann kam meine geistige Auseinandersetzung mit Alfred Dregger! Es könnte im Wintersemester 1948 gewesen sein. Jedenfalls war die Währungsreform vorbei und es ging um den Aufbau und die rechtliche Ausgestaltung von Firmengründungen. Dazu waren wir beide in einem Seminar von Professor Rudolf Reinhardt. Alfred Dregger hatte das Hauptreferat zu halten. Es ging dabei um die rechtlichen Beziehungen von Vorgesellschaftern einer zu gründenden juristischen Person und die damit zusammenhängenden Haftungs- und Gestaltungsfragen.
Mir war bei dieser Veranstaltung die Aufgabe des Correferates zugefallen, und beide Alfrede stritten nun in Rede und Gegenrede um die besten Lösungen. Ich weiß noch, daß Freund Alfred Dregger mit glänzender Rhetorik und fundierten Rechtsgründen seine Thesen vertrat, wohingegen ich nur noch Marginalien beisteuern konnte. Die Noten »Gut« und »Befriedigend« wurden dann auch gerecht verteilt. Alfred Dregger hat später die Grundthesen seines damaligen Vortrages in seiner Doktorarbeit weiter aufgearbeitet, wurde mit hohem Lob promoviert und später sogar mit

seiner Arbeit in einem Urteil des BGH als stützende Rechtsansicht zitiert, wahrlich eine hohe Ehre.
Ein juristisches Studium dauerte damals sechs Semester, das war Ehrensache. Wer noch promovieren wollte, hing vielleicht noch ein Semester dran. Einsteigen war die Parole der Jahre! Dazu war noch die Hürde des Assessor-Examens zu nehmen. Erst danach erhält man bekanntlich die Befähigung zum Richteramt, als der Eingangstufe zu höheren juristischen Weihen.
Während der Referendarausbildung sahen wir uns beim Oberlandesgericht in Hamm wieder. Dort gab es auch einen Stammtisch, an dem wir uns natürlich rege beteiligten, weil er auch eine Nachrichtenbörse erster Ordnung war. Man erfuhr dort die neuesten Examensergebnisse der Kollegen, freute sich mit ihnen über das bestandene Assessor-Examen und sah dem eigenen Examen mit zuversichtlichem Herzklopfen entgegen.
Groß war denn auch die Freude, als wir Dein Prädikatsexamen in Hamm feiern konnten. Schnell verschwandest Du aus unserem Kreis und fandest Deine erste Anstellung beim Bundesverband der Deutschen Industrie. Von da ging es zum Deutschen Städtetag. Zwischenzeitlich blieben wir in Verbindung, und eines Tages bekam ich Deine Einladung nach Fulda, wo Du inzwischen wohlbestallter Oberbürgermeister geworden warst. Unvergessen ist dabei, daß Du mir die Möglichkeit zum Segelfliegen in Fulda verschafftest, so daß ich Dir auch von oben in den Garten sehen konnte.
Lieber Freund Alfred! Du magst in Deinem privaten und beruflichen Leben viele gute Entscheidungen getroffen haben: Eine der besten war, daß Du Deine Frau Dagmar geheiratet hast. Studentin in Marburg, diplomierte Volkswirtin, Mutter Deiner drei Söhne – Deine Lebensgefährtin in fast 40 Ehejahren. Sie war eine würdige First Lady an Deiner Seite in Fulda und hat Dir immer den Rücken freigehalten, damit Du in den verschiedensten öffentlichen Positionen zum Wohle der Allgemeinheit wirken konntest. Ihr gilt mein besonderer Gruß an dieser Stelle.
Viel wäre noch zu sagen über den Menschen Alfred Dregger! Ein guter Freund in allen Lebenslagen, warmherzig, aufgeschlossen und fest verankert im katholischen Glauben.
Deine Vorstellungen und Überzeugungen von freiheitlicher Demo-

kratie hast Du oft genug in Reden und Aufsätzen erläutert. Imponierend, wie Du dabei große geschichtliche Vorbilder herangezogen hast, um Deine Meinung zu stützen. Perikles war Dir dabei der Leitstern.

Die Einheit Deutschlands war Dir immer ein besonderes Anliegen, und die Entwicklung, die Du ja selbst mit initiiert, gefördert und mitgestaltet hast, hat Dich glanzvoll bestätigt. Als Du im Jahre 1978 in einem öffentlichen Vortrag sagtest, daß die Mauer fallen wird, »weil das Absurde keinen historischen Bestand haben kann« und Deutschland daher wiedervereinigt werden wird, war das ein großes Wort. Damals hatten andere Zeitgenossen die DDR bereits für immer abgeschrieben.

An Deinem 70. Geburtstag kannst Du nun auf ein Leben zurückblicken, das erfüllt war von Hingabe und Pflichtbewußtsein und voller Erfolge. Aus vielen Begegnungen mit Dir in Bonn weiß ich, daß Du Dich zu keiner Zeit mit der Trennung unseres Vaterlandes abgefunden hast. Man muß sich Deine Worte aus dem Jahre 1978 heute auf der Zunge zergehen lassen:

> »Wir müssen rufen, wenn nötig schreien, klug und kaltblütig unsere wirtschaftliche, unsere politische und unsere moralische Kraft einsetzen; dann wird eines geschichtlichen Tages Einigkeit und Recht und Freiheit wieder Lied und Erlebnis aller Deutschen sein.«

Ich freue mich für Dich und für uns alle, daß Du dieses historische Ereignis der Zusammenführung beider deutscher Teilstaaten in voller Gesundheit in Deiner langjährigen Position als Vorsitzender der CDU/CSU-Fraktion des Deutschen Bundestages in diesem Jahr erleben durftest.

Dank für gemeinsame Stunden auf dem gemeinsamen Studien- und Berufsweg, Verehrung für Deine Leistungen als Mitgestalter einer erfolgreichen Politik zum Segen aller Deutschen.

Vierzehn Jahre Kommunalpolitik für die Bürger und mit den Bürgern

Der Oberbürgermeister von Fulda

von Stefan Schnell[*)]

Eines der lohnendsten, aber sicher auch eines der anspruchsvollsten Felder für öffentliches Wirken ist die Kommunalpolitik. Kaum irgendwo sonst werden Planungen, Beschlüsse und Handlungen der Politiker in ihren Auswirkungen für die Bürger so unmittelbar erfahrbar und auch überprüfbar wie im örtlich begrenzten und überschaubaren Bereich einer kommunalen Gebietskörperschaft. Dies gilt insbesondere unter dem Vorzeichen der deutschen kommunalen Selbstverwaltung, die sich zwar gegenüber der Zugriffsneigung übergeordneter staatlicher Ebenen (Bund und Länder) immer wieder behaupten muß, deren fundamentale Prinzipien der Allzuständigkeit und der Subsidiarität aber nach wie vor der eigentliche Ausganspunkt unserer föderalen Verfassungsordnung sind.
In einer kommunalen Gebietskörperschaft fällt es wesentlich schwerer, den Bürgern ein X für ein U vorzumachen, als in der sogenannten großen Politik, wo dieses Kunststück zwar auch nicht auf die Dauer, aber mitunter doch erstaunlich lange gelingt. Nicht, daß Kommunalpolitik eine Art Grundkurs wäre, den einer durchlaufen haben muß, ehe er nach »höheren Ehren« strebt, sie ist etwas ganz anderes und Eigenständiges. Aber auffallend ist es schon, daß in den Lebensläufen nicht weniger deutscher Bundes- und Landespolitiker von Rang und Namen – Konrad Adenauer ist das herausragende Beispiel dafür – auch erfolgreiche Jahre in kommunalen Diensten vermerkt sind. Alfred Dregger gehört dazu.
Nach ersten Berufsjahren in einem Wirtschaftsverband wurde Dregger Referent in der Hauptgeschäftsstelle des Deutschen Städte-

---

*) geb. 1929, 1953–1960 Redakteur bei der Fuldaer Zeitung, 1966–1969 Dezernent und Leiter der Presseabteilung des Deutschen Städtetages, 1969–1981 Chefredakteur der Fuldaer Zeitung.

tages in Köln; und eine bessere Vorbereitung für eine erfolgreiche Laufbahn als Kommunalpolitiker als dort, wo er sich intensiv mit der Gesamtheit der kommunalen Gegenwartsprobleme vertraut machen konnte, hätte es für ihn kaum geben können. Als er 1956 zum Oberbürgermeister von Fulda gewählt wurde, war er zwar der jüngste unter seinesgleichen, aber keineswegs der unerfahrenste, sondern jemand, dessen Namen man in Städtetagskreisen längst gut kannte.

Neu hingegen waren für ihn Land und Leute – oder besser: die Stadt und ihre Bürger, denn abgesehen vom Jurastudium in Marburg hatte er bis dahin keine engeren, persönlichen Bindungen an Hessen. Seine Kritiker und Opponenten, die er bei seinem Amtsantritt sogleich vorfand, hielten es denn auch für ausgemacht, daß er in Fulda nicht viel mehr als eine Durchgangsstation in seiner Karriere sehen würde. Es kam aber ganz anders. Er ist nun seit 34 Jahren in Fulda – »seiner« Stadt, deren heutiges Erscheinungsbild er wesentlich mitgeprägt hat – zu Hause und mit seiner Familie den Menschen im Fuldaer Land, das man heute oft so administrativ-einfallslos Osthessen nennt, heimatlich verbunden.

Fulda war in den fünfziger Jahren als eine kleinere Mittelstadt vor allem bekannt als Tagungsort der Deutschen Katholischen Bischofskonferenz und dann auch als Sitz des Deutschen Evangelischen Kirchentages. Ihre schönen geistlichen und weltlichen Bauten als Zeugen einer mehr als tausendjährigen Vergangenheit, die den Krieg im wesentlichen heil überstanden hatten, prägten nicht nur das äußere Bild einer Stadt zwischen Rhön und Vogelsberg, in der es sich hinreichend behaglich leben ließ. Sie sagten natürlich – und tun es noch – etwas über den genius loci aus: Vor dem Hintergrund von so viel Geschichte und Tradition fehlt es den Bürgern hier nicht an Selbstbewußtsein. Aber man war noch weit entfernt von jener Stellung, die die Stadt heute einnimmt als unangefochtener Mittelpunkt einer weiten Region, in dem Industrie, Handel und Gewerbe blühen, mit kulturellem Anspruch, mit vielen Tagungen und Kongressen und noch mehr Touristen – und, das ist für alles ja eine Voraussetzung, mit ausgezeichneten Verkehrsverbindungen.

Als Alfred Dregger 1956 sein Amt antrat, konnte er auf einem Fundament aufbauen, das sein Vorgänger Dr. Cuno Raabe geschaffen hatte. Raabe, gebürtiger Fuldaer, war vor 1933 Oberbürgermeister von Königsberg und Hagen gewesen. Von den Nazis entlassen und verfolgt, gehörte er zum engsten Kreis um Carl Goerdeler im Widerstand der Frauen und Männer des 20. Juli 1944. Er überlebte in den berüchtigten Kellern der Gestapo in der Berliner Prinz-Albrecht-Straße und kehrte 1945 in seine Heimatstadt zurück. Als Mitglied im Hauptausschuß des Deutschen Städtetages hatte Raabe den jungen Juristen und Kommunalreferenten Dregger kennen und schätzen gelernt.

In Raabes Zeit fiel die schwierige Aufgabe der Integration vieler Flüchtlinge und Heimatvertriebener bei völlig unzureichendem Wohnungsangebot und Mangel an Arbeitsplätzen. Zugleich fehlte in den engen Grenzen der Stadt die Fläche zum Bau neuer Wohnungen. Erst mit dem Ankauf einer staatlichen Domäne im Osten Fuldas wurde einige Abhilfe geschaffen. Als Raabe das Amt an seinen Nachfolger übergab, war das Notwendigste getan, die Finanzen waren geordnet. Jetzt konnte die Entfaltung Fuldas zu einem modernen, lebendigen Mittelpunkt eines weiten Umlandes in Angriff genommen werden, wobei allerdings die nahe Zonengrenze immer wieder Entwicklungen erschwerte und Probleme aufwarf, wie sie anderen Städten in günstigerer geographischer Lage erspart blieben.

Heute, fast fünfunddreißig Jahre danach, ist es wichtig, sich die psychologische Situation der Menschen damals in die Erinnerung zu rufen, wenn man den politischen Werdegang der Bundesrepublik Deutschland, ihrer Länder, ihrer Städte und Gemeinden nachvollziehen will. Der verfassungspolitische Rahmen war da, die demokratischen Strukturen funktionierten und hatten ihre Bewährungsprobe schon bestanden. Der kräftig einsetzende wirtschaftliche Aufschwung im Zeichen der Erhardschen sozialen Marktwirtschaft, die bedeutenden außenpolitischen Erfolge der jungen Bundesrepublik, die mit den Namen Adenauer, Brentano und Hallstein verbunden waren, gaben den Menschen Mut und Zutrauen in ihre Zukunft.

Aber es gab auch Unsicherheiten, Ängste und bei nicht wenigen Zeitgenossen die Neigung, statt des politischen Engagements ein stilles Nischendasein zu suchen. Es mangelte auch noch an der Übung im Gespräch zwischen Politik und Bürgern; Restbestände obrigkeitlichen Denkens waren durchaus noch vorhanden; das

Verhältnis zwischen Politik und Medien war eher von gegenseitigem Mißtrauen als von kritischer Distanz geprägt. Die Einsicht in den Nutzen, den beide Seiten aus kontinuierlicher Informationsarbeit durch fachlich qualifizierte Informationsämter und Pressestellen ziehen können, war noch keineswegs Allgemeingut.

Für Alfred Dreggers politischen Stil war es bezeichnend, daß er vom ersten Tag seiner Amtszeit im Fuldaer Stadtschloß an bestrebt war, dem Verhältnis zwischen Verwaltung und Bürgerschaft einen offenen und ungezwungenen Charakter zu geben. Er verstand auch damals schon Kommunalverwaltung in einem Sinn, der erst Jahre später mit dem Begriff der Dienstleistungsverwaltung zu umschreiben versucht wurde. Es ging ihm dabei nicht um populistische Anpasserei – so etwas war ihm immer zuwider –, sondern um das bessere Argument. Er suchte das Gespräch und wollte die gegenseitige Information, um auf diese Weise politische Entscheidungen, wenn sie nach Erwägung des Für und Wider schließlich zu treffen waren, auch einsehbar zu machen. Ein Politiker, der sich so verhält, handelt nicht notwendigerweise selbstlos, sondern in der realistischen Erkenntnis, daß Pläne und Projekte in einer Demokratie nur durchzusetzen sind, wenn die Information der Entscheidung vorausgeht.

Wie in anderen Städten stand man auch in Fulda vor dem Problem eines schnell wachsenden Verkehrsaufkommens, das zu einer immer größeren Belastung der viel zu engen Innenstädte wurde. Zwar hatte man die Ostumgehung schon vorher verwirklicht, aber das war erst ein Anfang gewesen. Es galt, dem rasch wachsenden Aufkommen des Zielverkehrs in der Innenstadt so gut wie möglich gerecht zu werden, Parkraum zu schaffen, für den öffentlichen Nahverkehr einen ausreichenden Busbahnhof in zentraler Lage einzurichten und gleichzeitig die Innenstadt als Geschäfts- und Bürozentrum so attraktiv zu machen, daß Fulda seiner Zentralfunktion gerecht werden konnte – und dies alles, ohne den historisch gewachsenen Kern mit seinen vielen schönen Bürgerhäusern, mit seinen Kirchen und Kapellen, mit dem Stadtschloß und dem barokken Palais in seiner Substanz anzutasten.

Alfred Dreggers Bestreben war es, diese sehr unterschiedlichen Aufgaben in einem Gesamtplan zusammenzufassen. Um es vorweg zu sagen: Das Vorhaben gelang und zwar in relativ kurzer Zeit, wenn auch nicht ohne viele kritische Einwände, Bedenken und Widerstände. Maßgeblich für seinen Erfolg waren nicht allein Verhandlungsgeschick und Überzeugungskraft, die ihm die Unterstützung in Magistrat und Stadtverordnetenversammlung sicherten, sowie seine stark entwickelte Fähigkeit, Mitarbeiter zu motivieren. Dregger handelte vor allem auch getreu seinen oben erwähnten informationspsychologischen Grundsätzen. Er gab der Presse zu einem sehr frühen Zeitpunkt umfassenden Einblick in die Planungen; er suchte Gespräch und kritische Diskussion mit der Öffentlichkeit, gerade auch mit skeptisch oder ablehnend eingestellten Gruppen von Bürgern und Geschäftsleuten.

Der Erfolg gab ihm recht. Es war der erste, sehr umfangreiche Schritt, der die Entwicklung Fuldas zu einem Handels- und Dienstleistungszentrum einleitete, eine Entwicklung übrigens, die er auch in den folgenden Jahren zielstrebig förderte. Was Fulda dabei zugute kam und was Dregger zielstrebig als Vorteil nutzte, ist der Umstand, daß andere Zentralstädte wie Kassel, Gießen, Würzburg, aber auch der Frankfurter Raum jeweils etwa hundert Kilometer entfernt liegen. Die Randlage konnte auch vorteilhaft genutzt werden.

Ein ganz unerwarteter Fund trat bei den Bauarbeiten zutage und darf nicht unerwähnt bleiben, weil er einen stadtgeschichtlichen Glücksfall darstellte. Um den Busbahnhof bauen zu können, mußte der sogenannte Altenhof niedergelegt werden. Dabei stieß man auf einen gut erhaltenen Torbogen, der sich als das historische Heertor im Nordosten der mittelalterlichen Stadt an der alten Straße des Reiches von Frankfurt nach Leipzig erwies. Es ist das älteste, heute noch vorhandene Stadttor Deutschlands.

Ein Projekt ähnlicher Größenordnung wie die behutsame Umgestaltung eines Teils der Innenstadt war die Schaffung eines modernen Schulviertels am östlichen Stadtrand, um Schulen, die bis dahin in enger Innenstadtlage untergebracht waren, in weniger belasteter Umgebung ausreichende Entfaltungsmöglichkeiten zu geben. Das Munzinger-Archiv/Internationale Biographische Archiv stellt dazu lapidar fest: »Die Schulbautätigkeit erreichte während seiner (Dreggers) vierzehnjährigen Amtszeit (bis 1970) ein in vergleichbaren Städten nicht gekanntes Ausmaß (ebenso die Abiturientenquote).« Was nicht gelang und bis heute nicht befriedigend gelungen ist, war der Ausbau Fuldas als Hochschulstandort. Zwar sind die Städtischen Kliniken Akademisches Lehrkrankenhaus für die Universität Marburg, zwar gibt es die Theologisch-Philosophische Hochschule als Päpstliche Fakultät mit Promotionsrecht, zwar gibt es die Fachhochschule, der eine Erweiterung ihres Angebots an Fachbereichen sicherlich gut täte, aber als in den späten sechziger und frühen siebziger Jahren neue Universitäten in der Bundesrepublik Deutschland gegründet wurden, ging Fulda trotz vieler Bemühungen leer aus. Die damaligen roten Landesregierungen in Hessen verrieten auch keinerlei Interesse, die Gründung einer solchen Einrichtung – oder besser: deren Wiedergründung, denn bis 1803 hatte es ja eine Universität in Fulda gegeben – ausgerechnet in der von ihnen nicht sonderlich geschätzten »schwarzen Hochburg« ins Auge zu fassen.

Fulda verfügte zwar über eine ansehnliche Zahl auch industrieller Arbeitsplätze, die schon damals sehr viele Pendler in die Stadt führten, aber es wurde auch durch eine gewisse industrielle Monostruktur geprägt, die in der beginnenden Krise der Textilindustrie scharf zutage trat und die Ansiedlung neuer Industrien dringend erforderlich machte. Nachteilig dafür wie auch für den Wohnungsbau wirkte sich jedoch das enge Stadtgebiet aus. Nachdem das von Dreggers Vorgänger erworbene Domänengelände bebaut worden war, blieb nur ein Gelände in erhöhter Lage im Nordwesten, der Aschenberg, das nach Gesichtspunkten damaliger Stadtplanung erschlossen und besiedelt wurde. Eine weitsichtige Baulandpolitik in diesem Gelände trug das ihre dazu bei, um die Entwicklung der Grundstückspreise für den Wohnungsbau über lange Jahre in Fulda jedenfalls in Grenzen zu halten. Die kommunale Gebietsreform, die in den siebziger Jahren schließlich auch in Hessen mit zum Teil grotesken Auswüchsen – man denke nur an die Mißgeburt der sogenannten Lahnstadt (Gießen/Wetzlar) – eingeleitet wurde, kam im Grunde zu spät und hat den Städten nur bedingt geholfen.

Dregger selber konnte als Oberbürgermeister die Erweiterung des Stadtgebietes nicht mehr nutzen, aber er hatte doch noch – wie beispielsweise auch beim dringend notwendigen Neubau der Städtischen Kliniken und ihrem Ausbau zu einem Krankenhaus der Vollversorgungsstufe – entscheidende Weichenstellungen einleiten können. Es kann sicher nicht die Aufgabe eines einzelnen Kapitels in einer Festschrift, die dem ganzen bisherigen Lebenswerk Alfred Dreggers gewidmet ist, sein, ein lückenloses Bild aller Tätigkeiten des Oberbürgermeisters zu zeichnen. Einige herausragende Beispiele seiner kommunalpolitischen Leistungen müssen genügen. Dazu gehören zweifellos auch die Einrichtung moderner Sportstätten mit dem großzügigen Stadion der Stadt Fulda in der Johannisau im Mittelpunkt und die Sicherung der Wasserversorgung für Jahrzehnte durch den Bau eines neuen Wasserwerkes, dies übrigens als eine seiner ersten Initiativen 1957/58. Es ergäbe aber ein ganz einseitiges Bild, wollte man die vierzehnjährige Amtszeit Dreggers als Oberbürgermeister von Fulda nur unter den Gesichtspunkten der Förderung von Handel und Gewerbe, der Verkehrsplanung, der Industrieentwicklung, des Wohnungsbaus und der kommunalen Dienstleistungen betrachten.

Zu den hervorstechenden Merkmalen der Persönlichkeit Alfred Dregger gehört seine Freude am Umgang mit Menschen. In der in den siebziger Jahren – als er bereits Landesvorsitzender der hessischen CDU war – gegen ihn geführten, ebenso maßlosen wie erbitterten Polemik hat man versucht, ihn als eiskalten Machtpolitiker darzustellen. Diese Polemik war von Feindschaft, nicht politischer Gegnerschaft, und von Neid diktiert, sie zeugte vor allem von der Dummheit ihrer Urheber. Die Bürger Fuldas kannten ihn ganz anders, als einen Menschen nämlich, der das Gespräch sucht, der zuhören kann, der zwar nichts von Phrasen hält, aber um so mehr vom Austausch von Argumenten, der überzeugen kann, aber sich auch überzeugen läßt, kompromißfähig und verständigungsbereit. Sie kannten ihn als einen Mann, der, ohne prätentiös zu sein, gemeinsam mit seiner Frau von Anfang an den Kontakt mit den Bürgern suchte, der am bürgerschaftlichen Leben teilnahm und es nach Kräften zu fördern suchte und sich nicht zuletzt deswegen schon sehr bald eines besonderen Ansehens in »seiner« Stadt erfreute.

Was ihn mit Fulda auf eine sehr eigene Art sofort verband, war sein ausgeprägtes historisches und kunsthistorisches Interesse, das hier – in einer Stadt mit einer über zwölfhundertjährigen Geschichte – ein reiches Anschauungsfeld vorfand. Zu den für ihn selber vermutlich schönsten und befriedigendsten Arbeiten als Oberbürgermeister gehört sicher die Restaurierung von Gebäuden und Denkmälern, die für die kulturelle Vergangenheit von Stadt und Hochstift Fulda von großer Bedeutung sind. Als zwei besonders auffallende Beispiele seien nur genannt die Wiederherstellung der historischen Säle und Zimmer des Stadtschlosses mit dem Spiegelkabinett, das in kurhessischer Zeit entfernt worden war und in den sechziger Jahren zurückerworben werden konnte, sowie die Restaurierung des mittelalterlichen Rathauses, das durch spätere Umbauten seines architektonischen Reizes beraubt worden war und lange Zeit ein kaum beachtetes Dasein geführt hatte.

In vierzehn Jahren als Oberbürgermeister konnte sich zuerst auf exemplarische Weise das entfalten, was Alfred Dregger als Politiker auszeichnet. Er ist gewiß ein Realist, der um die Notwendigkeit pragmatischen Handelns genau weiß. Das aber würde ihn, wie er oft, auch als Kommunalpolitiker, bewiesen hat, nicht dazu verleiten, opportunistisch zu handeln. Das »C« in dem Namen seiner Partei drückt für ihn Grundwerte aus, die unaufgebbar sind. Politik ist für ihn gleichbedeutend mit der Aufgabe, aus dem Fundament guter Traditionen heraus zu gestalten, bürgerschaftliches Bewußtsein zu wecken, menschliches Zusammenleben in freiheitlichem, gleichwohl nicht bindungslosem Sinn zu ermöglichen und dadurch entscheidende Voraussetzungen für Initiative und Entfaltung jedes einzelnen zu gewährleisten.

Die vierzehn Jahre des Oberbürgermeisters Alfred Dregger sind nur ein Kapitel in einem politischen Leben, das weit darüber hinaus greift. Ganz sicher waren sie aber prägend für ihn und alles andere als eine Durchgangsstation. Sie haben gleichsam das Fundament geschaffen, auf dem alles spätere aufbaute. Die Stadt Fulda und darüber hinaus die deutsche Kommunalpolitik haben Alfred Dregger viel zu danken.

In einem Gespräch mit der »Fuldaer Zeitung«, das vor fünf Jahren, als er 65 wurde, geführt wurde, beschrieb er die Oberbürgermeister-Zeit von 1956 bis 1970 so: »Und wenn man nun 14 Jahre lang die Möglichkeit hat, eine solche Stadt mit einem solchen kulturellen Reichtum, in einer solch großen Tradition zu entwickeln mit all ihren Facetten, im kulturellen, sozialen Bereich, im Verkehr, in der Wirtschaft, wenn man das 14 Jahre lang getan hat, da gibt es eigentlich kaum einen Straßenzug, wo man nicht irgendwie selbst noch weiß und erkennt, daß das ja mitgeprägt worden ist. Deswegen sind wir auch nicht nach Bonn gezogen. Ich bin sehr glücklich, hier zu leben, und ich bin auch sehr glücklich über die Freundlichkeit der Menschen.«

Die Stadt Fulda und das Fuldaer Land, zu dem historisch auch das Geisaer Land in der thüringischen Rhön gehört, sind Alfred Dreggers Heimat geworden. Es muß einer der bewegendsten Augenblicke im Leben dieses unermüdlichen Streiters für die Überwindung der Spaltung Deutschlands in Freiheit gewesen sein, als er im Herbst 1989 vom fuldischen Rasdorf in der hessischen Rhön in das fuldische Buttlar in der thüringischen Rhön ging, als dort der Grenzzaun fiel.

Für finanziell gestärkte Kommunen – gegen den Geist des Zentralismus

Der Präsident des Deutschen Städtetages

von Bruno Weinberger[*)]

Mit den Amtsketten ihrer Städte geschmückt, standen Präsident und Vizepräsident, der Frankfurter Oberbürgermeister Brundert und der Fuldaer Oberbürgermeister Dregger, mit weiteren Präsidiumsmitgliedern am 11. April 1968 im Fürstensaal des Rathauses zu Lüneburg am Sarg Werner Bockelmanns, des vormaligen Oberbürgermeisters von Frankfurt, der am 08. April 1990 als Geschäftsführendes Präsidialmitglied des Deutschen Städtetages tödlich verunglückt war. Es ist nicht die Regel, daß die schweren und wertvollen Bürgermeister-Amtsketten außerhalb der eigenen Stadt getragen werden. Alfred Dregger gab damals spontan die Anregung, mit dem Zeichen der Amtswürde dem toten Kollegen die letzte Ehre zu erweisen. Ich, in schlichter Trauerkleidung inmitten des Glanzes, den die meist güldenen Amtsketten unserer Städte vermitteln können, empfand das als typisch für jene Zeit und für Alfred Dregger: eine Mischung aus kollegialer Verbundenheit über Parteigrenzen hinweg und echtem Städtestolz, auch in der Trauer.

Alfred Dregger war in der Hauptversammlung des Deutschen Städtetages am 11. Juni 1965 in Nürnberg zum Präsidenten des größten Kommunalen Spitzenverbandes der Bundesrepublik Deutschland gewählt worden. Es erregte schon etwas Aufsehen in der Öffentlichkeit, daß ein so junger Oberbürgermeister, ein CDU-Mann und ein Vertreter der verhältnismäßig kleinen Mitgliedstadt Fulda Arnulf Klett ablöste, der seit 20 Jahren Oberbürgermeister von Stuttgart war und 1963 als Nachfolger Willy Brandts Präsident geworden war. Dieser Wechsel von Klett zu Dregger und der

---

*) geb. 1920, 1960–1968 1. Beigeordneter und 1968–1986 Geschäftsführendes Präsidialmitglied des Deutschen Städtetages.

unmittelbar nachfolgende Akt, in dem Wilhelm Kaisen, der hochangesehene Bürgermeister und Senatspräsident der Hansestadt Bremen, nach einer bewegenden Abschiedsrede zum Ehrenmitglied gewählt worden war, veranlaßten den neuen Präsidenten, »zugleich im Namen meiner jüngeren Kollegen, heute, 20 Jahre nach Beginn des Aufbaues, den Männern der ersten Stunde zu danken. Manchmal ist die Anerkennung zwischen uns Jüngeren und unseren Vorgängern ungerecht verteilt, da Fundamente es nun einmal an sich haben, daß sie weniger sichtbar sind als die Gebäude, die auf ihnen errichtet werden. Ich darf den älteren Kollegen jedoch versichern, daß sie und ihr Werk in unserem Kreise und darüber hinaus unvergessen bleiben werden.«
Unser gemeinsamer Weg beim Deutschen Städtetag begann 1960. Ich trat im Februar das Amt des stellvertretenden Hauptgeschäftsführers an, Alfred Dregger wurde am 1. Juni in der Augsburger Hauptversammlung in das Präsidium, das höchste Organ des Deutschen Städtetages, gewählt. Er war seit 1956 Oberbürgermeister von Fulda, damals Deutschlands jüngster OB. Fünf Jahre Präsidium genügten, den jungen, dynamischen, stets in klaren und knappen Sätzen sprechenden und schreibenden Kommunalpolitiker für das Präsidentenamt wählbar zu machen. Seine Rede, mit der er sich nach der Wahl der Hauptversammlung als dem obersten Parlament der Deutschen Städte zu präsentieren hatte, war ein starkes Plädoyer gegen den Geist des Zentralismus. Ausgehend von der Frage, ob angesichts der übernationalen Entwicklungen die Selbstverwaltung der einzelnen Städte und Gemeinden noch Daseinsberechtigung habe, stellte er fest: »Würde der Aufbau dieser Gemeinwesen zentralistisch sein, so müßte sich das gesamte bedeutsame politische und kulturelle Leben auf wenige Welthauptstädte konzentrieren, alles andere aber in ödem Provinzialismus versinken. Würde der Aufbau dieser Gemeinwesen zentralistisch sein, würde eine riesige Verwaltungsmaschinerie schematisierend und schwerfällig alle Initativen und Aktivitäten lähmen, die sich nur örtlich entfalten können. Würde der Aufbau dieser Gemeinwesen zentralistisch sein, so würde das Prinzip der repräsentativen Demokratie schließlich sinnentleert werden, da der Abstand zwischen Wählern und Gewählten mit der Größe des Gemeinwesens notwendigerweise zunimmt. Um der kulturellen und wirtschaftlichen

Vielfalt unseres Landes willen, um der Elastizität des Verwaltungshandelns willen und um der demokratischen Lebenswirklichkeit willen sind wir, so meine ich, geradezu verpflichtet, unsere kommunale Selbstverwaltung in eine neue Zeit und in ein vereinigtes Europa einzubringen.« Geschickt verband Dregger auch das System der sozialen Marktwirtschaft und das System der kommunalen Selbstverwaltung, die beide nach 1945 in der Bundesrepublik Deutschland Wirklichkeit geworden seien. Beiden Systemen liege ein gemeinsames Prinzip zugrunde, nämlich das Prinzip eigenverantwortlichen Handelns zahlreicher kleinerer Einheiten, seien es nun Wirtschaftsunternehmen oder kommunale Selbstverwaltungskörperschaften.
Schon in dieser ersten Städtetagsrede wurden die großen Themen sichtbar, die Alfred Dregger während der weiteren Städtetagszeit beschäftigten und die er erfolgreich vorantrieb: die Verwaltungsreform und die Finanzreform. Zwischen beiden dürfe kein Junktim hergestellt werden, beschwor er die Politiker; vor allem sei es bei der Finanznot der Städte unmöglich, mit der Finanzreform bis zur Durchführung der Verwaltungsreform zu warten; jedoch könne den Überlegungen zur Finanzreform nicht eine Verwaltungsstruktur zugrunde gelegt werden, die selbst in höchstem Grade reformbedürftig sei. Dregger setzte sich dann mit der Frage auseinander, welche Stellung die Städte in unserem Gemeinwesen einnehmen und einnehmen sollten. »Man wird ihnen nicht gerecht, wenn nur oder in erster Linie auf ihre Größe und ihre – in diesem Sinne gar nicht vorhandene – Macht hingewiesen wird. Der Rang und die Bedeutung der Städte liegt begründet in dem Dienst, den sie einem größeren Ganzen leisten ... Die besondere Leistung der Städte liegt nicht nur in der industriellen Produktion. Sie liegt vor allem in ihren Zentralfunktionen, in Handel, Verkehr und Dienstleistungen, in den vielfältigen öffentlichen Einrichtungen, nicht zuletzt in ihren eigenen kulturellen und sozialen Gemeinschaftseinrichtungen, die zu einem wesentlichen Teil durch Bürger aus der Nachbarschaft der Städte in Anspruch genommen werden. Nur die Zentralfunktionen der Städte sind in der Lage, ein Gebiet zu integrieren, nur mit ihrer Hilfe kann die Entwicklung strukturschwacher Gebiete vorangetrieben werden.« Daran schloß er dann die Folgerung in Richtung Finanzreform: »Wenn die Bedeutung der Zentralfunktionen aner-

kannt wird, dann kann aber auch nicht der finanzielle Aufwand ignoriert werden, der sich aus ihnen ergibt.«
Dregger begann nach der Präsidentenwahl unverzüglich, seine kommunalpolitischen Vorstellungen durch Kontaktaufnahme mit der Bundesregierung voranzutreiben. Denkwürdig war der Besuch, den Alfred Dregger und ich am 13. Juli 1965 Bundeskanzler Ludwig Erhard abstatteten. Wir waren mit dem Bundeskanzler allein und er war offensichtlich nicht unter Zeitdruck. Es ergab sich ein sehr sachliches, fundiertes Gespräch, das sich auf die Gemeindefinanzen generell und auf die Finanzierung des Verkehrsausbaus in den Städten im besonderen konzentrierte. Es gelang dem Präsidenten Dregger, Bundeskanzler Erhard zu überzeugen, daß dem Verkehrschaos in den Städten durch einen bis dahin vom Bund sträflich vernachlässigten innergemeindlichen Verkehrsausbau und eine entsprechende Finanzierung begegnet werden muß. Als wir das Palais Schaumburg verließen, hatten wir eine schriftliche Zusage des Bundeskanzlers in Händen und damit den Grundstein dafür gelegt, was der Präsident zwei Jahre später in der Hauptversammlung 1967 so beschrieb: »Ein wichtiges Teilziel wurde erreicht. Durch die Erhöhung der Mineralölsteuer um drei Pfg. je Liter bei voller Zweckbindung für den innergemeindlichen Verkehrsausbau wurde dessen Finanzierung auf eine neue Grundlage gestellt. Für diesen Erfolg waren mehrere Umstände bedeutsam. Zunächst die Konzentration nahezu aller Kräfte des Deutschen Städtetages auf diesen Punkt. Sodann unsere Bereitschaft, einen Vorschlag vor der Öffentlichkeit zu vertreten, den viele zunächst für unpopulär hielten.« Es war ein Ergebnis, das Werner Bockelmann als Geschäftsführendes Präsidialmitglied in der gleichen Hauptversammlung so kommentierte: »Ich gehe wohl nicht zu weit, wenn ich behaupte, daß damit wohl der seit Wiederbegründung des Deutschen Städtetages neben dem Steuerverbund von 1956 größte Erfolg auf dem Gebiet der Finanzen erzielt worden ist.«
Einige Monate nach der Präsidentenwahl, im Herbst 1965, fanden die nächsten Bundestagswahlen statt. Der Hauptausschuß des Deutschen Städtetages richtete am 27. Oktober 1965 in Berlin eine Kundgebung an den neuen Bundestag und an die neue Bundesregierung. Präsident Dregger begründete die darin ausgesprochenen Erwartungen und Forderungen. Die Rede erlangte darüber hinaus

Bedeutung durch das klare Bekenntnis zu einer investitionsorientierten Politik. Man müsse sich entscheiden, was man wolle, erklärte Dregger und fuhr fort: »Entweder – jetzt und heute – noch mehr Freizeit, noch mehr Konsum und noch mehr privaten Wohlstand. Dann muß die Investitionsrate drastisch gekürzt werden. Dann soll man aber nicht über alle möglichen Notstände klagen, sei es nun über den Verkehrsnotstand oder den Bildungsnotstand oder den Krankenhausnotstand oder die verschmutzten Bach- und Wasserläufe oder was es an sonstigen Notständen noch alles geben mag. Dann muß man in Kauf nehmen, daß die Wettbewerbsfähigkeit unserer Industrie langsam, aber sicher zurückgeht, was unseren künftigen Wohlstand beeinträchtigen muß; denn die Investitionen von heute sind der Wohlstand von morgen.« Dann folgte, natürlich, seine finanzpolitische Konsequenz: »Diese staatspolitische Grundsatzentscheidung hat m. E. auch Auswirkungen auf die Finanzreform. Geben wir den Investitionen den Vorzug vor der Konsumausweitung, dann können und müssen die investitionsorientierten Haushalte zu Lasten der konsum- und subventionsorientierten Haushalte gestärkt werden. Weit mehr investitionsorientiert als die Haushalte des Bundes und der Länder sind die Gemeindehaushalte... Allein von dieser Grundsatzentscheidung her, nicht mehr allein von der unterschiedlichen Finanzsituation von Staat und Gemeinden her, ist unsere Forderung einsichtig, eine Finanzreform zugunsten der Gemeinden durchzuführen.«
Ein Jahr später, die Finanzreform kam nicht entscheidend voran, selbst die Mineralölsteuerfrage und der innergemeindliche Verkehrsausbau schleppten sich aus koalitionsbedingten Gründen hin. Wieder traf sich der Hauptausschuß des Deutschen Städtetages in Berlin und richtete am 7. Oktober 1966 eine weitere Entschließung an den Bundestag, an die Bundesregierung und bemerkenswerterweise auch an die Ministerpräsidenten der Länder. Ich hatte die Entschließung mit einem Referat zu begründen, ergänzend hierzu verwies der Präsident auf die letzte Regierungserklärung von Bundeskanzler Erhard, »die unsere Berliner Thesen aufgriff und bestätigte, und seitdem redet ja alle Welt davon, daß es notwendig ist, die Investitionen, insbesondere die sozialen Investitionen, zu sichern und den Konsum einzuschränken.« Vor der Abstimmung über die Entschließung bekannte der Präsident sich, und auch das war

typisch für Alfred Dregger, mutig zur Verantwortung: »Wir (hatten) als einziger Verband den Mut, eine Erhöhung der Mineralölsteuer als durchaus erwägenswert in die Diskussion einzubeziehen. Wer die Finanzsituation von Bund, Ländern und Gemeinden kennt, der muß ehrlich genug sein, zu sagen, daß diese Forderungen nicht erfüllt werden können, wenn nicht auch gewisse steuerliche Konsequenzen gezogen werden. Wir sollten den Mut haben, das zu sagen. Das haben wir getan.«

Systematisch arbeitete Dregger auf das gesteckte Ziel, die Finanzreform, hin. Nach dem Prinzip des ceterum censeo benutzte er jede Gelegenheit, die Politiker und die Öffentlichkeit für die finanziellen Forderungen der Städte und Gemeinden zu gewinnen. So auch den ersten Schulkongreß der deutschen Städte, den der Deutsche Städtetag am 5. Juni 1967 in Dortmund veranstaltete. Er sprach von der geistigen Erneuerung Deutschlands, für die der Wiederaufbau unseres Schulwesens nach dem Zusammenbruch 1945 der wichtigste Beitrag gewesen sei. Es habe sich allgemein die Erkenntnis durchgesetzt, daß die Bundesrepublik Deutschland ihren Rang unter den Industriestaaten der Welt und damit die soziale Sicherheit ihrer Bürger nur wird erhalten können, wenn sie in ihren Bildungsanstrengungen nicht nachläßt. Bildungspolitik sei daher große Politik. Unsere Finanzprobleme ließen sich daher nicht auf Kosten der Bildungsinvestitionen lösen, im Gegenteil, Ausgaben für Bildung und Schule seien produktivitätsfördernde Investitionen für die Zukunft. Alfred Dregger war stets bemüht, seine Forderungen realisierbar darzustellen. Er erklärte daher auf dem Schulkongreß, es sei »nicht damit getan, für das Bildungswesen und andere soziale Investitionen Geld zu fordern, ohne die Konsequenzen für andere Bereiche aufzuzeigen. Prioritäten setzen heißt ja nicht nur, auf dem einen Gebiet mehr, sondern auch auf einem anderen Gebiet weniger zur Verfügung zu haben. Das nicht zu verschweigen, schien mir ein Gebot politischer Redlichkeit zu sein.«

Der Höhepunkt in der zweijährigen Wahlperiode des Städtetagspräsidenten ist die große Präsidentenrede vor den tausend Vertretern der deutschen Städte in der Hauptversammlung. Für Alfred Dregger fand dieses Ereignis unter dem Motto »Reformen für die Städte von morgen – freie Bürger – moderne Verwaltung – gesunde Finanzen« vom 21. bis 23. Juni 1967 in der Hansestadt Bremen statt.

Im ersten Teil der Hauptversammlung konnte er Bundespräsident Heinrich Lübke, im zweiten Teil zur Präsidentenrede Bundeskanzler Kurt Georg Kiesinger begrüßen. Dregger stellte natürlich die von ihm und vom Städtetag verfolgten Reformen in den Mittelpunkt seiner Ausführungen. Vorher nahm er aber, angeregt vom Raumordnungsbericht 1966 der Bundesregierung, zur Frage Stellung, was eine Stadt ist und von anderen Gemeinden unterscheidet. Er stellte hierbei neben die zehn großen Verdichtungsräume der Bundesrepublik die über das ganze Bundesgebiet verteilten 48 mittleren und kleineren Stadtregionen. Hier kamen natürlich die Erfahrungen des Fuldaer Oberbürgermeisters zum Tragen, der Breitenwirkung des Deutschen Städtetages, der im allgemeinen von den Oberbürgermeistern der ganz großen Städte repräsentiert wird, tat dies aber sowohl in der Mitgliedschaft wie in der Öffentlichkeit recht gut. Dregger erklärte dann, wie er das Wesen der Stadt sieht: »Städte unterscheiden sich von anderen Gemeinden vor allem dadurch, daß sie nicht nur für sich, sondern auch für andere da sind, daß sie mit ihren Zentralfunktionen das Land durchdringen, daß sie mit ihrer Hilfe kultur- und gewerbefördernd in ihr Umland ausstrahlen, daß sie es zu Regionen integrieren und auf diese Weise unser Land, das so gestaltlos geworden zu sein scheint, doch in eine Gliederung und Ordnung bringen.«

Zur Verwaltungsreform stellte Dregger weitreichende Forderungen: erstens sei anzustreben, die Zahl der Verwaltungsebenen zu verringern, sie jedenfalls nicht weiter wachsen zu lassen; zweitens müsse auf jeder Verwaltungsebene die Zahl der Verwaltungseinheiten verringert werden und drittens müßten Größe und Grenzen der Verwaltungseinheiten den zu erfüllenden Aufgaben angepaßt werden, so daß diese Einheiten in der Regel innerhalb ihres Verwaltungsraumes die Aufgaben erledigen können.

Den größten Teil seiner Rede widmete der Präsident verständlicherweise der Finanzreform. Er beschäftigte sich ausführlich mit dem quantitativen Problem der kommunalen Finanzen und verwies darauf, daß die gegenwärtige Finanzmittelverteilung auf Prioritäten beruhe, die nach der Währungsreform gesetzt worden seien und damals vielleicht gerechtfertigt waren. Er wandte sich dann gegen die Bevorzugung der Länderebene gegenüber den Gemeinden, der es zu allen Zeiten an einer überzeugenden Begründung gefehlt habe.

Das wiege um so schwerer, als die Länder nicht müde werden zu betonen, daß unmittelbaren finanziellen Beziehungen zwischen Bund und Gemeinden die verfassungsmäßige Grundlage fehle... Diesem so hartnäckig beanspruchten Protektorat der Länder über die Gemeinden fehle es an der inneren Rechtfertigung, solange sie bei der Finanzmittelverteilung die Interessen der Gemeinden derart mangelhaft vertreten und sich selbst zum Nachteil ihrer Gemeinden bevorzugen.

Bei der Behandlung der qualitativen Seite der Gemeindefinanzreform gab Dregger damals schon zu bedenken, was heute immer noch akut ist, nämlich die viel berufene Steuerharmonisierung innerhalb der EG einmal umgekehrt in Richtung auf das deutsche Selbstverwaltungssystem in Erwägung zu ziehen. Dazu bestehe schon deshalb aller Anlaß, weil die kommunale Selbstverwaltung in den meisten EWG-Ländern ebenso unterentwickelt sei, wie diese Länder unsere föderalistische Staatsstruktur nicht kennten. Nachdem Dregger die Forderungen des Deutschen Städtetages zur Finanzreform in sechs Thesen dargelegt hatte, blickte er auf seine zweijährige Präsidentenzeit zurück. Vieles sei unvollendet geblieben, einiges sei erreicht worden, das Klima in der Öffentlichkeit gegenüber den Städten sei verbessert worden. Vor allem aber, es wurde oben bereits erwähnt, sei die Mineralölsteuerlösung erreicht worden. Diese Frage wurde sogar Gegenstand der hohen Politik. Obwohl Bundeskanzler Erhard, wie dargestellt, hinter der ausgehandelten Lösung stand, scheiterte seine Regierung quasi in letzter Minute am Widerstand des kleinen Koalitionspartners. So wurde der innerstädtische Verkehrsausbau eine der ersten Maßnahmen der Großen Koalition. Dregger wandte sich in der Hauptversammlung an Bundeskanzler Kiesinger: »Unser Dank gebührt dem Abgeordneten Müller-Hermann, der ihn als Gesetzentwurf in den Bundestag einbrachte, und der Großen Koalition, die ihn verwirklicht hat. Herr Bundeskanzler, an Lippenbekenntnissen zur kommunalen Selbstverwaltung hat es auch in der Vergangenheit nicht gefehlt. Sie haben gehandelt. Das läßt uns wieder hoffen, daß auch die weit schwierigere Aufgabe gelingen wird, die Reform der Gemeindefinanzen im Ganzen durchzusetzen.«

Nach dem turnusmäßigen Ausscheiden Dreggers wurde der Frankfurter Oberbürgermeister Willi Brundert Präsident, und Dregger

blieb als Vizepräsident in der Führung des Deutschen Städtetages. Im Herbst 1968 – inzwischen hatte ich das Amt des Geschäftsführenden Präsidialmitglieds des Deutschen Städtetages übernommen – war die Gemeindefinanzreform immer noch nicht beschlossen, jedoch wurden die Beratungen immer konkreter und kam die Entscheidung immer näher. Das Präsidium rief »in letzter Stunde« seine Mitglieder zur ersten außerordentlichen Hauptversammlung seiner Nachkriegsgeschichte zusammen. »Städte fordern, Bürger fordern, gerechte Finanzreformen!« So lautete das Motto der außerordentlichen Hauptversammlung am 26. November 1968 in Bonn. Die 1 100 Teilnehmer dieser außerordentlichen Hauptversammlung wurden nicht nur Zeugen einer eindrucksvollen Darlegung der Argumente des Deutschen Städtetages im Ringen um die Gemeindefinanzreform, Zeugen ernster Mahnungen von unabhängigen Bürgern an die Adresse der Politiker in Bund und Ländern. Sie wurden Zeugen eines beschwörenden Appells an den Deutschen Bundestag in letzter Stunde, die Weichen der Gemeindefinanzreform so zu stellen, daß die für die Bundesrepublik Deutschland lebenswichtigen Investitionen der Daseinsvorsorge auch in Zukunft noch geleistet werden können. Die Forderungen des Deutschen Städtetages vorzutragen, übertrug man Alfred Dregger. In seiner Rede, die ganz seinem Stil entsprach, in knapper Sprache und klarer Gliederung, in kurzen Sätzen und, soweit nötig, mit Zahlen belegt, begründete er die Entschließung der Hauptversammlung an den Deutschen Bundestag und an den Bundesrat.
Mit dem Finanzreformgesetz vom 12. 5. 1969 und dem Gemeindefinanzreformgesetz vom 8. 11. 1969 wurde die Reform der Gemeindefinanzen Wirklichkeit. Der Kern dieser Reform war der Austausch von 40% Gewerbesteuer gegen 14% Anteil an der Einkommenssteuer, was 1970 den Gemeinden zusätzliche Finanzmittel in Höhe von 2,5 Mrd. DM und damit mehr als die vom Städtetag als Mindestbetrag geforderten 1,5 Mrd. DM brachten. In der Verwaltungsreform konnte Alfred Dregger den Beginn der Gebietsreform als ersten Teil der umfassenden Verwaltungsreform noch beim Deutschen Städtetag erleben. Diese Gebietsreform wurde von 1968 bis 1978 in einem Bundesstaat mit acht im Kommunalrecht souveränen Flächenländern vollzogen. Das mußte zu unterschiedlichen Ergebnissen führen. Aber immerhin gibt es

anstelle von 24 282 Gemeinden, die noch 1968 existierten, seither nur noch 8 500. Zur Reform der übrigen Verwaltungen und einer wirklich durchgreifenden Funktionalreform hatte aber die Bundesrepublik Deutschland kaum noch die Kraft.
Im Mai 1970 starb überraschend Präsident Brundert. Alfred Dregger amtierte nochmals als Präsident von Mai 1970 bis zu seinem Ausscheiden aus dem kommunalen Amt im November 1970. Kurz vorher, im September 1970, gedachte der Hauptausschuß des Deutschen Städtetages in Trier der 25. Wiederkehr der Neugründung des Deutschen Städtetages nach dem Kriege. Dregger als amtierender Präsident deutete damals diese 25 Jahre als einen ständigen Kampf der gemeindlichen Selbstverwaltung gegen Zentralismus und für eine ausreichende Finanzausstattung und erklärte: »Ohne den Deutschen Städtetag wäre die kommunale Sache wohl weitgehend verloren, ohne den Deutschen Städtetag wäre die kommunale Sache für die Zukunft nicht zu halten. Die Erinnerung an die 25 Jahre sollten uns bestärken, die Selbstverwaltung weiter zu verteidigen und den Deutschen Städtetag als Instrument stark zu machen und stark zu halten.« Im März 1971 kam das Präsidium zur persönlichen Verabschiedung nach Fulda. Der Nachfolger als amtierender Präsident, der Münchener OB Vogel, hob Dreggers Zuverlässigkeit und Beharrlichkeit, seine Sachkunde und Zielstrebigkeit sowie die seltene Mischung aus Entschlossenheit und Bereitschaft zum Ausgleich hervor. Er schloß: »Sie haben sich Ihrer Vorgänger im Amt des Präsidenten würdig erwiesen und sich um die Sache der deutschen Städte verdient gemacht.«

Seit etwa 30 Jahren kenne ich Alfred Dregger – seit 20 Jahren sind wir Freunde

von Walter Wallmann[*)]

Bilder der Erinnerung: Der junge Oberbürgermeister von Fulda, der die Delegierten des Deutschlandtages der Jungen Union empfängt; seine ebenso kenntnisreichen wie eindrucksvollen Reden als Oberbürgermeister von Fulda bei Veranstaltungen der Jungen Union Hessen; der Abgeordnete des Hessischen Landtages, Vorsitzender des Innenausschusses, dem ich nach meiner ersten Wahl ins hessische Landesparlament begegne. Wahl zum Fraktionsvorstand 1966, wir kandidieren beide, wollen »Beisitzer« werden. Vor dem Wahlgang verlasse ich das Fraktionszimmer. Dregger folgt und fragt: »Wollen Sie Ihre Stimme nicht abgeben?« Antwort: »Nein«. Darauf er: »Dann tue ich das auch nicht.«

Schon nach kurzem näheren Kennenlernen wird mir bewußt, daß Alfred Dregger Menschen für sich und seine Überzeugungen mit großer Konzentration und mit Charme zu gewinnen sucht. Ein anderer Eindruck: Er kann in der Verfolgung seiner Ziele bis zur Schroffheit konsequent sein, aber er kann genauso gewinnende Liebenswürdigkeit entwickeln. Alfred Dregger war in der damaligen Fraktion alles andere als beliebt, aber er war zugleich wegen seiner fundierten Kenntnisse, seiner wohlvorbereiteten Initiativen und Interventionen sehr respektiert.

In dieser Zeit war Alfred Dregger noch keineswegs das, was man einen Spitzenpolitiker nennt. Aber man diskutierte seine Chancen, seine politische Zukunft – und die Meinungen darüber waren keineswegs einheitlich. Bemerkungen wie »der schöne Alfred« waren keineswegs positiv gemeint, und nicht wenige hielten ihn für arrogant und »glatt«.

---

*) geb. 1932, 1966–1972 Mitglied des Hessischen Landtags, 1972–1977 Mitglied des Deutschen Bundestages, 1977–1986 Oberbürgermeister der Stadt Frankfurt/Main, 1986–1987 Bundesminister, seit 1987 Hessischer Ministerpräsident, 1967–1982 Stellvertretender Landesvorsitzender, seit 1982 Landesvorsitzender der CDU Hessen, seit 1985 Stellvertretender CDU-Bundesvorsitzender.

Langsam lernte ich ihn näher kennen. Er wußte seine politischen Weggefährten einzuschätzen und auch durchaus einzusetzen. Je mehr ich ihn beobachtete und Gespräche mit ihm führte, desto klarer wurde mir, daß Alfred Dregger sehr viel differenzierter dachte, als er in der Öffentlichkeit redete. Und schließlich – im Laufe der Jahre immer mehr – wurde mir bewußt, daß man Dreggers Handlungen und Vorstellungen immer auch aus seiner jeweiligen Aufgabe heraus verstehen muß. Denn, hat er eine Aufgabe übernommen, dann identifiziert er sich mit ihr. Daraus resultieren dann Konsequenz, Festigkeit und Hartnäckigkeit, aber auch Gefährdungen.
Im Jahr 1967 stand die Nachfolge von Dr. Wilhelm Fay, dem hessischen CDU-Landesvorsitzenden über 15 Jahre, an. Die Heftigkeit dieser innerparteilichen Auseinandersetzungen über die Nachfolge kennen nur wenige. Dregger war keineswegs der Favorit. Es gab drei weitere durchaus qualifizierte Bewerber, die auch Rückhalt in der hessischen Union hatten. Am Beginn war es sehr zweifelhaft, ob sich schließlich Dregger als Landesvorsitzender durchsetzen würde. Aber in dieser Auseinandersetzung erwies sich, daß Dregger über eine unerhörte Willensstärke und über bemerkenswertes taktisches Geschick verfügte. Zum Schluß stand fest, daß er Landesvorsitzender werden würde.
Die Wahl erfolgte am 2. Dezember 1967 in Eltville. Ich habe in der Rückschau keine Protokolle und auch nicht Alfred Dreggers damalige Rede nachgelesen. Aber ich erinnere mich genau an diesen Landesparteitag. Der fand ein Jahr nach der Landtagswahl im November 1966 statt. Das Ergebnis war – abgesehen von 1950 – das schlechteste für die CDU Hessen. Nach dem Bruch der Regierung Erhard erhielt die hessische Union nur 26 % der Stimmen, sie schien am Boden zu liegen, chancenlos für alle Zukunft.
Wer die Wirkung dieses Parteitages – und die war bestimmt vom Auftreten Alfred Dreggers und vor allem von seiner Rede – erfassen will, der muß die damalige Lage der hessischen Union und die seinerzeitigen politischen Bedingungen – Große Koalition in Bonn – erlebt haben. Wie war die Wirkung jenes Parteitages?
Die Rede Dreggers war wie ein Fanfarenstoß, der eine völlig unsicher gewordene Partei aufrüttelte. Seine Angriffe vor allem auf die »Teilwahrheiten« von Sozialismus und Liberalismus ließen

etwas von der Bereitschaft zu grundsätzlichen Auseinandersetzungen spüren. Seine Persönlichkeit mit ihrer großen Ausstrahlung, seine unübersehbare Entschlossenheit zum politischen Kampf und seine Zuversicht waren für die hessische Union eine neue Erfahrung.

Dieser Parteitag am 2. Dezember 1967 in Eltville war die Geburtsstunde für die Erneuerung der CDU Hessen, die seit dieser Zeit in einem für die Union von der Wählerstruktur und von der traditionellen Wählerbindung her außerordentlich schwierigen Bundesland eine innere Geschlossenheit erreichte wie in kaum einem anderen Landesverband.

Die siebziger Jahre führten zu eindrucksvollen Wahlerfolgen, die zunächst von niemandem für möglich gehalten worden waren. Und immer stand Alfred Dregger an der Spitze, er war der politische Mittelpunkt, er hatte auch die damit verbundenen, manchmal unglaublichen Lasten zu tragen. Doch unbeirrt führte er seine Partei immer wieder in die Offensive.

Im nachhinein wundert manches Urteil über Alfred Dregger, das heute zu hören ist, von Freunden wie Gegnern. Er hat es nicht leicht gehabt. Am schwersten machten es Dregger nicht einmal seine Gegner, sondern über viele Jahre vor allem Journalisten aus den verschiedenen Medien. Sie zeichneten ein Bild des Politikers Alfred Dregger, gegen das schwer anzukommen war. Denn vorgeworfen wurden ihm weniger konkrete politische Vorstellungen, Aussagen und Ziele, sondern vor allem angebliche Grundhaltungen und eine Persönlichkeitsstruktur, die ihn als fortschrittsfeindlich, nationalistisch, eitel und undifferenziert zeichneten. Und diese wiederkehrenden Darstellungen hatten trotz aller großen Wahlerfolge Dreggers in der Öffentlichkeit Wirkung.

Zugute kam Alfred Dregger allerdings die Lage der SPD: Georg August Zinn, ein bemerkenswerter Politiker mit Autorität und großer Ausstrahlung, war nach seiner schweren Erkrankung 1969 aus der Politik ausgeschieden und verstorben. Ein schwerer, nicht zu ersetzender Verlust für die Sozialdemokraten. Und die sozialliberale Koalition, seit 1969 im Bund und seit 1970 in Hessen, begünstigte in dem damaligen Dreiparteiensystem die Union.

Die sich zunehmend »sozialistisch« verstehende SPD Hessen-Süd, ihre radikale Schulpolitik, die Helaba-Affäre und die damalige

Ostpolitik, die vielen Affronts gegen Flüchtlinge, Vertriebene, Unternehmer und Mittelstand, antiamerikanische Parolen und Demonstrationen, von führenden hessischen Sozialdemokraten unterstützt, sind Beispiele für unübersehbare Brüche und tiefgreifende Unsicherheiten in der Befindlichkeit der Gesellschaft, die auch von der Studentenrevolte empfindlich berührt wurde.

Auf solche Zweifel und wohl auch Zukunftsängste antwortete Dregger mit Festigkeit, klaren Aussagen und klaren Antworten. Manche warfen ihm deswegen Demagogie, zu schlichte und damit unzulässige Vereinfachungen vor. Dregger ließ sich nicht beeindrucken. Er war ständig in der Offensive, griff die »Frankfurter Schule« ebenso an wie die handelnden sozialdemokratischen Politiker. Er formulierte wirkungsvoll, sprach von einem »gewaltigen Verzichtsvertrag« und nannte die Liberalen Trittbrettfahrer.

Die Wahlerfolge der hessischen Union unter Alfred Dregger waren groß. 1970 schaffte die Union bei der Landtagswahl mit Zugewinnen von 13% über 39% der Stimmen. 1974 gab es das beste Ergebnis mit 47,3%, danach, 1978, nur marginale Verluste, das Ergebnis lag bei 46%.

Aber obwohl deutlich stärkste Partei, kam die Union nicht in die Regierungsverantwortung. Alfred Dregger blieb der letzte Erfolg, nämlich Ministerpräsident zu werden, versagt, weil die Koalition von SPD und F.D.P. zusammen über die Stimmenmehrheit verfügte. So kamen Zweifel auf, ob das große Ziel wohl erreichbar sei. Hatte sich die Hessen-Union »totgesiegt«?

Vor der Wahl 1982 war eine Gruppe in der Führung der hessischen CDU der Meinung, für die bevorstehende Landtagswahl wäre es besser, mit mir als Kandidaten für das Amt des Ministerpräsidenten anzutreten. Ich war damals seit fünf Jahren Frankfurter Oberbürgermeister. Ein Jahr zuvor hatten wir zum zweiten Mal in Frankfurt die absolute Mehrheit errungen. Ich wußte, daß es mit einem neuen OB-Kandidaten für die Union in Frankfurt schwer werden würde. Außerdem meinte ich, nach fünf Jahren das Frankfurter Amt noch nicht aufgeben zu dürfen. Vor allem aber hätte ich unter keinen Umständen Alfred Dregger die Spitzenkandidatur streitig gemacht. Die persönliche Freundschaft schloß das aus. Außerdem war ich überzeugt, daß Dregger weiterhin nach Leistung und Ausstrahlung für uns das bestmögliche Ergebnis erreichen würde.

Der Wahlkampf von 1982 bestätigte meine Einschätzung. Dregger galt als sicherer Sieger. Dann kam die Ankündigung des konstruktiven Mißtrauensvotums in Bonn. Kommissionen von CDU, CSU und F.D.P. traten vor der hessischen Landtagswahl zur Vorbereitung der Regierungsbildung in Bonn täglich zusammen. Die Kabinetts-Mitglieder der F.D.P. verließen die Regierung Schmidt. Der berühmte Lambsdorff-Brief wurde veröffentlicht. Innerhalb von Stunden startete die SPD ihre Kampagne »Verrat in Bonn«. Die Wirkung und die Stimmung damals muß man erlebt haben. Alfred Dregger konnte die Wahl in Hessen nicht mehr gewinnen.
Am 26. September 1982 erklärte er in der Wahlnacht überraschend seinen Rücktritt als CDU-Landesvorsitzender und schlug mich zu seinem Nachfolger vor. Damit endete das große landespolitische Engagement Alfred Dreggers und ein bemerkenswerter Abschnitt seines politischen Lebens wie auch der hessischen CDU.
Dies sind Erinnerungen – nur einige wenige. Die Jahre von 1967 bis 1982 waren für Alfred Dregger Jahre des Erfolges, aber auch der nichterfüllten Hoffnungen. Ich habe ihn in seinem politischen Leben, wie auch sehr persönlich, so nah wie wenige andere erlebt. Ich habe zu ihm und über ihn an seinen wichtigen Geburtstagen in Fulda, im Frankfurter Römer und im Konrad-Adenauer-Haus in Bonn gesprochen. Ich glaube, den engagierten Kommunal-, Landes- und Bundespolitiker ebenso zu kennen wie den kenntnisreichen, engagierten Freund der bildenden Künste und der Geschichte. Wie steht er vor mir in seiner inneren Struktur, der Politiker und der ältere persönliche Freund in seiner so eindrucksvollen und doch auch widerspruchsvollen Persönlichkeit?
Ein mutiger Mann, der Selbstzweifel zu überwinden weiß; ein Herr, der bei aller Leidenschaft und Bereitschaft zum Angriff auf politische Überzeugungen, die er nicht akzeptierte, und auf Gegner diese nie persönlich verletzte – obwohl mancher von ihnen mit bösartigen Angriffen ihn in seiner persönlichen Ehre herabzusetzen versuchte; ein leidenschaftlicher Patriot, der sich gegen Herabsetzungen seines Volkes zur Wehr setzte; einer aus der Kriegsgeneration, der Verleumdungen seiner Kriegskameraden nicht hinnahm; und ein überzeugter Europäer, für den die transzendentale Idee des alten Reiches gerade in der Überwindung des Nationalismus nach der Französischen Revolution gültig geblieben ist.

Für mich ist Alfred Dregger, unabhängig von Erfolg und auch Niederlagen, vor allem eine bemerkenswerte Persönlichkeit. Ob er in seinem bisherigen siebzigjährigen Leben das war, was man etwas leichthin »glücklich« nennt, weiß ich nicht. Aber daß ihm Pflichterfüllung Lebenserfüllung bedeutet, glaube ich zu wissen. Was nur wenige wissen, ist, daß er aus großer Überzeugung die Hessen-Union von konfessionellen Bindungen befreit hat und – ganz im ursprünglichen Wortsinn des Begriffes »Union« – auf das gemeinsame Menschen- und Weltbild aller Christen festgelegt hat. Das liberale Moment für die große Volkspartei CDU war ihm genauso wichtig wie das soziale, nationale und konservative Anliegen.
Er wird nicht in die ewigen Annalen der Weltgeschichte eingetragen, wie es für Friedrich den Großen von Preußen so entscheidend war. Aber Alfred Dregger hat gestaltet und bewegt – ich nenne das ein erfülltes Leben weit über den persönlichen Bereich hinaus.

Der Motor der hessischen Wende

Drei Begebenheiten

von Christian Schwarz-Schilling[*)]

Erstes Zusammentreffen mit Alfred Dregger (1964)

Am 19. November 1950 passierte das Desaster, von dem sich die hessische CDU erst zwanzig Jahre später erholen sollte. Mit 18,8 % der Stimmen und 12 Sitzen im Hessischen Landtag rutschte die CDU auf den dritten Platz. Vor ihr zog die FDP mit 31,8 % (!) und 21 Sitzen ins Parlament. Die SPD, die bereits in der ersten Landtagswahl nach dem Krieg 42,7 % der Stimmen erhielt, konnte ihre Position noch geringfügig auf 44,4 % ausbauen. Erklärungen für diesen Erdrutsch – die CDU hatte bei der ersten Landtagswahl am 01. 12. 1946 immerhin 31 % errungen! – gab es schon damals viele: Hatte nicht Konrad Adenauer dem CDU-Landesvorsitzenden Werner Hilpert dringend abgeraten, eine Große Koalition mit der SPD einzugehen? Jetzt hat die hessische CDU für ihre störrische Haltung ihre Quittung bekommen – so tönte es in Bonn. War es nicht diese »starrsinnige« Politik Konrad Adenauers, der sich mit einer Stimme Mehrheit gegen die SPD zum Bundeskanzler wählen ließ und meinte, alle Probleme Nachkriegsdeutschlands alleine lösen zu können? Jetzt hat die hessische CDU ein Jahr später die Rechnung dafür bezahlen dürfen, so tönte es verärgert in Hessen. Adenauer und Hilpert konnten nicht miteinander – und je größer die Erfolge Adenauers in den 50er Jahren wurden, um so isolierter stand die hessische Union da. Denn Hessen galt mittlerweile bundesweit als sozialdemokratische Bastion, die sich unter dem Ministerpräsidenten Georg August Zinn von einer linken Trutzburg zu einem strahlenden SPD-Musterländle (»Hessen vorn«) entwickelt hat.

---

*) geb. 1930, 1966–1976 Mitglied des Hessischen Landtags, seit 1967 Stellvertretender Landesvorsitzender (1967–1980 zugleich Generalsekretär) der CDU Hessen, seit 1976 Mitglied des Deutschen Bundestages, seit 1982 Bundesminister.

So war die politische Lage, als ich zum ersten Mal Alfred Dregger traf. Es war 1964 im hessischen Kommunalwahlkampf. Ich war gerade ein paar Monate vorher von den drei CDU-Ortsverbänden, die damals im Kreis Büdingen existierten – Büdingen, Nidda und Schotten –, zum Kreisvorsitzenden gewählt worden. Ich war dabei, mit einigen Getreuen weitere Ortsverbände zu gründen. Doch die ersten sieben Leute zu finden war in den meisten Fällen schier aussichtslos. Und wenn man sie fand, wollte keiner den Vorsitzenden »machen«. Es wäre zu »gefährlich«: der Bäcker meinte, die Leute kauften dann bei ihm kein Brot mehr, und der Weißbinder erklärte, er verlöre die Aufträge beim Landratsamt. Endlich fand ich einen Wirt, der mir gestattete, die Versammlung mit dem Landtagsabgeordneten und Oberbürgermeister aus Fulda abzuhalten. Es war in Ortenberg, wo ich mit zwei CDU-Freunden aus Büdingen schon an mehreren Wochenenden versucht hatte, Mitglieder zu werben und einen Ortsverband zu gründen. Bisher vergebens. Und so erhoffte ich mir, durch die Veranstaltung in meinem Bemühen einen großen Schritt voranzukommen. Es wurden Annoncen aufgegeben, gut plakatiert – noch am Morgen hatte meine Truppe die abgerissenen oder beschädigten Plakate erneuert –, und ich wartete am Abend erwartungsvoll vor der Tür des Lokals. Um zehn vor acht wurde ich nervös. Den Saal hatte ich schon recht klein gewählt, aber mit nur fünf Leuten hatte ich nicht gerechnet! Pünktlich fünf Minuten vor acht traf Alfred Dregger ein. Wir begrüßten uns freundlich. Er schaute kurz in den Saal, der sich inzwischen auf etwa 10 Leute »angefüllt« hatte. Er konnte seinen Ärger nicht gänzlich verbergen, er musterte mich mit etwas verkniffenen Augen und sagte dann: »Jaja, ich weiß, das ist eine schwierige Gegend hier.« Dann erzählte er mir begeistert von Fulda. Obwohl ich erleichtert feststellte, daß noch immer Menschen in den Saal hineintröpfelten und wir inzwischen ca. 20 Personen geworden waren, drängte Alfred Dregger auf den Beginn. Ich eröffnete die Veranstaltung, und Alfred Dregger begann zu sprechen.

Der trübe, etwas rauchige Saal war plötzlich wie verwandelt. Gebannt hörten die Leute zu, der Wirt stand wie angewurzelt hinter seinem Tresen; man fühlte, dieser Raum war plötzlich mit dem Atem der großen Politik erfüllt: Von den geistigen Wurzeln Europas, den Anfängen von Kultur und Demokratie, die in den europäi-

schen Städten mit ihren eindrucksvollen Plätzen ihren Ausgang nahmen, über die Politik Konrad Adenauers, der ja schließlich seine politische Laufbahn auch als Oberbürgermeister begonnen hatte, über die herrliche Aufgabe, die Geschicke einer Stadt wie Fulda zu lenken, bis nach Ortenberg spann sich ein weiter Bogen. Dann ging es wieder hinaus zum Schicksal Deutschlands, zu der gewaltigen historischen Aufgabe, die unserer Generation auferlegt ist, bis zur Vision eines großen, vereinigten Europas, das mit dem Herzstück der deutsch-französischen Freundschaft an der Seite der USA den Atlas der freien Welt mitzutragen hat. Und dieses eindrucksvolle Gemälde ließ Dregger mit klaren, einfachen Strichen vor unseren Augen erstehen, ein Gedanke entfaltete sich logisch aus dem vorhergehenden – betont durch eine kräftige, aber disziplinierte Körpersprache. Auf einem kleinen Zettel, den er vor sich hinlegte, standen fünf Stichworte – ein Manuskript gab es nicht. Noch immer kamen Leute von der Straße herein – jetzt vielleicht angelockt von der klaren, hell-durchdringenden Stimme; gegen 21.00 Uhr waren 35 Leute in dem Saal – für Ortenberg eine Premiere. Ich war erleichtert! Eine gute Stimmung ging durch den Saal, die Augen glänzten, und die Herzen waren, man konnte es spüren, angefüllt mit Zuneigung und Sympathie. Alfred Dregger vergaß auch nicht, den parteipolitischen Gegner aufs Korn zu nehmen und am Schluß seiner Rede in einem überzeugenden Appell für die richtige Entscheidung bei der anstehenden Kommunalwahl einzumünden. Er forderte jeden auf, der CDU gerade hier, in »dieser schwierigen Gegend«, tatkräftig zu helfen. So strahlten wir alle.
Doch dann kam wieder eine Portion Wasser in den Wein: Meine Bitte, doch noch etwas hier zu bleiben und gemeinsam mit ein paar Leuten ein Bier zu trinken, lehnte Alfred Dregger liebenswürdig, aber entschlossen ab – die Rückfahrt dauerte immerhin noch über 1 1/2 Stunden, und morgen seien schon in der Frühe wichtige Termine für ihn in Fulda. Dabei hatte ich alles so gut vorbereitet: Meine Mitgliedsanträge waren zurechtgelegt, drei »potentielle Kandidaten«, die behaupteten, immer für Adenauer und die CDU gewesen zu sein, es sich aber immer wieder neu überlegen wollten, ob sie denn nun Mitglieder werden sollten, hatte ich bereits sehr zufrieden unter den Zuhörern entdeckt; so hätte eigentlich heute die Zahl 7 für den Ortsverband erreicht werden müssen. Als ich Alfred

Dregger, am Auto noch einige Minuten mit ihm sprechend, verabschiedet hatte und wieder in den Saal zurückging, waren die drei »potentiellen Mitglieder« schon wieder entwischt. Und auch die anderen Leute waren im Aufbruch. Nun, ich sagte mir, das passiert dir nicht noch einmal: künftig wirst du das *vor* der Veranstaltung festklopfen, wer immer da kommt! Daran, daß ich in drei Jahren selber zum engsten Kreis der hessischen CDU-Führung gehören werde und Alfred Dregger unser Landesvorsitzender sein wird, hatte ich damals noch nicht im Traum gedacht.

Das Ringen um den Vorsitz (1966/67)

Als ich im Herbst 1964 zum ersten Mal als gewählter Beisitzer einer Landesvorstandssitzung beiwohnte, da wurde es mir klar: Mit diesem Vorstand werden wir in Hessen wohl kaum große Erfolge erringen können! Hier war ein wirklicher Generationswechsel fällig. Doch sehr schnell mußte ich ein Fehlurteil korrigieren, das ich von der »Basis« mitbrachte: mit dem Landesvorsitzenden Dr. Wilhelm Fay sei nichts anzufangen, der »müsse weg«. Ich stellte fest, wie souverän er die Sitzungen leitete, daß er geistig jung und beweglich geblieben und neuen Ideen gegenüber stets aufgeschlossen war. Zwischen uns bildete sich bald ein erfreulich konstruktives Verhältnis, und mehr als einmal warfen wir uns in den Vorstandssitzungen die Bälle zu.
Ich besuchte öfter die Landesgeschäftsstelle in der Schillerstraße in Frankfurt und führte äußerst anregende Gespräche mit den Landesgeschäftsführern Tschiersch und Piedboeuf. Selbst die schlechtesten Zahlen konnten den Optimismus dieser Leute nicht bremsen. Es herrschte trotz der schwierigen Lage eine gute, humorvolle Stimmung. Bald erkannte ich auch, daß Dr. Fay Beträchtliches nach der Übernahme des katastrophalen Erbes für die hessische CDU geleistet hat. Nicht nur, daß die Parteiorganisation trotz schlimmster Finanznöte noch einigermaßen vorhanden war. Zusammen mit den berühmten »Wagners« von der Bergstraße steuerte er eine kluge Überlebensstrategie – mehr konnte es aber auch nicht sein. Er entkrampfte das Verhältnis zu Adenauer, führte die CDU, so gut er konnte, aus der Isolierung heraus und korrigierte mit pragmatischer Vernunft das linkskatholische Image, das seit Werner Hilpert und Walter Dircks der hessischen CDU anzuhaften schien. Aber es war

tragisch. Obwohl Wilhelm Fay den offenen Kampf mit den immer überheblicher werdenden Sozialdemokraten nie scheute: dem zweiten Mann von Frankfurt – als christdemokratischer Bürgermeister unter einem sozialdemokratischen Oberbürgermeister – nahm man die Ernsthaftigkeit der Auseinandersetzung mit den Sozialdemokraten nicht ab. Es sah eben doch wie eine Fortsetzung der Großen Koalition aus – wie sehr Dr. Fay als CDU-Landesvorsitzender mit den Sozialdemokraten auch ins Gericht ging.

Auf dem Landesparteitag in Wetzlar am Samstag, dem 23. April 1966, wäre es bei der Wiederwahl des Vorstandes fast zu einer Revolte gegen Fay gekommen. Es herrschte allenthalben Mißmut über die Erfolglosigkeit der hessischen CDU. Auch die Beschwichtigungen Fays, daß man in Frankfurt und anderen Städten die CDU-Position sogar etwas ausbauen konnte, erntete nur aufgebrachtes Murren. Als dann Dr. Großkopf, der Vorsitzende der CDU-Fraktion im Hessischen Landtag, eine – sehr kenntnisreiche, aber im Moment nicht gefragte – lautstarke Rede über hessische Finanzen hielt, bildeten sich draußen in den Gängen heftig diskutierende Gruppen mit dem Tenor: Wie lange soll das hier eigentlich so weitergehen? Insbesondere um den jungen erfolgreichen Bundestagsabgeordneten Walther Leisler Kiep aus Kronberg bildete sich ein größerer Kreis, der auf ihn einzureden versuchte, gegen Dr. Fay zu kandidieren. Man war sich zwar einig, daß Kiep es diesmal niemals schaffen werden. »Aber es muß endlich ein Zeichen gesetzt werden« – so befand der energische Direktor der Deutschen Bank, Ekkehard van Hooven, der aus Hamburg nach Hessen zugezogen war und von seinem erfolgreichen Aufstand in der Hamburger CDU berichten konnte. Mir behagte diese aus dem Augenblick geborene Operation überhaupt nicht, zumal sie nur mit der Beschädigung Dr. Fays enden konnte, ohne daß eine neue Ära der hessischen CDU hätte beginnen können. Es wurden viele Gespräche mit Kreisvorsitzenden und Delegierten geführt, und schließlich war auch Walther Leisler Kiep davon überzeugt, daß er dieses Experiment besser sein lassen sollte. Also kein Gegenkandidat. Dr. Wilhelm Fay wurde noch einmal mit 156 von 226 Stimmen, also 69 %, gewählt. Es gab 15 Enthaltungen und – man höre und staune – 13 Stimmen galten Alfred Dregger, obwohl er jede Kandidatur bei diesem Parteitag weit von sich gewiesen hatte. Das war 1966.

Nach der Landtagswahl am 6. November 1966, die der CDU mit 26,4 % ein noch kläglicheres Ergebnis bescherte als 1962 (28,8 %), stand Georg August Zinn unangefochten auf seinem Höhepunkt. Die SPD konnte mit 51 % ihre absolute Mehrheit weiter ausbauen. Das schlechte Ergebnis der CDU wurde fast übersehen, weil eine ganz andere Sensation die in- und ausländische Publizistik pausenlos beschäftigte: mit 7,9 % zogen acht NPD-Abgeordnete erstmals in einen deutschen Landtag. Bei der konstituierenden Sitzung lagen die amerikanischen Fernsehgesellschaften buchstäblich auf dem Bauch, um diese Leute von allen Positionen her zu filmen. Die große Siegerin SPD und natürlich auch wir 26 CDU-Abgeordnete waren dagegen wie Luft und völlig uninteressant. Das war für mich, den frischgebackenen Landtagsabgeordneten, der mit einem gewissen Lampenfieber der ersten Sitzung des Landtags entgegensah, schon ein recht ernüchternder Eindruck.
Dabei wäre die CDU-Fraktion, abgesehen von ihrem schlechten Ergebnis, wirklich einige Aufmerksamkeit wert gewesen. Sie hatte etwa die Hälfte ihrer Leute ausgetauscht, hatte das niedrigste Durchschnittsalter, hatte eine gute Mischung der Generationen, und es waren interessante Leute darunter. Hier braute sich jedenfalls ein Potential zusammen, das in Hessen bald von sich Reden machen sollte. So war die Fraktion, deren Leitung der langjährige Fraktionsvorsitzende Dr. Großkopf an den Studiendirektor Dr. Hans Wagner übergeben hatte, in der Neuformierung dem Landesvorstand bereits vorausgeeilt. Durch das schlechte Landtagswahlergebnis verstärkte sich der Druck auf Dr. Fay, auch in der Landesführung den Generationswechsel schnell herbeizuführen. Im Frühjahr 1967 reifte bei ihm der Entschluß, nicht mehr den regulären Parteitag im Jahre 1968 abzuwarten, sondern bereits Ende 1967 den Wechsel zu vollziehen. Im Jahre 1968 waren schließlich wieder Kommunalwahlen, und die neue Führung sollte noch genügend Zeit haben, ihre eigenen Akzente zu setzen.
In der zweiten Junihälfte bestellte mich Wilhelm Fay ins Rathaus nach Frankfurt und eröffnete mir seinen Wunsch, daß ich sein Nachfolger werden sollte. Ich war einigermaßen überrascht. Ich war der Jüngste im Landesvorstand – weder Alfred Dregger noch Walter Wallmann gehörten ihm damals an. In der Presse gingen die Spekulationen dahin, daß Dr. Hans Wagner, der jahrelang im

Schatten von Dr. Großkopf gestanden hat, der Nachfolger Dr. Fays als Landesvorsitzender werden könnte. Dr. Hans Wagner hatte sich als neuer Fraktionsvorsitzender sehr schnell einen guten Ruf errungen. Seine große Sachkenntnis, seine absolute Integrität und sein ausgleichendes Wesen, mit denen er die eigenwilligen Köpfe der Fraktion leitete, ließen ihn schnell politischen Boden gewinnen. Insbesondere die sympathische Art, mit der er in Ziegenhain am 29. 04. 1967 anstelle des erkrankten Dr. Fay den Landesparteitag geleitet hatte, brachten ihm viele Pluspunkte bei den Delegierten der hessischen Union ein. Doch Fays Entschluß stand fest: Es sollte ein »echter Generationswechsel« sein. Dr. Hans Wagner war mit seinen 52 Jahren nur vier Jahre jünger als Wilhelm Fay.
Ich bat mir ein paar Tage Bedenkzeit aus. Bereits eine Woche später merkte ich, wie ernst es Wilhelm Fay mit seiner Entscheidung meinte. Ende Juni erklärte er auf einer Tagung der 48 Kreisvorsitzenden: »Ich bin noch jung und im Vollbesitz meiner politischen Kräfte; aber ich möchte gern ein sichtbares Beispiel geben und einen Jüngeren, und zwar einen wesentlich Jüngeren, als Landesvorsitzenden haben.« Ich war damals 36 Jahre. Nach meiner Einverständniserklärung gab es mehrere Gespräche, und er bestand darauf, meine Frau zu sehen. Er müsse ihr reinen Wein einschenken und ihr sagen, was sie erwartet. Ich lud ihn zu uns nach Hause ein, und wir verbrachten einen sehr netten Abend. Die Tatsache, daß meine Frau neben ihrem Beruf und den Kindern bereits sieben Jahre im Büdinger Stadtparlament tätig war, schien ihn zu beruhigen.
Ansonsten war mit diesen Ankündigungen Fays die Spekulation über seine Nachfolge als Thema für das hessische Sommerloch in der Presse geboren. »Die Welt« umschrieb am 5. August die Lage recht treffend: »Vier Politiker greifen nach dem Erbe Fays – ein Kandidat des CDU-Landesvorsitzenden, zwei Favoriten und ein Bundestagsabgeordneter.« Mit dem Kandidaten des CDU-Landesvorsitzenden war ich gemeint, die »beiden Favoriten« waren Hans Wagner und Alfred Dregger und der »ein Bundestagsabgeordneter« war Walther Leisler Kiep. Alfred Dregger war bis zu diesem Zeitpunkt noch kein offizieller Bewerber; einmal hieß es, er bemühe sich, seine politische Basis zu verbreitern, ein ander Mal, er strebe nicht nach dem Vorsitz, da er sich neben seinem Oberbürgermeisteramt und seinem Mandat im Hessischen Landtag voll auf das

Amt des Präsidenten des Deutschen Städtetages konzentriere. Ein authentisches Wort gab es von ihm nicht, und so blühten die Spekulationen munter weiter. Walther Leisler Kiep wurden jetzt keine so großen Ambitionen mehr nachgesagt, nachdem er in Bonn fest Fuß gefaßt hatte und mit einem Sprung Vorsitzender des Entwicklungshilfeausschusses des Deutschen Bundestages wurde. Seine Neigungen gingen mehr auf das Gebiet der internationalen Politik.

Mit dem 17. August 1966 änderte sich die Lage. Da berichtete der hessische Landesdienst von dpa aus Fulda: »Nach der Stimmung in dem überwiegenden Teil der Kreisverbände Hessens der Jungen Union ist der Fuldaer Oberbürgermeister Dr. Alfred Dregger (MdL) als Kandidat der hessischen Jungen Union für den Posten des Ersten Landesvorsitzenden der CDU vorgesehen.« Dr. Dregger sei aufgrund seiner klaren politischen Konzeption und seines Sachverstandes ein zumindest ebenbürtiger Widerpart für den hessischen Ministerpräsidenten Dr. Zinn, so erklärte der Landesgeschäftsführer der Jungen Union, Hans Elgner, auf einer Tagung der Kreisverbände Fulda und Lauterbach.

Der Vorstand der hessischen Jungen Union hatte allerdings noch gar nicht votiert und empfand diese Meldung als »ungeschickt und sachlich unzutreffend«. Der Landesvorsitzende Dr. Heinz Riesenhuber eilte nach Hünfeld und stellte in einer Rede die Lage klar; dpa verbreitete darüber am 20. August folgende Meldung: »Einen tatkräftigen Landesvorstand wünscht sich die Junge Union für die CDU. Auf die Person komme es dabei nicht an, sagte der Landesvorsitzende der Jungen Union Dr. Heinz Riesenhuber (Frankfurt) am Sonntag in Hünfeld. In Hessen müsse die CDU von einem entschlossenen Team geführt werden, das der SPD Paroli bieten könne. Für das Amt des Landesvorsitzenden stünden ausreichend geeignete und profilierte Persönlichkeiten zur Verfügung. Dr. Riesenhuber nannte Oberbürgermeister Dr. Alfred Dregger (Fulda), die Abgeordneten Walther Leisler Kiep (Kronberg), Dr. Schwarz-Schilling (Büdingen) und Dr. Hans Wagner (Heppenheim).« Dem vorgepreschten JU-Vorsitzenden Winfried Rippert aus Fulda schickte Heinz Riesenhuber noch den genauen Text seiner diesbezüglichen Passage aus seiner Rede in Hünfeld mit der Bitte um Beachtung.

Da Alfred Dregger die Aufforderungen der Jungen Union Ost-Hessen keineswegs negativ beantwortet hatte und auch Hans Wagner inzwischen vor Pressevertretern in Wiesbaden sein Interesse am Landesvorsitz bekundete, schien es mehr und mehr unvermeidlich, daß die Nachfolge Dr. Fays auf dem nächsten Landesparteitag nur durch harte personelle Kampfabstimmungen entschieden werden könne. Das wollte jedoch keiner – weder Dr. Fay, noch die Partei, noch die Junge Union. Auch die Kandidaten fanden das keine glückliche Lösung. Da ergriff ein Außenseiter die Initiative und holte die Hauptkontrahenten an einen Tisch: Ekkehard van Hooven aus Kronberg, der ein glaubwürder Makler war, da er selber keinerlei eigene Ambitionen in dieser Auseinandersetzung verfolgte. Es solle eine schlagkräftige neue Mannschaft entstehen, wo alle an einem Strang ziehen und man sich gemeinsam auf einen Vorsitzenden einigt. Zunächst schien das Ziel recht nahe. Walther Leisler Kiep, bereits voll in Bonn engagiert, verzichtete von vorneherein auf eine Kandidatur. Dr. Hans Wagner, der dieser Runde genausowenig wie Dr. Wilhelm Fay angehörte, hielt zwar seinen Anspruch aufrecht, legte sich aber nicht besonders ins Zeug. So blieben also in dieser Runde noch zwei übrig: Alfred Dregger und ich. Keiner wollte weichen, so sehr die Runde auch auf uns einredete. Schließlich befand der Kreis, wir sollten uns bilateral verständigen und mit einem gemeinsamen Konzept in die Runde zurückkehren. Diesen Vorschlag fanden alle gut.
Am 30. August traf ich in Fulda im geschmackvoll eingerichteten Privatdomizil des Oberbürgermeisters ein, um einen ersten Anlauf zur Lösung unseres Problems zu nehmen. Alfred Dregger und seine natürliche und offenherzige Frau Dagmar empfingen mich außerordentlich freundlich und liebenswürdig. Es war eine angenehme und lockere Atmosphäre, und die Unterhaltung – vorwiegend über das, was uns beide beruflich und familiär beschäftigt – machte Spaß. Dann zogen wir uns bei einem Glase guten Weins ins Wohnzimmer zurück, und es ging ans Eingemachte. Alfred Dreggers Gesicht, das in der Sekunde zuvor noch großen Charme versprühte, wurde plötzlich ernst. Seine Augen richteten sich streng auf mich, und er erläuterte: »Herr Schwarz-Schilling, den Vorsitz, den mache ich. Das habe ich so entschieden, nachdem mich einige Freunde darum gebeten haben.« Diese unvermittelte Aussage verschlug mir für

einige Sekunden die Sprache, dann erklärte ich: »Herr Dregger, Ihre Absicht ist mir bekannt; ich glaube, wir sind hier zusammengekommen, um zu klären, welche Lösung die bessere ist. Welche Argumente gibt es für Ihren Entschluß?« Sein Gesicht wurde plötzlich wieder ganz hell, und mit entwaffnendem Charme erklärte er mir: »Lieber Herr Schwarz-Schilling – ich besitze Charisma, und das ist es, was die hessische Union braucht.«

Als er mein staunendes Gesicht sah, sprach er gleich weiter, jetzt aber ganz nüchtern und geschäftsmäßig: »Ich möchte, daß meine Freunde unter meinem Vorsitz den größten Spielraum bekommen, um ihre eigenen Fähigkeiten zu entfalten. Ich möchte, daß Sie als mein erster Stellvertreter besondere Aufgaben in der Planung und Organisation der Parteiarbeit übernehmen, vergleichbar der Funktion, die ein Generalsekretär ausübt. Lieber Herr Schwarz-Schilling, da muß hier in Hessen Gewaltiges geschehen, da brauche ich Ihre Hilfe. Ich könnte mir eine sehr gute Zusammenarbeit mit Ihnen vorstellen!« Nun überlegte ich nicht mehr lange. Emotional war gegen diesen Mann sowieso kein Kraut gewachsen – insoweit hatte er wohl sogar recht, wenn er den Vorsitz in dieser Situation für sich beanspruchte. Und die Herkulesaufgabe, die Partei auf Vordermann zu bringen, sollte mir, dem 10 Jahre jüngeren, jetzt eigentlich genügen. So begannen wir, die Einzelheiten festzulegen. Über die Aufgabenverteilung in der Leitung der Partei, die Unterstellung der Landesgeschäftsstelle, die Vollmachten in der Koordination der Gebietsverbände und Vereinigungen der Partei erzielten wir schnell Einigung. Doch ich wollte eine exakte Formulierung der Vollmachten und bestand auf einer diesbezüglichen Änderung der Parteisatzung der hessischen CDU. Dazu bedurfte es eines weiteren Treffens.

Zunächst eilte ich zu Wilhelm Fay nach Frankfurt, um ihm über die Ereignisse zu berichten. Der war gar nicht begeistert und sprach nur von der »Verschwörerrunde im Taunus«. Daß ich dahin gegangen bin, fand er nicht gut. Aber noch mehr enttäuscht war er offensichtlich, daß ich mich im Gespräch mit Alfred Dregger darauf eingelassen habe, »zweiter Mann« zu werden. Ich bemühte mich redlich, ihm das neue Konzept schmackhaft zu machen: Mannschaft, Teamgeist usw. Ich versuchte ihm zu erklären, daß Alfred Dregger nur als Vorsitzender für die Mannschaft zu gewinnen sei und wir auf so ein

außergewöhnliches Talent in unserer mißlichen Lage in Hessen wirklich nicht verzichten können. Ich erläuterte ihm, daß meine Parteifunktion satzungsmäßig abgesichert werden solle und wir darüber weitere Gespräche führen. Wilhelm Fay interessierte das nicht. Er meinte nur: »Wissen Sie, dazu sind Sie noch zu unerfahren. Was Sie da jetzt festschreiben, damit können Sie keinen Blumentopf gewinnen; das läuft später sowieso alles ganz anders.« An diesen Satz mußte ich später in der Tat manchmal denken.
Bei meinem nächsten Gespräch mit Alfred Dregger, das dann am 9. September wieder in Fulda stattfand, einigten wir uns über die restlichen Punkte und den Text der Neufassung der Satzung. Wir waren beide erleichtert und hatten auch das Gefühl, gute Arbeit geleistet zu haben. Wir begossen das Ergebnis mit einer Flasche Wein, zu der auch wieder seine temperamentvolle und fröhliche Frau dazustieß. Am nächsten Tag – am Sonntag, dem 10. September – kamen wir zur Sitzung der Gesprächsrunde nach Frankfurt am Main (Schultheiß am Westend), und ich fühlte mich wie einer, der die aufgetragenen Schularbeiten erledigt hat. Alfred Dregger erschien mit strahlendem Gesicht und fühlte sich wie einer, der bereits Vorsitzender ist.
Die nächsten Monate waren durch vielerlei Gespräche und Vorbereitungen für den Landesparteitag in Eltville, der auf den 2. Dezember festgesetzt wurde, angefüllt. Wilhelm Fay freundete sich langsam auch mit der neuen Lösung an. Die Aussicht, daß sein letzter Parteitag als Vorsitzender nicht zu einem personalpolitischen Schlachtfest wird und im Gegenteil eine schlagkräftige Mannschaft bereitsteht, die ihren Willen zur Zusammenarbeit bereits vorher bewiesen hat, erleichterte ihn zunehmend. Hans Wagner konzentrierte sich mehr und mehr auf die Fraktionsführung und war offensichtlich auch mit der gefundenen Lösung einverstanden. Und auch die letzte Hürde, der Elfer-Ausschuß, der die Kandidaten für den Landesvorstand vorschlägt, wurde erstaunlich rasch gewonnen. Der gerade neu gegründete Bezirksverband Untermain-Kinzig, der den Frankfurter Kreisvorsitzenden Stadtrat Ernst Gerhardt mit überwältigendem Ergebnis zu seinem Vorsitzenden gewählt hatte, traf bei der Nominierung des Delegierten für den »Elfer-Rat« eine erstaunliche Wahl. Er wählte hier nicht Gerhardt, sondern das noch weitgehend unbekannte Mitglied des Kreisvorstandes Ober-

taunus, Ekkehard van Hooven. Van Hooven konnte diesen Erfolg erringen, weil er durch sein Insider-Wissen imstande war, ein einleuchtendes Mannschaftskonzept für den neuen Landesvorstand vorzutragen. Und so wurde durch diese Wahl seine »Verschwörerrunde« nachträglich legalisiert. Er konnte das Konzept nun ganz offiziell im Wahlvorbereitungsausschuß einbringen. Die angeblich schwierigste Hürde, den mächtigen Bezirksvorsitzenden von Süd-Hessen, Dr. Otto Wagner, den Bruder des Fraktionsvorsitzenden, im Wahlvorbereitungsausschuß für das neue Konzept zu gewinnen, gestaltete sich leichter als erwartet. Viele prophezeiten, er würde jetzt einen Kampf für seinen Bruder führen. Auf einer Sitzung im Café Blum, Wiesbaden, zeigte sich Otto Wagner voll informiert und stellte uns einige kluge und präzise Fragen – und dann konnten wir wieder gehen. Ich war mir damals nicht bewußt, daß ich hier nicht nur einem Bezirksvorsitzenden gegenübersaß, der als einer der einflußreichsten Männer der hessischen CDU bekannt war, sondern jenem Manne, der uns auch in kommenden Jahrzehnten als Vorsitzender des Wahlvorbereitungsausschusses das schwierige Geschäft der Listen- und Kandidatenaufstellungen mit großem Geschick und beeindruckender Überzeugungskraft abnehmen sollte.

So waren die Weichen gestellt. Am 2. Dezember 1967 traf man sich in erwartungsvoller Stimmung in Eltville. Den Berichten des Landesvorsitzenden Dr. Fay, der Fraktion und des Wahlvorbereitungsausschusses wurde mit höflicher Anerkennung applaudiert. Die neue Satzung wurde verabschiedet, und die Wahlen liefen reibungslos und mit erstklassigem Ergebnis. Nach der Wahl des Vorsitzenden wurden die fünf Stellvertreter Walter Wallmann, Hans Wagner, Frau Hanna Walz, Otto Zink und ich gewählt. Landesschatzmeister wurde Walther Leisler Kiep. Und als weitere Präsidialmitglieder wurden Heinz Riesenhuber und Richard Westernacher gewählt.

Alles freute sich über die gelungene Operation. Doch der eigentliche Paukenschlag folgte noch: Es war die Antrittsrede Alfred Dreggers als Landesvorsitzender der hessischen CDU. Es war eine große, programmatische Rede.

Noch nie hatte ein Politiker der hessischen Union Aufgaben, Probleme und Erfordernisse in den letzten Jahren so deutlich, so klar und verständlich angesprochen. Aber vor allem, noch nie hatte ein Politiker der hessischen Union den Mut gehabt, die Mehrheit in Hessen als politisches Ziel zu proklamieren. Alfred Dregger begann seine Rede mit folgenden Sätzen:

»Sie haben mich heute zu Ihrem Landesvorsitzenden gewählt und mir gleichzeitig eine Mannschaft zur Seite gestellt, zu der ich Vertrauen habe. Dafür danke ich Ihnen. Diese Mannschaft ist jung, voller Selbstvertrauen und von dem unbedingten Willen erfüllt, die hessische CDU auf ihr Ziel hinzuführen. Dieses Ziel, meine Freunde, ist die Mehrheit. Es kann kein anderes Ziel geben.«

Ausgehend vom christlichen Menschenbild, beschreibt Alfred Dregger die CDU als die große, offene Volkspartei einer modernen Gesellschaft, welche durch Vielfalt und Pluralität gekennzeichnet ist. Er beschwört die soziale, die liberale und die nationale Idee, die es in unserer Union als vorwärtstreibende Kräfte nutzbar zu machen gilt; aber nicht als politische Übersteigerung verabsolutierter Teilwahrheiten, wie das im Sozialismus, im Liberalismus und im Nationalismus geschehen ist. Alle Übersteigerungen, jeder Extremismus oder Radikalismus, ob von links oder rechts, erhalten von Dregger eine unmißverständliche Absage. Sein Blick richtet sich auf die Zukunft, auf eine junge CDU als demokratische Alternative zu einer geistig ermüdeten und zunehmend ideologisierten SPD in Hessen; auf eine langfristig ausgerichtete Deutschlandpolitik, die die Aufhebung der deutschen Teilung ermöglicht und zur Wiedervereinigung unseres Vaterlandes führt; auf ein vereinigtes Europa, welches Schritt für Schritt durch wirtschaftliche, technologische und militärische Integration einmal zu einer politischen Einheit zusammenwachsen wird. Er schließt mit den Sätzen:

»Es wird die Aufgabe des Landesvorsitzenden sein, wie zur Bundespolitik und zur Kommunalpolitik so auch zu den Grundfragen der Landespolitik den Standpunkt der Partei zu formulieren, geltend zu machen. In der hessischen Bevölkerung muß sich die Überzeugung festsetzen, daß diese CDU eine Regierungsmannschaft anzubieten hat von tüchtigen und opferbereiten Politikern, die wissen, was sie wollen, die ein Bild haben von dem Hessen der Zukunft und die den Weg kennen in diese Zukunft. Und, meine Freunde – wenn ich mich hier so umschaue –, ich bin überzeugt, mein Gegenspieler Zinn wäre glücklich, wenn er in seinem Kabinett eine solche Regierungsmannschaft um sich versammeln könnte. Liebe Parteifreunde! Wir haben es in mancherlei Hinsicht schwerer als andere Landesverbände in anderen Bundesländern. Wir sind schon lange von der Regierungsmacht ausgeschlossen. Aber diese Distanz zur Macht muß kein Nachteil sein. Diese Distanz erlaubt es, über den Tag hinaus zu denken und Konzeptionen für das Morgen zu entwickeln. Nutzen wir diese Chance. Geben wir ein Beispiel. Einmal durch den Stil unserer Zusammenarbeit, durch unsere Solidarität und Loyalität zueinander und untereinander und durch unser Zusammenwirken als Team, als Leistungsgemeinschaft. Und geben wir ein Beispiel dadurch, daß wir uns in unseren politischen Vorstellungen über den Tag erheben und den Weg in die Zukunft erarbeiten und sichtbar machen. Wenn wir das tun, dann erfüllen wir nicht nur unsere Aufgabe, demokratische Alternative zur Sozialdemokratie zu sein, dann haben wir auch begründete Aussicht, einmal die Mehrheit in Hessen zu erringen. Und nun – ans Werk!«

Die Delegierten lauschten Dreggers Worten mit atemloser Stille, unterbrochen durch Beifallsstürme. Am Schluß wollte der Jubel nicht enden. Wir alle waren von dem Gedanken erfaßt: Heute erleben wir den Anfang der politischen Wende in Hessen.

»Wir kommen« – Mit Mannschaftsgeist und der richtigen Themenwahl in die Offensive (1967–1970)

Am Montag, dem 4. Dezember 1967, zwei Tage nach dem Ereignis von Eltville, begann wieder der Alltag. Die Kommentare in Rundfunk und Presse über die neue Führung, vor allem über die Rede Alfred Dreggers, fielen höchst unterschiedlich aus. Einige bewunderten den Mut, viele schüttelten ungläubig den Kopf, und manche gossen Kübel sarkastischer Häme aus mit dem Tenor: Dieser überhebliche Dregger wird recht bald die hessischen Realitäten zur Kenntnis nehmen und von seinem Höhenflug wieder auf den Teppich zurückkehren müssen. In jedem Fall – und das war schon auf der Pressekonferenz in Eltville spürbar gewesen – versprach die hessische Landespolitik aufregender und spannender zu werden.

In der Tat: Von einem 26%-Getto bis zur politischen Mehrheit ist ein langer Weg. Bis jetzt hatten wir nur zwei gute Voraussetzungen:

Einen erstklassigen Vorsitzenden und eine kämpferische, entschlossene Mannschaft. Vieles mußte nun noch hinzukommen. Aber wie schwer es ist, bereits diese beiden Voraussetzungen zum richtigen Zeitpunkt zu schaffen, hat das vorige Kapitel gezeigt. Normalerweise lecken sich bei einem Führungswechsel die Zukurzgekommenen erst einmal die Wunden, und es dauert längere Zeit, bis sich eine loyale Führungsgruppe herauskristallisiert, die zur Regierungsübernahme fähig ist. Dies war hier anders. Die Mannschaft stand vom ersten Tage an bereit, solidarisch die Kärrnerarbeit zu leisten. Dabei kam ihr zugute, daß sich die meisten aus der Fraktion schon länger kannten und in der Zusammenarbeit geübt waren. Von den sieben Mitgliedern gehörten nur zwei nicht der Wiesbadener Fraktion an: Der Bundestagsabgeordnete Walther Leisler Kiep, der durch seine schwierige Position als Landesschatzmeister und dann auch durch den Vorsitz der Hessischen Landesgruppe der CDU/CSU-Bundestagsfraktion in Bonn eine wichtige Scharnierfunktion für die neue Mannschaft ausübte; sowie der Bundestagsabgeordnete Otto Zink, Vorsitzender der hessischen CDA-Sozialausschüsse und des sozial-politischen Ausschusses der hessischen CDU, der insbesondere für die innere Balance der hessischen Partei unersetzliche Arbeit leistete. Da ich selber Vorsitzender des wirtschaftspolitischen Ausschusses wurde, kam gerade der intensiven Zusammenarbeit mit Otto Zink eine besonders wichtige Rolle für die Geschlossenheit der hessischen Union zu. Wir gründeten den »Gesellschaftspolitischen Ausschuß« der CDU Hessen, deren Vorsitz und stellvertretenden Vorsitz wir beide abwechselnd innehatten. Hier behandelten wir vor allem die kontroversen sozial- und gesellschaftspolitischen Fragen, wo wir mit größter Offenheit, mit Phantasie und Ausdauer um die Formulierungen rangen, welche die hessische Partei insgesamt zur Geschlossenheit und zum Konsens führen sollten.
Diese Arbeit war im übrigen auch die Voraussetzung dafür, daß die hessische Union anerkanntermaßen zunehmend die Kompetenz zeigte, sich auch bei schwierigen Themen wirksam in die Diskussion der Bundespartei einzumischen. Das zeigte sich insbesondere bei dem so komplizierten Thema der »Mitbestimmung«, das damals zeitweise die ganze Partei beherrschte und zu Zerreißproben führte. Bereits auf dem Berliner Parteitag vom 3.–7. November 1968

zeigten sich die Früchte unserer Arbeit. In der Debatte standen sich die Fronten in der Mitbestimmungsfrage schroff gegenüber. Die leidenschaftlichen Reden von Ludwig Erhard und Hans Katzer gehörten zu den Höhepunkten dieses Parteitags – sie waren allerdings auf keinen gemeinsamen Nenner zu bringen. Es war dann die Formulierung des Antrages des hessischen CDU-Landesverbandes – den wir in unserem »Gesellschaftspolitischen Ausschuß« vorher erarbeitet hatten und den ich in der Antragskommission des Bundesparteitages vertreten konnte –, welche die Grundlage für die Konsensformel bildete, die dann als Ziffer 60 in das »Berliner Programm« der CDU Eingang gefunden hat. Später, im Jahre 1971 auf dem Düsseldorfer Parteitag, sollte eine aufsehenerregende Rede Alfred Dreggers zum gleichen Thema der Mitbestimmung dem Antrag der hessischen Union gegen die Vorlage der Bundespartei zum Siege verhelfen. Dieser Antrag wurde in gleicher Weise im »Gesellschaftspolitischen Ausschuß« erarbeitet, auf einem hessischen CDU-Landesparteitag nach ausführlicher Debatte verabschiedet und in Düsseldorf gegen den Bundesvorstand durchgekämpft. So geschah es mit vielen Themen der Politik. Auf den Bundesparteitagen erschien eine Gruppe hessischer Delegierter, die sachkundig und kompetent vorbereitet und durch ihr gutes Zusammenspiel vieles zu bewegen in der Lage war. Die Arbeitsteilung hatte sich bewährt, und der Vorsitzende hatte sein Versprechen wahrgemacht: Die Mitglieder der Mannschaft konnten ihre Kräfte und Ideen eigenständig entfalten, die Prioritäten wurden dann einvernehmlich festgelegt, und wenn es dann in die Schlacht ging, stellte sich der Vorsitzende meist an die Spitze. Aber wie es eben mit großen Vorsitzenden zu gehen pflegt: Manchmal wußte man bis zur letzten Minute nicht, ob er die Sache selbst in die Hand nehmen will. Und plötzlich traf er dann – ohne jede Diskussion – eine unerwartete Entscheidung, ganz gleich, ob die Vorbereitungen monatelang auf einer anderen Schiene liefen. Da Alfred Dregger unglaublich schnell begriff und die Gedankengänge anderer sofort aufnehmen und in seine Sprache umgießen konnte, war diese Zusammenarbeit zwischen Vorsitzendem und Mannschaft meistens von Erfolg gekrönt, so daß es jeder zufrieden war.
Noch etwas anderes kam dem Mannschaftsgeist zugute: Fünf von den sieben Mitgliedern arbeiteten bereits seit 1966 – also ein Jahr vor

Eltville – in der Fraktion zusammen, so daß man auch menschlich warmgelaufen war. Davon gehörten zwei sozusagen der »mittleren« Generation an: Dr. Hans Wagner, der neue Fraktionsvorsitzende, und Frau Dr. Hanna Walz, die sich als Hochschulexpertin und Vorsitzende des Evangelischen Arbeitskreises der CDU Hessen einen Namen gemacht hatte. Die drei »Jungen« waren Alfred Dregger, Walter Wallmann und ich – eine »Troika«, die sich bei der doppelt so starken SPD-Fraktion mehr und mehr Respekt erwarb und die in ihrem teils geplanten, teils improvisierten Zusammenspiel auch nach den Urteilen der kritischen Presse fast immer als Sieger die Arena des Landtages verließ.
Die Redeschlachten im Parlament wurden zu einem aufregenden Ereignis, wie man sie in der Geschichte des Hessischen Landtages in dieser Regelmäßigkeit bisher nicht gekannt hat. Das riß natürlich die ganze Fraktion mit und gab uns allen einen großen Kampfgeist. Unter der allseits anerkannten Leitung von Hans Wagner, der sich diesem Amt engagiert und gänzlich uneigennützig gewidmet hat, war diese Fraktion zu einer echt homogenen Truppe geworden. Dabei kam ihr die numerische Kleinheit zugute. Sie war noch nicht aufgesplittert in unendlich viele Arbeitskreise und Gruppen, sie führte auch die Auseinandersetzungen über die Detailfragen im Plenum der Fraktion und traf dort ihre Entscheidungen. Jeder, der diese Zeit miterlebte, kommt noch heute ins Schwärmen. Und ich möchte auch für mich sagen: Es waren meine entscheidenden politischen Lehrjahre.
Natürlich kam uns in der damaligen Zeit auch zugute, daß es zunehmend allgemein aufwühlende Themen gab, welche sehr viel mit Landespolitik zu tun hatten. Vornehmlich auf zwei Feldern wurde mit der SPD immer schärfer die Klinge gekreuzt: erstens der Bedrohung des Rechtsstaates durch immer dreister auftretende linksradikale Gruppierungen und zweitens der ideologischen Zuspitzung in der von marxistischen Ideen bestimmten Schul- und Hochschulpolitik der SPD-Regierung. Hier lernte ich übrigens die Unerbittlichkeit und Kompromißlosigkeit politischer Kämpfe kennen, wenn erst einmal eine Ideologie die Köpfe erobert hat. Dann steht diese Ideologie nicht nur für Unvernunft, sondern für Radikalität bis zum Rechtsbruch argumentativ bereit. Wer auf diesem Feld mit Kompromissen eine ungute Entwicklung glaubt stoppen zu

können, hat – wie sich immer wieder bestätigte – schon zu Beginn verloren.
Am 11. April 1968 wurde in Berlin ein Attentat auf den Studenten Dutschke verübt. Bereits am gleichen Tag fanden in Frankfurt/Main große studentische Demonstrationen statt. Am 12. April, Karfreitag, und am Ostermontag, den 15. April versuchten radikale Studenten, hauptsächlich aus den Reihen des SDS, und etwa tausend andere Personen die Auslieferung von Zeitungen des Springer-Verlages mit Gewalt zu verhindern. Die Aktionen der Demonstranten reichten von der bloßen Provokation bis zu dem Versuch, gewaltsam in das Druckhaus einzubrechen und den Produktionsbetrieb stillzulegen. Es kam zu schweren Auseinandersetzungen mit der Polizei, als die Demonstranten versuchten, in das Druckhaus einzudringen und sämtliche Auslieferungen zu blockieren. Veranlaßt durch diese Vorgänge, versammelte sich das Präsidium der hessischen CDU am Nachmittag des Ostermontags in Frankfurt/Main und überzeugte sich bis in den späten Abend von den Aktionen der randalierenden Demonstranten, von den Abwehrmaßnahmen der Polizei und von der Situation der Belegschaft in der Societäts-Druckerei. Noch am gleichen Abend sandte das Präsidium der hessischen CDU ein Telegramm mit folgendem Wortlaut an den Hessischen Ministerpräsidenten:

»Sehr geehrter Herr Ministerpräsident, das Präsidium der hessischen CDU hat sich soeben einen Eindruck von den Vorgängen an der Frankfurter Societäts-Druckerei verschafft. Wir haben mit der Verlagsleitung, den Journalisten, den Arbeitern und mit den das Gelände belagernden Demonstranten gesprochen. Die unmittelbaren Eindrücke am Ort des Geschehens haben voll und ganz die politische Beurteilung bestätigt, die wir im Gegensatz zu Ihnen im Hessischen Landtag seit mehreren Monaten im Hinblick auf die Absichten des SDS vertreten haben. Wir hoffen, daß auch Sie angesichts der terroristischen Ausschreitungen nunmehr die Taktik der Verharmlosung aufgeben werden. Es wäre sicher außerordentlich nützlich, wenn auch Sie sich einen unmittelbaren Eindruck von den unseren Rechtsstaat bedrohenden Gefahren verschaffen würden. Dies war auch die Auffassung der meisten unserer Gesprächspartner. Das Präsidium der CDU in Hessen, gez. Dr. Dregger«

Außerdem richtete die CDU-Fraktion einen Dringlichkeitsantrag betreffend SDS-Ausschreitungen an den Hessischen Landtag. Am 25. April 1968 wurde dieser Dringlichkeitsantrag in Wiesbaden behandelt – es wurde ein turbulenter Sitzungstag. Walter Wallmann eröffnete die Debatte, ich setzte sie fort, und am Schluß ergriff ein junger Staatsanwalt das Wort und hielt eine vielbeachtete Rede. Es war Gottfried Milde, der heutige Innenminister im Kabinett Wallmann. Ministerpräsident Zinn, der zu früheren Zeiten noch großartig erklärte, daß der Rechtsstaat nicht zum Nachtwächterstaat verkommen dürfe, verharmloste die Situation und versuchte abzuwiegeln. Man hielt die linksradikalen Umtriebe des SDS und der APO für eine kurze, vorübergehende Erscheinung. Erst die nächsten Jahre zeigten, wie gründlich man sich hier geirrt hatte und daß die CDU mit ihren Warnungen, diese Entwicklung nicht zu leicht zu nehmen und den Ursachen auf den Grund zu gehen, recht behalten sollte. In den nächsten Monaten wurden durch gewaltsame Vorlesungsboykotte die Universitäten zu rechtsfreien Räumen, in Frankfurt wurden laufend Häuser besetzt, durch die Straßen dieser Stadt dröhnten fast jede Woche teilweise gewalttätige Demonstrationen, der durch den Vietnamkrieg entfesselte Antiamerikanismus erreichte traurige Höhepunkte, und der Terrorismus zeigte bereits damals schemenhaft sein Gesicht. Diese Ereignisse bedurften wirklich grundsätzlicher Überlegungen, ging es doch um das Wohl und Wehe des demokratischen Rechtsstaates und seiner Institutionen. Die CDU-Fraktion sorgte dafür, daß die Regierung gestellt wurde und sich nicht still und leise ihrer Verantwortung entziehen konnte.
Das zweite Hauptfeld der Auseinandersetzungen war die Bildungspolitik, wo sich in der Tat eine unüberbrückbare Kluft zwischen Regierung und Opposition auftat. Nicht, daß die Unruhen und teilweise chaotischen Zustände an den Universitäten das Hauptthema waren. Hauptthema war die zunehmende Ideologisierung der gesamten hessischen Bildungspolitik.
Wie kam es dazu? Von der sogenannten »Frankfurter Schule« ging die Vorstellung aus, daß es in einer echten Demokratie nicht die Einzelperson, sondern »die Gesellschaft« ist, die alles entscheidet und verantwortet – bis hin zu der Vorstellung, daß die Begabung des einzelnen fast ausschließlich vom Zustand der Gesellschaft und den

Fähigkeiten der Lehrer abhing. Folgerichtig kam es nach dieser Vorstellung darauf an, die Gesellschaft auf die richtigen Ziele einzuschwören, um die Menschen chancengleich, glücklich und frei zu machen. Sozialistische Bildungspolitiker – allen voran Carl-Heinz Evers, ehemaliger Schulsenator in Berlin – setzten zu jener Zeit dieses Glaubensbekenntnis in praktische Vorschläge um, die von den SPD-Bildungspolitikern gierig aufgegriffen worden sind. Evers hat diese Umsetzung in seinem 1971 erschienen Buch »Versäumen unsere Schulen die Zukunft?« beschrieben und machte den ideologischen Hintergrund seiner bildungspolitischen Vorschläge für den Leser ganz transparent: Er ging von der These aus, daß nur durch die Beseitigung der »bestehenden Herrschaftsverhältnisse« Gerechtigkeit, Selbstbestimmung und Glück der Menschen herzustellen seien. Hiergegen leisteten jedoch die mächtigen revisionistischen Kräfte der Gesellschaft, vornehmlich die Verbände von Wirtschaft und Industrie, erbitterten Widerstand. Normalerweise wäre dies, so meinte Evers, die klassische Ausgangslage für eine notwendige »Revolution«. Da diese revisionistischen Kräfte in der Bundesrepublik aber noch sehr stark seien und vor allen Dingen die Besatzungsarmeen aus Ländern stationiert seien, aus denen ein beachtlicher Teil der Kapitalgeber westdeutscher Produktionsmittel stammen, wäre eine solche Revolution aussichtslos. Die Besatzungsarmeen würden die Interessen ihrer Länder durch entsprechende Interventionen schützen, so wie auch die Bundeswehr bereitstünde, im Falle eines sogenannten »Inneren Notstandes« einzugreifen. »Wir können nur wählen zwischen gesellschaftlicher Reaktion, die in letzter Konsequenz zum Faschismus führt, und grundlegender Reform, die schließlich systemüberwindend ist«, so erklärte Evers apodiktisch. Und damit war ein Stichwort gefallen: Systemüberwindung. In dieser Aufgabe entdeckte nun der SPD-Bildungspolitiker die große Mission der Schulen, wie man das bestehende politische System, sozusagen auf leisen Sohlen, aus den Angeln heben kann. Hierbei spielten die Lehrer die Hauptrolle. Er schreibt: »Die Lehrerschaft als Ganzes kann ein Machtfaktor ersten Ranges sein, wenn die Lehrer politisch klug arbeiten und solidarisch sind. Nach einer kurzen Vorbereitungs- und Probezeit werden Lehrer ›Beamte auf Lebenszeit‹. Sie können nicht einfach entlassen und aus dem Beruf entfernt werden. Lehrer können viel mehr an kritischer Arbeit zusammen mit ihren Schülern wagen, als sie das gemeinhin tun... Das Grundgesetz verbietet es in keiner Weise, in unseren Schulen für die Ziele des demokratischen Sozialismus zu arbeiten.« Der Zeitpunkt, die Schule zu einem Feld dieses Kampfes zur Überwindung der bürgerlichen Gesellschaft zu machen, wurde als besonders günstig angesehen. Evers erklärte: »Ohne die vielen neuen Lehrer, die noch in diesem Jahrzehnt die Mehrheit der Lehrerschaft stellen werden, kann die erheblich steigende Zahl von Schülern nicht unterrichtet werden.« So kam es zunächst darauf an, diese »vielen neuen Lehrer«, die die Schulen bald bevölkern sollten, auf diese gesellschaftspolitische Zielrichtung einzuschwören. Auf diesem Feld der Lehrerausbildung leistete Prof. Wolfgang Abendroth, ein überzeugter Marxist, der bis 1948 als Hochschullehrer an Universitäten der Sowjetischen Besatzungszone lehrte und ab 1951 an der Universität Marburg wirkte, eine gute Arbeit. Ein von ihm herangezogener Kreis von Schülern besetzte einen großen Teil der Lehrpositionen an den hessischen Lehrerbildungsanstalten. So erfaßte man einen großen Teil des Lehrernachwuchses und stattete ihn mit dem »richtigen« gesellschaftspolitischen Bewußtsein aus. Auch die zu dieser Zeit besonders virulente Debatte über eine Organisationsreform des Schulwesens wurde der ideologischen Zielsetzung dienstbar gemacht: Durch Abschaffung des dreigliedrigen Schulwesens und die Schaffung von Gesamtschulen konnte der Wirkungsgrad der »neuen Lehrer« vervielfacht werden. Dadurch konnten »rückständige« oder »unwillige« Gymnasiallehrer schnell in die Isolierung und schließlich in die Minderheitenposition gebracht werden. Allerdings bedurfte es dazu der »integrierten« Gesamtschule – mit der »additiven« oder »kooperativen« war diese Operation nur sehr viel umständlicher zu erreichen. So wurde ab 1969 unter dem Motto »Versuche« die Gesamtschule in Hessen eingeführt. Ohne entsprechende Ergebnisse dieses angeblich »wissenschaftlichen« Versuches auch nur abzuwarten, wurde *ein* Versuchstyp, nämlich die integrierte Gesamtschule, massenweise eingeführt. Kein anderes Bundesland setzte sich in so brutaler Form über entsprechende Empfehlungen des Bildungsrates und der Kultusministerkonferenz hinweg. Um die Lehrpläne auf die neuen »Lernziele« auszurichten, arbeitete ebenfalls seit 1969 eine junge Truppe im Kultusministerium an der Erarbeitung sog. »Rahmen-

richtlinien«, um den »neuen Lehrern« auch das theoretische Rüstzeug für die praktische Arbeit an der Schulfront an die Hand zu geben.
Von den in der hessischen Verfassung in Artikel 56 formulierten Werten, welche den jungen Menschen in der Schule vermittelt werden sollen, war hier mit keinem Wort die Rede. Die »Revolution auf leisen Sohlen« hatte andere Erfordernisse: Die Kinder sollten – und diese Stereotype wiederholte sich ständig – lernen, »ihre eigenen Interessen einzusehen«, die selbstverständlich den bestehenden Herrschaftsstrukturen diametral entgegengesetzt liegen. Diese bösen Herrschaftsstrukturen galt es überall in der Gesellschaft »aufzudecken«. Sie mußten in ihrer ganzen Verderbtheit »durchschaut« werden. Die Jugend sollte gleichzeitig mit der Verurteilung dieser Herrschaftsinteressen durch die Verfolgung ihrer »eigenen Interessen« begeistert werden, die gegen die »Interessen der Herrschenden« durchgesetzt werden müssen. – Also eine Revolution nicht mit Waffen, sondern durch ständige gesellschaftliche Konflikte. Hier wurde natürlich auch die Familie nicht ausgenommen, denn normalerweise, wenn Vater oder Mutter nicht gerade ein »demokratischer Sozialist« war, gehörte die Familie zu den etablierten Herrschaftsstrukturen, die es zu verändern galt. Und in diesem gesellschaftlichen Konfliktfeld kam es den Lehrern zu, die Vorkämpfer für die Jugend zu werden, der Jugend dabei zu helfen, ihr Bewußtsein zu schärfen, um sie dann später instandzusetzen, »den Marsch durch die Institutionen« zu bewerkstelligen und damit das System »zu überwinden«.
Es wurde auch nicht vergessen, an die spätere »Betreuung« der Lehrer, wenn sie bereits im Beruf sind, zu denken. Man plante, spezielle »Weiterbildungseinrichtungen« an den Universitäten einzurichten, um sie für ihre Aufgabe wieder fit zu machen und eventuelle Ermüdungserscheinungen zu beseitigen. Man hatte wirklich an alles gedacht.
Der CDU ging erst allmählich auf, daß es sich hier nicht um die Ausgeburt der Phantasie vereinzelter Ideologen handelte, die sich allenfalls der Sympathie linker Stoßtrupps, also der Jusos und des SPD-Bezirksverbandes Hessen-Süd, erfreuten. Nein – die Entwicklung war bereits weit fortgeschritten und ein engmaschiges Netz geknüpft, das Universitäten, Lehrerausbildungsanstalten,

Schulen und das Ministerium umfaßte, und unter dem Namen »Schulreform« die Revolution auf leisen Sohlen ins Werk setzte. Als wir uns in der Fraktion intensiv mit diesem Thema befaßten, entdeckten wir, daß hinter den Einzelmaßnahmen eine große politische Zielsetzung stand und die Schaltstellen zur Umsetzung in Hessen bereits überall montiert waren.

Mit dieser offensiven Überrumplungsstrategie eröffnete die SPD in Hessen allerdings eine gefährliche politische Front. Der ideologische Hintergrund dieser Reform trat immer deutlicher zutage. Die überstürzte Einführung integrierter Gesamtschulen und die Lernziele der »Rahmenrichtlinien« wurden bald heiß umstrittene Themen. Insbesondere die Rahmenrichtlinien der gesinnungsbildenden Fächer »Deutsch« und »Gesellschaftslehre« konnten die eindeutig ideologische Ausrichtung nicht verbergen. Für ganze Klarheit sorgte dann die Berufung Prof. von Friedeburgs zum Hessischen Kultusminister, gerade rechtzeitig ein Jahr vor der Landtagswahl. Das Klima der Diskussion verschärfte sich zunehmend. Vor allem die Eltern sagten der Schulpolitik den Kampf an. Sie schlossen sich im »Hessischen Elternverein« zusammen, der in den kommenden politischen Auseinandersetzungen noch eine außerordentlich wichtige Rolle spielen sollte. Für die CDU bot sich hier die Chance, ein fast jeden Bürger interessierendes Thema aufzugreifen und zu einem zentralen Punkt der politischen Auseinandersetzung zu machen. Wir ergriffen diese Chance. Kulturpolitik wurde in der Fraktion und in der Partei zum großen politischen Thema gemacht und der Expertendiskussion entrissen. Die früher nebeneinanderstehenden Programme für Grundschule, höhere Schule, Universitäten, für Berufsschulen, Volkshochschulen und Erwachsenenbildung wurden in unserer Fraktion sowohl personell wie programmatisch zu einem geschlossenen Konzept zusammengefügt. Grundlage der CDU-Konzeption war ein vielgliedriges, auf der Würde des einzelnen Menschen beruhendes Bildungswesen, dessen Lernziele auf der Werthaltung des Grundgesetzes und der Hessischen Verfassung beruhten. Es wurde der Zielsetzung der SPD scharf konturiert gegenübergestellt. Obwohl für Alfred Dregger durch seine bisherige Laufbahn andere Themen im Vordergrund standen – Themen der Strukturpolitik, der Raumordnung und der kommunalen Selbstverwaltung, deren er sich mit großer Leidenschaft und Sachkenntnis angenommen hatte –, stieg er in beide Bereiche mit vollem Einsatz ein. Er hatte sofort begriffen, daß es sich hier um die Grundlagen unseres Staates schlechthin handelt und diese Themen auch eine Breitenwirkung erzielten, die wir mit sonstigen Themen der Landespolitik kaum erreichen konnten. Gleichzeitig entstand durch diese politischen Prioritäten auch eine klare Aufgabenteilung und Zuständigkeit in Fraktion und Partei. Alfred Dregger war der Generalist, Walter Wallmann für das weite Feld von Gesellschaft und Staat und ich für die Bildungspolitik zuständig. Nach dem Weggang von Frau Hanna Walz nach Bonn (1969) hatte ich insbesondere auch die Arbeitsgruppe und Sprecherrolle für die Hochschulpolitik übernommen.

Als im Jahre 1969 der Ministerpräsident Zinn zurücktrat, um ein Jahr vor der Landtagswahl seinem jüngeren Nachfolger bessere Startchancen einzuräumen – die Strategie »der jungen Mannschaft« der CDU-Fraktion war hier bereits Vorbild geworden –, antwortete die CDU am 23. Oktober 1969 im Hessischen Landtag in ungewöhnlicher Form auf die Regierungserklärung von Albert Osswald. Alfred Dregger, der CDU-Landesvorsitzende, erklärte: »Alles in allem: Die Regierung hat durch ihre Neubildung an personeller und politischer Substanz nicht gewonnen, sondern erheblich verloren. Die Zweifel an der Erneuerungskraft der hessischen Sozialdemokratie nach allzu langer Regierungsverantwortung sind dadurch voll bestätigt worden. Die hessische CDU wird dieser Regierung ihre junge Mannschaft und ihr Konzept für ein modernes Hessen entgegenstellen. Wir bieten damit dem Wähler eine programmatische und personelle Alternative. Das wird bereits in unserer Antwort auf die Regierungserklärung deutlich werden. Sie wird nicht allein von mir, sondern auch von anderen Mitgliedern der Mannschaft vorgetragen, nämlich von Dr. Schwarz-Schilling, der zur Hochschulpolitik, von Dr. Wallmann, der zum Staatsverständnis, und vom Fraktionsvorsitzenden Dr. Wagner, der zur Rolle von Parlament und Opposition sprechen wird.« Wir gingen kaum auf die wirklich sehr dünne Regierungserklärung der Regierung Osswald ein, sondern setzten sozusagen die eigene Regierungserklärung, das Konzept der hessischen CDU dagegen: Alfred Dregger sprach über »Die CDU – die programmatische und personelle Alternative«, ich sprach über »Kulturpolitik für die 70er

Jahre«, Walter Wallmann »Über das rechte Verständnis von Staat und Gesellschaft«, und Hans Wagner, der Fraktionsvorsitzende, zu dem Thema: »Dem Parlament eine Chance«.

So war die »junge Mannschaft« unter dem Vorsitzenden Alfred Dregger kein leeres Versprechen; sie entwickelte ihren eigenen Stil und wurde politische Wirklichkeit. Sie wurde hervorragend ergänzt von Männern wie Karl-Heinz Koch, Gottfried Milde, Karl Heinrich Trageser, Wolf von Zworowski, Arnulf Borsche und Fritz Kramer, um nur einige zu nennen. Die ersten drei gehören heute als Minister der Landesregierung Wallmann an, während der letzte der langjährige erfolgreiche Landrat des Kreises Fulda geworden ist. So wirkte der Geist der jungen Mannschaft in der ganzen Fraktion fort, und man kann mit Fug und Recht behaupten, daß das Geschehen zunehmend von dieser Fraktion bestimmt wurde. Dies wurde erreicht, obwohl die CDU-Fraktion gerade halb so groß war wie die SPD-Fraktion mit ihren 52 Mandaten!

Natürlich gab es auch furchtbare Enttäuschungen. Wenn die Änderungsanträge auch noch so gut formuliert, die Begründungen logisch durchdacht, die Argumente einleuchtend und überzeugend vorgetragen wurden – und schließlich doch an der unverrückbaren Mauer der absoluten Mehrheit der SPD zerschellten. Ein besonderes Ereignis dieser Art war die dritte Lesung des unheilvollen hessischen Universitätsgesetzes auf der 72. Sitzung des Landtages vom 5. Mai 1970. Die Debatte gehörte zu den Höhepunkten der geistigen Auseinandersetzung dieser Zeit und ist auch heute noch eine spannende Lektüre. Es war ein Gesetz, welches den damaligen Irrglauben der »Demokratisierung« der Universitäten durch Einrichtung von politischen »Gruppen« als Entscheidungsträger der Universität zementierte, wobei ausgerechnet die Gruppe, welche ihr ganzes berufliches Leben in der Institution Universität verbringt, nämlich die Hochschullehrer, durch die geschaffenen Mehrheiten der anderen Gruppen, der Studenten und Assistenten, überstimmt werden konnte. Die Berichterstatterin und langjährige Vorsitzende des kulturpolitischen Ausschusses, Frau Ruth Horn (SPD), brachte das Gesetz mit der Formel ein: »Die SPD-Fraktion bekundete (im Ausschuß) ihren Willen, mit diesem Gesetz die Grundlage für eine reformierte Universität zu schaffen, in der es *soviel Demokratie wie irgend möglich* und *soviel Freiheit für die*

Entfaltung von Wissenschaft und Forschung wie nötig (!) gebe.« Mit dieser Formulierung hätte man auch in einem totalitären Staat eine Universitätsreform begründen können. Alfred Dregger wehrte sich leidenschaftlich insbesondere gegen den § 6, der bestimmte Einschränkungen für die Freiheit der Forschung vorsah und allen Mitgliedern und Angehörigen der Hochschule sogar eine denunzierende »Informationspflicht« auferlegte, über »bedenkliche« Forschungen zu berichten. Alfred Dregger schleuderte in den Saal: »Das ist die Einführung der Inquisition an unseren Universitäten! Das ist das Ende der zweckfreien Forschung und der wissenschaftlichen Erkenntnis, die nur auf Wahrheit und nichts anderes ausgerichtet sein kann. Das ist das Ende der Geistesfreiheit an unseren hessischen Universitäten. Wenn Sie diesen Gesetzesentwurf mit diesem Paragraphen verabschieden, dann werden sich viele Hochschullehrer, insbesondere Naturwissenschaftler, gezwungen sehen, aus unseren hessischen Universitäten auszuziehen.« Und so geschah es dann auch später, denn das Gesetz ist so verabschiedet worden – nach Mitternacht, nach einer dramatischen, ganztägigen Parlamentssitzung.

Diese Zeit, in der wir uns unserer geistigen Stärke, aber auch unserer politischen Ohnmacht bewußt wurden, schweißte die Mannschaft zusammen. Wir spürten hautnah: Mehrheit ist nicht unbedingt die Position, die näher an der Wahrheit liegt. Es gibt Situationen, wo es sogar ganz augenfällig wird, daß das Gegenteil der Fall ist. Aber in der Demokratie lassen sich Mehrheiten auf friedliche Weise verändern – und so waren diese abstimmungsmäßig verlorenen Schlachten im Parlament der Ansporn, mit noch mehr Entschlossenheit die Mehrheit im Lande zu verändern.

Das war zwar ein hehres Ziel, aber es war außerordentlich schwer zu erreichen. Denn im Lande sah es schlecht aus. In der Partei war die Ausgangslage außerordentlich schwierig. Ich wurde in der konstituierenden Landesvorstandssitzung nach Eltville zum Ersten Stellvertreter Alfred Dreggers bestellt und erhielt für den Landesverband die Vollmachten, wie sie satzungsmäßig dem Generalsekretär der Bundespartei zustehen. Da für die Kommunalwahl 1968 nicht mehr viel Zeit verblieb, mußten alle Probleme gleichzeitig angepackt werden: Reorganisation der Landesgeschäftsstelle, scharfe Reduzierung der vom Landesverband bezahlten Kreisge-

schäftsführer, Neuordnung der Finanzen zwischen dem Landesverband und den Kreisverbänden – »Licher Abkommen« –, Mitglieder-Werbeaktionen, Neugestaltung des »Hessen-Kurier«, der von einem völlig uninteressanten Vereinsblättchen zu einer interessanten Monatszeitung für unsere Mitglieder und durch Anzeigen zu einer neuen Finanzquelle werden sollte. Den Aufbruch unserer Führungsmannschaft in die Städte und Dörfer zu tragen, neue Ortsverbände zu gründen und Aktivitäten vor Ort zu entfalten, die virulenten Themen den Menschen nahezubringen waren die schwierigsten Aufgaben, die vor uns standen. Kaum 50% der Kommunen hatten 1968 eine eigene CDU-Liste zur Kommunalwahl! Und der geringe Zuwachs im Ergebnis dieser Wahl im Jahre 1968 zeigte uns, welch steiniger Weg noch vor uns liegen würde. So analysierten wir die Gründe und Möglichkeiten der Veränderung. Ich als Generalsekretär und Walter Wallmann als kollegialer Helfer im Kreis der stellvertretenden Vorsitzenden machten uns auf die Reise, um im ganzen Land vor Ort die Verhältnisse zu studieren. Wir veranstalteten regionale Gebietskonferenzen mit den einzelnen Kreisverbänden, die bei der Wahl, bei näherem Hinsehen, doch sehr unterschiedlich abgeschnitten hatten. Positive Erfahrungen wurden ausgetauscht, Versäumnisse analysiert und entsprechende Maßnahmen ergriffen, um sie abzustellen.
Das Hauptproblem war: Wie können wir die Auseinandersetzungen im Hessischen Landtag, die Aufbruchphase und den Kampfgeist von Alfred Dregger und seiner Mannschaft in die Städte und Dörfer tragen? Das Fernsehen des Hessischen Rundfunks war alles andere als ein Instrument, diesen neuen Geist in Hessen zu verbreiten. Alfred Dregger hatte einen Bekanntheitsgrad in Hessen von unter 40%, die Szenen des Landtags spielten sich weitgehend unter Ausschluß der Öffentlichkeit ab, und die spärliche Berichterstattung des Hessischen Rundfunks kam fast immer der SPD und ihrer Regierung zugute. Wenn auch die Landespressekonferenz durch die spannungsgeladene Atmosphäre in Wiesbaden wieder Freude an ihrer Arbeit hatte – der Niederschlag dieser Ereignisse war in fast allen Zeitungen dürftig: Es dominierten immer die Themen der »Großen Politik« oder die aktuellen Lokalereignisse. Für die Landesereignisse gab es meistens kaum Platz. So mußten wir uns daran machen, eigene Aktivitäten-Konzepte zu erarbeiten mit dem Ziel,

Führungsmannschaft und Programm der hessischen Union der Bevölkerung gründlich nahe zu bringen. Wichtigste Zielperspektive war, alle Maßnahmen auf die Landtagswahl 1970 auszurichten. Zunächst ging es darum, unseren Spitzenkandidaten, Alfred Dregger, wirklich bekannt zu machen. Dafür konnte es nichts Besseres geben als die Bundestagswahl 1969. Er wurde als »Unser erster Mann in Hessen« an die Spitze der Liste gesetzt und hatte somit unendlich viel mehr Möglichkeiten, in Rundfunk und Fernsehen zu erscheinen, als Spitzenkandidat unter Beachtung der Presse Stadt und Land zu besuchen, »an Hecken und Zäunen«, wie er selbst sagte, mit den Menschen zu reden. Diese Rechnung ist aufgegangen, wie eine Analyse nach der Bundestagswahl gezeigt hat: Mit fast 80% konnte Alfred Dregger seinen Bekanntheitsgrad bereits im Jahre 1969 mehr als verdoppeln – eine glänzende Ausgangslage für das nächste Jahr der Landtagswahl. Natürlich nahm er – wie verabredet – sein Mandat nicht an, sondern blieb im Hessischen Landtag, um sich voll und ganz der Landtagswahl 1970 zu widmen. Die verbliebene Zeit von etwa 14 Monaten war eine Zeit systematischer Vorbereitung. Geistig und organisatorisch wurde alles wie in einem Netzplan aufbereitet. Unsere Organisationsarbeit zeigte schon im Jahre 1969 Früchte. Der hessische Landesverband schnitt bei der Bundestagswahl im Verhältnis überdurchschnittlich gut ab; die Kreise, finanziell relativ gut konsolidiert, konnten sich wieder Geschäftsführer leisten, die nach einheitlichen Regeln eingestellt wurden. Schwierige Kreisverbände erhielten nach genau festgelegten Kriterien Zuschüsse des Landesverbandes. Neben dem neuen Landesgeschäftsführer Joachim Lehmann, den wir im Jahre 1968 einstellen konnten und der sich mit viel Fleiß und Engagement in seine neue Aufgabe eingearbeitet hatte, holte ich mir Peter Radunski als Grundsatzreferenten, der mir damals durch kluge Beiträge in der Zeitschrift »Sonde« aufgefallen war – heute ist er der CDU-Bundesgeschäftsführer in Bonn. Außerdem engagierte ich Alexander Niemetz, der für gründliche Analysen und flotte Formulierungen gleichermaßen talentiert war, als Pressesprecher der Partei. Heute ist er Sonderreporter und berichtet aus allen Erdteilen für das ZDF. Sein Pendant in der Fraktion war Manfred Harnischfeger, der später bei Bertelsmann eine steile Karriere machen sollte. Diese Truppe konnte einem Freude machen. Dazu gehörte später Dr. Müller-

Kinet, der als bildungspolitischer Referent der Fraktion über lange Zeit eine außergewöhnliche Arbeit geleistet hat. Ihm ist keine linke Gemeinheit entgangen. Durch die treffliche Aufbereitung des ideologiebeladenen Materials, welches von der SPD und der Landesregierung sowie ihren linken Anhängern in den verschiedensten Schaltstellen der Gesellschaft produziert worden und als »fortschrittliche« Kulturpolitik verkauft worden ist, stellte er durch klare Aufdeckung der ideologischen Hintergründe jene Munition bereit, die wir für die politische Auseinandersetzung brauchten. Diese Truppe schrieb eine Broschüre nach der anderen: »Besser leben in Hessen«, »Besser lernen in Hessen«, »Besser studieren in Hessen«, »Eine bessere Schule für Hessen«, »Marx statt Rechtschreibung« und so fort. Jede der Broschüren war mit dem Zusatz ausgestattet: »Mit Alfred Dregger und seiner Mannschaft voran«. Die Broschüren, die wir zu Hunderttausenden drucken ließen, transportierten in leicht lesbarer Form die politische Auseinandersetzung ins Land. Sie waren gedacht für die eigene Parteiorganisation, für die Aktiven vor Ort, aber auch für die vielen Meinungsträger im Lande Hessen, die darüber aufgeklärt werden mußten, was eigentlich in diesem Lande geschieht. In einer Wahlkampfkommission, deren Vorsitzender ich wurde und an deren Sitzungen neben anderen Fachleuten die Führungsspitze regelmäßig teilnahm, wurde bereits im November 1969 mit den Vorarbeiten für die Landtagswahl begonnen. Sie koordinierte und entschied bis September 1970 über alle Aktivitäten. Auf einer dieser Sitzungen wurde auch das berühmte »Mannschaftsplakat« geboren, auf welchem die hessische Führungsmannschaft mit Dregger an der Spitze in Keilformation auf den Betrachter zumarschierte. Es war ein sehr kontroverses Plakat. Aber nach langer Diskussion mit Baron von Gleichen, dem Inhaber der Allwo-Werbeagentur, die uns bei der Insertion und den Plakaten unterstützte, wurden wir davon überzeugt, daß wir Aufsehen erregen müssen, sonst geht auch diese Wahl über uns hinweg. Heute ist dieses Plakat eine begehrte Rarität geworden, das in der Geschichte der Plakatkunst einen besonderen Stellenwert besitzt. Natürlich wurde noch eine Vielzahl anderer Aktionen konzipiert und durchgeführt. Erstmals haben wir eine große Wahlillustrierte verfaßt, wir haben Kongresse organisiert, Führungsgespräche mit den verschiedenen gesellschaftlichen Grup-

pen arrangiert und vieles andere mehr. Darunter gab es auch einige einzigartige Maßnahmen. Eine davon war, daß wir große, sogenannte »Pariser Busse« anmieteten und mit riesigen Lettern »CDU« an mehreren Wochenenden durch das Land fahren ließen – vorwiegend durch mittlere bis kleinere Ortschaften; dort galt die CDU oft als eine völlig uninteressante, kleine und schwache Gruppierung. Mit diesen großen Bussen mit der eindrucksvollen CDU-Werbung sollte jenen, die uns nahestanden, die sich aber nicht trauten, Ermutigung gegeben werden, und jenen, die uns immer noch nicht ernst nehmen wollten, unsere Größe und Stärke demonstriert werden. Man kann darüber lachen – aber unsere Nachforschungen ergaben, daß die Effekte erstaunlich waren.
Am 19. September 1970 verabschiedeten wir dann auf dem Landesparteitag in Frankfurt/Main das sogenannte »Frankfurter Programm«. Auf diesem Parteitag stellte Alfred Dregger auch seine endgültige Mannschaft für die Landtagswahl am 8. November vor. Sie war im wesentlichen die gleiche wie in Eltville geblieben. Für die Landwirtschaft wurde der rührige Richard Bayha, der erstmals für den Landtag kandidierte, in die Mannschaft aufgenommen. Statt Hanna Walz, die inzwischen nach Bonn gegangen war, kam Erna-Maria Geier, welche sich seit 1966 in der Fraktion um die Sozialpolitik gekümmert hat; und schließlich ergänzte Heinz Riesenhuber die junge Mannschaft und gab ihr einen gleichermaßen wissenschaftlichen und jugendbetonten Akzent. Im »Frankfurter Programm« wurde die Zukunft Hessens in 25 Schritten beschrieben. Sie wurden in mehreren Klausurtagungen der Führungsmannschaft, in kleineren Arbeitsgruppen und durch viele Gespräche mit den Orts- und Kreisverbänden erstellt. Alfred Dregger und ein neuer Kandidat, der ebenfalls erstmals für den Hessischen Landtag kandidierte, nämlich der heutige Bundestagsabgeordnete Adolf Roth, machten dann die Schlußredaktion. Der Parteitag am 19. September wurde für alle ein Erlebnis: Der Vorsitzende überzeugte, die Mannschaft überzeugte, das Programm überzeugte und die getroffenen Wahlkampfmaßnahmen überzeugten. Die Partei war begeistert und motiviert. Unsere Ziele waren klar formuliert:
»Hessen braucht eine neue Regierung. 25 Jahre SPD-Herrschaft sind genug. Freiheit und Gerechtigkeit, Fortschritt und Chancengleichheit verlangen ein besseres politisches Gleichgewicht in unse-

rem Lande. Hessen ist zur Zeit ohne politisches Gleichgewicht. Die SPD herrscht im Lande, in vielen Gemeinden und Landkreisen, seit Ende 1969 auch im Bund. Dieses durchgehende Machtsystem darf sich im Interesse der Demokratie nicht auf Dauer etablieren. Der SPD müssen rechtzeitig Grenzen gesetzt werden, am besten in der Landtagswahl am 8. November.

Die CDU wirbt in dieser Landtagswahl um die Stimmen aller Bürger, die eine lebendige Demokratie und eine bessere Regierung in Hessen wollen. Die CDU hat sich jahrelang in harter Opposition auf ihre Aufgabe für Hessen vorbereitet. Sie ist der Selbstgefälligkeit, der rigorosen Machtausübung, der Parteibuchwirtschaft und dem sozialistischen Dogmatismus der SPD konsequent und mutig entgegengetreten. Die neue Dregger-Mannschaft der CDU (Durchschnittsalter 43) hat in Hessen und im Bund konstruktive Arbeit für alle geleistet. Sie ist fähig und bereit, dieses Land zu regieren. Die CDU wird eine liberale Erneuerung in Hessen bringen. Sie ist die Partei der politischen Mitte, die Reformen in Hessen durchführen will auf der Grundlage unserer demokratischen, rechtsstaatlichen und sozialen Ordnung.

Diese Ordnung wird sie gegen sozialistische Durchdringung von Verwaltung, Schule, Universität und Öffentlichkeit entschieden verteidigen. Das Auftreten der Radikalen auf der Straße ist nur die letzte Phase einer Entwicklung, die an Universitäten und Schulen beginnt. Unsere Jugend darf nicht einseitig zugunsten sozialistischer Gesellschaftssysteme beeinflußt werden. Wir wollen, daß sie stärker als bisher mit den geistigen Grundlagen unserer im Grundgesetz verankerten politischen und gesellschaftlichen Ordnung vertraut gemacht wird. Wir werden daher an unseren Universitäten Lehrstühle für liberale Demokratie und soziale Marktwirtschaft einrichten. Wir werden dafür sorgen, daß die Schulbildung unserer Kinder die geistigen Grundlagen unserer Verfassung und unserer freiheitlichen Gesellschaftsordnung gebührend berücksichtigt.«

In den nächsten Monaten tobte die Schlacht – aber nach einem Drehbuch, das nicht die Regierung, sondern die Opposition geschrieben hatte. Am Abend des 8. November versammelte sich die Führungsmannschaft kurz nach 18.00 Uhr in einem Hotelzimmer in Wiesbaden. Gespannt lauschten wir den ersten Wahlergebnissen. Wir konnten es kaum fassen. Wir hörten immer weiter, damit es nicht am Ende ein Irrtum wäre. Aber unser überwältigender Sieg kündigte sich immer deutlicher an. Nach einer Stunde ging Alfred Dregger selbstbewußt mit uns ins Wiesbadener Schloß und dankte dort vor Rundfunk und Fernsehen unseren Wählern und unseren Mitarbeitern in der Partei. Wir hatten den größten Sprung erreicht, der jemals von der CDU bei einer Landtagswahl erreicht wurde: Von 26,4% auf 39,7%, von 26 auf 46 Mandate! Die Ankündigung von Alfred Dregger und seiner Mannschaft: »**Wir kommen**«, war Wirklichkeit geworden.

Zwölf Jahre einer Arbeitsgemeinschaft

Bauen an der hessischen CDU 1970–1982

von Manfred Kanther[*)]

Sommer 1970. Von der hessischen CDU weiß ich fast nichts. 26,4 Prozent bei der letzten Landtagswahl 1966 hatten ihr Diaspora-Dasein wieder einmal bestätigt. Erst seit gut zwei Jahren liest man gelegentlich vom Aufbegehren einer neuen Führung gegen das Machtabonnement der SPD. Mehr belächelt als ernst genommen von den Auguren, hatte Hessens neuer CDU-Vorsitzender, Dr. Alfred Dregger, anläßlich seiner Wahl am 2. Dezember 1967 erklärt:

»Sie haben mich heute zu Ihrem Landesvorsitzenden gewählt und mir gleichzeitig eine Mannschaft zur Seite gestellt, zu der ich Vertrauen habe. Dafür danke ich Ihnen. Diese Mannschaft ist jung, voller Selbstvertrauen und von dem unbedingten Willen erfüllt, die hessische CDU auf ihr Ziel hinzuführen. Dieses Ziel, meine Freunde, ist die Mehrheit. Es kann kein anderes Ziel geben. Eine Partei, die in unserer Zeit dieses Ziel aufgibt, erklärt ihren politischen Bankrott, indem sie auf die politische Führung verzichtet. ... Wir wissen, daß der Weg zur Mehrheit in Hessen hart, steinig und möglicherweise lang sein wird. Wir stehen einer SPD gegenüber, deren Mehrheiten in Hessen traditionell sind und die bei den letzten Landtagswahlen die absolute Mehrheit errungen hat... Aus dem Getto dieser Minderheitenposition müssen, wollen und werden wir ausbrechen. Niemand soll an unserem Willen zweifeln, mit klaren politischen Zielsetzungen die Kraft der CDU auch dort sichtbar zu machen, wo das bisher nur unter Schwierigkeiten möglich war. Wir denken nicht daran, uns auf den Bänken der Opposition bequem einzurichten. Und wir denken erst recht nicht daran, uns als Koalitionspartner von einer Partei einkaufen zu lassen, die das

*) geb. 1939, 1970–1987 Landesgeschäftsführer und (ab 1980) Generalsekretär der CDU Hessen, seit 1974 Mitglied des Hessischen Landtages, seit 1987 Hessischer Staatsminister.

politische Kräftefeld dieses Landes mehr oder weniger allein zu bestimmen vermag.«
Dann lerne ich Dregger in Fulda kennen. Ein neuer Landesgeschäftsführer für Organisation, Wahlkämpfe und Personalführung wird gesucht. Mich begeistert die Aufgabe, wenn auch die Reserven der Partei sehr gering erscheinen: eine kleine Landesgeschäftsstelle in Frankfurt, kaum hauptamtliche Kreisgeschäftsführer draußen, kein Geld. Aber Alfred Dreggers Unbeirrbarkeit im Ziel, sein Optimismus, sein Engagement stecken an. Er stört sich nicht an den deprimierenden Wahlergebnissen der Vergangenheit, sondern appelliert an die Delegierten des Frankfurter Landesparteitages am 19. September 1970:
»Meine Freunde, wir kämpfen nicht um 30 oder 35 Prozent der Stimmen, wir kämpfen um die Mehrheit, um die Verantwortung, um die Regierung in Hessen.«
Die neue Führungscrew macht sich auf den Weg. Jeder bringt seinen Schwung, auch jugendlichen Überschwang ein. Denn wir wollen die Regierungsmehrheit nicht zweckfrei, funktionärshaft, sondern als Niederlage sich immer schärfer akzentuierender, sozialistischer Stimmen in der SPD. Alfred Dregger in Frankfurt:
»Die SPD ist dabei, eine neue Posititon zu beziehen. Ihr Schwerpunkt verlagert sich von der liberalen Mitte zur radikalen Linken. Sie bezieht eine sozialistische Position in der Innenpolitik wie in der Außenpolitik. Beide Felder der Politik sind nur zwei Seiten derselben Medaille ... Dieser Auseinandersetzung können wir nicht ausweichen. Eine Konvergenz der beiden Systeme kann es nicht geben. Die Demokratie kann nicht durch den Sozialismus vollendet werden, wie Sozialisten meinen, denn Freiheit und Sozialismus sind unvereinbar.« Alfred Dregger hat mir aus dem Herzen gesprochen, genau deshalb bin ich 1958 in Marburg wenige Monate nach der Flucht aus der DDR in die CDU eingetreten. Nur ist diese Klarheit der Aussage selten geworden im Niedergang der CDU Ende der sechziger Jahre.
So steht am Anfang des Gesprächs der Konsens in damals zwei besonders wichtigen politischen Fragen: ein klares Nein zur paritätischen Mitbestimmung der Gewerkschaften und ein stabiler Standpunkt in der Deutschlandpolitik. Dann sprechen wir auf einer langen Rhönwanderung über organisatorische Fragen. Zweierlei

sind für mich unabdingbar: die Zusammenfassung aller organisatorischen Aktivitäten der hessischen CDU in Wiesbaden einschließlich der Landtagsfraktion und die Einbindung der Kommunalpolitik in den neuen Weg der hessischen CDU. Zu sehr kannte ich aus dem Ruhrgebiet die Methodik der SPD, die CDU kommunalpolitisch in Junior-Partnerschaft und damit fügsam zu halten. Die Errichtung eines hauptamtlichen Zentrums in Wiesbaden wäre im Landesvorstand damals beinahe danebengegangen, mit der hauchdünnen Mehrheit von einer Stimme wurde sie beschlossen. Die Sprengung der großen Koalitionen von SPD und CDU in den hessischen Großstädten hat dann noch viel Kraft, auch öffentliche Auseinandersetzungen gekostet und wurde erst Mitte der siebziger Jahre beendet.

Als leidenschaftlicher Oberbürgermeister von Fulda hat Alfred Dregger immer um die Bedeutung der kommunalen Politik gewußt.

Am 28. Januar 1978, nach glanzvollen Siegen in der Kommunalpolitik, ruft er den Delegierten des Landesparteitages zu:

»Wir haben unermüdlich den Versuch gemacht, Landes- und Kommunalpolitik miteinander zu verzahnen. Im Besitz von Regierungsverantwortung ist das sicherlich sehr viel leichter, weil Landespolitik in erster Linie eine gehobene Form von Kommunalpolitik darstellt. Wer diesen Zusammenhang nicht sieht, ergeht sich in staatsmännischen Größenordnungen der Landespolitik, die in der Tagesarbeit nicht gefragt sind.«

Auch nach großen Erfolgen verliert Alfred Dregger nicht die Tatsache aus dem Sinn, daß die Politik ein Mosaik darstellt, in dem jeder Stein unentbehrlich ist, wenn das Bild im ganzen stimmen soll. Und er ist nicht nur an werblichen Sprüchen interessiert, sondern am Sachergebnis, vor allem auch in der Kommunalpolitik:

»Ich habe mich darüber gefreut, in wie großem Maße nach dem Erdrutsch der Kommunalwahl vom 20. März 1977 tüchtige neue Leute als Landräte, Beigeordnete und Bürgermeister von außerhalb Hessens zu uns gestoßen sind. Es war ein beachtliches Zeichen sachbezogener Politik und zugleich eine Blutzufuhr, wie wir sie immer wieder brauchen werden.«

In all den Jahren treibt ihn um, die hessische CDU könne in die langweilige Normalität jeder beliebigen demokratischen Partei ver-

fallen, die sich vorwiegend mit sich selbst beschäftigt und die außenstehenden Betrachter anödet.
In seiner Rückbesinnung auf 10 Jahre Landesvorsitz am 28. Januar 1978 gibt ihm der Beifall seiner Mitstreiter Recht, wenn er daran erinnert: »Diese 10 Jahre waren von Kampf, Arbeit, Freude, Erfolg, Enttäuschungen und vielerlei Veränderungen – auch in personeller Hinsicht – geprägt. Sie waren nie starr, selbstbezogen, fettleibig und lustlos, wie Politik leider oft erscheint.«
Es ist ihm ernst mit dem Aufbau einer untypischen, neuen, »aufgeklärten Partei der Industriegesellschaft, einer Partei von Leistung und Arbeit«, wenn er in einer Rede fortfährt:
»Je länger ich das Geschäft betreibe, um so skeptischer werde ich gegen den gelegentlich noch verwendeten Begriff der bürgerlichen Partei. Er paßt nicht mehr in unsere Zeit. Gott sei Dank sind so gut wie alle unsere Mitbürger bürgerlich im Sinne von gesichert, relativ unabhängig, rechtlich gleichberechtigt und intellektuell wacher geworden. Das hinter dem bürgerlichen Parteibegriff letztlich stehende Schichtendenken ist nicht geeignet, das Mitglieder- und Wählerspektrum oder die programmatische Aussage der hessischen CDU richtig zu umreißen. Auch zu unserer Gangart und zu unserem Stil paßt die Betulichkeit vergangener Zeiten und der gelegentlich anzutreffende Mief von Parteizirkeln nicht.«
Alfred Dregger erinnert sich dabei an die Auseinandersetzung der frühen siebziger Jahre über die Einführung eines einheitlichen werblichen Bildes der hessischen CDU. Auf einmal mußte Schluß sein mit der liebgewordenen Gewohnheit, daß jeder Ortsvorsitzende sein eigener Graphiker und Texter war. Ich erinnere mich noch, daß ich mit dem Fotoapparat durch Hessen gefahren bin und 100 Dias der Partei-Selbstdarstellung geknipst habe, die von lila über grau zu grün schlichtweg jede Farbe, jeden Schriftzug und jede Plakatgestaltung wiedergeben, die überhaupt nur denkbar sind. Deshalb muß der zunehmenden Bildung eines einheitlichen politischen Willens unter straffer Führung auch eine Organisation nachfolgen, die schließlich nach der Territorialreform und dem großen Mitgliederzustrom der siebziger Jahre gut besetzte, hauptamtliche Geschäftsstellen für jeden Stadt- und Landkreis ergibt. Dregger weiß um die Bedeutung des »ständigen Apparats«, nicht nur wegen der unaufhörlichen Folge von Wahlkämpfen. Es geht vielmehr auch

darum, Inhalte der Landespolitik, insbesondere der Bildungspolitik, auf die kommunale Ebene umzuschalten, was Mitte der achtziger Jahre dann mit dem Kampf der »Bürgeraktion freie Schulwahl« gegen das flächendeckende Gesamtschulsystem seinen Höhepunkt findet. Aber auch schon in den siebziger Jahren ist das feste organisatorische Gerüst der hessischen CDU Voraussetzung für eine überzeugende Wahlkampfführung und das Antreten gegen die SPD mit ihrem Selbstverständnis und den Ressourcen der Staatspartei. So macht die hessische CDU als erste Unionsorganisation Anfang der siebziger Jahre linken Gruppierungen die Straße streitig. Anläßlich der ersten Römerbergkundgebung der CDU Hessen am 21. September 1974 in Frankfurt kleidet Alfred Dregger vor 8000 Menschen den Anspruch der CDU in Worte:
»Vor einer Woche haben 20 000 Kommunisten in Frankfurt für Chile demonstriert. Das läßt mich gleich zu Beginn ein entscheidendes Wort zu Ihnen sagen: Wir überlassen diese Stadt nicht den Roten! Die hessische CDU ist da, hellwach, bereit zur Auseinandersetzung, nicht gewillt, auf die freieste und ursprünglichste Form der Versammlung – die unter freiem Himmel – zu verzichten.«
Die Bereitschaft zur kämpferischen, aber immer fairen Auseinandersetzung ist ein Wesenszug Alfred Dreggers, der ihm die Herzen der hessischen CDU gewonnen und auch nach den vielen bitteren Niederlagen erhalten hat. Gerade in der CDU ist es nicht selbstverständlich, daß sich die Partei als »Schutzschild« aufbaut, wenn ihr erster Mann ins Gedränge gerät. Aber bei Alfred Dregger hat sie verstanden, daß er sein Werk nur in engstem Miteinander vollbringen kann. Als Dregger am 31. Januar 1976 dies ausspricht, trifft er den Kern des Wir-Gefühls, das ihn immer wieder belebt:
»Noch eins, meine Freunde:
Wer den Kampf um die Ablösung der Sozialisten überstehen will, muß ein dickes Fell haben und sich warm anziehen. Ich will das gar nicht nur aktuell auf die Bundestagswahlen beziehen ... Es gibt nur ganz wenige Menschen, die nicht gelegentlich des wärmenden Aufladens in einer gleichgesinnten und sie bestätigenden Gruppe bedürfen. Wir müssen uns daher um jene scharen, die öffentliche Prügel für uns bekommen. Für alle, die Verantwortung tragen, muß die Partei Schutzschild und Antriebsaggregat zugleich sein.«
Diese Partei, ihre Menschen, Organisationen, Abgeordneten sind

in der Tat sein Antriebsaggregat. Alle verstehen ihn, weil seine Ehrlichkeit unzweifelhaft und seine Sprachgewalt mit einfachen Bildern überzeugend ist. Adenauers Beispiel schwebt ihm vor, und er zitiert als ebenso meisterhafte wie gelassene Einstellung am 7. Oktober 1972 in Marburg den »Alten«:

»Man sagt immer, ich hätte eine primitive Redeweise, einen primitiven Stil. Aber es gelang mir damit, die Leute zu überzeugen. Was wollte ich mehr? Wenn dabei auch einige Intellektuelle von Leibschmerzen geplagt wurden, die gehen vorüber, das ist mir auch total egal. Hauptsache war mir stets der einfache Mann, die Mehrheit der Bevölkerung; daß sie mich verstand, darauf kam es an.«

Weil Dregger nicht nur von intellektuellen Eliten verstanden werden will, weil ihm die bürgerliche Partei des beginnenden Jahrhunderts heute nicht mehr geheuer ist, weil er die Mehrheit in Hessen will – die nun einmal nicht aus Soziologen und Politologen besteht –, ist er abonniert auf das einfache Wort. Am 27. November 1971 in Eschborn:

»Schließlich müssen wir uns klar darüber sein, daß es keinen Ersatz für ein klares Bekenntnis und eine deutliche Sprache gibt. Es ist eines der schlechten Zeichen unserer Zeit, daß man sich bemüht, von eindeutigen Begriffen abzurücken, sie so zu verwaschen, daß man alles darunter verstehen kann, um sie schließlich als überholt und nicht mehr hinreichend progressiv aufzugeben.«

Und was für die Sprache gilt, trifft auch für die Gesinnung zu, die hinter dem Wort steht (Frankfurter Parteitag am 19. September 1979):

»Meine Freunde, wenn die SPD auf sozialistischen Kurs geht – und das ist der Fall –, dann können wir keinen Anpassungskurs steuern. Die Zeit der Anpassung, die von Wehner mit dem Godesberger Programm aus – wie wir heute wissen – taktischen Gründen eingeleitet wurde, ist zu Ende. Die CDU braucht eine klare eindeutige und von der SPD deutlich abgegrenzte Position. Das erwarten die Menschen in unserem Lande. Das verlangt die Sache, um die es geht.«

Ebenso im Pyrmonter Unternehmergespräch am 3. Mai 1971:

»Heute wird nur der Politiker seiner Aufgabe gerecht, der nicht nur sagt, was er will, sondern deutlich macht, was er ablehnt. Mit einem Wort: Es gilt, sich wieder zu bekennen, mitunter zu kämpfen.«

Er ruft die zögernden Zuhörer zum Mittun auf:
»Erfolg oder Mißerfolg unseres Kampfes werden auch davon abhängen, ob Sie, meine Damen und Herren, ihm nur als interessierte Zuschauer beiwohnen oder ob Sie sich an ihm beteiligen. Erkennen Sie – nicht zuletzt um Ihrer selbst willen – daß jedermann in seiner öffentlichen Wirksamkeit neben der beruflichen eine zweite Dimension braucht – die politische.«
Die Zunahme der Mitgliederzahlen der hessischen CDU von 22 600 im Jahre 1967 auf 70 300 im Jahre 1982 hat etwas damit zu tun, daß Alfred Dregger den Kreis der eigenen Anhänger in ungewöhnlichem Maße zusammenschließen kann. Person, politische Sache und Stil wirken dabei zusammen. Er weiß um die Wichtigkeit des hauptamtlichen Apparates, die profimäßige Organisation von Wahlkämpfen, die Wirksamkeit hauptamtlicher Wahlbeamter; aber er spürt gleichzeitig die darin liegende Gefahr (50. Landesparteitag am 26. Januar 1980):
»Ich glaube, daß die allgemeine Protesthaltung ein Stück Aufstand des verwalteten Menschen gegen zu viel Obrigkeit, Befehle, kollektive Verhaltensmuster darstellt. Diese Haltung prägt sich bislang in Wahlen erst unvollständig aus ... Methodik, Darstellung und Stil der Politik müssen sich ändern. Wir müssen ein Fenster aufstoßen, meine Feunde, damit alles entweichen kann, was wirklich oder vermeintlich miefig ist. Wir müssen anders sein, unrund, untypisch, weniger taktisch, sehr geradeaus. Das kann man nicht an einem einzigen politischen Gegenstand beweisen. Das ergibt sich nicht aus *einer* Sachaussage. Das ist eine Haltung, die für alle Felder gilt.«
Für eine überschaubare Zeit gelingt es ihm, mit dem Beispiel des eigenen Einsatzes traditionelle Verhaltensmuster in der Partei zu beeinflussen, im Laufe der Jahre bleibt jedoch auch die hessische CDU vom »Würdenträgerhaften« nicht verschont und muß in Kommunalwahlen an vielen Orten dafür bezahlen. Deshalb betont Alfred Dregger das Führungs-Image, den personellen Faktor in der Politik als entscheidend wichtig (26. Januar 1980):
»Neue Elemente gehören in die Politik, weil eine neue Generation in sie eintritt und weil auch die politischen Fragestellungen sich verändert haben. Deshalb werden wir die nächste Wahl auch nicht mit den Methoden der fünfziger, sechziger oder siebziger Jahre gewinnen. Aber wir werden sie gewinnen, wenn wir unseren

Spitzenmann vor das von uns aufgestoßene Fenster einer neuen Politik und vor das Fenster einer sich erneuernden Partei stellen und wenn wir ihn so untypisch, so neuen Fragestellungen aufgeschlossen und so verantwortungsbewußt und entscheidungsfreudig zeigen, wie er ist. Darauf kommt es an. Nicht notwendig ist es, daß er allen hundertprozentig sympathisch und gefällig erscheint.«
Er hat damals im Bundestagswahlkampf von Strauß gesprochen, das Bild und die Methodik passen nahtlos auf ihn selbst. Immer wieder beschäftigt ihn deshalb das Bild der Partei in der Öffentlichkeit, gerade auch in der lokalen. Innerparteiliche Fingerhakelei, die die Kräfte vom Gegner ablenkt und das eigene Bild verdüstert, ist ihm zuwider (26. Januar 1980):
»Keiner darf kritikfrei sein. Selbst wo Kritik unbegründet ist und nur von einem Zehntel der Delegierten geteilt wird, ist es tausendfach besser, sie offen auszusprechen als im stillen Kämmerlein geheime Denkzettel zu verpassen. Wer mit einem Repräsentanten unserer Partei unzufrieden ist, muß ihn offen kritisieren und ihm gegebenenfalls einen Gegenkandidaten entgegenstellen. Wenn dies nicht geschieht, versteht sich der einzige Kandidat mit Recht als der geeignetste. Dann aber hat er Anspruch auf Solidarität statt geheimer Fingerhakelei.«
So sind wir ständig auf der Suche nach frischen Kräften für die hessische CDU: Für kommunale Positionen Könner von außen; Widerstand gegen den Anspruch, auf Landeslisten nur Direktbewerber aufzustellen; Suche außerhalb der Partei aus Anlaß der ersten Europawahl 1979, was bezeichnenderweise nicht gelingt. Zwar hat die hessische CDU einige Jahre lang mit dem Kreuzübel immobiler, etablierter Gruppen wenig zu tun, weil in den siebziger Jahren fast alle miteinander »neu im Geschäft sind«. Aber 1980 hat Alfred Dregger auch schon Anlaß, auf dem Parteitag in Gießen zu mahnen:
»Es soll Leute geben, die Konkurrenz befürchten. Ich aber sage Ihnen, nur derjenige ist ein guter Vorsitzender, der Talente nicht abwehrt, sondern entdeckt und sie neben sich selbständig und eigenverantwortlich arbeiten und gelten läßt.«
Davon ausgehend gibt es immer neue Mitglieder-Werbekampagnen. Das Ärgernis, daß nur wenige Mitglieder der Jungen Union auch CDU-Mitglieder sind, kann trotz aller Mühe und persönlicher

Dregger-Briefe nicht überwunden werden. Zwar gelingt es der Partei wählermäßig, alle »nichtsozialistischen Kräfte« in Hessen zu bündeln, ein Durchbruch in fremde Reviere aber ist mitgliedermäßig nur begrenzt zu schaffen, woran dann letztlich auch immer wieder der ganz große Sieg scheitert. Die Repräsentanz an den Hochschulen bleibt gering; die Jungwähleranteile sind nicht üppig; sozialdemokratische Hochburgen schleifen sich nur dort schnell ab, wo sie skandalumwittert sind; die nordhessische Dominanz der SPD kann nicht gebrochen werden. Alfred Dregger weiß, daß aber von alledem ein zusätzliches Stück erreicht werden muß, wenn 50 Prozent Wähler für die CDU in Hessen gewonnen werden sollen. Deshalb ist ihm jede kleinste Anstrengung Rede und Mühe wert. Am 28. Januar 1978 ruft er in Fulda seinen Delegierten zu:
»Freiwillig werde ich sofort wieder so kleinkariert, wie mich manche gerne haben: Aus diesem Raum soll kein CDU-Mitglied hinausgehen, das nicht am Ausgang einen Autoaufkleber in Empfang nimmt und auf die Heckscheibe klebt. Sich bekennen heißt nicht nur, skeptische Sprüche in den eigenen engsten Kreisen über Gelingen oder Mißlingen großer Aktionen zu machen, sondern jeden Beitrag zu leisten, den man selber leisten kann. Und jeder ist in der Lage, sein Auto zum Werbeträger für seine Idee zu machen. Leichter geht's nicht. Ich verlange, daß wir alle das tun. Denn nicht das große Geschwätz hilft siegen, sondern die kleine Tat.«
Ich könnte vieles weiterberichten über die gemeinsame Arbeit, Mühe, Freude und Enttäuschung in jenen zwölf Jahren. Sei es damit getan. Es ist normal, daß sich große Politiker für große Themen, große Reden, große Auftritte, große Erfolge interessieren. Selten ist, daß daneben jedes Kleine seinen anerkannten Platz findet; und deshalb soll mit einem Dregger-Wort geschlossen werden, das für seine Generation in der CDU Hessens beispielhaft bleiben wird:
»Und jetzt haben wir uns genug mit uns selbst beschäftigt! Raus an Hecken und Zäune.«

Exemplarischer Aufbruch in Hessen – bis heute ein Musterbeispiel erfolgreicher Parteiarbeit

von Josef Surholt *)

2. Mai 1990, 18 Uhr: Alfred Dregger ist wieder – und noch immer – unterwegs. Diesmal hat er sich in den nordrhein-westfälischen Landtagswahlkampf einplanen lassen und tritt in Hamm auf, wenige Kilometer von seinen Geburts-, Kindheits- und Jugendorten entfernt. Der Kurhaussaal ist nur zu einem Drittel gefüllt – von 70, 80 CDU-Getreuen. Vom Rednerpult aus, das den Blick durch die großen Saalfenster auf den beginnenden strahlend schönen Maiabend und damit die Begründung für den mäßigen Publikumsandrang freigibt, erteilt der Gast aus Bonn den Organisatoren eine energische Rüge. »Warum findet die Veranstaltung nicht im Freien statt?« fragt er. Und kopfschüttelnd: »Wer in einen Saal geht, verhält sich schon defensiv!«

Wie oft mag Alfred Dregger diesen Satz schon gesagt und gedacht – und durchgesetzt haben? Nicht erst bei den gebeutelten Parteifreunden in NRW, sondern schon ein Vierteljahrhundert früher beim Neuanlauf, zu dem er die hessische CDU antrieb und der bis heute als Musterbeispiel erfolgreicher Parteiarbeit gelten muß.

Was er, bis dahin »nur« anerkannt-tüchtiger Kommunalpolitiker, beim Start in die Landespolitik vorfand, war kaum ermutigend zu nennen. Hessen lag – bundesweit einmalig – unter einer einheitlich durchgewebten roten Decke: Stadt und Land, Verwaltungen und Gewerkschaften, Verbände und Organisationen waren stramm sozialdemokratisch ausgerichtet. Die SPD, geführt von der Vatergestalt Georg-August Zinns, konnte sich mit satten absoluten Mehrheiten als omnipotent, als akzeptiert, als Staatspartei fühlen. Das »rote Hessen« war – trotz einiger schwarzer Einsprengsel im Rheingau sowie um die beiden Bischofssitze Fulda und Limburg – sprichwörtlich. Die CDU, gelähmt, entmutigt, teilweise mit den

*) geb. 1935, 1968–1981 Leiter der Nachrichtenredaktion der Frankfurter Neuen Presse, seit 1981 Chefredakteur des Westfälischen Anzeigers (Hamm).

Liberalen um Platz 2 ringend, lag deutlich unter der 30-Prozent-Marke, oft kaum mehr als ein Honoratiorenclub.
Anfang Dezember 1967 – im Winzerstädtchen Eltville vor den Toren der Landeshauptstadt Wiesbaden war's – ließ sich Alfred Dregger zum Landesvorsitzenden der Christdemokraten wählen, präsentierte gleich einen neuen Vorstand und zog eine Antrittsrede aus der Tasche, die ein komplettes Arbeitsprogramm enthielt. Dessen Titel: Ausbruch aus dem Getto der Minderheitenposition. Strotzend vor Siegeswillen und Selbstbewußtsein zeigte Dregger seine Rezepte auf – in der Partei Absage an Gruppeninteressen und Forderung nach Loyalität und Geschlossenheit; eine Öffentlichkeitsarbeit, die die CDU ständig sichtbar macht; Schlagkraft der Organisation; weitschauende Personalpolitik; Aufwertung der Kommunalpolitik und – natürlich – Präsenz, Sachkunde und Angriffsgeist in der Landespolitik. Aber – ungewöhnlich genug in dieser Situation – Dregger beschränkte seine Rede nicht auf Hessen, weitete sie in den gesellschaftspolitischen Bereich aus und ging sogar zur Außenpolitik über. Sollte sich im Parteitags-Auditorium von Eltville ein Gespür dafür einstellen, daß der neue, der junge Mann an der Spitze auch einmal anderswo sein politisches Talent entfalten könnte? Auf jeden Fall meldete der »Neue« bereits gesamtpolitische Mitsprache-Kompetenz an.
Doch die Jungfernrede des neuen Landesvorsitzenden durfte in Hessen getrost in den folgenden Jahren als Abhak-Liste des Erreichten benutzt werden – und könnte auch heute noch überall dort als exemplarisches Arbeitskonzept gelten, wo seine Partei sich in anderen Bundesländern in der Diaspora fühlen muß. Unter Dreggers Führung gab es in Hesssen keine Flügelkämpfe, etwa zwischen Sozialausschüssen und Wirtschaftsrat der Partei. Meinungs- und Personalquerelen – selbstverständlich blieben sie nicht aus! – wurden niemals auf dem offenen Markt ausgetragen. Eine schier unendliche Kette von Fachtagungen und -kongressen sorgte für Aufmerksamkeit. Und vor allem: Dregger und seine Crew waren überall, sprachen bei Zeitungsredaktionen vor, standen zu Interviews bereit, luden in ihre Wohnungen ein, ließen keine Parteigliederung unbesucht, keine Rede-Möglichkeit ungenutzt, entwickelten Ideen und Aktionen. Es wehte ein neuer Wind in Hessen. Denn es meldete sich wieder eine echte Opposition zur

Stelle, die – erkennbar und nachvollziehbar auch für den Normalbürger – nicht Opposition zu bleiben gedachte.
Immerhin gab es bereits ein Beispiel, ein Vorbild für den Versuch, alte SPD-Bollwerke in Hessen zu stürmen. Zwei Jahre zuvor hatte Walther Leisler Kiep, ebenfalls in Eltville in den Landesvorstand und damit an Dreggers Seite gewählt, bereits im Obertaunuskreis geschafft, was bisher in Hessen als undenkbar galt, nämlich an sozialdemokratische Besitzstände zu rühren und sich mit Pfiffigkeit, Einsatz und unterstützenden Wahlkampfteams ein Direktmandat für den Bundestag zu erobern. Auch dieser Erfolg hatte Mut gemacht, hatte vor allem der Öffentlichkeit gezeigt, daß politische Wechsel im sozialdemokratischen Vorzeigeland Hessen kein Sakrileg, sondern schlichter demokratischer Alltag und damit möglich waren. Beim Bürger bahnte sich ein Mentalitätswandel an.
Kieps vielbeachtete Wahlkampfanstrengungen waren schnell als »amerikanisch«, »angelsächsisch« zumindest bezeichnet worden. Dregger mochte solchen Einschätzungen nicht nachhinken. Nach der nächsten Landtagswahl (1970) zählte er als Oppositionsführer in seiner Erwiderungsrede auf die Regierungserklärung sein Schattenkabinett auf und benannte die hochkarätigen Namen, mit denen sich die Minister der neuen SPD/FDP-Landesregierung auseinanderzusetzen haben würden: Wallmann, Schwarz-Schilling, Roth, Bayha, Hackenberg... Und schloß die Aufzählung mit dem Satz: »Ich selbst werde das Vergnügen haben, die Klinge mit dem Herrn Ministerpräsidenten zu kreuzen«.
Was dann auch stattfand, jahrelang und nicht nur im Landtag. Die Zeiten wurden unruhig, die Studenten-Krawalle, die Hausbesetzungen, die Demonstrationen und – später – die terroristischen Untaten setzten ein. Die Hessen-CDU ging trotzdem auf die Straße, wagte es, Wahlhelfer Franz Josef Strauß auf dem Frankfurter Römerberg zu präsentieren und den eigenen Landesvorsitzenden per Nonstop-Terminplan in brodelnde Veranstaltungen zu schicken. Wo auch immer – Dregger-Reden fanden Aufmerksamkeit und forderten zur Auseinandersetzung auf, weil sie zwar das Bestehende in Frage stellten, aber gleichzeitig Alternativen anboten. Sie bestimmten Politik und machten Politik in Hessen – und bald auch anderswo, als Dregger in der Hierarchie der Bundespartei Stufe um Stufe aufrückte. Ein Meister der Rhetorik, der Kursklar-

heit bot und Nachdenklichkeit auslösen wollte, übte sich in Hessen ein.

Was aber die von Kiep vorexerzierte Pfiffigkeit nicht ausschloß, die immer wieder für Gesprächsstoff sorgte. Beispielsweise durch jenes großformatige Wahlplakat, auf dem Dregger an der Spitze der keilförmig heranmarschierenden Formation seiner »Schattenmannschaft« wie als Anführer einer Riege von Außerirdischen auf den Betrachter eindrang. Als »Django« wurde er deshalb anschließend bezeichnet. Doch der »Bearbeitung« der Öffentlichkeit ging stets auch die Bearbeitung seiner Partei voraus. »Werft den Aktenkoffer weg«, war in einer Parteitagsrede in Gießen sein Rat an den CDU-Nachwuchs. »Denkt nicht an die Karriere, löst euch vom politischen Gerangel, nehmt die Fragen auf, die eure Altersgenossen stellen, beantwortet sie frisch, auch wenn ihr mal danebenhaut!« Und den gestandenen Parteifunktionären klang es nicht weniger anschaulich entgegen: »Wir müssen die Fenster aufstoßen, damit alles entweichen kann, was wirklich oder vermeintlich miefig ist. Wir müssen anders sein, unrund, untypisch, weniger taktisch, sehr geradeaus«.

Die Erfolge des Ruhelosen und seiner von ihm angetriebenen Partei blieben nicht aus und durften als sensationell, ja revolutionär gelten, weil sie am Platz Hessen stattfanden, verkrustete Verhältnisse sprengten und neue politische Strukturen schufen. Bei der 70er Landtagswahl schrumpfte der Abstand zwischen SPD und CDU von 25 auf sechs Prozent. Und bereits 1974 war Dreggers Partei mit 47,3 Prozent und damit 3,1 Prozentpunkten vor der SPD erstmals die führende Kraft zwischen Bergstraße und Knüllgebirge, Taunus und Rhön. Eine politische Landschaft hatte sich grundlegend gewandelt, vor allem als sich noch der große kommunalpolitische Umbruch zum 77er Erfolg steigerte, Frankfurt und Wiesbaden an die CDU fielen und die SPD landesweit von 50,3 auf 39,9 Prozent absackte.

Dreggers Tragik war jedoch, daß der persönliche landespolitische Erfolg ausblieb. Sein erster Anlauf hob zwar die SPD aus den Absolutheitsangeln, hatte jedoch ein sozialliberales Abwehrbündnis zur Folge, das sich bei den beiden folgenden Landtagswahlen nicht knacken ließ. Und beim vierten Versuch – Dregger selbst bezeichnet sich als den Erfinder des »Viersprungs« – im Herbst

1982, als er sich auch der Hilfe einer zögerlichen FDP sicher war und niemand mehr an seinem Sieg zweifelte, sah er sich durch die Bonner Wende-Umstände um den Einzug in die Wiesbadener Staatskanzlei gebracht. Schmidts Abgang in Bonn wurde in Hessen zur Ohrfeige für die FDP, die den Wiedereinzug in den Landtag verpaßte und Dregger seiner Chance beraubte. Er gab nach 15 Jahren den Landesvorsitz ab, aber bot in der Art, wie er das Votum im gerecht-ungerechten Wechselspiel des Wählerverhaltens beim Austarieren der Kräfteverhältnisse zwischen Bonn und den Bundesländern akzeptierte, erneut ein Beispiel praktizierter Demokratie. Exemplarisch damit auch das Ende seines hessischen politischen Lebenskapitels!

Alfred Dregger kann zuhören

Berichte aus der »Jungwähler-Initiative '72« und der Initiative »Jugend für Dregger«

von Hildegard von Thadden[*)]

November 1971: Der damalige Vorsitzende der CDU Hessen, Dr. Alfred Dregger, sprach auf einer Veranstaltung seiner Partei in Mainz. Die Bundestagswahl 1972 warf ihre Schatten voraus. Dregger hielt eine begeisternde Rede, immer wieder von Beifall unterbrochen. Nach der Veranstaltung sprachen einige Jugendliche Dregger an und machten spontan den Vorschlag, ihn im bevorstehenden Wahlkampf mit einer »Jungwähler-Initiative« zu unterstützen.

Dregger war mit dem Vorschlag sofort einverstanden und beauftragte seinen Persönlichen Referenten Herbert Grauel, sich um die Sache zu kümmern. So begannen die Vorarbeiten für den Aufbau der »Jungwähler-Initiative '72«, zu der sich schließlich 40 bis 50 junge Leute aus den Bundesländern Hessen und Rheinland-Pfalz zusammenfanden.

Die Mitglieder der Initiative waren zum Teil noch sehr jung – Schüler, Lehrlinge, Studenten. Sie waren begeisterungsfähig und ungewöhnlich engagiert. Ihre Aufgabe war es, mit zum Teil selbst hergestelltem Canvassing-Material den Wahlkampf der Partei zu unterstützen. Dieses Material, zum Beispiel zu den Themen Wirtschafts-, Außen- und Sicherheitspolitik, war zwar nach heutigen Maßstäben recht einfach, doch »jugendlich« aufgemacht und eingängig. Wehmut beschleicht mich beim Sichten der inzwischen ziemlich verstaubten Blätter und Heftchen.

Die neue Jungwähler-Initiative trat erstmals mit Beginn der heißen Wahlkampfphase in der Öffentlichkeit auf. Ein harter Kern von etwa zehn Mitgliedern fuhr in zwei für den Wahlkampf in Stadt und Land unterschiedlich ausgestatteten VW-Bussen über Land, um für

---

*) geb. 1954, freie Journalistin in Berlin.

die CDU und für den Regierungswechsel in Bonn zu werben. Ein Bus fuhr nach Nord- und Ost-Hessen, der andere nach Mittel- und Süd-Hessen. Im nördlichen Landesteil, in dem man traditionell die SPD wählte, schlug uns zum Teil offener Widerstand entgegen. In einem Dorf mußten wir sogar vor besenschwingenden Bauern flüchten. Ein steiniger politischer Acker war der Norden des Landes für die Union schon immer und ist es auch noch heute.
Natürlich störten auch unsere Lautsprecher die dörfliche Idylle, mit denen wir CDU-Veranstaltungen ankündigten und für das Wahlprogramm der Partei und für Alfred Dregger warben. Trotzdem wichen wir beim Straßen-Canvassing keiner Diskussion aus, klopften an schier unzählige Haustüren. In Süd- und Mittelhessen war da der Wahlkampf etwas leichter: Die Bürger waren offener gegenüber der CDU und erstaunt, daß sich junge Leute so für die Partei Alfred Dreggers engagierten.
Zu unseren Hauptaufgaben gehörten das Verteilen der von uns selbst verfaßten Flugblätter, von Buttons und Aufklebern sowie die Ankündigung abendlicher Wahlkampfveranstaltungen der örtlichen CDU-Größen und der Ministerkandidaten. Außerdem sollten und wollten wir mit unserem Auftreten den lokalen CDU-Organisationen demonstrieren, wie man modernen Wahlkampf führt. Erstaunlicherweise wurde gerade unsere Unbefangenheit von den etablierten Politikern akzeptiert, die Zusammenarbeit war ausgesprochen positiv und befruchtend für beide Seiten.
Da wir immer wochenweise unterwegs waren, mußte unsere Versorgung organisiert werden: Sie klappte im allgemeinen gut. Wir standen gut im Futter und konnten bei CDU-Mitgliedern übernachten. Freilich passierte auch das: Während wir in den Herbstmonaten bei starkem Regen und häufig eisiger Kälte im Freien standen, setzten sich die örtlichen CDU-Wahlkämpfer zum warmen heimischen Herd ab und ließen uns unter dem CDU-Schirm »warmkämpfen«. Aber schließlich hat auch das den Spaß nicht beeinträchtigt und unsere kleine Truppe zusammengeschweißt.
Unsere Reiserouten zwischen Karlshafen und Viernheim waren so geplant, daß wir vor allem auf die nahezu täglichen Auftritte des CDU-Spitzenkandidaten Alfred Dregger hinweisen konnten. Dregger sprach nachmittags und abends in ganz unterschiedlichen Versammlungen, und es kam darauf an, nicht nur durch Plakate,

sondern auch verbal dafür zu werben. Bald zeigte sich, daß selbst in Nordhessen mehr Zuhörer als in früheren Jahren erschienen, wenn ein prominenter Vertreter der CDU angekündigt war.
Alfred Dregger nahm sich übrigens immer Zeit für uns, auch wenn sie nur knapp bemessen war. Wir stimmten uns mit ihm über Themen und Inhalte seiner Rede ab und konnten so besser unsere Unterstützungsmaßnahmen für ihn koordinieren. Dregger konnte zuhören, zeigte viel Verständnis für uns, nahm unser Urteil ernst. Wir hatten immer das Gefühl, daß sich ein Engagement für ihn lohnt.
Das blieb auch so in den beiden folgenden Wahlkämpfen, an denen die Jungwähler-Initiative mitwirkte. Im Landtagswahlkampf 1974, bei dem sich unsere Initiative »Jugend für Dregger« nannte, kämpften wir um den Regierungswechsel in Wiesbaden, der nach fast dreißigjähriger SPD-Herrschaft nun endlich fällig war. Bei den bürgerlich-konservativen Jugendlichen wurde Dregger zum Hoffnungsträger, weil sie sich schutzlos der Oberstufenreform an den Gymnasien ausgesetzt fühlten; an den hessischen Universitäten drohten die Strukturen zu verkrusten und unter ausschließlich sozialdemokratische Herrschaft zu geraten. Die Jungwähler-Initiative wollte Dreggers positive Ausstrahlungskraft verstärken.
Bei den von uns veranstalteten Jungwählerparties – ein Novum in deutschen Wahlkämpfen – kam es freilich gelegentlich zu heftigen Auseinandersetzungen mit Andersdenkenden. Aber die jungen Leute waren jedenfalls auf die CDU und auf Alfred Dregger aufmerksam geworden. Besonders negativ wurde uns vom politischen Gegner das Entzünden von Fackeln am Abend des 27. Oktober 1974 vor der CDU-Landesgeschäftsstelle in Wiesbaden angekreidet. Wir hatten damit unserer Begeisterung über das fulminante Wahlergebnis für die CDU bei der Landtagswahl Ausdruck geben wollen, mit dem schließlich auch unsere Mühe belohnt wurde. Sogar das linke Politmagazin »Panorama« befaßte sich mit uns und unserem »Fackelzug«, den es zum Anlaß nahm, uns und natürlich Alfred Dregger mit seiner Mannschaft in die rechte Ecke zu stellen.
Auch in der Partei selbst war die Beurteilung der Jungwähler-Initiative nicht einhellig positiv. Während uns die hessische CDU weitgehend positiv sah und uns immer wieder zur Unterstützung

ihrer Wahlkämpfe anforderte, sahen uns die Parteifreunde jenseits des Rheins, in Rheinland-Pfalz, teilweise anders. Dem Vernehmen nach war der damalige Landesvater in Rheinland-Pfalz und CDU-Vorsitzende des Nachbarlandes vor allem mit der Rekrutierung von Mitgliedern der Jungen Union in Mainz keineswegs einverstanden. Seine Gründe hierfür blieben im Dunkeln. Vielleicht war die Idee zu gut?

Uns hat die Arbeit in der Jungwähler-Initiative geprägt und zu überzeugten Christlichen Demokraten gemacht. Die Zusammenarbeit mit Alfred Dregger wirkte sich politisch und moralisch entscheidend auf unseren späteren Lebensweg aus. Viele von uns sind noch heute politisch engagiert. Als Beispiele seien einige Gründungsmitglieder der Jungwähler-Initiative genannt: Joachim Lieber ist heute Leiter des Ministerbüros und Pressesprecher des Hessischen Ministeriums für Justiz; sein Bruder Michael Bürgermeister der Gemeinde Betzdorf in Rheinland-Pfalz. Christian Moerchel, praktischer Arzt, ist Vorsitzender des CDU-Stadtverbandes Mainz-Mombach; sein Bruder Joachim, ebenfalls Dr. med., engagiert sich auf Bundes- und Landesebene in der Gesundheitspolitik.

Inzwischen hat es viele Nachahmer der Jungwähler-Initiative gegeben – mit mehr oder weniger Erfolg. Daß wir die ersten waren, das macht uns auch heute noch ein bißchen stolz.

Der Wechsel nach Bonn wurde ein Gewinn

von Rainer Barzel[*)]

Es war gelungen, Berlin ins Zentrum des gesamtdeutschen Interesses zu rücken. Nun wollten wir für das »Zonenrandgebiet« – so hieß das damals, 1962 – sichtbar Aufmerksamkeit gewinnen und dort Hilfe organisieren. So bereiste ich – damals Bundesminister für gesamtdeutsche Fragen – die Zonengrenze.
Ich freute mich auf Fulda, wollte dort den Oberbürgermeister treffen, dem ein herausragender Ruf über Stadt und Region hinaus vorauseilte. Alfred Dregger hieß er.
In Fulda wurde ich nicht enttäuscht: Ich begegnete einem Herrn – einem Politiker von Präzision, klarem Willen und einem Blick über provinzielle Tellerränder hinaus.
Diesen ersten Eindruck fand ich später oft bestätigt. Alfred Dregger baute die CDU in Hessen von Grund neu auf, ging auf die Menschen zu, sprach verständlich, unmißverständlich, weckte Hoffnungen und schuf Vertrauen. So kam die CDU in Hessen Wahl auf Wahl nach vorne. An dieser engagierten und fleißigen Kleinarbeit auf Straßen und Plätzen, in Fabriken, Ämtern und Beratungszimmern habe ich mich gerne und nach Kräften beteiligt.
Der Aufschwung der Union in Hessen, von dem Deutschland profitierte, war weitgehend das Werk Alfred Dreggers, der eine hochklassige Mannschaft um sich versammelt hatte und sie zu führen wußte.
Natürlich akzentuierte Dregger manches anders als ich, war auch – so in Sachen Mitbestimmung – gelegentlich anderer Meinung. In der schwierigen Phase des Kampfes um die Ostverträge erwies sich Dregger als verläßlicher, weitblickender Gefährte. Er erkannte den Rang des »Briefes zur deutschen Einheit«, den wir dem Nein Brandts zur Wiedervereinigung abgetrotzt hatten, – der jetzt seine Früchte trägt.

[*)] geb. 1924, 1964–1973 Vorsitzender der CDU/CSU-Fraktion des Deutschen Bundestages, 1971–1973 CDU-Bundesvorsitzender, 1962–1963 sowie 1982–1983 Bundesminister, 1983–1984 Präsident des Deutschen Bundestages.

Ich ermunterte Dregger, nach Bonn zu kommen. Das war für ihn nicht ganz leicht. Aber er kam, und das wurde ein Gewinn. Gerne denke ich an seinen Rat wie an seinen Widerspruch, an gemeinsame Wahlkämpfe, an seine Frau, sein Haus in Fulda, manch guten Tropfen zum offenen Gespräch – an seinen Kunstsinn.
Dreggers weiterer Weg in Bonn ist bekannt. Darüber müssen andere berichten. Ich zog mich zurück, blieb mit Dregger im Kontakt.
Er beeindruckte oft durch seine gewichtig formulierten Reden. Man kann sie auch lesen. So aus dieser Rede vom 17. Juni 1978: »Das Absurde hat keinen historischen Bestand. Deutschland wird wieder vereinigt werden, die Frage ist nur: wann und unter welchen Vorzeichen ... Die Erkenntnis, daß die begrenzte Klugheit des Tages kaum etwas bedeutet gegen den großen Strom der Geschichte. Fahrlässig handelt, wer die Chancen der nächsten Generation nur deshalb ausschließt, weil er sie selbst nicht mehr wahrnehmen kann und aus seiner Perspektive als unwahrscheinlich erachten muß ... Die Hitlers und Stalins sind vergangen, und ihre Nachfolger werden vergehen, aber das große russische Volk und das große deutsche Volk werden bestehen ... Dann wird eines geschichtlichen Tages Einigkeit und Recht und Freiheit wieder Lied und Erlebnis aller Deutschen sein.«

Komplizierte Sachverhalte auf den wesentlichen Kern reduzieren

Fraktionsarbeit nach der Bonner Wende

von Wolfgang Schäuble[*)]

Unterschiedlicher hätten die Wege nicht sein können, die Alfred Dregger und mich 1972 zu unserer ersten Legislaturperiode in den Deutschen Bundestag führten. Ich war gerade 30 Jahre alt und ein parlamentarischer Neuling. Alfred Dregger war bereits eine führende Politikerpersönlichkeit mit jahrzehntelanger Erfahrung in Spitzenämtern auf kommunaler und Landesebene.

1970 hatte er die hessische Union in einem offensiv geführten und für eine bürgerliche Partei damals ungewöhnlich lebendig gestalteten Wahlkampf von 26 auf 39 Prozent der Wählerstimmen geführt. Ihm, der im Katholizismus tief verwurzelt ist, gelang es, die Union in Hessen zu einer modernen überkonfessionellen bürgerlichen Partei und einer glaubwürdigen Alternative zu den Sozialdemokraten zu machen, die damals in Hessen fast eine Art Staatspartei waren.

In Bonn waren Alfred Dreggers Themen dann auch weniger die Einzelfragen des parlamentarischen Alltags, sondern die großen Themen, die damals die geistig-politische Auseinandersetzung bestimmten: Vor allem der Standort der Bundesrepublik Deutschland als freiem Land im westlichen Bündnis, das Festhalten an der Einheit der Nation und die Fragen der inneren Sicherheit, die niemals so angespannt gewesen ist wie in der zweiten Hälfte der 70er Jahre.

Die Wiederherstellung des militärischen Gleichgewichts in Europa, die – auch sicherheitspolitische – Einigung unseres Kontinents, die deutsche Frage, die Bewahrung des freiheitlichen Rechtsstaates, die

---

[*)] geb. 1942, seit 1972 Mitglied des Deutschen Bundestages, 1981–1984 Parlamentarischer Geschäftsführer der CDU/CSU-Fraktion des Deutschen Bundestages, seit 1984 Bundesminister.

innere Sicherheit als Schutz der Freiheit, das Bekenntnis zur kämpferischen Demokratie und der Kampf gegen Extremisten aller Schattierungen: Das waren die Themen, für die Alfred Dreggers Name in den 70er Jahren stand, und in denen er seinen Standpunkt zahllosen Angriffen und zahlreichen Versuchen zum Trotz, ihn lächerlich zu machen, unbeirrbar durchgehalten hat.

Unsere enge persönliche Zusammenarbeit begann, als im Herbst 1982 nach dem Auseinanderbrechen der sozialliberalen Koalition die Union in Hessen die absolute Mehrheit knapp verfehlte, weil die Verratskampagne Helmut Schmidts Wirkung zeigte.

Für Alfred Dregger war dies doppelt bitter: Das Scheitern der sozialliberalen Koalition brachte ihn um den – nach aller menschlichen Vorhersehbarkeit – sicheren Erfolg einer konsequent betriebenen jahrelangen Arbeit in Hessen, während umgekehrt während der Endphase des hessischen Wahlkampfes die Ereignisse in Bonn ihren Lauf nahmen und in den Koalitionsverhandlungen die Würfel auch hinsichtlich der Besetzung der zentralen Regierungspositionen ohne ihn fielen.

Alfred Dregger zog noch am Tag der Hessen-Wahl die seiner Auffassung von Würde und Verantwortung entsprechende Konsequenz und legte den Vorsitz der hessischen Union nieder. Aber er resignierte nicht, er zog sich nicht zurück, und dies entsprach seinem Verständnis von Dienst und Pflichterfüllung. Er ließ sich in die Pflicht nehmen, die Unionsfraktion in Bonn zu führen. Mit seiner Wahl zum Fraktionsvorsitzenden und meiner zum 1. Parlamentarischen Geschäftsführer begann für uns die gemeinsame Zeit enger Zusammenarbeit.

Sie gestaltete sich unseren unterschiedlichen Aufgaben entsprechend. Fragen der parlamentarischen Entscheidungsfindung, der Alltag der Verklammerung zwischen Regierungs- und Parlamentsarbeit waren meine Sache, und Alfred Dregger ertrug es ohne Groll, daß dies auch politisch inhaltliche Mitgestaltung von Entscheidungen im Zuge der notwendig engen Verzahnung zwischen Regierung und Koalitionsfraktionen in einem parlamentarischen Regierungssystem bedeutete.

Er konzentrierte sich auf die großen, auf die zentralen Fragen. Dies waren neben der Sanierung der Wirtschafts-, Finanz- und Sozialpolitik, die nach 13 Jahren sozialdemokratisch geführter Bundesregie-

rungen in einer tiefen Krise steckten, und neben der Deutschlandpolitik in den ersten zwei Jahren der Koalition der Mitte vor allem der NATO-Doppelbeschluß, die Entscheidung über die Nachrüstung.
Es sollte eine der am meisten umstrittenen Fragen im parlamentarischen und vorparlamentarischen Raum werden, die es in der Geschichte der Bundesrepublik Deutschland gegeben hat. Ihre ganze Bedeutung können wir erst heute einschätzen: Ich glaube nicht, daß die weitere Entwicklung in Deutschland und Europa bis hin zur Perspektive auf die Einheit unseres Vaterlandes sich so vollzogen hätte, wenn die Regierung Kohl und die Koalitionsfraktionen im Bundestag nicht Kurs gehalten hätten.
Hierzu hat Alfred Dreggers Standfestigkeit als Vorsitzender der CDU/CSU-Fraktion wesentlich beigetragen. Er hat in dieser und in anderen Fragen von wesentlicher Bedeutung seine Fähigkeit eingesetzt, die Sachverhalte auf ihren wesentlichen Kern zu reduzieren. Er hat daher auch stets Wert darauf gelegt, seine Reden im Bundestag selbst zu formulieren.
Er hat es verstanden, seine Funktion als Integrationsfigur der Fraktion damit zu verbinden, Identifikationsfigur zu bleiben für den mehr konservativ-national gesonnenen Teil der Unionswählerschaft. Ihre Bindung an die Union zu erhalten in einer Zeit, in der die Gegebenheiten und Gesetzmäßigkeiten einer Dreierkoalition notwendigerweise ständig zu Kompromissen zwangen, die stets Teile der Anhängerschaft unzufrieden lassen mußten, zählt sicher zu Alfred Dreggers bleibenden Verdiensten in den Jahren der Regierung Helmut Kohl.
Das Amt des Fraktionsvorsitzenden war in diesen Jahren alles andere als leicht. Über lange Zeit hinweg haben interne Auseinandersetzungen im Vorfeld und bei der Durchführung der großen Reformvorhaben die öffentliche Berichterstattung viel stärker beherrscht als die Auseinandersetzung zwischen Koalition und Opposition. Und dennoch sind alle wichtigen Reformvorhaben durchgeführt worden. Ihre Bedeutung für die Zukunft unseres Landes erhält zusätzliches Gewicht durch die innerdeutsche Entwicklung seit dem Herbst vergangenen Jahres: Weder Aus- noch Übersiedler hätten wir ohne die glänzende wirtschaftliche Lage der Bundesrepublik Deutschland so problemlos integrieren können, noch hätten

wir die Ausgangspositionen für Wirtschafts-, Währungs- und Sozialunion und die staatliche Wiedervereinigung ohne die Grundlegung gehabt, die die Reformvorhaben und die Wirtschaftspolitik dieser Regierung möglich gemacht haben.
Besonders Alfred Dregger, der sich allen auch sehr persönlichen Anfeindungen zum Trotz mehr als viele andere stets zur staatlichen Wiedervereinigung, zur Einheit der Nation und zur Überwindung der Teilung bekannt und für sie gearbeitet hat, ist diese jüngste Entwicklung Genugtuung.
Alfred Dregger gehört zu den herausragenden Vertretern der Generation, die als junge Männer die Schrecken des Krieges als Soldaten erlebt haben, und aus diesem Erlebnis heraus den Entschluß faßten, ein freies, demokratisches, den Gedanken des Christentums verpflichtetes Gemeinwesen aufbauen zu helfen. In vielen Ämtern hat er daran mitgewirkt, hat es mit gestaltet. Unser Land wäre ohne dieses Engagement der unmittelbaren Nachkriegsgeneration nicht das geworden, was es heute ist. Dafür gebührt Alfred Dregger Dank.

Ein Christlicher Demokrat konservativer Prägung

von Heiner Geißler[*)]

Im September 1982, kurz nach dem Bruch der sozialliberalen Regierungskoalition in Bonn und unmittelbar vor der hessischen Landtagswahl, fuhr ich nach Lindenfels, um dort für die hessische CDU auf einer Wahlkampfveranstaltung zu sprechen. Auf dem Weg dorthin war ich mir sicher, daß die CDU den Wechsel schaffen und der nächste Ministerpräsident des Bundeslandes Hessen Alfred Dregger heißen würde. Alfred Dregger hatte die hessische CDU in einem langjährigen Kampf gegen die SPD zur stärksten Partei in Hessen gemacht.

Worauf beruhte sein Erfolg?

Während der sogenannten »Strategiediskussion« um »Lagertheorie«, »Linksruck« und »Stamm- und Wechselwähler« hatte Alfred Dregger einmal gesagt: »Eine Strategie hat man, aber man redet nicht darüber«. Auf diese etwas subtile Attacke, die gegen mich gerichtet war, antwortete ich auf dem Bonner CDU-Bundesparteitag am 9. November 1987: »Aber nicht jeder, der nicht redet, hat auch eine Strategie«. Damit hatte ich wiederum Alfred Dregger gemeint. Aber damals in Hessen hatte er eine Strategie, eine richtige und sehr erfolgreiche: Die politischen Ziele der CDU sollten nicht eine bessere Variante, sondern eine klar unterscheidbare Alternative zur SPD-Landespolitik sein.

Alfred Dregger konzentrierte die Auseinandersetzung mit der SPD auf die wichtigsten politischen Sachfragen und ging mit diesem Streit in die Offensive: Im Mittelpunkt standen die hessische Verwaltungsreform – als besondere Glanzleistung der SPD die zwangsweise Zusammenlegung von Gießen und Wetzlar zur »Lahnstadt« – sowie die Schul- und Kulturpolitik, insbesondere die fortwährende Verletzung des Elternrechts an den hessischen Schulen und die Benachteiligung der freien Träger im Sozial- und Bildungsbereich.

[*)] geb. 1930, 1977–1989 CDU-Generalsekretär, seit 1980 Mitglied des Deutschen Bundestages, 1982–1985 Bundesminister.

Er machte das, was jede Opposition tun muß, wenn sie Erfolg haben will: Er griff an, oft – wie der politische Gegner behauptete – gnaden- und hemmungslos. In Wirklichkeit besaß er eine Eigenschaft, von der Churchill sagte, sie sei die wichtigste in der Politik, weil ohne sie nichts zustande käme: Er hatte Mut und suchte die Konfrontation nicht in der personellen, sondern in der sachlichen Alternative.

Während der Wahlkampfveranstaltung in Lindenfels konnte ich förmlich spüren, wie sich nach dem Bruch der SPD/F.D.P.-Regierungskoalition in Bonn die Stimmung gegen die CDU gewendet hatte und gekippt war. Es wurde mir schlagartig bewußt: Die hessische Landtagswahl ist für die CDU nicht mehr zu gewinnen. Alfred Dreggers Lebensziel, hessischer Ministerpräsident zu werden, fiel den bundespolitischen Entwicklungen zum Opfer. Die Verratskampagne der SPD gegen Union und F.D.P. hatte bei den Menschen gegriffen. Die Sozialdemokraten hatten erfolgreich an ein unter den Deutschen leider weitverbreitetes politisches Mißverständnis appelliert, wonach sich demokratisch herbeigeführte Regierungswechsel von Königsmorden allenfalls nur marginal unterscheiden. Mit einer Art modernistischen Aufführung des Nibelungendramas in politischer Starbesetzung konnte die SPD für sich einen – freilich vorübergehenden – Erfolg erzielen: Helmut Schmidt hatte die Rolle des Siegfried bekommen – eine Fehlbesetzung, denn er hatte als Kanzler nicht nur eine, sondern zahlreiche Schwachstellen –, Graf Lambsdorff übernahm den Part der Brunhilde, und Hans-Dietrich Genscher mußte nolens volens als wenig rühmlicher Hagen auf die politische Bühne. Der politische Effekt dieser Inszenierung war die Vereitelung einer absoluten CDU-Mehrheit bei den hessischen Landtagswahlen im September 1982.

Daß Alfred Dregger im Oktober 1982 zum Vorsitzenden der CDU/CSU-Bundestagsfraktion gewählt wurde, war nur konsequent. Nach der Bundestagswahl 1983 kamen nicht wenige Abgeordnete, auch führende Leute der CSU, zu mir und drängten mich, für den Vorsitz der Bundestagsfraktion zu kandidieren. Ich sagte damals zu Alfred Dregger, vor dessen politischer Lebensleistung ich Respekt hatte, daß ich dies ablehne. Ich wollte ihm nicht ein halbes Jahr nach der hessischen Landtagswahl in den Rücken fallen.

In einigen grundsätzlichen Fragen habe ich eine andere Meinung als Alfred Dregger. Dies bedingt die geistige Spannweite einer großen Volkspartei wie der Christlich Demokratischen Union. Alfred Dregger kennt diese Differenzen. Sie betrafen wichtige politische Gebiete wie die Deutschland- und Ostpolitik, die aber inzwischen durch den revolutionären Prozeß in Mittel- und Osteuropa ihre Bedeutung verloren haben. Sie beziehen sich aber auch auf Entwürfe der Zukunft, wie z. B. die multikulturelle Gesellschaft, über die eine intensive Diskussion notwendig ist, da wir in der Zukunft nicht mit weniger Ausländern, sondern mit mehr Ausländern in Deutschland zusammenleben werden, und dies nicht nur wegen der europäischen Einigung, die in diesem Jahrzehnt ebenfalls vollendet werden wird.

Alfred Dregger besticht oft durch knappe und treffende Formulierungen sowie die Verwendung von prägnanten Begriffen. Nicht die Taten bewegen die Menschen, sondern die Worte über die Taten, hatte schon Aristoteles gewußt, und Epiktet hat diese Erkenntnis, die für eine moderne Mediengesellschaft immer wichtiger wird, negativ formuliert: Nicht die Dinge verwirren die Menschen, sondern die Ansichten über die Dinge. Weil dies so ist, kommt es auch für die Standortbestimmung der CDU auf die richtigen Begriffe an.

Alfred Dregger versteht sich, wenn ich ihn richtig beurteile, als Christlicher Demokrat konservativer Prägung. Hier gilt es, etwas zu klären: In Reden und Aufsätzen hat er mehrfach den Begriff »konservativ« durch das Wörtchen »national« ergänzt und direkt oder indirekt den Eindruck erweckt, er habe die Auffassung, eine der geschichtlichen Strömungen, auf denen die CDU aufbaut, sei das National-Konservative. Auch wenn Alfred Dregger damit mit Sicherheit nicht das Deutsch-Nationale meint, das mit der Person Hugenbergs in Verbindung steht, so ist der Begriff »national-konservativ« doch in hohem Grade mißverständlich. Das Nationale mag ein wichtiger Bestandteil der politischen Konzeption konservativer Politiker sein, aber es ist nicht identisch mit dem Konservativen und kann auch Bestandteil eines sozialistischen Programms sein. Der wahre Konservative klebt nicht an dem, was gestern war, sondern lebt aus dem, was immer gilt, und dies sind die Grundwerte Freiheit, Solidarität und Gerechtigkeit. Demgegenüber ist das

Nationale kein Grundwert, sondern ein politisches Ziel, das man anstreben kann oder nicht. Das Nationale ist also nicht identisch mit dem Konservativen. Deshalb spricht das CDU-Grundsatzprogramm nicht von national-konservativen, sondern von konservativen Ideen, die zu den geistigen Wurzeln der CDU gehören. Mich würde es freuen, wenn Alfred Dregger dieser Interpretation unserer Grundsätze zustimmen könnte.

Zwei Beispiele guter Zusammenarbeit zwischen ihm als Fraktionsvorsitzendem und mir als Bundesminister möchte ich besonders hervorheben: Wenn es darum ging, konkrete Verbesserungen für Familien und Rentner durchzusetzen, war er ein verläßlicher Bundesgenosse. Vielleicht entstand der Konsens aus unterschiedlichen Motiven heraus, aber ich weiß, daß es ohne die Unterstützung von Alfred Dregger wesentlich schwieriger gewesen wäre, die sozialpolitisch fast revolutionären Verbesserungen in der Frauen- und Familienpolitik – wie z.B. das Erziehungsgeld, den Erziehungsurlaub, die Arbeitsplatzgarantie für Eltern mit Kindern und die Anerkennung von Erziehungsjahren in der Rentenversicherung – durchzusetzen.

Alfred Dregger ist einer der profiliertesten Kämpfer für die deutsche Einheit. Daß er die Vollendung dieses Zieles in der wichtigen Position des Fraktionsvorsitzenden mitgestalten und miterleben konnte, ist für ihn wahrscheinlich das schönste Geschenk und Erlebnis in diesem Jahr, in dem er das 70. Lebensjahr vollendet.

Das ist politische Eiche – kein Schilfrohr, das im Winde schwankt

von Norbert Blüm[*)]

Alfred Dregger – das ist für mich ein Politiker, der zeitlebens soldatische Tugenden nicht gepredigt, sondern vorgelebt hat. Er ist mutig und diszipliniert, pflichtbesessen und loyal. Auf ihn ist Verlaß. Was er sagt, das gilt. Dazu steht er, auch bei starkem Gegenwind.

Alfred Dregger – das ist ein Konservativer, wie er im Buche steht. Ordnungsfragen sind ihm wichtig. Prinzipien. Aber nicht auf dem Reißbrett, sondern für das Zusammenleben der Menschen. Im Zentrum seines sozialen Koordinatennetzes steht die Familie. Im Dienst dieser vorpolitischen Institution war er Außenpolitiker, Innenpolitiker, Verteidigungspolitiker.

Alfred Dregger hat in seinem Leben mehr als einmal tragische Momente durchlebt. Besonders schlimm für ihn war wohl, als er mit seiner hessischen CDU, die er aus der Talsohle heraus zur stärksten politischen Kraft in Hessen gemacht hat, gerade noch auf der Ziellinie zur Regierungsübernahme abgefangen wurde. Schade – für ihn und für die Hessen.

Alfred Dregger hat auch viel Positives in seiner Laufbahn erfahren. Das größte Geschenk zum 70. Geburtstag wird für ihn sein, daß es gerade ihm, der wie ein Fels in der Brandung allen politischen Wellenreitern des Zeitgeistes getrotzt und immer den Glauben an die Einheit unseres Vaterlandes aufrechterhalten und verkündet hat, nun vergönnt ist, diese Einheit mitzuerleben und mitzugestalten.

[*)] geb. 1935, 1950–1956 Werkzeugmacher und Vorsitzender der Betriebsjugendvertretung der Adam Opel AG (Rüsselsheim), 1968–1975 Hauptgeschäftsführer, seit 1977 Vorsitzender der Sozialausschüsse der Christlich-Demokratischen Arbeitnehmerschaft, seit 1981 Stellvertretender CDU-Bundesvorsitzender, 1972–1981 und seit 1983 Mitglied des Deutschen Bundestages, 1980–1981 Stellvertretender Vorsitzender der CDU/CSU-Fraktion des Deutschen Bundestages, seit 1982 Bundesminister.

Der schmerzhafte Weg zur neuen Berufung

Alfred Dregger zwischen Hessen und Bonn

von Joachim Neander[*)]

Es muß irgendwann um 1970 gewesen sein, in der Zeit jedenfalls, in der Alfred Dregger auf der einen Seite noch Oberbürgermeister der Stadt Fulda und auf der anderen Seite führender Abgeordneter der CDU-Landtagsfraktion in Wiesbaden war. Da erzählte er mir, daß er sich bei seinen Besuchen in großen Unternehmen oder anderen Institutionen stets mit seiner Amtsbezeichnung anmelde, nicht etwa mit der – in der allgemeinen gesellschaftlichen Rangskala eigentlich doch höher angesiedelten – Position des Führers der Parlaments-Opposition. Einfach aus Gründen der Zweckmäßigkeit: Der Oberbürgermeister, ja das zählt und hat Gewicht. Der Parlamentarier dagegen ...?

Ich erinnere mich nicht daran, ob Dreggers Tonfall damals wirkliches Bedauern ausdrückte. Die Deutschen, der Staat und die Demokratie, das ist ein Kapitel für sich. Er schien das so zur Kenntnis zu nehmen. Einem ziemlich weit verbreiteten Vorurteil sozusagen direkt ins Gesicht möchte ich die Vermutung aussprechen, daß es auch in Deutschland nicht zwingend notwendig ist, dem parlamentarischen Mandat unbedingt und demokratisch pflichtgemäß den Vorzug vor dem staatlichen oder kommunalen Amt zu geben. Man kann es auch umgekehrt sehen. Für Alfred Dregger jedenfalls scheint mir diese Frage eine Art Schlüssel zu sein.

Dregger war 14 Jahre lang ein vorzüglicher Oberbürgermeister. Fulda, das hat sich bis in die Medien herumgesprochen, hatte damals zum Beispiel die höchste Abiturientenquote aller deutschen

[*)] geb. 1924, 1965–1978 Korrespondent der »Welt« für Hessen und Rheinland-Pfalz, 1978–1987 Chefkorrespondent Inland der »Welt« mit Sitz in Frankfurt/Main, seit 1987 Leiter der Korrespondentenredaktion der »Welt« in Bonn.

Städte. Nachzutragen wäre vielleicht: OB Dregger hat schon in den 50er Jahren, als anderwärts kaum jemand an so etwas dachte, für seine Stadt planmäßig Grundstücke aufgekauft, um sie später zu noch erschwinglichem Preis an bauwillige Bürger weiterveräußern zu können. Die Restaurierung der Fuldaer Innenstadt hat – rückblickend auf die damaligen städtebaulichen Tendenzen – fast Modellcharakter. Und ein namhafter Kollege erzählte mir neulich, daß er als damaliger Schülerzeitungsredakteur in Fulda regelmäßig zu Pressekonferenzen eingeladen worden sei: Ein CDU-Oberbürgermeister, der schon in den frühen sechziger Jahren aus freien Stücken Jugendliche sehr ernsthaft mit in die Stadtpolitik einzubeziehen versuchte – mein Gott, wo hätte es das in den fortschrittlichen Gauen des Vaterlandes gegeben?
Es haben sich in dieser für Dregger so erfolgreichen Zeit mehrere berufliche Weichenstellungen ergeben. Es wird berichtet, unter den beiden letzten Kanzlern der CDU vor 1969 habe man in Bonn überlegt, den jungen Fuldaer Stadtpolitiker ins Bonner Kanzleramt als Berater abzuwerben. Er scheint abgewinkt zu haben. Später war Dregger im Gespräch als möglicher Nachfolger für Bundesinnenminister Paul Lücke im Kabinett Kiesinger während der Großen Koalition. Der Machtwechsel kam dazwischen. Wäre Dregger ein guter Ressortminister geworden?
Sicher scheint dies: Alfred Dregger, der in der Politik jedes Detail sofort in einem größeren Zusammenhang zu sehen versucht, dem nichts ferner liegt als enges Schubladendenken, wäre ein sehr guter Ministerpräsident geworden. Daß er es nie geworden ist, nie wieder nach Fulda die Chance erhielt, als verantwortlicher Chef einer Regierungsmannschaft umfassend und in ständigem, direkten Kontakt zur Wirklichkeit der Menschen Politik zu gestalten, hat etwas Tragisches. So viel der Politiker Alfred Dregger seit 1970, unterwegs zwischen Hessen und Bonn, auch bewegt und bewirkt hat an Diskussion, Konfrontation, an unvermeidbarem und vermeidbarem Streit – es ist wohl doch der oft schmerzhafte Weg fort von der eigentlichen Lebensberufung.
Machtkalkül kann es nicht gewesen sein, was Dregger 1970 – durch das Gesetz über die Unvereinbarkeit von Amt und Mandat in Hessen zum Entweder-Oder gezwungen – dazu brachte, das geliebte Fuldaer Amt zu verlassen, um (materiell zwar reichlich

entschädigt, aber auch zusätzlich belastet durch die gleichzeitige Tätigkeit im Vorstand der Überlandwerke Fulda AG) die politisch unsichere Karriere des Parlamentariers einzuschlagen.
Von großen Hoffnungen oder gar Aussichten war damals überhaupt nicht die Rede. 1967 hatte der Westfale Dregger den Vorsitz der Hessen-CDU übernommen. Die Kommunalwahl 1968 brachte mit einem Zuwachs von 0,7 Prozent fast gar keinen Fortschritt. Die beinahe desperate Lage der Landespartei mit ihren knapp über 25 Prozent Stimmenanteil bei Landtagswahlen schien unabänderlich. Daß Dregger dann 1969 auch für den Bundestag kandidierte, setzte sogleich die Gerüchte in Marsch: Enttäuschung, Resignation, Flucht in die Bundespolitik. Bernd Jasper, der vor Jahren verstorbene, von jedermann hochgeschätzte Wiesbadener Korrespondent der »Frankfurter Rundschau«, irrte sich sehr selten, aber in diesem Fall gleich doppelt. »Ein Landesvorsitzender mit Hauptquartier in Bonn«, schrieb er damals, »sitzt zu weit weg vom Schuß ... um für sein Parteivolk auf dem Lande wirkungsvoll arbeiten zu können ... An Dutzenden von Wahlergebnissen der vergangenen 20 Jahre läßt sich ablesen, daß in Hessen die Chancen für einen CDU-Ministerpräsidenten gleich Null sind.« Unausgesprochener Ratschlag also: Bleib ruhig in Bonn, Dregger, es hat ja doch keinen Sinn.
Der Rest des Weges ist bekannt und oft beschrieben worden. Dregger wurde Parlamentarier, Parteimann und als solcher der erfolgreichste individuelle Wahlkämpfer der deutschen Nachkriegsgeschichte. Aber irgendwie war und blieb das für ihn ein Zweitberuf. Vielleicht ist dies der Grund dafür, daß so viele Zeitgenossen vor dem Bild dieses Wahlkämpfers Dregger ein wenig unsicher zu sein scheinen. An diesem Mann ist viel und oft herumgerätselt worden, so als traue man dem äußeren Anschein nicht. Gerhard Gründler zum Beispiel entdeckte an ihm im »Stern« etwas »Zackiges, Kernseifiges«, Olaf Ihlau in der »Süddeutschen« eine »an Barzel erinnernde Glätte«, Hans Joachim Noack in der »Frankfurter Rundschau« eine besondere Fähigkeit, andere Politiker »zu kopieren und die Kopierten noch zu übertreffen«. Der Frankfurter GEW-Funktionär Frank von Auer verfaßte damals sogar ein ganzes Buch über Dregger, ohne je ein einziges Wort mit ihm gewechselt zu haben.
Was die meisten in dieser Zeit der hessischen Wahlkämpfe so

frappierte oder auch (in begeisterter Zustimmung oder auch in leidenschaftlichem Haß) an Alfred Dregger faszinierte, war wohl vor allem seine Fähigkeit, Dinge einfacher zu sagen als die anderen. Dieses Talent zur Einfachheit, die Dinge (auch dort, wo gerade dem Konservativen die Wahrheit als etwas sehr Komplexes, nur schwer auf eine Formel zu Bringendes erscheinen muß) auf den schärfsten aller Punkte zu bringen, scheint bei Alfred Dregger nur zum Teil angeborene Neigung und Fähigkeit, zum Teil aber auch das Produkt mühsamen Lernens gewesen zu sein. Er übte das Reden in einfachen, klaren Hauptsätzen nicht wie andere, eitlere, vor dem Spiegel, sondern auf dem Rücksitz seines Autos während der langen Fahrten zwischen Fulda, Bonn und Wiesbaden.

Das Bild des Wahlkämpfers Dregger haben aber auch andere mitgeprägt. Das berühmt-berüchtigte Wahlplakat mit dem Titel »Wir kommen«, mit Dregger (vorneweg fast in der Pose eines Filmstars) und seiner Mannschaft, war das Produkt von Werbemanagern. Es erwies sich als ungeheuer wirksam. Dregger erhielt den Spitznamen »Django«. Rudi Arndt, der wortschnelle Frankfurter OB, rief damals: »Wer so daherkommt, schießt auch!« Klaus Staeck zauberte daraus eine Gruselparodie. Dregger hing sie sich daheim an die Wand. Aber ich möchte vermuten, er tat es nur, weil dieses Bild so gar nichts mit sciner wirklichen Person zu tun hatte.

Dregger hat diese Rolle, die nur zum Teil aus ihm selbst kam, tapfer weitergespielt, im Interesse der Sache, die er vertrat. Er hat sich von den einen mit Eiern, Farbbeuteln und Tomaten bewerfen und von den anderen bejubeln lassen. Dabei kam der Jubel für Dregger-Sätze wie »Es gibt zu viele Feiglinge in Deutschland« ja nicht zuletzt auch von Leuten, die sich eigentlich schämten, weil sie sich selber insgeheim als Feiglinge fühlten.

Der Wahlkämpfer, der Vereinfacher Alfred Dregger hat viel dazu beigetragen, daß die Union sich nach dem Machtverlust 1969 – als mancher CDU-Mann für alle Fälle heimlich das gedrechselte Soziologendeutsch der Linken zu pauken begann – relativ rasch wieder auf sich selbst und ihre Sprache besann. Er hat ihr die Themen gewiesen, die Schulpolitik etwa. Er hat ihr aber auch Diskussionsstoff nach innen geliefert. Es klingt paradox, aber die interne Diskussion zwischen »links« und »rechts«, zwischen Geißler und Biedenkopf auf der einen und Dregger und Strauß auf der anderen

Seite in den Unionsparteien hat ihre Wirkung als eine lebendige Partei in der jungen Generation gesteigert.
Über das Verhältnis Dregger-Strauß ist viel geschrieben worden. Ich habe den Verdacht, daß Dregger sich gerade in den Zeiten, in denen ihn alle Welt als engen Freund und Kampfgenossen des CSU-Vorsitzenden zu bezeichnen beliebte, heimlich eher als Rivale von Strauß gefühlt hat. Daß ihn die Strauß-Anhänger 1977 sozusagen stellvertretend für ihren eigentlichen Wunschkandidaten zeitweilig zum Rivalen von Helmut Kohl als Kanzleraspiranten aufzubauen versuchten, hat Dregger politisch mehr als Kohl geschadet und vor allem das menschliche Verhältnis zwischen beiden wohl lange Zeit belastet.
Heute empfindet Alfred Dregger sich eher als Erben von Franz Josef Strauß, nicht etwa in dem selbstverordneten Anspruch, dessen politische Rolle und Bedeutung übernommen zu haben, sondern weil er mit Recht spürt, daß ein Teil des besonderen Vertrauens, das viele Menschen im Lauf der Jahre in der Bundesrepublik, aber auch im Ausland zu Strauß gewonnen hatten, nun stillschweigend auf den »Preußen« Dregger übergegangen ist.
Natürlich ist Alfred Dregger von Herkunft, Auftreten und Überzeugung irgendwie ein Preuße. Aber auch da ist Vorsicht geboten. Er hat mir einmal gesagt, die Art der Habsburger zu regieren liege ihm eigentlich wesentlich näher als die preußische. Es ist ein wahrer Jammer, daß wir Dregger nie mehr werden regieren sehen, habsburgisch hessisch.

Betrachtungen aus drei Lebensringen

von Helmut Herles[*)]

Von mir aus gesehen, nicht aus der Perspektive eines 70jährigen Lebens, wie es Alfred Dregger am 10. Dezember 1990 gemeistert hat, kenne ich den Politiker aus drei Lebensringen, aus einer »Frühschicht«, dann aus Dreggers »rechter« Zeit in Hessen, schließlich als souveränen Parlamentarier und Fraktionsvorsitzenden in Bonn, dem diese Aufgabe wichtiger ist, als einer unter vielen Ministern zu sein, und der sich deshalb nach dem Rücktritt Jenningers nicht in das Amt des Bundestagspräsidenten hinwegloben ließ.

Selbst als ich, Kind eines am Ende des Krieges bei Königsberg umgekommenen Soldaten, ihn für zu schneidig und soldatisch hielt, glaubte ich ihm, daß er aus den Verwundungen des Krieges gelernt hatte: die wichtigste Aufgabe des Soldaten ist es, die Freiheit zu erhalten und den Krieg zu verhindern. Diese Glaubwürdigkeit und die Sorge, daß von Deutschland nicht wieder Krieg ausgehen und es kein Schlachtfeld der atomaren Großmächte werden darf, hat Dregger Gesprächskoalitionen gebracht, die man auf den ersten Blick nicht vermuten sollte. So mit Egon Bahr und Hans-Jochen Vogel, den er seit der Studentenzeit in Marburg kennt, per Du mit ihm geblieben ist, trotz allen heftigen Streites im Bundestag.

Dregger trägt nicht nach. Er würde niemals einen Journalisten oder Politiker, die ihn kritisiert oder attackiert haben, zwischen Tür und Angel anrempeln. Er sagt seine Meinung direkt, aber höflich.

Das erste Mal hatte ich Dregger gesehen, als ich noch Student war. Damals, in den sechziger Jahren, hieß es bei Frankfurter katholischen Studenten, von denen manche noch das Vorurteil von den »Fuldaer Rucksäcken« hegten: »Fahren wir nach Fulda, dort ist ein fortschrittlicher und moderner CDU-Oberbürgermeister. Ein kommender Mann in der CDU, der nichts mit dem Mief der

---

[*)] geb. 1940, 1966–1969 Redakteur bei der Frankfurter Allgemeinen Zeitung in Frankfurt/Main, 1972–1975 Korrespondent der Süddeutschen Zeitung für Hessen, seit 1985 Korrespondent der Frankfurter Allgemeinen Zeitung in Bonn.

Honoratiorenpartei zu tun hat.« So schien es. Dregger hatte die verschlafene Bischofsstadt umgekrempelt, attraktiver gemacht. Ob er heute noch Karstadt als eine jener unsäglichen städtebaulichen »Dominanten« vieler Städte im Herzen der Altstadt ansiedeln würde, steht auf einem anderen Blatt.
Dann, in den siebziger Jahren, sagte mein Vorgänger bei der Süddeutschen Zeitung: »Der Wiesbadener Landtag ist nicht mehr langweilig, die CDU hat dort eine bemerkenswerte Mannschaft, und Dregger ist im Grunde seines Herzens nicht so rechts wie er redet.« »Holzschnittartig« war damals eine der harmloseren Vergleiche der Linken und der Linksliberalen für den CDU-Vorsitzenden, der sich vorgenommen hatte, das breite liberal-konservative Lager in Hessen an die CDU heranzuführen. »Rechts« mit seinen eigenen Reden nichts mehr aufkommen zu lassen, aber auch in der liberalen Mitte mit Politikern wie Riesenhuber, Schwarz-Schilling und Kiep zu werben und die Bauern mit Bayha zu binden. Er ließ nicht locker, eine ideologischer werdende SPD anzuprangern. Schulpolitik und Rahmenrichtlinien waren plötzlich nicht mehr Sache der Fachleute. Er verstand es zuzuspitzen und zu polarisieren.
Der entscheidende Schritt gelang ihm dennoch nicht. Er wurde nicht hessischer Ministerpräsident. Aber ohne ihn hätte es Wallmann nie werden können. Es gibt keinen Parteiführer in der Bundesrepublik, der seine Gruppierung aus der Zwanzig-bis-Dreißig-Prozent-Ohnmacht an die Schwelle der absoluten Mehrheit geführt hat. Aus jener Zeit habe ich mir einen vorbildlichen Kernsatz Dreggers gemerkt, der heute vielen Parteipolitikern zum Vorbild dienen könnte, die lieber fühlen statt führen: »Ich nehme die Demoskopie zur Kenntnis, um sie in meinem Sinn zu verändern.« Heute verändern manche lieber ihre Politik, um sich der Demoskopie anzupassen. Hätte Dregger damals in Hessen so gehandelt, wäre die CDU in ihrem Getto sitzengeblieben.
Auch seine Gegner in Bonn erkannten bald, daß er ein eigenständiges Gewächs ist, weder ein Straußianer noch ein Kohlist. Als Strauß mit dem Kreuther Trennungsbeschluß die Union zu spalten drohte, glaubten viele, Dregger sei sein Sendbote im Norden, Hessen das Einfallstor für die CSU. Das Gegenteil war der Fall. Als ich in jener Zeit einmal Sonntagsdienst hatte, sagte ich zu ihm: »Falls ich Sie am

Sonntag telefonisch nicht erreichen kann und die CSU die Trennung von der CDU beschließt, kann ich Sie dann zitieren, daß Sie gegen die Auflösung der Union sind?« Dreggers Antwort war knapp und klar. »Selbstverständlich. Ich bin ein Mann der Union.« Darüber ist er in der bayerischen Landesvertretung mit Strauß im handfesten Krach aneinandergeraten.
Wer ihn im Bundestag oder auf Parteiversammlungen reden hört, kann geneigt sein, sich ein zu einfaches Bild von diesem Menschen zu machen. Charakteristisch für ihn ist das Spiel mit dem Fragebogen des F.A.Z.-Magazins, wie er es im Frühsommer 1990 veröffentlicht hat. Es enthält Antworten, die dem öffentlichen und veröffentlichtem Bild dieses Mannes aus rechtem Schrot und Korn, aus westfälischer Geradlinigkeit entsprechen. Für ihn kann es auf die Frage, »wo möchten Sie leben«, keine andere Antwort geben als: »In Deutschland«. Aber als Lieblingsgestalt in der Geschichte nennt er Kaiser Friedrich II., den Hohenstaufer, der sich in Sizilien wohler fühlte als zu Hause. So dürfte wohl seine Selbsteinschätzung im »Hauptcharakterzug« zutreffen. Dregger ist inwendig tatsächlich eine »Kombination«: »Klarheit, Konsequenz, Milde, Liberalität.« So sagt er zwar zur Frage, welche militärischen Leistungen er am meisten bewundere: »Die Standhaftigkeit von Teilen der Wehrmacht in der Niederlage 1945 mit dem Ziel, die ostdeutsche Bevölkerung vor der Roten Armee zu retten.« Aber er antwortet zur Frage: »Welche geschichtliche Gestalt verachten Sie am meisten?« »Die großen Kriegsherren der ersten Hälfte unseres Jahrhunderts, die allesamt ohne staatsmännisches Format waren.« Es sind charakteristische Sätze für die inwendige »Kombination« Dreggers.

Für Deutschland und Europa

Niemals ein Gegensatz zwischen dem Streben nach der Einheit Deutschlands und der Einheit Europas

von Max Kohnstamm[*)]

Die Europäische Gemeinschaft ist viel mehr als eine wirtschaftliche-politische Schöpfung. Sie bringt Menschen aus sehr verschiedenen Hintergründen zusammen und macht diese Menschen zu Bekannten und Freunden. Schon vor dreißig Jahren notierte ich über ein Gespräch mit Jean Monnet folgendes: Monnet sagt, »die wichtigste Änderung, die die Gemeinschaft zustande bringt, ist nicht die Änderung der Güter-Ströme, sondern die Änderung in der Beziehung der Menschen. Da man nicht mehr nur eine nationale, notwendigerweise beschränkte Verantwortlichkeit hat, steht man einander nicht mehr gegenüber, sondern zusammen, nebeneinander. Das ist der wirklich revolutionäre Charakter der Gemeinschaft.«

Vielleicht die unbekannteste – und dennoch außerordentlich wichtige – Institution der Gemeinschaft ist das weit gesponnene Netz von Menschen, die durch ihre Bemühung um den manchmal mühsamen Prozeß der Einigung Europas und die Festigung des Friedens einander begegnet sind und durch ihre gemeinsame Arbeit zu Freunden wurden. Durch das Aktionskomitee für Europa habe ich das große Vergnügen gehabt, Dr. Alfred Dregger kennenzulernen. Unsere Gespräche haben dazu geführt, daß ich die Freude und Ehre habe, mich zu seinem Freundeskreis rechnen zu dürfen. Das bedeutet nicht, daß man über jede in der Gemeinschaft offenstehende Frage einer Meinung wäre oder sein sollte. Aber im Wissen über das gemeinsame Ziel – die Einigung Europas – können Meinungsunter-

---

*) geb. 1914, 1942–1944 KZ und Geiselhaft-Lager in den Niederlanden, seit 1956 Vizepräsident, seit 1974 Generalsekretär des von Jean Monnet gegründeten »Aktionskomitees für das Vereinigte Europa«.

schiede ausgesprochen und Wege zu deren Überbrückung gefunden werden.

So sind die Gespräche mit Dr. Dregger für mich immer eine Freude durch die Offenheit, in denen sie stattfinden, und durch das Wissen um das Ziel, das Dr. Dregger anstrebt und uns gemeinsam ist. Für Dr. Dregger hat es niemals einen Gegensatz gegeben zwischen dem Streben nach der Einheit Deutschlands und der Einheit Europas. Daß diese beiden Ziele im Gegenteil zusammengehören, war ja auch schon die Überzeugung des ersten Bundeskanzlers der Bundesrepublik Deutschland, Dr. Adenauers. Auch Jean Monnet war dieser Auffassung immer zugetan.

Im Laufe der 60er Jahre gab es – bis zum Einmarsch der Truppen des Warschauer Pakts im Sommer 1968 in Prag – Ansätze zur Entspannung zwischen Ost und West. Das von Monnet errichtete Aktionskomitee für die Vereinigten Staaten von Europa, dessen Nachfolger das jetzt bestehende Aktionskomitee für Europa ist, behandelte während dieser Jahre die Frage des Zusammenhangs zwischen der Vereinigung Deutschlands und Europas auf mehreren ihrer Tagungen. Mitglieder des Monnet-Komitees aus der Bundesrepublik Deutschland waren Persönlichkeiten sowohl der CDU und CSU wie der SPD und der FDP. In einer von allen Mitgliedern aus den damaligen sechs Mitgliedstaaten unterschriebenen Resolution heißt es: »Die Vereinigung der Deutschen in der im Entstehen begriffenen Europäischen Gemeinschaft ist zur Sicherung des Friedens eine Notwendigkeit.« Auf einer Tagung in Berlin (1965) erklärte das Monnet-Komitee:

»In dem Maße, wie die Europäische Gemeinschaft Fortschritte macht und ihre Partnerschaft auf der Grundlage der Gleichberechtigung mit den Vereinigten Staaten zustande kommt, wandelt sich auch die Art der Beziehungen zwischen Ost und West. Durch ihre gemeinsamen Rechtsvorschriften und Institutionen bietet sie eine Garantie gegen einseitige nationale Aktionen. Sie bereitet einer grundlegenden Verbesserung der Beziehungen zwischen West- und Osteuropa den Weg.

Diese Änderungen müßten zwischen dem Westen, d.h. den Vereinigten Staaten und dem in der Einigung begriffenen Europa, einerseits und der Sowjetunion und den übrigen osteuropäischen Ländern andererseits nach und nach zu Konsultationen führen, die

es Ost und West ermöglichen, gemeinsam einen Ausblick auf die Zukunft anzustreben und die Lösung der Probleme zu suchen, deren Regelung von wesentlicher Bedeutung für den Frieden ist.
Das Aktionskomitee ist sich der vielfältigen Schwierigkeiten bewußt, die täglich überwunden werden müssen, um die Europäische Gemeinschaft zu gestalten, eine Partnerschaft auf der Grundlage der Gleichberechtigung mit den Vereinigten Staaten zu verwirklichen, schließlich die Gestaltung einer friedlichen Koexistenz mit der UdSSR fortzusetzen und gleichzeitig die heute getrennten Deutschen aus Ost und West in der Europäischen Gemeinschaft zu vereinen.«
25 Jahre später, am Anfang dieses Jahres, war es meiner Frau und mir als Gäste von Frau Dregger und Herrn Dr. Dregger vergönnt, die Verwirklichung dieser Voraussage in Fulda mitzuerleben. Die Freude und Rührung, mit der Dr. Dregger von Besuchern in Fulda aus der DDR erkannt und begrüßt wurde, werden wir nicht vergessen! In ihm ehrten diese Besucher den Mann, der auch während der scheinbar aussichtslosen Jahre der Trennung die Hoffnung auf Vereinigung in Freiheit nie aufgegeben hat.
Während dieser Tage war es mir erlaubt, in langen Gesprächen aufs neue das Engagement Dr. Dreggers für die Europäische Gemeinschaft wie für die Einigung Europas zu spüren.
Möge es Dr. Dregger gegeben sein, sich noch viele Jahre einsetzen zu können für das vereinigte Deutschland, für die Europäische Gemeinschaft und für die Organisation eines dauerhaften Friedens in ganz Europa.

Beide Seiten müssen bereit sein, voneinander zu lernen

Gegen ein anarchisches, zersplittertes Europa

von Jacques Chaban-Delmas *)

Ich lernte Dr. Dregger erst vor wenigen Jahren im Aktionskomitee für Europa kennen. Damals konnte er bereits auf eine lange politische Karriere im Dienste seiner Mitbürger in Fulda, in Hessen und in Deutschland zurückblicken.
Heute möchte ich allerdings sein Engagement für ein demokratisches, starkes und geeintes Europa hervorheben.
In kurzer Zeit haben wir von gegenseitiger Achtung und Vertrauen geprägte Beziehungen miteinander aufgebaut, die über unsere gemeinsame Arbeit im Aktionskomitee hinausreichen.
Denn in diesem glühenden Patrioten, einem Mann, der zu seinen Überzeugungen steht, habe ich einen überaus kultivierten Menschen entdecken können, der seinen deutschen und europäischen Partnern im Gespräch aufmerksam zuhört, weil ihm daran liegt, ihre Gedanken zu verstehen. Von diesem Augenblick an war unser Dialog stets fruchtbar; nicht nur, weil wir immer eine gemeinsame Position erarbeiten konnten, sondern auch, weil wir uns im Ziel einig gewesen sind, insbesondere darüber, was wir nicht wollten – ein anarchisches, zersplittertes Europa, das jenen Kräfteverhältnissen unterworfen bleibt, die im Einvernehmen mit unseren mächtigen außereuropäischen Partnern entstanden sind.
Dr. Dregger verdient das volle Vertrauen aller gleichgesinnten Europäer, vor allem in dieser für Deutschland historischen Zeit, in der sich schon das Europa von morgen abzeichnet.
Denn über seinen politischen Alltag an der Spitze der CDU/CSU-Bundestagsfraktion hinaus hat er erkannt, daß der Bau eines geeinten Europa, der heute noch notwendiger ist als früher, nur

---

*) geb. 1915, Offizier der »Résistance«, seit 1946 Mitglied (RPR), 1958–1988 (mit Unterbrechungen) Präsident der französischen Nationalversammlung, seit 1947 Bürgermeister von Bordeaux, zeitweilig Verteidigungsminister, 1969–1972 Premierminister, seit 1988 Präsident des »Aktionskomitees für Europa«.

gelingen kann, wenn beide Seiten voneinander lernen. Er hat uns so mit seiner ganzen Überzeugungskraft die historischen und geopolitischen Besonderheiten seines Landes klargelegt. Dabei hat er stets auch die besonderen Umstände der anderen Länder auf unserem Kontinent im Blick behalten.
Nur wenn wir so vorgehen, auf der Grundlage einer nüchternen Analyse der Wirklichkeit, wird, wie uns General de Gaulle schon immer gelehrt hat, in Europa Fortschritt möglich.
Weil seine Beiträge von diesem Geist beseelt waren, gehörten sie zu den wichtigsten im Aktionskomitee. Ich habe sie besonders geschätzt, und ich bin sicher, daß wir weiter gemeinsam Wege für ein stärker geeintes Europa mit größerer Prosperität und Solidarität bahnen werden.

Gemeinsam mit den Partnern die Teilung überwinden

Für eine Identität Europas in der Sicherheitspolitik

von Michael Heseltine[*)]

Bis zu unserer Begegnung im Aktionskomitee für Europa war mir Alfred Dregger kaum dem Namen nach bekannt. Politiker ohne Regierungsamt werden in der internationalen Presse wenig beachtet. Das ist ein Fehler.

Es war wohl Ende 1988, als wir im Komitee über die Sicherheitsstrukturen Europas nach dem INF-Vertrag beraten haben.

Mich wunderten ein wenig die Konsequenzen, die der Vorsitzende der CDU/CSU-Bundestagsfraktion »namens der Deutschen« gefordert hat:

- Die Identität Europas in der Sicherheitspolitik, obwohl es doch offensichtlich auch unterschiedliche nationale Interessen gibt;
- Die Zusammenarbeit der europäischen Atommächte Frankreich und Großbritannien;
- Beteiligung Frankreichs ohne Einschränkung an der konventionellen Verteidigung Zentraleuropas;
- Umgestaltung der Allianz zu einem Bündnis zwischen Europa und den Vereinigten Staaten.

Warum dieser Eifer, fragte ich mich.

Die damals im Bündnis diskutierten Fragen waren so neu nicht. Über die Glaubwürdigkeit der atomaren Abschreckung hat es schon immer Meinungsverschiedenheiten im Bündnis gegeben und dessen unzureichende konventionelle Verteidigungsfähigkeit wurde zu allen Zeiten beklagt.

Vor allem fiel es mir schwer zu begreifen, warum er das Bündnis umgestalten wollte, seine Institutionen verändern – europäisieren – wollte, wie er sagte.

---

*) geb. 1933, seit 1976 Mitglied des britischen Unterhauses (Cons.), 1979–1983 Umwelt- bzw. Verteidigungsminister, Mitglied im »Aktionskomitee für Europa«.

Ich habe ihm das auch entgegengehalten. Das Bündnis, das funktioniert. Warum also verändern, was intakt ist.
Intakt?
Er sprach vom zweiten Signal von Reykjavik, das darin bestanden hätte, daß sich der Präsident der Vereinigten Staaten und der Generalsekretär der KPdSU dort beinahe über die Denuklearisierung Europas verständigt hätten. Nur wegen der Strategischen Verteidigungsinitiative der USA, auf die der amerikanische Präsident nicht verzichten wollte, sei es dazu nicht gekommen.
Europa müsse mehr für seine Sicherheit sorgen und dafür, daß beim nächsten Gespräch zwischen den Führern der USA und der Sowjetunion die europäische Stimme Gewicht hätte.
Das hat mich beeindruckt.
Mehr noch ein Zweites: als er über atomare Kurzstreckensysteme sprach, die doch schon seit den 50er Jahren zur Bewaffnung des Bündnisses gehören – gerade wegen der konventionellen Übermacht der Sowjetunion. Aber dann seine Beurteilung: »Übrig bleiben nach der Beseitigung der Mittelstreckenwaffen in Europa die Atomwaffen, die im wesentlichen von Deutschland nach Deutschland reichen. Ich erwarte von unseren Verbündeten, daß sie ihre Abschreckungswaffen gegen das Territorium des potentiellen Angreifers und nicht gegen das des Verteidigers richten«.
Von Deutschland nach Deutschland; das war es, was mich berührt hat.
Wir hatten uns 40 Jahre lang im geteilten Europa gegen den sowjetischen Expansionismus wehren müssen. Wir waren damit zufrieden, daß dies auch für die Zukunft mit berechtigter Aussicht auf Erfolg möglich blieb.
Alfred Dregger nicht. Er als deutscher Patriot konnte sich mit dem »Status quo«, mit dem geteilten Deutschland im geteilten Europa, nicht zufrieden geben; auch nicht mit einem Verteidigungsdispositiv, das den östlichen Teil Deutschlands wie feindliches Ausland behandelte.
Mir ist bei dieser Gelegenheit klar geworden: Die Deutschen wollen den Status quo, die Teilung, überwinden und erwarten dabei die Unterstützung ihrer Bündnispartner.
Alfred Dregger hat mir eine wichtige Erfahrung vermittelt. Seine Haltung verdient Respekt.

Augenmaß und strategischer Weitblick eines Politikers und Staatsmanns

von Fred Charles Iklé[*)]

Ohne Politiker können unsere Demokratien nicht funktionieren; ohne Staatsmänner wären sie den Gefahren und Risiken der Weltgeschichte nicht gewachsen. Politik und Staatskunst müssen einander ergänzen. Beides ist erforderlich, um die Demokratie zur schöpferischsten und tragfähigsten Regierungsform in unserer modernen Zeit zu machen.

Der Staatsmann wird für sein Handeln gelobt, vor allem, wenn alles gut geht. Die »Politiker« hingegen werden für einen großen Teil dessen verantwortlich gemacht, was in einem demokratisch verfaßten Gemeinwesen weniger gut läuft. Diese ungleiche Zuteilung von Lob und Tadel reflektiert schon das rein semantische Verständnis dieser beiden Begriffe. Die Bezeichnung »Staatsmann« ist stets ein Lob. Wird ein Regierungsvertreter hingegen als »Politiker« bezeichnet, so enthält dies etwas Abwertendes, vor allem im amerikanischen Sprachgebrauch.

Nicht jeder Politiker kann oder muß alle Eigenschaften eines Staatsmannes besitzen. Aber jeder Staatsmann, der berufen ist, in einer Demokratie für sein Volk zu arbeiten, muß auch Politiker sein. Denn nur die Männer und Frauen, die ihrem Lande als Politiker dienen, bemühen sich ernstlich darum, auch den Wünschen des Volkes gerecht zu werden. Nur ein Politiker ist bereit, sich immer wieder dem oft harten Urteil der Wähler zu stellen, demzufolge er entweder sein Mandat behält – solange die Wähler dies in freien und geheimen Wahlen so entscheiden – oder von der politischen Bühne abtreten muß.

Ronald Reagan hat oft darauf hingewiesen, daß die amerikanische Verfassung mit den Worten beginnt: »Wir, das Volk«. In Demokra-

---

*) geb. 1924, politische Beratungsfunktionen in mehreren Instituten und im Verteidigungsministerium, Direktor des amerikanischen Abrüstungsamtes in der Ford-Administration, 1981–1988 Unterstaatssekretär für Sicherheitspolitik im US-Verteidigungsministerium.

tien bildet das Volk seine Regierung, nicht umgekehrt. Aber ohne Politiker könnten »wir, das Volk«, nicht regieren. Erst durch die Politiker wirkt des Volkes Wille auf die Regierung ein. »Regierung des Volkes, durch das Volk und für das Volk« – nach den unsterblichen Worten von Abraham Lincoln – darf nie zu einer Regierung entarten, die sich nur von Meinungsumfragen leiten ließe.
Es ist nicht Sache des Politikers, die Ergebnisse von Meinungsumfragen aus seinem Wahlkreis in das Parlament einzubringen. Ein Computer könnte dies wesentlich besser. Der Politiker hat die Wünsche der Bürger in eine Regierungspolitik umzusetzen, die den Interessen des Volkes dient. Und in Schicksalsstunden seines Volkes, in denen er Konsequenz braucht und Ausdauer – per aspera ad astra –, muß der wahre Politiker zum Staatsmann werden.
Obwohl in unserem menschlichen Handeln Ursache und Wirkung oft schwer zu unterscheiden sind, können wir doch rückblickend feststellen, daß bestimmte Vorlagen das gewünschte Ergebnis zumindest nicht ausgeschlossen haben. So wissen wir heute, daß die Entscheidung über die Aufstellung der neuen Pershing-Raketen in der Bundesrepublik Deutschland den Abschluß eines Vertrages über die Beseitigung aller Mittelstreckenwaffen in Ost und West eben *nicht* verhindert hat. Ebenso wissen wir, daß die in Bonn, Washington und anderen Hauptstädten des Bündnisses beschlossene Antwort auf Breschnews Hochrüstung die spätere Verbesserung der Ost-West-Beziehungen *nicht* behindert hat. Wir wissen auch: Ronald Reagans Entscheidung für die Strategische Verteidigungsinitiative (SDI) und deren Unterstützung durch die CDU/CSU hat *nicht* zu einem neuen amerikanisch-sowjetischen Wettrüsten geführt. Und wir wissen, die Politik der Bundesregierung, welche der Freiheit den Vorrang gegeben hat vor der deutschen Einheit, hat diese Einheit nicht verhindert.
Doch gab es in den kritischen 80er Jahren starke politische Gruppen, die in all diesen Fragen einen gegenteiligen Standpunkt vertreten haben. In der Tat konnten sich häufig diejenigen Politiker durch die vorherrschenden Meinungstrends unterstützt fühlen, die gegen die Aufstellung der Pershing-Raketen polemisierten und stimmten, die gegen die Nachrüstung opponierten, gegen SDI, gegen die Entscheidung, welche der Freiheit Vorrang gegeben hat vor ihren eigenen Vorschlägen für ein Arrangement mit Honecker und seiner

Bande. Nur Politiker mit Weitblick, mutige, umsichtige Politiker mit der Gabe zu staatsmännischem Handeln, konnten diese – wie wir heute alle wissen falschen – Vorstellungen bekämpfen.
Alfred Dregger setzte sich wiederholt mit seinem ganzen politischen Geschick, seiner großen Eloquenz und Überzeugungskraft für solche staatsmännischen Entscheidungen ein. So ermahnte er beispielsweise am 23. Juni 1982 seine Kollegen im Bundestag: »Wir aber halten am Vorrang der Freiheit vor der Einheit fest – nicht nur im eigenen Interesse, sondern auch im Interesse der Deutschen und Europäer jenseits des Stacheldrahtes. Nur unsere gesicherte Freiheit hält auch ihnen die Option für künftige Freiheit offen.«
In seiner Rede 1985 im Deutschen Bundestag, in der er sich für die deutsche Beteiligung an der Strategischen Verteidigungsinitiative ausgesprochen hat, betonte er den Grundsatz: »Wenn es etwas gibt, wozu es in der gegenwärtigen Lage in Europa keine Alternative gibt – diese Formel wird viel zu häufig gebraucht, aber hier ist sie in der Tat gerechtfertigt –, dann ist es das deutsch-amerikanische Bündnis. Wir bejahen dieses Bündnis nicht im Interesse der USA, sondern im Interesse Deutschlands und der Demokratie.«
Augenmaß und strategischer Weitblick sind wesentliche Attribute eines Staatsmannes. Vor fünf Jahren schrieb Alfred Dregger: »Gerade die Sowjets, die politikfreie Räume nicht kennen, werden Verständnis dafür haben, wenn wir Deutschen die ökonomische Zusammenarbeit mit der Sowjetunion auch für die schrittweise Verwirklichung unserer berechtigten deutschen Interessen politisch nutzen, mit all der Sorgfalt und dem Augenmaß, die dabei gewiß geboten sind.«
1988 hielt Alfred Dregger in Washington eine wichtige Rede über nukleare Abrüstung. Im strategischen Bereich hat zwischen ihm und mir eine enge Übereinstimmung bestanden. Aber einige meiner Kollegen in der Reagan-Administration waren über seine Rede aufgebracht. Heute, zwei Jahre später, sehen wir die Zusammenhänge besser: Alfred Dregger war wieder einmal seiner Zeit voraus. Seine Rede in Washington wandte sich gegen die Stationierung atomarer Artillerie auf deutschem Boden. Die Logik seiner Argumente bereitete den Weg für die Entscheidung, die Präsident Bush zwei Jahre später getroffen hat.
Nachdem Alfred Dregger 1982 Vorsitzender der CDU/CSU-Bun-

destagsfraktion geworden war, gewann er natürlich in Washington an Einfluß. Wir in der Reagan-Administration haben bald erkannt, daß dieser erfahrene Repräsentant der Bundesrepublik Deutschland die besten Eigenschaften eines Politikers und eines Staatsmannes in sich verbindet.

Als ein wahrer Politiker hat er sich unablässig in der deutschen Frage engagiert und konnte so mit Autorität über beides sprechen: über das, was in seinem damals noch geteilten Land politisch notwendig, und über das, was politisch möglich war. Gleichzeitig stand er uns in Washington mit seinem klugen und staatsmännischen Rat zur Seite und leistete einen wertvollen Beitrag zur Entwicklung einer gemeinsamen Bündnispolitik im Dienste eines dauerhaften Friedens in Freiheit.

Gemeinsame Auffassungen in der europäischen Sicherheitspolitik mit dem Mit-Patrioten rechts von der Mitte

von Egon Bahr[*)]

Es wäre unsinnig, verkleinern zu wollen, was mich – in Vergangenheit und Gegenwart – von Alfred Dregger trennt.

Es wäre schlimm für unsere Demokratie, wenn es nichts Verbindendes gäbe.

Ich habe ihn besser als vorher kennengelernt, als wir seit 1987 mehrfach für unsere Parteien an den Arbeiten des früheren Monnet-Komitees teilnahmen, um über weitere Schritte zur politischen Union Westeuropas zu beraten und entsprechende Vorschläge zu formulieren. Unsere ausländischen Partner waren erstaunt festzustellen, wie nahe unsere Auffassungen waren, daß Europa eine wachsende Verantwortung für seine Sicherheit übernehmen müsse, was auch organisatorisch Konsequenzen erfordere: Ein europäischer Pfeiler des Atlantischen Bündnisses würde freilich verlangen, daß Frankreich seine bisherige Sicherheitspolitik modifiziert. Wir waren uns einig, daß – unter Respektierung der nationalen Entscheidungsbefugnis über die französischen Atomwaffen – die französischen konventionellen Streitkräfte »europäisiert« werden müßten.

Ohne diesen entscheidenden Schritt bleibt die Diskussion über eine bedeutendere Rolle Westeuropas für seine Verteidigung feuilletonistisch. In der Diskussion darüber konnten wir uns mehrfach auf die Ausführungen des anderen berufen. Der Schlüssel für diesen Weg liegt in Paris. Auch heute noch. Obwohl wir damals nicht ahnen konnten, daß die deutsche Einheit von einer Utopie zu einem Problem befördert werden würde, das der praktischen Politik nun die Sorgen macht, die wir uns immer gewünscht haben, ist weder

[*)] geb. 1922, seit 1972 Mitglied des Deutschen Bundestages, seit 1984 Wissenschaftlicher Direktor des Instituts für Friedensforschung und Sicherheitspolitik der Universität Hamburg.

von der damaligen Erwartung, noch – und erst recht nicht unter den so veränderten Umständen – von der europäischen Dimension etwas zurückzunehmen, die die immer noch ausstehende französische Entscheidung behält.
Hans-Jochen Vogel, aus gemeinsamer Vergangenheit auf distanzierter Duz-Basis mit Alfred Dregger, äußerte sich eines Tages fast etwas irritiert, als er die Ähnlichkeit feststellte, in der der Vorsitzende der CDU/CSU-Fraktion und ich zu taktischen Atomwaffen Stellung nahmen. In der Tat konnte niemand bestreiten, daß die auf der Hardthöhe geborene Formulierung »Je kürzer die Reichweiten, um so toter die Deutschen«, trotz ihrer sprachlichen Unzulänglichkeit höchst einprägsam, eine Konsequenz aus dem in meiner Sicht uneingeschränkt zu begrüßenden Abkommen zur Beseitigung aller landgestützten Mittelstreckenraketen aufzeigte. Auf den Wehrkundetagungen 1988 und 1989 vertraten wir beide den Standpunkt, daß die Atom-Artillerie beseitigt werden müsse. Das war für mich als Mitglied der Opposition leichter. Ich rechne es Alfred Dregger hoch an, daß er sich von der einmal als richtig erkannten Position trotz Gegenwindes nicht abbringen ließ. Heute teilen wir wahrscheinlich die Genugtuung, daß diese dritte Null-Lösung, die nur über die Leiche eines bekannten Politikers erreichbar sein sollte (der natürlich gar nicht die Absicht hat, von der geschätzten Macht Abschied zu nehmen), zum erklärten Ziel westlicher Politik geworden ist.
In der Tat ist die weitere Anwesenheit von Waffen, die nur Hamburg oder Magdeburg, Hannover oder Erfurt, Kassel oder Chemnitz erreichen können und über deren Einsatz die Deutschen nicht zu entscheiden haben, absolut unakzeptabel. Diese Kriterien gelten für die Kurzstreckenraketen natürlich genauso wie für die Atom-Artillerie. Der Reichweitenunterschied zwischen 120 und 30 Kilometern macht da den Kohl nicht fett. Nach meiner Auffassung ist die vierte Null-Lösung der Zwilling der dritten. Beide dokumentieren jene Singularisierung Deutschlands, die nun endlich überwunden werden soll.
Bei einer Unterhaltung auf dem Flugplatz in Paris, während des gemeinsamen Wartens auf die Maschine, blieb Alfred Dregger skeptisch, als ich ihm das verständliche Interesse der Amerikaner zu erläutern versuchte, nicht-strategische Atomwaffen in Europa zu

behalten, um nicht sofort – im Falle eines nicht gewünschten Falles – über den Einsatz strategischer entscheiden zu müssen. Solange die strategischen Waffen nicht benutzt werden, kann man hoffen, einen Konflikt auf Europa begrenzen zu können. Das kann deutsches Interesse nicht sein, weil es das Sicherheitsrisiko, über die unveränderbaren geographischen Gegebenheiten hinaus, zwischen Europa und den USA teilt. Die deutsche Einheit gibt die Chance, diese Kategorien des Denkens zu überwinden, wenn es gelingt, die europäische Sicherheit gemeinsam, d. h. mit der Sowjetunion als Partner, zu organisieren.
Daß es Paris schwerfällt, seine europäische Entscheidung zu treffen, ist verständlich; es mag Bonn nicht leichter fallen, seine europäische Entscheidung zu finden, die das konfrontative Denken gegenüber der Sowjetunion aufgeben muß, wenn die deutsche Singularisierung wirklich überwunden werden soll. Ich gestehe meine Neugier auf die Haltung des Mit-Patrioten rechts von der Mitte.

Von Moskau aus gesehen: Offene Dialogbereitschaft eines Rechtskonservativen

von Anatolij Frenkin[*)]

In den fast zehn Jahren, die ich Herrn Dr. A. Dregger kenne und in denen wir regelmäßig Gespräche geführt haben, konnte ich mir ein ganz bestimmtes Bild von ihm als einem der bedeutendsten konservativen Politiker der Bundesrepublik Deutschland machen. Dieses Bild ist klar, eindeutig und unmißverständlich, vor allem wohl aufgrund dessen, daß wir beide offen und aufrichtig zueinander gewesen sind.

Unsere Gespräche fanden in der Regel unter vier Augen statt, was – dies ist zu betonen – für den Mut und die Souveränität dieses Politikers spricht. Selbst von den hochrangigsten Politikern der Bundesrepublik Deutschland ist kaum jemand das Risiko eingegangen, mit einem sowjetischen Repräsentanten, auch wenn es sich nur um einen Journalisten handelte, ein Gespräch unter vier Augen zu führen; aus Sicherheitsgründen haben sie ein Gespräch in Anwesenheit einer dritten Person, etwa des Sekretärs, der stets bezeugen konnte, worum es sich gehandelt hatte, vorgezogen. Es geht, wie mir scheint, nicht um den Verdacht der Preisgabe von »Geheimnissen«. Welche Geheimnisse kann es hier geben? Etwa Enthüllungen wie die, daß er »niemals etwas auf die ehemaligen Offiziere der Ostfront kommen läßt...«? Die Ursache für das Mißtrauen ist die in der Bundesrepublik Deutschland praktizierte Überwachung der Begegnungen wichtiger Personen mit Sowjetbürgern. (Auch bei uns war es früher »nicht empfehlenswert«, mit Ausländern zusammenzukommen.) Wer von den führenden Politikern, wenn wir von der CDU/CSU sprechen, konnte es sich eigentlich erlauben, einfach mehrere Stunden mit einem sowjetischen Journalisten unter vier Augen zu sprechen? Richard von Weizsäcker, Helmut Kohl, Alfred

---

[*)] geb. 1932, 1981–1987 Bonner Korrespondent der Zeitung »Literaturnaja Gazeta« (Moskau).

Dregger. Zuweilen, jedoch nicht immer, Franz Josef Strauß. Theo Waigel. Lothar Späth. Bedeutende Persönlichkeiten, die über den Dingen standen.

Warum weise ich so nachdrücklich auf dieses Detail hin? Weil es nur unter vier Augen eine wirklich uneingeschränkte Offenheit geben kann, wenn man seinem Gesprächspartner gegenüber alles offen und ehrlich, unumwunden und ohne »diplomatisch« sein zu müssen, aussprechen kann. Und wir hatten allen Grund, uns »über die Beziehungen klarzuwerden«, uns mit den Deutschen auszusprechen. Die Anwesenheit von Pressesprechern und -referenten hatte mitunter leider dazu geführt, daß das Gespräch einzig darauf hinauslief, mir die »richtigen« Antworten auf meine Fragen zu geben. Ich hatte damals das Gefühl, daß der betreffende Politiker nicht mir, sondern jener »vierten« Person antwortete, die anschließend alles lesen und auf die Loyalität überprüfen würde.

Mit Alfred Dregger hat es diese Probleme nicht gegeben. Offensichtlich steht die »Festigkeit« seiner Position gegenüber der Sowjetunion außer Zweifel. Jedenfalls bin ich ihm in der Tat für seine Aufrichtigkeit und Offenheit dankbar. An seiner Aufrichtigkeit zweifele ich nicht. Der Umgang mit Dr. Dregger hat mir geholfen, die Denkweise derjenigen zu verstehen und nachzuvollziehen, die wir als Rechtskonservative bezeichnen. Als Politiker stellt er den klassischen Vertreter dieser Richtung dar. Durch Alfred Dregger habe ich – wie mir scheint – verstanden, was sie wollen, worauf sie setzen und welche Einstellung sie uns gegenüber vertreten. Ihm konnte man eine »kühne« Frage stellen und eine offene Antwort darauf bekommen, ungeachtet dessen, wie unangenehm sie geklungen haben mag. Wir waren beide an der Wahrheit interessiert; wir waren bestrebt, Klarheit zu schaffen und die reine Wahrheit zu erfahren. Obwohl wir entgegengesetzte Positionen vertraten, waren wir bestrebt, einander zu verstehen, uns darüber klarzuwerden, wessen wir uns verdächtigten, uns über die Quellen des Mißtrauens klarzuwerden.

Seit etwa zehn Jahren kenne ich Herrn Dr. Alfred Dregger nun schon und treffe mich regelmäßig mit ihm. Ich bin mir völlig bewußt, welch bedeutende Rolle er im politischen Leben der Bundesrepublik Deutschland spielt, und tendiere keineswegs dazu, den Einfluß dieses Politikers zu unterschätzen. Kurz gesagt, ich

möchte auf keinen Fall sein Ansehen und seine Bedeutung abwerten. Warum? Auch wenn wir in der Sowjetunion in vielen Punkten nicht mit ihm einer Meinung sind und uns gewisse Äußerungen, die er getan hat, mißfallen, wäre es meiner Ansicht nach der größte Fehler, sie seiner Person zuzuschreiben, sie allein als persönliche Meinung dieses Politikers zu verstehen. Das »Phänomen Alfred Dregger« besagt gerade das Gegenteil: Es geht nicht einfach nur um ihn persönlich, sondern um seine Rolle. Alfred Dregger ist das Symbol, das Aushängeschild, das Sprachrohr der Rechtskonservativen, ihr Repräsentant auf dem politischen Olymp. Es wäre naiv, von ihm etwas anderes zu erwarten als die Verbalisierung der Stimmungen der Schichten, die hinter ihm stehen.
Er ist ein überaus geschickter Politiker. Er ist sich völlig darüber im klaren, daß sein politisches Profil durch seinen »politischen Handlungsraum« vorgegeben, bedingt wird, durch seinen – wie die Deutschen sagen – »Spielraum«, der seine Grenzen hat und in dem bestimmte Gesetze herrschen. Es gibt Dinge, die er um nichts in der Welt aussprechen kann, weil er damit bei den breiten Gesellschaftsschichten, die er vertritt, auf Unverständnis stoßen würde. Er darf einfach nicht alles tun oder sagen, was er möchte. Ich kann zum Beispiel sagen, daß seinen positiven Äußerungen über die Sowjetunion sehr enge »Grenzen« gesetzt sind, die zu überschreiten in seinem Umfeld nicht üblich ist. Andererseits gibt es eine ganze Reihe von »rituellen Formeln«, die er einfach aussprechen muß, um stets seine »feste«, »unbeugsame«, harte und unerbittliche Haltung gegenüber der Sowjetunion hervorzuheben. Dies ist seine Rolle, seine Funktion im politischen System der Bundesrepublik Deutschland.
Alfred Dregger kennt die Grenzen seines politischen Handlungsraums, seines »Spielraums« genau. Er verfügt über ein sehr ausgeprägtes politisches Gespür, einen sehr ausgeprägten politischen Instinkt. Im Gegensatz zu seinen jungen Kollegen ist sich der erfahrene Politiker darüber im klaren, wie schwer es ist, sich am rechten Flügel der CDU zu profilieren, besteht doch die Gefahr, sich zu weit von der eigenen Partei zu entfernen und in fremdes politisches Terrain zu geraten, nämlich in das Lager der Rechten. Dann stößt man auf Unverständnis und wird zum Fremdling in den eigenen Reihen. In dieser Hinsicht ist Alfred Dregger stets bestrebt,

Extreme zu vermeiden; er hat sich unter Kontrolle. Selbst drastische Schritte tut er bewußt und ist sich dabei über die Folgen im klaren. Politiker wie er können es nicht allen recht machen und sich großer Popularität erfreuen. Er hat ein eigenes Profil und einen ganz bestimmten Platz im politischen Spektrum. Er wechselt nicht die Fronten. Wie ich, der ich einige Jahre in der Bundesrepublik gelebt habe, festgestellt habe, hat Alfred Dregger in diesem Land auch viele Feinde. Die Anekdoten, die über ihn erzählt werden, sind mitunter boshaft. Übrigens ist ihm, wie ich glaube, bekannt, daß es in der Bundesrepublik Menschen gibt, die ihn hassen. All dies ist verständlich: Er ist ein Kämpfer, obwohl er sich nicht mit der Vernichtung seiner politischen Gegner begnügt, sondern Konstruktivität anstrebt.

Er ist ein kluger und erfahrener Politiker von kühler Berechnung und keineswegs leichtsinnig. Während alle oder die meisten in gewissem Maße dem »politischen Theater« im eigentlichen Sinne des Wortes Tribut zollen müssen, ist Alfred Dregger meiner Ansicht nach kein Schauspieler. Er ist vor allem Praktiker, ein aktiver und einflußreicher Mitwirkender im realen politischen Prozeß und erst in zweiter Linie einer der Mitwirkenden des großen politischen Spektakels. Hiermit möchte ich betonen, daß er im Unterschied zu einigen anderen Konservativen nicht versucht, eine Rolle zu spielen und vorzugeben, er sei mehr, als er in Wirklichkeit ist. Von der Schauspielleidenschaft sind eher einige seiner Kollegen befallen. Alfred Dreggers Verhalten gegenüber der »vierten Macht« ist sehr ernst und verantwortungsvoll. Ich hatte stets den Eindruck, daß sein Genre nicht die Fernsehduelle und Auseinandersetzungen im Scheinwerferlicht sind, sondern kurze, energische und aussagekräftige Interviews für die Presse. Diese sind gewöhnlich originell, klar verständlich, bestimmt und enthalten eine präzise Position. Er verschleiert nichts, sondern beantwortet die Fragen präzise und ausführlich bis ins kleinste Detail.

In der ersten Zeit war ich immer wieder überrascht, mit welcher Schärfe er seine Einstellung uns gegenüber zum Ausdruck brachte, sind doch viele bundesdeutsche Politiker bei der Wahl ihrer Worte bestrebt, die Beziehungen zu uns nicht zusätzlich zu belasten. Alfred Dregger hingegen tat, als ob es Absicht gewesen wäre, immer wieder das Gegenteil. Später begriff ich, daß dies ein bewußter Vorgang war: er mußte sich »profilieren«, deutlich Flagge zeigen und sich von allen »Liberalen« mit aller Deutlichkeit distanzieren.

Meine Eindrücke von den Begegnungen mit Herrn Dr. Dregger, dies muß ich vorausschicken, sind unvollständig und einseitig, denn er hat mich nur als einer der Vertreter der Außenpolitik der Bundesrepublik Deutschland interessiert. Alles andere, etwa seine Rolle im innenpolitischen Leben des Landes, kann ich nur schwer einschätzen, obgleich ich mir darüber im klaren bin, daß er hier eine ebenso bedeutende Rolle spielt.

Die Biographen Alfred Dreggers in der Bundesrepublik schenken natürlich der persönlichen Niederlage des Politikers im Jahre 1982 große Beachtung. Damals, als zum Zeitpunkt der »Wende« die frühere Regierungskoalition von einer neuen abgelöst wurde, war es ihm nicht gelungen, Regierungschef des Bundeslandes Hessen zu werden. Dieses Kapitel seines Lebensweges ist seinen Landsleuten anzulasten. Bei uns gibt es jedoch ein Sprichwort: »Jeder Nachteil hat auch seinen Vorteil« und die Redensart: »Was Gott auch immer tut, es geschieht zu deinem Besten«. Letzten Endes hat es Alfred Dregger noch weiter gebracht. Er ist als Vorsitzender der CDU/CSU-Fraktion im Bundestag Politiker auf Bundesebene geworden. Gerade in dieser Rolle nimmt er meiner Ansicht nach einen sehr wichtigen Platz in der jüngsten Geschichte des Landes ein.

Es ist beeindruckend, welche Bedeutung er in dieser Rolle hat. Der »zweite Mann in der CDU«, dies sagt schon vieles aus. Es gibt wohl keine offizielle Liste, in der aufgeführt ist, wer in der Hierarchie der CDU den zweiten Platz nach dem Parteivorsitzenden einnimmt. Die einen sagen: der Generalsekretär, die anderen: einer der Stellvertreter des Vorsitzenden. Wieder andere nennen einen der wichtigsten CDU-Bundesminister. Dennoch bin ich persönlich der Ansicht, daß der »Politiker Nr. 2« in der CDU eben Alfred Dregger ist, wenn man von der realen Macht und vom Mechanismus der Entscheidungsfindung ausgeht. Der Kanzler als Parteivorsitzender und als sehr selbstsichere Persönlichkeit kann durchaus, ohne den Generalsekretär und ohne seine Minister zu befragen, gewisse Entscheidungen allein treffen, denn diese – seine Mitarbeiter – sind Ausführende seiner Entscheidungen. Ohne Dregger ist dies wohl kaum möglich, und zwar nicht nur, weil dieser in seiner Funktion

unabhängig ist und die Bundestagsabgeordneten mit ihrer oftmals abweichenden Meinung hinter ihm stehen.
Das Wichtigste ist, wie mir scheint, daß Alfred Dregger nicht einfach nur Kampfgefährte, sondern auch Repräsentant eines *anderen* Flügels der Partei und des gesamten CDU/CSU-Blocks ist, nämlich derjenigen, die wir als *Rechts*konservative bezeichnen, wenn man Helmut Kohl, Heiner Geißler u.a. als Vertreter der »Mitte« betrachtet. Dies bedeutet, daß diese anderen gefragt werden müssen, daß die Entscheidungen mit ihnen abgestimmt werden müssen. Genau dies ist, was das »Phänomen Alfred Dregger« anbelangt, des Rätsels Lösung.
Hinter ihm steht der rechte Flügel der Partei, der eine bedeutende Kraft darstellt. Ob Dregger wirklich der Führer dieser Richtung ist, ist eine innerparteiliche Angelegenheit: das sollen die Deutschen selbst beurteilen. Ich kann nur meine persönliche Meinung wiedergeben: Alfred Dregger ist der Führer der Rechtskonservativen. Er ist jedoch nicht der alleinige Führer, sondern teilt diese Rolle mit dem CSU-Vorsitzenden. Dies war, wie mir scheint, auch bei F. J. Strauß und Theo Waigel der Fall. Bei aller Gewichtigkeit der Person Franz Josef Strauß konnte selbst er nicht der alleinige Führer der Rechtskonservativen sein, da diese sehr unterschiedlich sind und da sich bedeutende Persönlichkeiten wie zum Beispiel Dr. Bruno Heck, der ehemalige Generalsekretär der CDU unter Konrad Adenauer, mit der Tätigkeit ihrer Partei identifizierten, nicht aber mit der bayrischen CSU. Eine ganze Reihe einflußreicher Persönlichkeiten, wie etwa der ehemalige Präsident Karl Carstens, Manfred Wörner u.a., standen, wie auch der Vorsitzende der Konrad-Adenauer-Stiftung, Bruno Heck, am rechten Rand der CDU. Dennoch gab es noch jemanden, der ihren Willen und ihre Stimmungen in sich vereinte, und dies war, davon bin ich überzeugt, eben Alfred Dregger. Wer sprach in den entscheidenden Bundestagsdebatten im Namen der Vertreter der »harten Linie« und setzt sich dabei etwa für die »Strategische Verteidigungsinitiative« der USA, die modernsten Weltraumwaffen oder für die Erhaltung des Atomwaffenpotentials der USA auf dem Territorium der Bundesrepublik Deutschland ein? In der Regel Alfred Dregger. Man kann behaupten, daß dies der Vergangenheit angehört. Das ist richtig, doch Alfred Dregger ist die lebende Geschichte dieses Landes. Alle

anderen, die man gewöhnlich mit den Rechten im Bundestag in Zusammenhang brachte, etwa Czaja, Hupka, Todenhöfer u.a., haben sich rückblickend letztendlich einfach als odiöse Personen erwiesen, deren Berühmtheit weitgehend auf Skandalen basiert. Sie schraken auch vor Provokationen nicht zurück. Im Unterschied zu allen diesen CDU-Politikern (von CSU-Politikern ist hier nicht die Rede) war sich Dr. Alfred Dregger seiner Verantwortung als Vorsitzender der Parlamentsfraktion der wichtigsten Regierungspartei bewußt und ist nach wie vor eine bedeutende Persönlichkeit. Wenn ich an die »Kämpfer« zurückdenke, die sich im Bundestag in den achtziger Jahren Schlachten geliefert haben, gelange ich heute zu der Auffassung, daß Dr. Dregger unter den Rittern des konservativen Heeres als Wortführer einen der ersten Plätze belegte. Ihm kommt es nicht auf den Schein an. Was den Scharfsinn, die Reaktionsschnelligkeit, die Fähigkeit, durch Sachverstand zu glänzen, die Bissigkeit und den Sarkasmus anbelangt, war Franz Josef Strauß markanter. Alfred Dregger hingegen hat einen ganz anderen Stil. In den konservativen Kreisen schenkt man »Neunmalklugen« kein besonderes Vertrauen. Alfred Dreggers Rolle besteht darin, daß er »einer von ihnen« ist, einer wie sie alle. Seine Äußerungen sind prägnant, kategorisch und überzeugend. Er spricht im Kasernenhofton. Als verlese er einen Befehl. Vielen gefällt das. Sein Credo ist die Treue.

Treue gegenüber der Generation der Frontsoldaten, der auch er angehört, und der Sache gegenüber, für die sie gekämpft haben. Genau! In den Gesprächen gewann ich den Eindruck, er lasse nicht die geringsten Zweifel daran aufkommen, daß alles, was damals geschehen ist, richtig, daß der Feldzug im Osten unerläßlich und gerechtfertigt gewesen sei. Die Strategie, davon ist er wohl überzeugt, war richtig, einzig taktische Fehler haben zur Niederlage geführt. All dies ist – mit verblüffender Offenheit – auch aus seinem bekannten Buch »Der Preis der Freiheit« abzuleiten. »Seien Sie mir nicht böse«, sagte er zu mir, »doch ich möchte, daß Sie das Buch unbedingt lesen!« »Befürchten Sie denn nicht, daß es möglicherweise noch andere bei uns lesen werden, wenn ich darüber berichte?« fragte ich zurück. Nein, gerade das wollte er. Zunächst schien mir diese ganze Geschichte einfach eine Herausforderung zu sein. Natürlich hat Alfred Dregger das Buch für den deutschen

Leser geschrieben, doch er konnte und wollte auch nicht seine »Enthüllungen« vor uns geheimhalten, etwa, daß die Sowjetunion überhaupt kein Recht auf ihr Territorium habe, höchstens in den Grenzen des Jahres 1380, und daß alles, was nach der Schlacht auf dem »Schnepfenfeld« an Rußland gefallen ist, »unrechtmäßig« erworben sei. Dies ist eine wirklich merkwürdige Betrachtung der russischen Geschichte. Nicht Napoleon hat, wie es scheint, Rußland überfallen, sondern Rußland hat sich den Krieg mit Napoleon zunutze gemacht, um seinen Einfluß in Europa zu stärken. All dies, um die Hauptschlußfolgerung zu untermauern, daß eben Hitlers Rußlandfeldzug gerechtfertigt war. Indes hat Alfred Dregger nicht allein diese Vorstellung; in der Bundesrepublik wird sie von vielen, die von der Ostfront zurückgekehrt sind, geteilt. Eben darum nehmen wir diese Tatsache als solche ziemlich ernst. Wenn es nach mir ginge, würde ich das Buch »Der Preis der Freiheit« in russischer Übersetzung in der UdSSR veröffentlichen, damit das Volk weiß, was heute diejenigen denken, die damals 1941 in unser Land eingefallen sind.
Nun muß ich einige Worte über Dinge sagen, über die gewöhnlich anläßlich seines Jahrestages nicht gesprochen wird. Aber hier handelt es sich um einen besonderen Jubilar. Er schätzt Aufrichtigkeit und die volle Wahrheit, keine Komplimente. Und das, was ich jetzt sagen werde, würde auch jeder andere Bürger der Sowjetunion, sei er nun Journalist oder Wissenschaftler, sagen. Wahrscheinlich ist nicht bei mir allein, sondern bei der Mehrzahl der Bürger der Sowjetunion, die meiner Generation angehören, bei der Begegnung mit Deutschen der älteren Generation folgende Reaktion festzustellen: Man denkt bei sich: »Wo hat er im Krieg gekämpft, in der Ukraine, in Weißrußland, bei Moskau ...?« Es ist bezeichnend, daß ich während der 30 Jahre, in denen ich mit Deutschen aus der Bundesrepublik Deutschland Kontakt hatte, keinem einzigen die Frage gestellt habe, was er während des Krieges gemacht hat. Aber sehr viele Deutsche aus der Kriegsgeneration spüren selbst, mit welchen Gefühlen man ihnen bei uns begegnet, und häufig beginnen sie selbst ein Gespräch über den vergangenen Krieg. Viele mir vollkommen unbekannte Menschen kamen auf mich zu, um einen Bürger der Sowjetunion kennenzulernen und ihre Reue zu beteuern. Das Bedürfnis, seine Reue zu zeigen, ist für sehr viele

charakteristisch, davon konnte ich mich während meines langjährigen Aufenthalts in der Bundesrepublik Deutschland überzeugen. Und wieviel ältere Deutsche sind, so erinnere ich mich, an einen herangetreten, einfach aus dem Wunsch heraus, den Bürgern der Sowjetunion für das menschliche Verhalten gegenüber ihnen als Kriegsgefangenen zu danken. Das Stück Brot, das bei uns mit den deutschen Kriegsgefangenen in den schlimmsten Hungerjahren geteilt wurde, und dies nach all den Schrecken des Krieges, hat viele Deutsche tief erschüttert. Eines der Paradoxe des vergangenen Krieges ist unter anderem die Tatsache, daß man gerade unter den Deutschen Menschen trifft, für die die Annäherung an die Sowjetunion die bestimmende Idee ihres Lebens geworden ist.

Heute, da sich ihr Traum von der Vereinigung Deutschlands zu verwirklichen beginnt und da die Überlebenden das Ostfeldzuges schon an die 70 Jahre und älter sind, ist es um so erstaunlicher und trauriger, feststellen zu müssen, daß einige von ihnen bis zu ihrem Lebensende in der Tat kein Gefühl der Reue empfunden haben. F. J. Strauß hat den Mut aufgebracht zuzugeben, daß Hitler und dessen Regime verbrecherisch gehandelt haben. Der Bundespräsident Richard von Weizsäcker, der ebenfalls als Offizier an der Ostfront Dienst getan und an den Kämpfen bei Moskau und Leningrad teilgenommen hat, fand in seinen Äußerungen über diesen Krieg Worte, die ihm in der ganzen Welt Vertrauen und Achtung eingetragen haben... Was Alfred Dregger betrifft, so fällt es uns schwer, seinen bekannten Ausspruch: »Ich bin stolz, noch am 8. Mai 1945 gegen die Sowjetarmee gekämpft zu haben!« zu vergessen. Gegenüber einem solchen aufrichtigen Menschen, wie er es ist, werde ich nicht so tun, als ob es diesen Ausspruch nicht gäbe.[*)] Soweit ich Alfred Dregger verstanden habe, hat er sowohl damals als auch danach nachdrücklich bestätigt, daß er gegen uns aus Überzeugung gekämpft hat. Er rechnet sich auch nicht zu denjenigen, die heute erklären, von Hitler verführt und betrogen worden zu sein.

---

*) Der Satz (als Vorstellung der Lebensgeschichte des Absenders im Schreiben an die US-Senatoren Metzenbaum u. a. vom 18. 4. 1985) lautet korrekt: »Am letzten Kriegstag, dem 8. Mai 1945, habe ich – damals vierundzwanzig Jahre – mit meinem Bataillon die Stadt Marklissa in Schlesien gegen Angriffe der Roten Armee verteidigt.« (Die Hrsg.)

Bei alledem hat Alfred Dregger unter den Rechtskonservativen stets das Streben ausgezeichnet, den Dialog mit den sowjetischen Repräsentanten aufrechtzuerhalten. Andere waren ängstlich, warteten auf ruhigere Zeiten und gaben der Politik von Strauß, vor der eigenen Presse »Härte« gegenüber der Sowjetunion zu demonstrieren, den Vorzug. Dregger beschränkt sich nicht auf die Pressearbeit, obwohl er sich gegenüber der heimischen Presse aufmerksam verhält und sie aktiv zu nutzen versteht. Aber er wollte darüber hinaus, wie auch F. J. Strauß, stets den Puls der Außenpolitik spüren und immer sagen können: »... Gestern habe ich ein offenes Gespräch mit einem Besucher aus Moskau geführt...«

Wenn ich auf die 80er Jahre zurückschaue, so erinnere ich mich mit Genugtuung daran, daß gerade für Dr. Alfred Dregger die Bürger unseres Landes als neue Gesprächspartner immer interessant waren. Es genügte, ihm einen bedeutenden Journalisten, einen angesehenen Wissenschaftler oder Politiker zu empfehlen, und er fand stets, trotz all seiner vielen Arbeit, gern Zeit für ein Gespräch. Andere Angelegenheiten mußten dann hintanstehen. Man muß zugeben, daß er auch für meine Kollegen als Gesprächspartner stets interessant war. Die Eindrücke, die meine Kollegen, Menschen mit unterschiedlicher Lebenserfahrung, von ihrem Gesprächspartner gewonnen haben, stimmen darin überein, daß Dr. Alfred Dregger durch eine frappierende Offenheit, politische Phantasie, eine originelle Sicht der Zukunft und eine prägnante Analyse von Konfliktsituationen besticht. Wir konnten nicht immer alle Meinungsverschiedenheiten ausräumen, aber die Gründe für die Divergenzen wurden stets klarer. Und was sehr wichtig ist, unser Gesprächspartner zerstörte immer wieder die gewohnte Vorstellung von den Rechtskonservativen als verknöcherte Politiker, die nur in der Vergangenheit leben und zu neuem politischen Denken überhaupt nicht fähig sind.

In einem unserer Gespräche, die wir unlängst miteinander führten, hat er mich überzeugt, daß es im Interesse der Bundesrepublik Deutschland und auch in seinem Interesse liege, daß die Umgestaltung in der Sowjetunion, die ökonomischen Reformen und die Demokratisierung, Erfolg haben. Er begrüßte das neue politische Denken der sowjetischen Führung. Tief beeindruckt zeigte sich Alfred Dregger von den Veränderungen in Osteuropa Richtung

Demokratisierung und von der Haltung der Sowjetunion zu diesen Prozessen. Ganz fundamental müsse die Sowjetunion, so Alfred Dregger, an Stabilität, Sicherheit, Zusammenarbeit mit Westeuropa und an Rüstungsverminderung sowie am Abbau der früheren Konfrontation interessiert sein.

Indes gibt es in der Beurteilung der äußeren Voraussetzungen für die Vereinigung Deuschlands und der Forderung der Bundesrepublik Deutschland nach Mitgliedschaft Gesamtdeutschlands in der NATO sowie im Verständnis der strategischen Situation in Europa zwischen uns, wie mir scheint, noch essentielle Meinungsunterschiede.[*)] Was resultiert daraus? – Man muß mehr miteinander sprechen und in einen noch intensiveren und offeneren Dialog eintreten.

Kompliziert ist die Position Alfred Dreggers deshalb, weil er als Fraktionsführer der wichtigsten Regierungspartei im Parlament Verantwortung trägt und sich in seinen Äußerungen und Handlungen keine Demagogie, mit der andere radikal auftretende Populisten billige politische Gewinne erzielen, erlauben darf. Dregger weiß, daß er nicht nur in seinem Namen, sondern im Namen der CDU/CSU-Fraktion spricht. Daher haben seine Stellungnahmen auch ein größeres Gewicht, als dies bei Politikern, die nur für sich allein sprechen, der Fall ist. Zu integrieren und die sehr unterschiedlichen Ansichten der Fraktionsmitglieder zu einer allgemeinen abschließenden Meinung zusammenzuführen, ist eine sehr schwierige Aufgabe, und die große Erfahrung des Alfred Dregger hat sich hier als besonders wichtig erwiesen. Aber dabei ist auch etwas anderes interessant. Es gelingt ihm, sowohl die liberalen Konservativen als auch die gemäßigten auf seine Seite zu ziehen, d.h. für die rechtskonservative Position, wenigstens in sehr grundsätzlichen Fragen der Außen- und Sicherheitspolitik, zu gewinnen, was natürlich das große Gewicht seines Einflusses belegt, oder er gibt nach und sucht den Kompromiß, wenn er mit der Mehrheit aneinandergerät; hier beweist er Beweglichkeit.

Mit aufrichtiger Freude hält er sich zu Besuchen in Moskau auf und

---

[*)] Der Beitrag wurde vor dem Besuch von Bundeskanzler Dr. Helmut Kohl im Juli 1990 in der Sowjetunion abgeschlossen, bei dem die sehr früh von Alfred Dregger bezogene Position einer Mitgliedschaft Gesamtdeutschlands in der NATO von Generalsekretär Michail Gorbatschow bestätigt wurde. (Die Hrsg.)

studiert mit großem Interesse unser Leben. Er sucht das Gespräch mit bedeutenden Persönlichkeiten, und er wurde, als er im Oktober 1988 den Bundeskanzler begleitete, gebührend empfangen. Mit eigenen Augen habe ich damals beobachtet, wie konzentriert, energisch, geistig rege und voller Tatkraft er ist. Wir halten ihn ja für einen unserer »härtesten« politischen Gegner, aber er strebt gewiß auch eine aktive Partnerschaft an. Sein offenes und aufrichtiges Eintreten für den Dialog und für die Zusammenarbeit der Bundesrepublik Deutschland mit der UdSSR stehen weit über der energielosen Haltung einiger anderer Konservativer, die vor ihren Wählern mit einer hochmütigen Haltung uns gegenüber kokettieren.
Ich erinnere mich, mit welch unmittelbarer Freude Dr. Alfred Dregger mir über seine Reise mit der parlamentarischen Delegation Ende 1985 in die Sowjetunion erzählte: Es war für ihn ein Erlebnis gewesen. Und ich erinnere mich auch, daß es für seinen Sohn ein, so seine Ansicht, unbedingtes Muß war, in die Sowjetunion zu reisen, um mit eigenen Augen zu sehen, Erfahrungen zu sammeln und nachzudenken. Das Streben, mit den Bürgern der Sowjetunion ins Gespräch zu kommen, ist für Alfred Dregger charakteristisch und symptomatisch. Und dies ist letztendlich heute die erste Voraussetzung dafür, daß man sich versteht: man darf sich nicht abgrenzen, sondern man muß miteinander reden.
In einer Massenpartei oder, wie man in der Bundesrepublik Deutschland sagt, »Volkspartei«, wie es die CDU ist, der liberale, gemäßigte und auch rechte Konservative angehören, als Führer der Rechtskonservativen aufzutreten, ist sowohl schwierig als auch äußerst riskant, vor allem bei der Verbindung mit den Liberalen in einer Regierungskoalition, da ein falscher Schritt einen leicht zum Reaktionär machen kann. Von Moskau aus kann man besonders gut beobachten, wie sich in der politisch polarisierten Bundesrepublik Deutschland ein geachteter Konservativer plötzlich »außerhalb der Gesellschaft« befinden kann, aus der Gesellschaft ausgestoßen wird, wenn er nur eine bestimmte Linie übertritt. Ein unvorsichtiger Schritt nach rechts hat schon mehr als nur einen prominenten Politiker die politische Karriere gekostet. Die Namen sind bekannt. Ich erwähne diese nur, um hervorzuheben, daß Alfred Dregger wesentlich mehr Gespür als andere bewiesen hat. Jedenfalls hat er niemals, wenn es irgendwelche Meinungsverschiedenheiten gab,

mit Spaltung oder der Gründung einer neuen Partei rechts von der CDU gedroht, sondern er hat sich immer nur im Rahmen seiner Partei bewegt. Seine große Lebens- und Politikerfahrung hat ihn vor abenteuerlichen Schritten (wegen solchen hat beispielsweise J. Todenhöfer die politische Szene verlassen) bewahrt.
Ein charakteristisches Detail ist die Atmosphäre, für die der Politiker in seinem Vorzimmer sorgt. Sowohl die Zusammensetzung der Sekretariatsmitarbeiter als auch deren Verhalten sind durch die Einhaltung ausgesprochen demokratischer Spielregeln gekennzeichnet. Hier gibt es keine Geheimniskrämerei, wie dies bei anderen persönlichen Mitarbeitern der Fall ist, die sich wichtig machen und zeigen wollen, daß ihr Chef eine so wichtige Person ist, daß man es als große Gnade betrachten muß, wenn man nur einen Blick auf ihn werfen darf. Im Büro von Alfred Dregger herrscht ein sachlicher, offener, sehr wohlwollender und freundlicher Stil. Dr. Günter Reichert und Michael Maiworm, mit denen ich besonders häufig zu tun hatte, haben stets durch ihre Intelligenz beeindruckt. Dies sind Mitarbeiter, die bei ihrem Chef großes Vertrauen genießen und in Einzelfragen selbst entscheiden dürfen. Daß dieser Apparat so kompetent und so außerordentlich leistungsfähig ist, ist unzweifelhaft das Verdienst Alfred Dreggers, der sich für sein Büro keine Soldaten, die blind gehorchen, sondern gebildete und angenehme Helfer ausgewählt hat.
Das Sekretariat von Dr. Alfred Dregger behält der Gast in ebenso positiver Erinnerung wie dessen Chef; so wie hier muß es wohl auch sein. Freundlichkeit, Aufmerksamkeit und Zuvorkommenheit sind natürlich im Bundestag und in den Bonner Ministerien und Ämtern »angesagt«, d.h. sollten es sein, aber leider ist das nicht überall der Fall. Hier aber, im Büro von Alfred Dregger, sind Geschultheit sowie Disziplin und zugleich eine besondere Kultur des Umgangs mit Besuchern und, ganz natürlich, mit den Gästen des Chefs zu spüren. Ich bin überzeugt, daß er selbst zu dieser Atmosphäre beiträgt. Im übrigen steht Dr. Alfred Dregger, sowohl was die Fertigkeit auf dem Gebiet der Pressearbeit als auch die Beachtung demokratischer Prinzipien im Umgang mit ausländischen Journalisten betrifft, dem Vorsitzenden der CDU, Helmut Kohl, auf jeden Fall in nichts nach: beide schenken der Presse sehr große Beachtung.

Von den anderen Details, die ebenfalls über den Charakter Alfred Dreggers Auskunft geben, hat sich mir seine Art und Weise zu sprechen deutlich eingeprägt. Kaum hat er an dem großen, runden Tisch direkt neben dem Gast Platz genommen, schafft er sogleich eine ungekünstelte und vertrauensvolle Atmosphäre. Ein lehrhafter, schulmeisterlicher Ton entspricht überhaupt nicht seinem Charakter. Aufrichtigkeit, Geradheit und Offenheit sind die dominierenden Merkmale. Hochmut, Dünkel, Eigenliebe und Selbstbewunderung, von denen sich einige andere Politiker – die durch die Aufmerksamkeit, die Presse und Fernsehen ihnen schenken, verwöhnt sind – nicht freimachen können, sind ihm fremd. Alfred Dregger baut sich nicht zum »Orakel« auf, und er »verkündigt« nichts.

Als Gesprächspartner ist er deshalb so einnehmend und angenehm, weil er seinem Gegenüber zuhören kann und weil er einen wirklichen Dialog führt. Er gehört nicht zu denjenigen, die nur sich selbst hören wollen. Er kann sehr sympathisch lächeln, und er scheut sich nicht, es einzugestehen, wenn er sich in irgendeinem Punkt geirrt oder etwas nicht richtig verstanden hat (die Schule Adenauers). Der Sinn für Humor ist ihm offensichtlich angeboren, für ihn vollkommen natürlich; er versteht Spaß und ist nicht sofort beleidigt, wenn man über ihn einen Scherz macht. Ein intelligenter Gesprächspartner – damit ist alles gesagt. Gern geht er im Verlauf eines Gesprächs auf irgendwelche rein menschliche Aspekte ein, was den persönlichen Kontakt erleichtert. Mit ihm kann man sowohl über Musik als auch über Literatur interessante Gespräche führen.

Wenn man sich mit ihm unterhält, spürt man, wie er die Gesprächsatmosphäre verbessern und die äußere Spannung abbauen möchte, weil er weiß, wie schwer es grundsätzlich für einen Bürger der Sowjetunion ist, mit ihm ein Gespräch zu führen. Es scheint, als ob er jegliches Gefühl der Distanz ablege und nur noch ein gewisser, wenn auch nicht allzu großer Altersunterschied übrigbleibe. Es bleibt zwischen uns nur eine große innere Distanz, so als würden wir trotz allem verschiedenen Welten angehören.

Weshalb ich ihn schätze und worin er einzigartig ist? Alfred Dregger hat mir niemals einzureden versucht, daß zwischen unseren Ländern im großen und ganzen alles in Ordnung sei, und er hat sich auch niemals bemüht, angespannte Situationen glattzubügeln

und ein günstiges Bild zu zeichnen. Alles, was sich an positiven Entwicklungen tatsächlich angesammelt hat, wird von ihm akzeptiert. Aber ihn beschäftigen die ungelösten Probleme. Er möchte über das schwierigste, schmerzhafteste Problem sprechen. Über Dinge, die unüberwindlich erscheinen. Ihn hat stets die Zukunft, der morgige Tag, beunruhigt. Andere westdeutsche Politiker haben es häufig für ihre Aufgabe gehalten, die sowjetischen Journalisten zu beruhigen, Alfred Dregger wollte betroffen machen.
Viele Aspekte der heutigen Politik der Bundesrepublik Deutschland in bezug auf die Vereinigung Deutschlands sind in allgemeinen Umrissen von Alfred Dregger schon zu Beginn und in der Mitte der 80er Jahre skizziert worden. Das Interesse der Bundesrepublik Deutschland, ihren Einfluß auf Polen auszuweiten, ist ebenfalls alt, und Alfred Dregger hat damals ständig darüber gesprochen. Im Unterschied zu anderen, die nur die Leidenschaften zu schüren suchten und allen Anlaß gaben, von Revanchismus zu sprechen, war Alfred Dregger voll und ganz mit der Suche nach praktischen Lösungen beschäftigt. Er ist Pragmatiker. Die Außenpolitik hat für ihn Vorrang, und die Ausweitung der Macht, des Gewichts und des Einflusses der Bundesrepublik Deutschland in Europa und in der Welt steht für ihn in der Politik an erster Stelle. Auf diese Art und Weise muß man ihn auch begreifen, d.h. ausgehend von den realen politischen Kräften, die hinter ihm stehen. Man darf nicht von dem Bild ausgehen, wie wir ihn sehen möchten.
Ja, er ist ein unbequemer und »harter« Partner. Aber er ist auch ein intelligenter Gegner, mit dem man sprechen und streiten kann und muß, den man überzeugen kann, der unseren Argumenten Aufmerksamkeit schenkt und der bereit ist, unsere Interessen zu begreifen. Dadurch hebt er sich zweifelsohne von den Rechtskonservativen als bedeutende Persönlichkeit ab.

Vom Idol zum Freund

Freiberg in Sachsen im Bann von »Don Alfredo«

von Lothar Wilczek[*)]

Es war zu allen Zeiten so, der Mensch strebt sein Leben lang nach Idealen, und er verehrt mal dieses, mal jenes Idol. Bei jungen Menschen sind es oft die Beherrscher der Sport- und Musikszene. Seltener sind es Politiker, die die Herzen und Hirne der Menschen entflammen. Mag sein, daß es so ist; weil eben auch die Politik zur Marktware geworden ist und man oft nicht weiß, ob es dem Politiker um die Durchsetzung objektiv notwendiger politischer Erfordernisse oder nur um den Ausbau seiner politischen Macht und damit den Erhalt seines gut bezahlten Jobs geht.
Jeder Mensch muß sich im Leben sich selbst und seinen Mitmenschen gegenüber beweisen. Was diesbezüglich den Sportlern und Künstlern, den Wirtschaftsmagnaten und anderen als Selbstverständlichkeit zugestanden wird, steht doch den Politikern ebenso zu. Das Urteil des Betrachters ist dabei immer abhängig von dessen eigener Positionierung unter Bezugnahme mannigfaltiger subjektiver oder objektiver Motive. Die eigene Geisteshaltung ist es also, die dabei den Stimulus bildet, und diese Geisteshaltung wiederum wird stark geprägt von der jeweiligen Erziehung, den eigenen geistigen Potenzen und nicht zuletzt vom jeweils herrschenden Zeitgeist.
Was mich betrifft, so bin ich in einem katholischen Elternhaus politisch konservativ erzogen worden. Nationalsozialismus und Kommunismus galten in unserer Familie immer als die Religionen des Satans; weil sie Gott- und damit menschenfeindliche Systeme sind. Von eben dieser Erziehung geprägt, suchte ich mir immer einen gleichgesinnten Freundeskreis und meine Idole. So verehrte ich glühend Konrad Adenauer, Franz-Josef Strauß und später dann Alfred Dregger.

[*)] geb. 1940, seit 1990 Kreisvorsitzender der CDU Freiberg/Sachsen, Landesvorsitzender der CDU/CSU-Mittelstandsvereinigung Sachsen.

Meine Sympathien bezogen sich immer auf Menschen, die stets ihrer politischen Überzeugung treu geblieben sind, obgleich sie deshalb mitunter erhebliche Anfeindungen von seiten ihrer Zeitgenossen einstecken mußten. So rang mir auch Helmut Schmidt große Sympathien ab, obgleich er Sozialdemokrat war. Geradlinigkeit und Durchschaubarkeit waren es, die mir Menschen zum Idol werden ließen, wenn sie diese Attribute besaßen. Mit diesen Idolen habe ich nicht nur in der kommunistischen Hölle gelebt, sondern sie waren für mich ständige geistige Wegbereiter im Kampf gegen das übermächtige Unrecht. Durch Gottes Hilfe, gute Menschen, die mich geistlich und politisch führten, und nicht zuletzt mit meinen politischen Idolen habe ich nicht nur das rote Chaos durchgestanden, sondern mit Klugheit und Mut mitgeholfen, es in den Schandgulli deutscher Geschichte zu stürzen.
Doch kommen wir zurück auf die Idole. 1961 wurde die innerdeutsche Grenze geschlossen. Wir waren eingemauert. Nur unter allergrößter Lebensgefahr war diese Mauer zu nehmen. Der Gedanke an einen direkten menschlichen Kontakt mit meinen Idolen schmolz dahin. Auch die Zeit forderte ihren Preis. Erst starb Dr. Konrad Adenauer, und auch Dr. Franz-Josef Strauß starb, ohne daß ich ihm hätte wenigstens die letzte Ehre erweisen dürfen. Von den Konservativen blieb mir nun »nur« noch Dr. Alfred Dregger. Ich flehte Gott an, er möge doch diesen Menschen unter seinen besonderen Schutz nehmen, ihn erhalten bei guter Gesundheit, unserem deutschen Volk zuliebe und auch in meinem eigenen Interesse; denn die Grenzen wurden langsam durchlässiger und damit meine Hoffnung stärker.
Endlich war es soweit. Ich durfte zu einem Familienbesuch nach Aachen reisen. Unangemeldet, nur mit Emotionen übervoll geladen, fuhr ich nach Bonn, und wie ein Wunder, ich stand plötzlich vor meinem großen Vorbild, Dr. Alfred Dregger. Uns beide trennen altersmäßig 20 Jahre. Beide sind wir gestandene Persönlichkeiten. Noch nie hatten wir uns im Leben gesehen. Doch sofort gewann unsere Seelengemeinschaft Dominanz über uns, und wir fielen einander in die Arme, wie alte Freunde es zu tun pflegen.
Im anschließenden Gespräch erlebte ich nicht nur ein Idol, sondern eine Persönlichkeit, die zweifelsohne durch ihre politische Präsenz, vielmehr aber durch tiefe menschliche Warmherzigkeit geprägt

wird. Es war wohl für mich eine meiner beeindruckendsten Stunden in meinem Leben, diese Begegnung mit Dr. Alfred Dregger! Eine Begegnung, die mich inspirierte, noch tiefer, noch konkreter in seine politische Nachfolge zu treten.
Ich war damals, zusammen mit meiner Ehefrau, im »Neuen Forum« politisch stark engagiert. Mit ganz primitiven Mitteln mußten wir politische Untergrundarbeit leisten. Dr. Dregger machte nicht nur schöne Worte, sondern er half ganz konkret! Fortan war die Flugblattherstellung im unserem Territorium technisch und materiell abgesichert. Als sich die roten Vögel im »Neuen Forum« in den Vordergrund spielten, zog ich mit meiner Frau die Konsequenzen, und wir traten der DDR-CDU bei. Die Drucktechnik nahmen wir dorthin mit. Binnen kurzer Zeit wurde ich CDU-Kreisvorsitzender in Freiberg. Die Kreisstadt Freiberg, am Fuße des Erzgebirges gelegen, an der Fernverkehrsstraße zwischen Dresden und Chemnitz, hat ca. 55 000 Einwohner. Im Landkreis leben noch etwa 45 000 Menschen. Der Zustand der CDU im Kreis war wie überall in der DDR desolat. Mit der Gabe, die Sprache und Gefühlswelt vor allem der einfachen Menschen zu beherrschen, ging ich mit patriotischem Elan an den Aufbau einer neuen CDU. An den Aufbau neuer demokratischer Strukturen.
Zwischen Dr. Dregger, der CDU/CSU-Fraktion im Deutschen Bundestag und mir bestand ein fester Kontakt. Politische Erfahrungen wurden ausgetauscht und technische Hilfestellung geleistet. Im Wahlkampf zu den ersten freien Wahlen auf dem Boden der DDR, am 18. 3. 1990, machten sich einige Bundesminister, so Klaus Töpfer und Frau Gerda Hasselfeldt, die Bundestagsabgeordneten Gerhard Pfeffermann und Otto Hauser sowie der Europa-Abgeordnete Bernhard Sälzer in Freiberg präsent. Sie alle halfen mit, Ängste bei unserer Bevölkerung abzubauen und Vertrauen für die Zukunft zu wecken. Die CDU entwickelte sich in Freiberg zusehends zur Volkspartei.
Aber dann kam Ende Februar ein Telegramm aus Berlin: Alfred Dregger wird am 9. März 1990 in Freiberg auf dem Obermarkt sprechen. Das schlug ein! Fieberhaft wurde nun der Auftritt meines lieben Freundes vorbereitet. Da ich ohnehin Dr. Dregger bei den Menschen im Kreis Freiberg präsent gemacht hatte, standen mir viele fleißige Helfer zur Seite. Tribüne, Scheinwerfer, Tontechnik,

Fahnenschmuck u. v. a. m. wurde fast problemlos, trotz noch bestehender sozialistischer Verhältnisse, durch politische Begeisterung ob diesen Tags, gemeistert. Selbst eine gute und sehr mutige Kapelle, die Freiberger Musikanten unter der Leitung von Willi Lodel, fand sich, die die deutsche Nationalhymne für diesen Tag einstudierte. Heute klingt das sehr vereinfacht. Zum besagten Zeitpunkt aber waren bei uns noch viele Menschen politisch zögerlich; weil der Ausgang der friedlichen Revolution durchaus noch nicht offenbar war; denn in Berlin herrschte und hauste noch die Regierung Modrow. Wenn nun die Freiberger Musikanten dennoch den Mut zeigten und die deutsche Nationalhymne einstudierten, dann taten sie es aus Liebe zu unserem deutschen Vaterland und in Verehrung unseres »Don Alfredo«, so wird Dr. Dregger in Freiberg genannt.

Die Linken in der Stadt (damit sind nicht die Damen und Herren der Freiberger SPD gemeint) kochten vor Wut. Man zerstörte uns allein in einer Nacht 136 Wahlaufsteller und Plakate. Aber der 9. März 1990 kam dennoch. In der Frühe wurden noch die letzten Plakate geklebt und das Protokoll noch einmal durchgesprochen.

Es war ein kalter, stürmischer Frühjahrstag. Als ich gegen 16.00 Uhr zu einer letzten Inspektion über den Freiberger Obermarkt lief, bot dieser ein menschenleeres, trostloses Bild. Mein Pessimismus wurde noch bestärkt, als plötzlich starker Schneeregen fiel. Doch es war keine Zeit zum Grübeln, denn um 19.00 Uhr würde Dr. Dregger kommen.

Durch meinen Wohnort, Hetzdorf, verläuft die Bezirksgrenze zwischen den Bezirken Dresden und Chemnitz. Die Bezirksgrenze ist gleichzeitig Kreisgrenze. Das Protokoll sah vor, daß Dr. Dregger an der Kreisgrenze Freiberg in der Gaststätte »Einkehr Hutha« von der Wirtin der Gaststätte, die gleichfalls die CDU-Ortsgruppenvorsitzende von Hetzdorf ist, und von allen CDU-Freunden von Hetzdorf mit Brot, Salz und Wein begrüßt wird. Die Gaststätte war bis auf den letzten Platz gefüllt. Die Spannung stieg mit jeder Minute. Dann endlich war es soweit. Ein grüner Mercedes rollte heran, und eine jubelnde Menge begrüßte ihren »Don Alfredo«. Von der Bürgernähe und der menschlichen Warmherzigkeit Dr. Dreggers sprechen die Leute von Hetzdorf noch heute mit Begeisterung.

Mit gemischen Gefühlen fuhr ich nun weiter mit nach Freiberg. Kurz vor der Stadt wurden unsere Fahrzeuge von der Polizei des Kreisamtes aufgenommen und in die Stadt geleitet. Als wir uns nun immer mehr dem Marktplatz näherten, schlug mein Herz höher und lauter vor Glück. Trotz dieses Sauwetters war der Marktplatz dicht gefüllt, ca. 8000 Menschen müssen es gewesen sein. Die Kapelle unterbrach ihre Darbietung und endete mit einem großen Tusch zu Ehren des heranschreitenden Dr. Alfred Dregger. Die Menschen tobten vor Begeisterung. Mehrere hundert schwarz-rot-goldene und weiß-grüne Fahnen wurden stürmisch geschwenkt. Man verstand sein eigenes Wort nicht mehr.
Ich fungierte an diesem Tag als Moderator und hatte Dr. Dregger anzukündigen. Ein Manuskript brauchte ich nicht. »Mein Don Alfredo« trat mit mir in meiner Kreisstadt auf. Schon allein die Vorstellung hätte mich ein paar Monate zuvor an mir selbst zweifeln lassen. Doch jetzt konnte ich den in vielen Jahren aufgestauten Emotionen freien Lauf lassen, und meine eigene Begeisterung ergriff immer mehr die Massen, die unaufhörlich: »Alfred rette uns« oder »Deutschland« riefen. Ich bin davon überzeugt, daß ich in meinem Leben wohl nie wieder so viele, bis zur Grenze der Möglichkeiten gehende, begeisterte Menschen bei einer politischen Veranstaltung sehen werde.
Als Dr. Dregger dann selbst das Wort ergreifen wollte, konnte er Minuten lang keinen Ton sagen, sondern immer nur weit seine Arme ausstrecken – als wolle er damit die ihm zujubelnde Menge dankbar an seine Brust drücken.
Als er aber dann zu Wort kam, da spürte man seine schwertscharfe Zunge, gerichtet gegen die Feinde unserer deutschen Nation. Er entlarvte die verbrecherische Politik kommunistischer Willkür in den vergangenen 40 Jahren. Er setzte sich aber auch scharf mit der Politik der West-SPD auseinander. Einer Politik, die jeder ehrliche deutsche Demokrat doch zumindest stark hinterfragen muß. Die Freiberger SPD, alles integre Persönlichkeiten, die die politische Wende an meiner Seite mit vollzogen haben, sie mußten später die Rechnung für die Herren Lafontaine und Momper durch eine Wahlniederlage, die sie selbst nicht verdient hatten, bezahlen.
Für westliche Ohren ist es zumindest ungewohnt zu hören, daß mir Damen und Herren von der Freiberger SPD Grüße an Dr. Dregger

aufgetragen haben. Selbst Dr. Dregger war darüber sehr überrascht. Resümiert man die Sache, stellt man fest: Ein ehrlicher deutscher Patriot, gleich welcher politischen Spezifikation, muß sich existentiell hinter Dr. Alfred Dregger stellen, oder er meint nur von sich, ein deutscher Patriot zu sein.
Alle deutschen Patrioten, so Dr. Dregger, das zeige die Geschichte, haben sich selbstlos für die Freiheit und Einigkeit des Vaterlandes engagiert, und es gelte jetzt vor allem, die Bollwerke der Freiheit hier im Osten zu errichten, als Grundlage für die Gesundung der Wirtschaft und als Grundlage für den durchzumachenden Reifeprozeß unserer Menschen in bezug auf die europäische Einheit. Immer wieder wurde Dr. Dregger durch begeisterten Applaus unterbrochen.
Wieder mit ausgebreiteten Händen – als wolle er die Freiberger umarmend mitbegleiten auf ihrem Weg in die neu gewonnene Freiheit, helfend mitgehen auf dem schwierigen Weg in eine neue Ökonomie in Demokratie –, erwies sich unser Don Alfredo wie ein Vater, der ernst und sachlich seiner Familie die Zukunft aufzeichnet. Der vor Irrwegen warnt, der aber niemals aufhört, den von allen gebrauchten Optimismus zu verbreiten, um Vertrauen und Hoffnung bei seinen Schützlingen fest einzupflanzen.
Am Schluß der Großveranstaltung erklang nun nach 40 Jahren erstmals wieder die deutsche Nationalhymne auf dem Freiberger Obermarkt. Die Menschen waren wieder gefaßt und ruhig. Viele Tränen kullerten über die Wangen der Freiberger, als sie die Worte »Einigkeit und Recht und Freiheit für das deutsche Vaterland« sangen. Aber alle sangen oder summten mit, so, wie es ihre psychische Konstellation zuließ.
Nach der Veranstaltung wurde Dr. Dregger noch ca. eine Stunde durch Autogrammjäger und von Menschen, die ihm einfach nur die Hand drücken wollten, aufgehalten. Die Menschen waren außer sich vor Freude, und viele Aktionen waren Resultate sich überschlagender Emotionen. Eine Episode soll stellvertretend für alle genannt werden: Die Menschen reichten Dr. Dregger 20- und 50-Mark-Scheine (DDR-Geld), damit der Name Dregger auf diese Geldscheine geschrieben werden kann. Als das geschehen war, riefen sie begeistert: »Endlich ist das Klo-Papier etwas wert!«
Der Abschied von Dr. Dregger fiel mir, wie wohl jedem Freiberger,

ungemein schwer. Er merkte das wohl. Mit seiner rechten Faust stieß er mir sanft in die Brust: »Machen Sie's gut, mein Streitroß, und gewinnen Sie die Wahlen. Ich bin immer für Sie da.« Ein schöner, geschichtsträchtiger Tag ging damit in Freiberg zu Ende.

Mit einem hervorragenden Wahlergebnis für die konservative Liste entschieden sich die Freiberger am 18. März 1990 für die Freiheit. Nun gilt es, das Recht im Lande herzustellen, um schnellstmöglich die ersehnte Einheit unseres geliebten Vaterlandes herstellen zu können.

Möge der Herrgott unserem Dr. Alfred Dregger, dem lieben »Don Alfredo«, noch viele Jahre Gesundheit schenken. Möge es ihm vergönnt sein, die politische Ernte seines Lebens in die Scheune deutscher Geschichte einzubringen. Möge er als Fraktionsvorsitzender der Unionsparteien dem ersten gesamtdeutschen Parlament der Nachkriegszeit zur Verfügung stehen. Feiern wir alle seinen 70. Geburtstag am 10. Dezember 1990 mit. Mit Glückwünschen, unseren Gebeten, aber auch mit gutem politischen Engagement werden wir für ihn hier in Freiberg den Geburtstagstisch decken.

»Ich sage es als deutscher Patriot«

Vaterlandsliebe und Nationalbewußtsein als Basis für den Aufbau einer ehrlichen Nachbarschaft mit Polen

von Herbert Hupka[*)]

In der »Brockhaus-Enzyklopädie«, Erscheinungsjahr dieses Bandes 1972, heißt es: »Patriotismus, Vaterlandsliebe, die im staatsbürgerlichen Ethos wurzelnde, zugleich gefühlsbetonte, oft leidenschaftlich gesteigerte Hingabe an das überpersönliche staatliche Ganze, das in dieser Hingabe nicht nur als rechtliche und politische Ordnung, sondern als die den einzelnen tragende Gemeinschaft (la patrie, my country, das Vaterland) empfunden wird. Der Patriotismus wächst aus freier Bereitschaft zu Dienst und Opfer...«

Wir wissen, daß hierzulande Patriotismus, Vaterlandsliebe, nach dem 8. Mai 1945 höchst verdächtige Begriffe und Tugenden geworden waren. Der Grund hierfür lag darin, daß der Patriotismus von einer Diktatur absichtlich mißbraucht worden war und zum überheblichen, aggressiven Nationalismus entartete. Darum herrschte über viele Jahre, ja sogar Jahrzehnte eine große Scheu, wenn nicht sogar Ängstlichkeit, vom Vaterland Deutschland zu sprechen und sich einen Patrioten zu nennen. Man wollte nicht als Nachzügler eines soeben erst überwundenen Unrechtssystems mißverstanden werden.

Einer, den dies nie angefochten hat, sich zum Vaterland Deutschland zu bekennen, für dieses deutsche Vaterland in allen seinen Teilen an vorderster Stelle des freien Gemeinwesens einzutreten und schließlich von sich selbst in allem Freimut zu sagen, daß er so und nicht anders als deutscher Patriot handle, ja handeln müsse, war

[*)] geb. 1915, 1969–1987 Mitglied des Deutschen Bundestages, seit 1968 Sprecher der Landsmannschaft Schlesien, seit 1970 Vizepräsident des Bundes der Vertriebenen, 1977–1989 Bundesvorsitzender der Ost- und Mitteldeutschen Vereinigung (Union der Vertriebenen und Flüchtlinge) der CDU/CSU.

und ist Alfred Dregger: »Ich sage es als deutscher Patriot« (21. Juni 1990). Wer indes meinen wollte, daß Patriotismus von Dregger verstanden würde als das Schreiten auf einer geraden Strecke hin zu dem Ziel Deutschland, muß sich korrigieren lassen. Deutschlands Einheit in Freiheit, diese Verpflichtung aus dem Grundgesetz der Bundesrepublik Deutschland, konnte nur mühsam und unter Aufbietung aller Kräfte im täglichen Ringen, und mochte dieses Jahrzehnte währen, erreicht werden. Entscheidend war nur, daß diese Einheit in Freiheit nie aufgegeben und daß ob dieses Zieles willen allen tagesbezogenen Verführungen und sich opportunistisch anbietenden Offerten widerstanden wurde. In der Politik können auch Umwege zum Ziele führen, aber Umwege dürfen nicht vom Ziele wegführen, welchen Vorwurf Dregger seinem politischen Gegner zu Recht hat machen müssen.
Das Vaterland ist für Dregger kein erst mit dem gehörigen Pathos auszufüllender und vorzutragender Begriff, sondern das Hier und Heute des deutschen Volkes, das man liebt, dem man treu dient, für das man sich einsetzt, für das man Opfer zu bringen bereit ist. Diese Vaterlandsliebe und -treue hat immer auch etwas mit dem persönlichen Mut zu tun, sei es der Mut des Soldaten, sei es der Mut des Demokraten. Als eine heftige Debatte entbrannt war, ob es richtig sei, daß der Präsident der Vereinigten Staaten von Amerika, Ronald Reagan, zusammen mit Bundeskanzler Helmut Kohl auf dem Soldatenfriedhof in Bitburg den gefallenen deutschen Soldaten (unter ihnen auch Angehörige der Waffen-SS) die Ehre erweisen sollte, schrieb Dregger an mehrere Mitglieder des amerikanischen Senats, nachdem im Senat für die Absage des gemeinsamen Besuches plädiert worden war, unter dem 18. April 1985: »Am letzten Kriegstag, dem 8. Mai 1945, habe ich – damals vierundzwanzig Jahre – mit meinem Bataillon die Stadt Marklissa in Schlesien gegen Angriffe der Roten Armee verteidigt. Mein einziger Bruder, Wolfgang, ist 1944 an der Ostfront im Kurlandkessel umgekommen, ich weiß nicht wie. Er war ein anständiger junger Mann, wie die meisten meiner Kameraden. Wenn Sie Ihren Präsidenten auffordern, die von ihm geplante noble Geste auf dem Soldatenfriedhof in Bitburg zu unterlassen, muß ich das als Beleidigung meines Bruders und meiner gefallenen Kameraden empfinden...« Übrigens wurde Marklissa, am linken Ufer des Queis im schlesischen Kreis Lauban

gelegen, erst nach der Kapitulation der deutschen Wehrmacht am 8. Mai 1945 von sowjetischen Truppen eingenommen.
Heute ist es gottlob bereits Vergangenheit, aber als es leidvolle Gegenwart war, hat Dregger mit aller Leidenschaft des Politikers und Patrioten in ungezählten Reden, Artikeln und Aufsätzen, im Deutschen Bundestag, in öffentlichen Versammlungen und über die Medien die uns Deutschen aufgezwungene Zweistaatlichkeit Unrecht genannt, zugleich aber auch den Optimismus verbreitet, weil dieser Optimismus seiner inneren Überzeugung entsprach, daß diese staatliche Teilung nicht von Dauer sein dürfe und könne, widerspräche sie doch dem Willen der Mehrheit des deutschen Volkes. Was sich heute leicht als Erfolg registrieren läßt, war ein die Jahrzehnte hindurch hartnäckig geführter Kampf gegen Resignation und Passivität auf der einen und Anpassung bis hin zur Infragestellung des Wiedervereinigungsgebotes in der Präambel des Grundgesetzes auf der anderen Seite. Vor dem Bundesausschuß der CDU sagte Dregger am 18. Juni 1990: »Als deutsche Patrioten wie als Europäer waren wir, die CDU/CSU, anders als die SPD daher zu keinem Zeitpunkt bereit, uns mit der Zweistaatlichkeit Deutschlands abzufinden. Wir haben die Jahrzehnte hindurch unsere Linie konsequent durchgehalten und dadurch die staatliche Einheit Deutschlands möglich gemacht. Das ist unser historisches Verdienst, das Verdienst insbesondere unserer Kanzler von Konrad Adenauer bis Helmut Kohl.« Und hier müßte selbstverständlich auch der Name von Alfred Dregger genannt und eingefügt werden.
Im Gegensatz zu den politischen Modeströmungen, die das Aus für den Nationalstaat proklamierten, hat Dregger immer für den Nationalstaat das Wort genommen, denn dieser Nationalstaat, ob Frankreich, Großbritannien, Deutschland oder Polen, ist ein Bauelement des größeren, freien Europa, auch wenn nicht mehr im Vollbesitz aller Souveränitäten. Darum formulierte es Dregger, als er sich für die Auszeichnung mit dem Schlesierschild durch die Landsmannschaft Schlesien am 30. März 1989 in Hannover bedankte, so: »Wir alle haben eine Vision: die Vision eines in Freiheit wiedervereinigten Deutschland in einem auf Freiheit und Recht gegründeten wiedervereinigten Europa. Dieses Europa von Polen bis Portugal könnte zur friedenserhaltenden Mitte zwischen den Weltmächten werden.

Es kann nur im Bündnis der europäischen Völker und unter Berücksichtigung der Sicherheitsinteressen der beiden Weltmächte entstehen.« Der Patriot Dregger hat nicht nur visionär in die Zukunft geblickt, sondern auch und wiederholt die Vergangenheit, gerade die jüngste Vergangenheit beschworen. Wir haben uns auch als Deutsche unserer Vergangenheit zu stellen, wollen wir ehrlich gegenüber uns selbst bleiben, aber diese Vergangenheit wird nicht mißverstanden als ein ewig währendes Gottesgericht, sondern begriffen als die gemeinsame Verantwortung aller Völker, vor allem aber der nachbarlich mit uns Deutschen verbundenen Polen. »Weder in Jalta noch in Potsdam ist vertraglich besiegelt worden, daß Europa auf immer in zwei Blöcke auseinanderfalle und daß Deutschland als Ganzes aufgehört habe zu existieren.« Und in derselben Rede vor dem Bund der Vertriebenen am 28. April 1985 zitierte Dregger den Historiker Michael Stürmer mit dem Satz: »Die deutsche Teilung nach 1945 ist durch Hitler nicht verursacht, sondern ermöglicht worden.«
Wer für Deutschland eintritt und zu keiner Stunde bereit war, sich der Teilung des Vaterlandes zu unterwerfen, mußte und muß gewärtigen, daß ihm vorgeworfen wird, wie dies Dregger wiederholt widerfahren ist, daß er die grausame Vergangenheit verdrängen wolle, daß er nicht die Diktatur auf deutschem Boden und die Entfesselung des Zweiten Weltkrieges in sein Geschichts- und Deutschlandsbild aufnehmen wolle. Ein Vorwurf, der Dregger nicht treffen konnte, denn er hat nie Ursache und Wirkung geleugnet, aber gleichzeitig auch nie verschwiegen, daß eines jeden Unrecht beim Namen zu nennen, zum ehrlichen Umgang miteinander gehört: »Es war Hitler, der, nachdem er die Macht in Deutschland an sich gerissen hatte, den Zweiten Weltkrieg entfesselte. Und es war Stalin, der das durch den Pakt mit Hitler ermöglicht hat. (An dieser Stelle des Protokolls des Deutschen Bundestages vom 1. September 1989 wird vermerkt: Dr. Herta Däubler-Gmelin/SPD: ›Es ist doch wirklich nicht zu fassen!‹) Aber auch die alten Führungsschichten Europas, von rühmlichen Ausnahmen abgesehen, hatten es nicht vermocht, eine gerechte und menschenwürdige Friedenslösung für Europa zu schaffen und zu erhalten. Manches, was schon zum Ausbruch des Zweiten Weltkrieges beitrug, hatte schon am Zustandekommen des Ersten Weltkrieges mitgewirkt:

Nationalismus und Chauvinismus, die das Gegenteil von wahrem Patriotismus sind – denn wer sein Volk liebt, führt es nicht in einen Krieg, Maßlosigkeit und Rücksichtslosigkeit gegenüber anderen Völkern sowie hybride Überschätzung der eigenen Art und Stärke...«
In dieser Rede, aber auch in vielen anderen Reden hat Dregger nicht nur den Krieg an den Fronten und den Luftkrieg gegen die Zivilbevölkerung verdammt und verurteilt, sondern immer das Verbrechen der Vertreibung in gleicher Weise. Wenige Tage nach der Debatte im Deutschen Bundestag am 21. Juni 1990, über die dann mit großer Mehrheit angenommene Entschließung zur Oder-Neiße-Linie, hat Dregger am 26. Juni in einem Interview des Hessischen Rundfunks ausgeführt: »Wenn 25 Prozent des von Versailles übergelassenen Reichsgebietes nun abgetreten werden soll, dann ist das ein ganz ungewöhnlicher Vorgang. Es handelt sich dabei ja nicht um Provinzen, die Hitler erobert hat, sondern um Land, das nahezu 800 Jahre lang von Deutschen besiedelt und entwickelt worden ist. 14 Millionen Menschen wurden gezwungen, am Ende des Krieges ihre angestammte Heimat zu verlassen, und 2,3 Millionen sind nach Ende der Kriegshandlungen dabei zu Tode gekommen. Das ist ein ungeheurer Vorgang. Es ist im Grunde eines der größten Verbrechen der Menschheitsgeschichte. Dabei gehe ich davon aus, daß Verbrechen Verbrechen sind – gleichgültig von wem oder an wem sie verübt werden. Die Gleichheit vor dem Recht ist das oberste abendländische Rechtsprinzip. Deswegen dürfen wir keine Tabus auf diesem Felde zulassen.«
Dregger hat sich gerade im Zusammenhang mit der Diskussion um die Entschließung zur Oder-Neiße-Linie unmißverständlich dagegen verwahrt, die Vertreibung der Deutschen aus ihrer Heimat als Kriegsfolge rechtfertigen zu wollen: »Eine Anerkennung der Vertreibung, das sollte auch niemand von uns verlangen. Es würde die deutsch-polnischen Beziehungen auf unabsehbare Zeit vergiften.« (21. Juni 1990 im Deutschen Bundestag). Zu den Schlesiern sagte Dregger am 20. Juni 1987 auf deren Deutschlandtreffen in Hannover: »Das Kostbarste Schlesiens waren 1945 nicht seine Felder und Wälder, seine Bodenschätze, seine Städte und Dörfer, sondern seine Menschen, eben die Schlesier, und die wurden vertrieben. Diese Schlesier waren zur Zeit der Vertreibung ganz und ungeteilt

Deutsche; sie wollten es sein. Sie hatten es schon bei der Volksabstimmung nach dem Ersten Weltkrieg bewiesen. Und eben weil sie Deutsche waren, wurden sie im Zuge eines Teilungsplanes der Sieger aus der Heimat vertrieben, die ihnen seit Jahrhunderten angestammt war. Kein Zweifel: Das war ein Verbrechen. Es war eines der großen Menschheitsverbrechen der an schrecklichen Menschheitsverbrechen so reichen Geschichte der ersten Hälfte des 20. Jahrhunderts. Mit den Folgen dessen, was Chauvinismus, Nationalsozialismus und Kommunismus, mit den Folgen dessen, was die Willkür der Siegermächte angerichtet hat, müssen wir fertig werden. Wir, das sind die Schlesier, die vertrieben wurden, das sind die Ostpolen und die anderen, die in Schlesien angesiedelt wurden, und das sind die beiden Nachbarvölker, die Deutschen und die Polen.«

Das eigene starke Nationalbewußtsein hat Dregger befähigt, auch für unseren polnischen Nachbarn Verständnis aufzubringen, nicht für dessen Nationalismus und Chauvinismus, wohl aber für sein Freiheitsstreben und seine Zugehörigkeit zu Europa. In seiner Rede zum 50. Jahrestag des Ausbruchs des Zweiten Weltkrieges beschäftigte er sich ausführlich mit dem deutsch-polnischen Verhältnis: »Bei allem Schlimmen, das Polen und Deutsche erlitten und sich gegenseitig zugefügt haben, sie müssen nach vorne blicken. Polen und Deutsche waren seit Anbeginn ihrer Geschichte Nachbarn. Sie müssen wieder gute Nachbarn werden. Dazu kann vielleicht die Erkenntnis beitragen, daß Stalin mit der Westverschiebung Polens auch die Absicht verfolgte, Deutsche und Polen auf Dauer zu Todfeinden zu machen, um sie beide besser beherrschen zu können. Diesen Wunsch Stalins dürfen Polen und Deutsche nicht erfüllen. Wir dürfen nicht Todfeinde sein.«

Dregger hat sich stets dadurch ausgezeichnet, daß er visionär dachte und operierte. Nie hat er sich mit der Unfreiheit und dem Unrecht, wer auch immer darunter zu leiden hatte und hat, abgefunden; dies galt auch stets für das deutsch-polnische Verhältnis und das jeweilige Streben beider Völker nach Selbstbestimmung. Jetzt, da ein deutsch-polnischer Grenzvertrag (allerdings ohne deutsche Inanspruchnahme des Selbstbestimmungsrechts) ins Visier genommen wird, hat Dregger am 21. Juni 1990 vor dem Deutschen Bundestag ein moralisches und nationales Postulat aufgestellt: »Es wäre ein

Widersinn, wenn wir in Westeuropa alten Grenzen jede trennende Wirkung nehmen und gleichzeitig zwischen Deutschland und Polen einer neuen Grenze den Charakter einer chauvinistischen Teilungsgrenze geben würden. Statt dessen sollte das polnische Volk, mit dem wir Aussöhnung wollen, mit uns gemeinsam diese Grenze zu einer Grenze der Versöhnung und des Ausgleichs machen. Dazu gehören Freizügigkeit, Niederlassungsfreiheit auf beiden Seiten, Volksgruppenrechte und, wie ich gern vorschlagen möchte, die Einräumung des Heimatrechts für diejenigen, die damals aus ihrer Heimat vertrieben worden sind. Auf diese Weise könnte aus einem nackten Grenzvertrag ein Freundschaftsvertrag zwischen Deutschland und Polen werden. Beide Völker brauchen die Freundschaft des jeweils anderen, wenn sie ihre wiedergewonnene Freiheit bewahren und ihre Zukunft fruchtbar gestalten wollen. Sie können sagen, ich griffe der Entwicklung weit voraus. Aber wer keine Perspektive hat, der hat keine Zukunft.«
Dregger macht es sich nicht leicht, wenn es um das Vaterland und dessen Zukunft geht. Obwohl er klug vereinfachen kann, gerät er nie in die Gefahr einer oberflächlichen Betrachtung und einer dem Zeitgeist gefälligen Beurteilung. Der nüchternen Analyse einer Lagebeurteilung folgen die in die nahe Zukunft führenden Wegmarkierungen und Linien. Vor der Situation, die er und wir alle vorfinden, schreckt er nicht zurück, allerdings weiß er zwischen den Realitäten des Unrechts und den Realitäten des Rechts gewissenhaft zu unterscheiden. Vielleicht ist bisweilen das Weltbild der Zukunft, auf das hin die Gegenwart projiziert wird, zu optimistisch entworfen, aber wer etwas bewirken will und den Erfolg im politischen Handeln anstrebt, darf sich nicht der Schwarzmalerei öffnen. Gerade die jüngste Entwicklung der deutschen Frage hat dem patriotischen Optimisten Recht gegeben. Ein Unwiderruflich gibt es in der Politik nicht. Auch dort, wo man Dregger zu widersprechen für richtig halten mag, wird man der nie überheblichen, sondern stets verantwortungsbewußt handelnden Vaterlandsliebe die Hochachtung nicht verweigern können. In der Gemeinschaft der freien Völker will er das Beste für sein eigenes Volk erreichen. Und dies verbindet ihn mit allen Patrioten dieser Erde. Betrüblich ist nur, daß es gerade in unserem deutschen Volk der demokratischen Patrioten im politischen Alltag zu wenige sind.

Analysen

Die »Goldene Neun« und was aus ihr wurde

Alfred Dregger und seine hessische Mannschaft

von Dieter Weirich[*)]

Ich erinnere mich genau. Die Luft in der Rheingau-Halle des idyllischen Städtchens Eltville war stickig. Auf den Pressetischen türmten sich leere Bier- und Sprudelflaschen, die Aschenbecher drohten überzuquellen. Am Rednerpult stand ein gutaussehender Mann, der mit einer Stimme, die einer mittelkalibrigen Impfpistole glich, ausrief: »Wir werden in Hessen regieren. Und in Etappen zum Ziel kommen. Der liebe Gott hat dieses Land der SPD nicht in Erbpacht gegeben.« Die Delegierten, bei Unions-Parteitagen häufig an den Kaffeeständen zum Kungeln oder zum Austausch von Erfahrungen über die besseren alten Zeiten, waren vollzählig im Saal. Beifall brandete auf. Kleingläubigkeit kann man für Stunden niederklatschen. Denn Parteitage sind immer Raumschiffe, wo Gesinnungsfreunde sich für Stunden in eine neue, schönere politische Welt absetzen. Die Journalisten schrieben mit, feixten oder lächelten sich verständnisinnig zu. Da wagt einer einen neuen Versuch, die schläfrige Sonntagsschulklasse zu neuem Leben zu erwecken, den mächtigen Genossen Paroli zu bieten, dachten sie. »Immerhin, die Show ist nicht schlecht«, meinte ein Kollege anerkennend. Das vorsichtige Lob galt einem Oberbürgermeister aus Fulda und Landtagsabgeordneten: Dr. Alfred Dregger, der als »junger« Hoffnungsträger der Union galt, aber schon ein Endvierziger war. Geboren hatte er gerade die »neue Mannschaft von Eltville«. Ein Team, das unter seiner Führung in den darauffolgenden zwei Jahrzehnten Hessen verändern sollte. Man schrieb das Jahr 1967. Und ich war als junger Journalist und Mitglied der Jungen Union dabei, damals nicht ahnend, daß ich später den

---

*) geb. 1944, 1969–1971 Persönlicher Referent von Dr. Alfred Dregger, 1972–1980 Sprecher der hessischen CDU und der CDU-Fraktion im Hessischen Landtag, 1974–1980 Mitglied des Hessischen Landtages, 1980–1989 Mitglied des Deutschen Bundestages, seit 1989 Intendant der Deutschen Welle.

Vorzug haben würde, an einem in der Nachkriegsgeschichte beispiellosen landespolitischen Erfolgszug mitzuwirken.
An der Seite eines Mannes, zu dessen mir imponierenden Eigenschaften Grundsatztreue, Leistungsbereitschaft, eine bis zur Naivität reichende Ehrlichkeit, Offenheit und Liberalität, die heute oft mit Feigheit und Flexibilität verwechselt wird, gehören: Alfred Dregger.
Nur »Feinschmecker der Landespolitik« – und die gibt es bekanntlich selten – und Fuldas Bürger kannten bis dato Dregger. Seine Eltviller Riege noch weniger. Oppositionsführer in der Landespolitik haben es in deutschen Landen ohnehin schwer. Sie geraten kaum ins öffentliche Bewußtsein. Mit Dregger selbst und den Nobodies aus Eltville war das anders. Mehr als die Hälfte landete in der »Bundesliga der deutschen Politik«. Walter Wallmann wurde Oberbürgermeister, Bundesminister und das, was Dregger selbst verwehrt blieb – Ministerpräsident. Christian Schwarz-Schilling und Heinz Riesenhuber avancierten zu Bundesministern, Walther Leisler Kiep brachte es zum niedersächsischen Finanzminister und gehörte zur Top-Führungsgarnitur der Union auf Bundesebene, und Dregger selbst steht heute an der Spitze der CDU/CSU-Bundestagsfraktion. Der zweite Hesse in der Nachkriegszeit, der dieses nach dem Bundeskanzler wichtigste Amt einnimmt. Der erste war der unvergessene Heinrich von Brentano, der die deutsche Nachkriegspolitik auch als Bundesaußenminister prägte. Wie Wallmann und Bundesschatzmeister Kiep gehört Dregger zum Präsidium der CDU-Bundespartei. Lange Zeit war er einer der sieben stellvertretenden Bundesvorsitzenden Kohls wie jetzt Hessens Landesparteichef Wallmann. Heute ist er kraft Amtes im Top-Führungsgremium, das den engeren Leitungskern des Bundesvorstandes, in dem Schwarz-Schilling Beisitzer ist, darstellt. Otto Zink brachte es in Bonn als Repräsentant der Arbeitnehmer bis zum stellvertretenden Vorsitzenden der CDU/CSU-Bundestagsfraktion, war lange Zeit Vorsitzender der Arbeitnehmergruppe in der größten parlamentarischen Gruppierung der Volksvertretung. Auch Richard Bayha und Erna Maria Geier machten ihren Weg in Bonn. Der Landwirt, auch Präsident der Deutschen Gesellschaft für Agrar- und Umweltpolitik e.V., vor allem profiliert als »Sacharbeiter« in Fragen der Landwirtschaft und Ernährung und als Vorsitzender des Bundes-

fachausschusses für Agrarpolitik; die in Bonn inzwischen ausgeschiedene Erna Maria Geier setzte vor allem in der Familienpolitik ihren unverwechselbaren Akzent. Dr. Hans Wagner blieb der Statthalter in Wiesbaden, als Landtagsfraktionschef und später als Präsident des Landesparlamentes.

Viele köstliche Anekdoten verbinden sich mit der Mannschaft und dem spektakulären Wahlplakat von 1970. Als Staatsminister Rudi Arndt (Parteijargon: »Dynamit-Rudi«) »Django« Dregger mit seiner Crew auf den Plakatsäulen dahermarschieren sah, kommentierte er vor Journalisten: »Wer so daherkommt, der schießt auch«. Dregger nahm's humorvoll und gelassen. Als ihn die Landespressekonferenz in Stuttgart nach dem als »hessisches Wunder« gefeierten Landtagswahlergebnis fragte, warum er sich nicht gegen solche rüden Attacken gewehrt habe, meinte er lächelnd: »Wir mußten erst einmal ernst genommen werden. Polemischen Überschätzungen tritt man da besser erst gar nicht entgegen.« Arndt, später Fraktionschef der europäischen Sozialisten und erfolgloser SPD-Wahlhelfer für die erste freie Wahl zur Volkskammer in der DDR, war zu diesen Zeiten zweifelsohne die größte sozialdemokratische Begabung in der hessischen Landespolitik, doch hatte das »Ziehkind« Georg August Zinns die innerparteiliche Schlacht gegen den weit farbloseren Albert Osswald um das Amt des Regierungschefs verloren. Vielen Genossen polarisierte er zu stark, in der breiten politischen Mitte schien er ihnen schwerer vermittelbar als der technokratische Osswald. Als Dregger 1970 nach der Wahl erstmals ein »Schattenkabinett« vorstellte und die Widerparts zu den Ministern der sozialliberalen Regierungskoalition bei seiner Oppositionserklärung präsentierte – sie mußten sich nach Namensaufruf einzeln erheben –, begleitete der originelle Zwischenrufer Arndt jeden einzelnen Alternativkanditaten mit der Bemerkung: »Schattenmorelle Nummer I, Schattenmorelle Nummer II...«. Als der Oppositionsführer zum Schluß für jeden seiner »Schattenminister« eine wissenschaftliche Hilfskraft forderte, rief Arndt in die Runde der versammelten Abgeordneten: »Einen Sonnenschirm für jede Schattenmorelle«.

Dennoch – die Schatten für die Regierung, die sich in Schul-Ideologismus verstrickte, in eine verfehlte Gebiets- und Verwaltungsreform stürzte und deren Chef Osswald immer mehr an

Autorität verlor, wurden fortan immer häufiger. Und Heinz-Herbert Karry, der später ermordete freidemokratische Wirtschaftsminister, der Dregger mit einer Mischung aus Bewunderung und Ablehnung gegenüberstand, sagte bei einem Hintergrundgespräch mit Journalisten damals anerkennend: »Der macht eine fulminante Opposition«. Zum Springen war die FDP dennoch nicht bereit. Auch vier Jahre später nicht, wo man eine geradezu historische Chance verpaßte. Zu stark war die Rücksicht auf Bonn, wo eine gleichkolorierte Koalition regierte. Als Vorwand galt, Dregger sei ein harter Rechtsausleger, ein illiberaler Politiker, der nicht an der Spitze eines Landes mit einer großen liberalen Tradition stehen dürfe. Vor allem in Wahlkämpfen revanchierte sich Dregger für diese fundamentale Verweigerung. Ihm ging es darum, die Union zum »Sammelbecken aller nichtsozialistischen Wähler« zu machen. Die enge Verknüpfung von FDP und SPD bot die Chance, die Liberalen als »verlängerten Wurmfortsatz« der Sozialdemokraten, die die politische Landschaft nach Bonner Muster eintönig gestalten wollten, darzustellen. Dabei rutschten ihm auch Formulierungen wie »Schmieresteher der Sozialisten« heraus, Anlaß für die FDP, an der grundsätzlichen Bündnisfähigkeit Dreggers zu zweifeln. All diese Polemik konnte allerdings einen Tatbestand nicht überdekken: Die Manövrierfähigkeit der FDP war kurz nach der Wende 1969 in Bonn bei Null. Die neuen Partner Willy Brandts in Bonn rankten sich an Kiesingers Wahlkampfparole, nun müsse die FDP aus den Parlamenten hinauskatapultiert werden, hoch. So behandele man Insekten, tönte es beleidigt von der dritten Kraft zurück. In der Politik wiederholt sich bekanntlich manches. Als Helmut Schmidt nach dem Scheitern seiner Regierung die »Verrats-Wahlkampagne« inszenierte, forderte er bei einer Kundgebung in Wetzlar dazu auf, »das liberale Sterbeglöcklein zu bimmeln«. Doch all diese Emotionen gescheiterter Kanzler änderten freilich nichts daran, daß die FDP als – so Franz Josef Strauß – »Waagscheißerle der deutschen Politik« letztlich darüber bestimmte, wer in Bonn regierte. Und damals eben auch in Wiesbaden.
Die von der Bundespolitik geprägte Stimmung, also die Bonner Großwetterlage, hatte übrigens immer große Auswirkungen auf die hessischen Wahlen. Als Osswald 1974 sein größtes Landtagswahl-Desaster erlebte, beeilte er sich, noch in der Wahlnacht seinem

Parteivorsitzenden Brandt am Telefon zu versichern: »Willy, wir haben ein Notopfer für Bonn gebracht«. Rückstoß-Effekte und Denkzettel für Bonn gab es nicht nur für Osswald, auch für seinen Nachfolger Holger Börner, der nach der Bundestagswahl 1976 als Nothelfer nach Wiesbaden kam, und auch für Wallmann und Dregger bei seinem letzten Anlauf, um Ministerpräsident in Hessen zu werden.

Was begünstigte den Erfolg Dreggers 1970, den Zuwachs um über dreizehn Punkte (!)? Der Erfolg hat bekanntlich viele Väter. Einer davon ist Dregger. Für die von der FDP nach der Wende in Bonn enttäuschten nationalliberalen Wähler gab es als neue politische Heimat nur die Union. Die in Hessen traditionell starken Heimatvertriebenen – der BHE gehörte einst zu Zinns Regierungspartnern – orientierten sich in ihrer großen Mehrheit zu Dreggers Lager. Die NPD, die Mitte der sechziger Jahre in Hessen stark aufgekommen war, befand sich wieder im Zerfall, wenngleich dieses Protestpotential auch und gerade aus bis dahin sozialdemokratischer Wählerschaft erwachsen war. Außerdem war die Ausgangsposition der Union mit etwas über 26 Prozent von 1966 niedrig. Die Zeichen standen auf Zuwachs, aber Dregger, der die Kraft politischer Veränderung ausstrahlte, gelang es auch, in das frustrierte sozialdemokratische Wählerspektrum vor allem in den Großstädten einzudringen. Ein Trend, der sich in den siebziger Jahren verstärkt fortsetzte. Im »Frankfurter Landtagswahlprogramm der Union«, das Dreggers Handschrift trug, hatte man die zudem wichtigen Themen aufgegriffen: Die liberale Erneuerung Hessens, die Beendigung der Parteibuchwirtschaft, den Kampf für ein freiheitliches und gegliedertes Schulwesen, die Absage an marxistische Tendenzen in den Hochschulen und die Gestaltung einer bürgernahen Gebiets- und Verwaltungsreform. Das letzte Thema lag dem leidenschaftlichen Kommunalpolitiker Dregger, zu dessen schwersten Entscheidungen der Abschied vom Oberbürgermeisteramt in Fulda gehörte, besonders am Herzen. Mit dem »Dregger-Plan« hatte er schon Jahre vorher in Hessens Landtag versucht, dem Land einen klar gegliederten Verwaltungsaufbau zu geben.

Dregger liebt einfache und kraftvolle Bilder. So ist auch seine Sprache. Knapp und kurz, schnörkellos, aber nicht emotionslos. Zu seinen Lieblings-Sentenzen gehört, daß die Sprache des Politikers

vor allem das Herz der Menschen erreichen müsse. »Der Mittelpunkt des Menschen ist bedauerlicher- oder erfreulicherweise nicht der Kopf, sondern das Herz«, pflegte er auf mancher Wahlversammlung auszurufen.
Ebenso einfach pflegte er die Ausgangslage für erfolgreiche Wahlkämpfe zu skizzieren: »Die eigene Truppe muß gut und der Gegner schlecht sein. Das erste können wir beeinflussen, beim zweiten muß uns die SPD helfen«. Und über mangelnde Unterstützung aus dem gegnerischen Lager hatte er sich nicht zu beklagen. Die südhessische SPD verstand sich als sozialistische Avantgarde ihrer Bundespartei, hatte als erste die volle staats- und völkerrechtliche Anerkennung der DDR gefordert, machte angesichts des Vietnam-Engagements der USA in unverhülltem Antiamerikanismus, pries die jugoslawische Arbeiterselbstverwaltung als Modell für die Bundesrepublik Deutschland und plädierte für Demokratisierung – sprich Politisierung – auf allen gesellschaftlichen Ebenen.
Von diesem Ansatz der Totalpolitisierung profitierte auch Dreggers Union. Seinen Gegnern hat es Dregger zu verdanken, daß sein Bekanntheitsgrad immer mehr wuchs. In »Volksfront«-Aktionen wurden landesweit »Dregger-Tribunale« abgehalten, ein Apologet der Deutschen Kommunistischen Partei schrieb eigens ein Buch über den »Kanzler-Kandidaten des Großkapitals«, bundesweit wurde der neue Mann aus Fulda neben Strauß zur rechten Gefahr hochstilisiert. Solche Etikettierungen drängten Dregger zwar in die rechte Ecke, doch so geriet er auch mehr und mehr ins bundes- und landespolitische Bewußtsein. Die Neugier auf den hessischen Oppositionsführer war geweckt. In einem Land, wo es die Opposition traditionell schwer hatte, auf sich aufmerksam zu machen. Dieser eher positive Umstand hat es Dregger erleichtert, mit den Verzerrungen und Verzeichnungen seiner Persönlichkeitsstruktur durch Gegner, Medien und bisweilen auch eigene Freunde zu leben. Kalt gelassen hat ihn das nicht, denn er ist harmoniebewußter und ausgleichender, als es auf den ersten Blick aussieht. Außerdem hat er die vielen Politikern eigene Neigung: Er will geliebt werden und ist verletzt, wenn er nicht verstanden wird, aber vor allem, wenn er bewußt mißverstanden werden soll.
Dreggers Erscheinungsbild löste bei vielen Journalisten in diesen Jahren Glamour-Assoziationen an Film-Größen aus, vom

»schönen Alfred« war die Rede. Manche bezeichneten ihn als eine »Kopie von Cary Grant«, andere als »jüngeren Bruder von O.W. Fischer«. Verbunden mit dem Hinweis, so einer sei möglicherweise für weibliche Wählerinnen ein Magnet. In Wählerumfragen wurde für solche Einschätzungen übrigens nie eine Bestätigung gefunden. Wie aber ist Dregger? Viele negative Komplementärbilder begleiteten ihn bei seiner Charakterisierung. Aalglatt, zu soldatisch, kalt, eitel, unsozial, autoritär, stockkonservativ, auf Polarisierung angelegt. Etiketten werden flüchtig aufgeklebt, dem eigentlichen Bild kommen sie selten nahe. Über ein Jahrzehnt habe ich mit Dregger zusammengearbeitet: Als Pressesprecher und zuvor persönlicher Referent, später war ich fast genausolang einer seiner Abgeordneten in der CDU/CSU-Bundestagsfraktion. Seine Sympathie und manchmal auch seine Protektion erfahrend. Wie ist er wirklich? Soldatisch – gewiß, das ist er, und so wirkt er auch. Aufrecht im Gang, präzise in seinen Anweisungen, um Gerechtigkeit gegenüber seinen Untergebenen bemüht, Kameradschaft achtend, Kameraderie verpönend. Schwätzer und Vielredner kann er nicht leiden. Er mag knappe Lagevorträge mit guten Argumenten. Wenn er anfängt, mit dem Schlüsselbund zu spielen oder das Brot während eines Arbeitsessens zu krümeln – dann fühlt er sich gelangweilt. Gespräche beginnt er dann abrupt zu unterbrechen. Daß er als blutjunger Mann Soldat war, an der Ostfront mehrfach schwerkriegsverwundet war, zur Generation der Enttäuschten gehörte, einen Bruder im Krieg verloren hat, danach im Schnellgang das Jura-Studium glänzend bewältigte – das alles prägte diesen Mann. Und er kann und will es auch nicht verbergen. Auf politische Truppenpflege versteht er sich freilich nicht. Raffiniertes Werben um Gefolgsleute, dabei deren menschliche Schwächen einbeziehend, ist ihm fremd. Über die Dachluke in die hessische Politik gekommen, rasch aufgestiegen und schließlich von Erfolg zu Erfolg eilend, das hat ihm die Kärrnerarbeit umsichtiger Sympathiewerbung erspart. Ihn aber auch in der Entwicklung einer eigenständigen machtpolitischen Position – etwa als Fraktionschef – behindert. Schon fast unpolitisch mutete in den siebziger Jahren sein Unverständnis an, daß er nach seinen hessischen Erfolgen nicht sofort stellvertretender Bundesparteivorsitzender wurde, daß er nach seinem Wechsel nach Bonn nicht gleich zum stellvertretenden Vorsitzenden der CDU/

CSU-Bundestagsfraktion avancierte. Der damalige Abgeordnete und heutige NATO-Generalsekretär Dr. Manfred Wörner hatte schon vorher unheilschwer geunkt: »Der Herr muß sich erst an die Bonner Usancen gewöhnen«. Daß er sich mit seinen Erfolgen auch Neider geschaffen hatte, daß er als dezidierter rechter Flügelmann galt und daher innerparteiliche Vorbehalte heraufbeschworen hatte, und daß man in einer bürgerlichen Partei nach einer in der Regel langweiligen »Kleiderordnung« Karriere macht, das leuchtete ihm bei seiner »Hoppla, jetzt komm ich«-Mentalität nur schwer ein. Und daß das eigene politische Fortkommen auch von der Protektion der Gefolgsschar abhängt, diese simple Erkenntnis entsprach weder Dreggers Leistungsdenken noch seinem natürlichen Talent, dem Schicksal ein bißchen nachzuhelfen. Einen »Chef-Typ« nannte ihn einst die Frankfurter »Abendpost-Nachtausgabe«. Er besitzt natürliche Autorität, die Arbeit mit ihm macht Spaß. Das militärische Prinzip von Befehl und Gehorsam gilt nicht für ihn. Hat man starke Argumente, ist er für Widerspruch dankbar. Schmeichlern und professionellen Anpassern gegenüber ist er eher skeptisch. Er gehört zu den beratungsfähigen Politikern, die bei ihren Mitarbeitern Loyalität unterstellen und dann dem kritischen Einwand gegenüber aufgeschlossen sind.

Dregger ist ein Streber. Sein Ziel war immer, die Nummer Eins zu werden. In Hessens CDU war dies uneingeschränkt der Fall. Auch ein Grund, warum er, für diese Landespartei zum Denkmal geworden, sich immer wieder in die hessische Restromantik flüchtete, wenn ihm das Bonner Umfeld nicht die notwendige Anerkennung oder Behaglichkeit gab. Ist er glatt? Nein, er hat eher Ecken und Kanten. Die sprachliche Perfektion seiner Auftritte, die oft unpersönliche Art bei persönlichen Begegnungen und auf Distanz bedachten Umgangsformen mögen zu dem falschen Eindruck geführt haben. Ist er illiberal? Das Gegenteil ist der Fall. Für jene, die Liberalität mit Feigheit, Harmoniefetischismus und Appeasement verwechseln, bestimmt. Wer Liberalität aber als das mutige Eintreten für die Sache der Freiheit begreift, weiß in Dregger einen Vertreter dieser Ordnungspolitik. Und er hat die Herzensgabe des Humors, die ihn vor Verbiesterung schützt. Eine in der Politik bemerkenswerte Eigenschaft.

Dregger hat Freude am Führen. War es Unbefangenheit, Eitelkeit, strotzendes Selbstbewußtsein, womit er seinen Anspruch für die Spitzenstellung dokumentierte? Von allem etwas. Bisweilen sprach er im Parteivorstand in der dritten Person von dem »ersten Mann von Hessen«, was meinem Stilempfinden widersprach. Sprach man ihn später satirisch auf solche Einlassungen an, konnte er darüber lachen. Im Wahlkampf 1978 wollte er eine Führungsmannschaft von über einem Dutzend – teilweise völlig unbekannten Politikern – präsentieren. Die Begehrlichkeit, dabei zu sein, war im Vorfeld der Nominierung des Teams immer mehr gewachsen. Als ich im Parteivorstand aus »Verkaufsgründen« darauf hinwies, mit einem »Führungs-Rudel« könne man kaum Wahlkampf machen, wurde er zunächst ärgerlich. Dann bot er mir gnädig-zynisch – ich war damals Landtagsabgeordneter – an, doch auch mit von der Partie zu sein. Als er schließlich merkte, daß es mir nicht um eine Mitgliedschaft in dieser Mammut-Mannschaft, sondern um eine optimale Selbstdarstellung der Hessen-Union ging, schloß er die Diskussion mit den Worten ab: »Ich glaube, Herr Weirich hat recht. Lassen wir die Mannschaft. Ich bin Spitzenkandidat«. Und so war's dann auch.

Ist Dregger rechts oder gar reaktionär, wie seine Kritiker immer wieder behaupten? Er ist ein Konservativer im besten Sinne des Wortes. Nach der Devise: Bewährtes erhalten, Überholungsbedürftiges erneuern. Er ist ein entschiedener Antikommunist und ein deutscher Patriot. Mit dem politischen Credo, die errungene Freiheit für Kinder und Kindeskinder zu sichern. Und dabei mit Mut, Standfestigkeit und Grundsatztreue für seine Überzeugungen einzutreten. Mit der Vokabel vom »primitiven Antikommunismus« konnte er nie etwas anfangen, denn die entschlossene Auseinandersetzung mit einer totalitären Herrschaft konnte für ihn nie primitiv sein. An die Überwindung der deutschen Teilung glaubte er fest. Und mit dem Fall der Mauer, der Einheit der Deutschen, geht für ihn ein politischer Wunschtraum in Erfüllung. Ich erinnere mich an einen kalten Wintertag des Jahres 1988, als ich nach einer Sitzung der CDU/CSU-Bundestagsfraktion im Berliner Reichstag mit ihm bei einem Spaziergang im Schnee die Mauer abschritt: »Die wird zu meinen Lebzeiten fallen«, sagte er plötzlich und deutete auf das Monument der Unmenschlichkeit. Ich widersprach ihm nicht und lächelte ungläubig-nachsichtig in mich hinein. Er hat recht behal-

ten. Man kann ein Volk nicht dauerhaft trennen. Vor der Geschichte sind vier Jahrzehnte nur ein Flügelschlag. Nicht umsonst ist Perikles sein Lieblingsheld in der Geschichte.
Dregger ist ein außergewöhlicher Mann. Aber er hatte auch das Glück, in Hessen eine Mannschaft um sich zu wissen, die sich sehen lassen konnte. Schauen wir uns die »goldene Neun« aus dem Jahre 1970 an. Sie signalisierte Hessens Wählern »Wir kommen«. Was ist aus den Mitgliedern dieses Teams geworden, welchen politischen Weg nahmen sie später, und was machen sie heute?

Dr. Walter Wallmann: Schaffte Dreggers Ziel

Was Dregger verwehrt blieb, wofür er aber das politische Fundament schuf, gelang im zweiten Anlauf seinem Team-Gefährten Dr. Walter Wallmann. Er wurde 1987 mit einer hauchdünnen Mehrheit Ministerpräsident und Chef einer Regierungskoalition aus Christdemokraten und Freidemokraten. Nach über vier Jahrzehnten unaufhörlicher sozialistischer Machtausübung der erste Regierungschef der Union in der hessischen Nachkriegsgeschichte. Schon 1970 gehörte Wallmann zu Dreggers wichtigsten Mitstreitern, als mittelhessischer Bezirksvorsitzender und stellvertretender Landesparteivorsitzender am stärksten im innerparteilichen Beziehungsgeflecht verankert, mit machtpolitischem Gespür ausgestattet und zum Aufbruch zu neuen Ufern bereit. Dieses Landtagswahljahr war für Wallmann in besonderer Weise schicksalhaft.
In seiner Heimat Marburg, wo die Sozialdemokraten bei den Kommunalwahlen ihre absolute Mehrheit verloren hatten, wurde er als Kandidat der CDU, der Freien Demokraten und einer Freien Wählergemeinschaft zum Oberbürgermeister der Universitätsstadt gewählt. Da die Wahl aber wegen eines Formfehlers wiederholt wurde, schickten die Sozialdemokraten einen neuen Kandidaten ins Rennen, gegen den der promovierte Jurist im zweiten Wahlgang unterlag. Abgeordnete eines Partners des vorher kunstvoll geschmiedeten bürgerlichen Bündnisses hatten ihn im Stich gelassen, nachdem sie zuvor ihre personalpolitischen Schäfchen ins Trockene gebracht hatten. Das Ergebnis der Marburger Rathauswahlen war mit großer Spannung erwartet worden, denn Wallmann hatte in den Jahren zuvor gegen einen allzu harmoniefetischisti-

schen lokalpolitischen Kurs in einer Großen Koalition angekämpft und auf mehr Kontrast in der Auseinandersetzung gedrängt. 1966 war er zum Vorsitzenden des CDU-Kreisverbandes in Marburg und zugleich zum Abgeordneten im Hessischen Landtag gewählt worden. Vier Jahre später hatte es der Niedersachse – geboren am 24. September 1932 in Uelzen als Sohn eines Realschullehrers, der in der Weimarer Republik Mitglied von Stresemanns Volkspartei war –, bereits zum stellvertretenden Vorsitzenden der CDU-Landtagsfraktion gebracht.
Wie Dregger entschied sich Wallmann 1972 für einen Wechsel in den Bundestag nach Bonn. Ein Jahr später wurde er Mitglied des Fraktionsvorstandes. Bundesweit von sich reden machte der vor allem in Fragen der Innen- und Rechtspolitik engagierte Politiker von Juni 1974 bis Februar 1975 als Vorsitzender des Guillaume-Untersuchungsausschusses, der die Hintergründe des Rücktritts von Bundeskanzler Willy Brandt aufklären sollte. 1976 wurde er zum parlamentarischen Geschäftsführer der CDU/CSU-Bundestagsfraktion gewählt. Mehr »aus Parteiräson denn aus Neigung«, wie ihm viele Medien unterstellten, ließ er sich als Spitzenkandidat der Frankfurter CDU für die Kommunalwahlen am 20. März 1977 aufstellen. Kein Risiko. Ein Stimmenzuwachs schien wegen des bundespolitischen Tiefs der Regierung Schmidt vorprogrammiert, ein Regierungswechsel galt selbst unter CDU-Optimisten als Disneyland. Doch das »Wunder von Frankfurt« ereignete sich. Die CDU erreichte in der Mainmetropole mit 51,3 Prozent der Stimmen die absolute Mehrheit, landesweit kam sie auf 44,8 Prozentpunkte. Die SPD erlebte ihr kommunalpolitisches Waterloo. Ein Resultat, das auch der zuversichtliche Dregger nicht für möglich gehalten hatte. Mit ungläubigem Staunen nahm er mir am Wahlabend im Wiesbadener Innenministerium die langsam eingehenden aufsehenerregenden Wahlresultate aus der Hand. Und als er von Journalisten umringt nach einem Kommentar zum Frankfurter Wahlergebnis befragt wurde, sagte er nur lachend: »Gottes Barmherzigkeit kennt keine Grenzen«. Am 15. Juni 1977 wurde Wallmann zum Oberbürgermeister in der einstigen Reichsstadt gewählt.
Eine Zeit des Erfolgs begann. Die Mainmetropole baute ihren Rang als Kunst-, Museums- und Musikstadt aus. Neubauten am Museumsufer, die Neueröffnung der Alten Oper als Konzert- und

Kongreßzentrum, der Ausbau des Platzes vor dem Römer in historischem Rahmen, die Eissportarena und weitläufige Fußgängerzonen – Frankfurt wurde immer attraktiver, verlor sein »Image« als »deutsches Chicago«, »Mainhattan« und »reiner Geldtempel«. Die unmenschliche und unregierbare Stadt, die angeblich ihre Oberbürgermeister verschleiße und nicht in den Griff zu bekommen sei, bekam nicht nur ein menschliches Gesicht, sie wurde auch souverän regiert, Wallmann setzte auf die liberale Erneuerung Frankfurts und profilierte sich als »Oberbürgermeister aller Frankfurter«. In wichtigen Grundfragen demonstrierte er Härte und Entschlossenheit. So bei seinem Bekenntnis zum Ausbau der Startbahn West am Frankfurter Flughafen und bei der Auflösung des ideologie-geschwängerten Projekts der Frankfurter »Kitas«, also der umstrittenen Kindertagesstätten mit antiautoritärem Führungsstil. Bei den Kommunalwahlen im März 1981 wurde Wallmann in der einst »roten Hochburg« dann auch mit dem Rekordergebnis von 54,2 Prozent bestätigt; vier Jahre später hatte die Hessen-Union überall schwere Einbrüche zu verzeichnen, doch in Frankfurt wurde die absolute Mehrheit mit 49,5 Prozent verteidigt.
Als Dregger bei den hessischen Landtagswahlen 1982 den zum Greifen nahen Wechsel wegen der »Verrat in Bonn«-Kampagne der SPD doch nicht schaffte, als Landesvorsitzender zurücktrat und später als Nachfolger von Helmut Kohl zum Chef der CDU/CSU-Bundestagsfraktion gewählt wurde, folgte ihm Wallmann als Vorsitzender der über 70 000 Mitglieder starken Landespartei. Schon bald mußte er als Spitzenkandidat für eine landespolitische Entscheidung in die Arena, denn das weiter geschäftsführend im Amt verbleibende Minderheitenkabinett Börner brachte seinen Etat nicht im Parlament durch. Bei den Neuwahlen zum Hessischen Landtag wurde die SPD mit Holger Börner mit 46,2 Prozent wieder stärkste Partei, die Union landete abgeschlagen bei 39,4 Prozent. Eine schwere Schlappe. Ende 1986 kehrte Wallmann, neben Manfred Rommel in Stuttgart der erfolgreichste Oberbürgermeister der Union in einer deutschen Großstadt, nach Bonn zurück. Ende 1986, nach dem Reaktorunglück in Tschernobyl und der nachfolgenden Diskussion um Kernkraft und Umweltschutz, entschloß sich Kanzler Kohl zur Einrichtung eines eigenen Bundesministeriums für Umwelt, Naturschutz und Reaktorsicherheit mit einem

Etat von 430 Millionen Mark. Er berief Wallmann zum neuen Bundesminister, was als wahltaktische Meisterleistung im Hinblick auf die auf des Messers Schneide stehende Landtagswahl in Niedersachsen gewertet wurde. Ministerpräsident Albrecht »überlebte« dann auch in Hannover. In Frankfurt folgte der Personaldezernent Wolfram Brück als Oberbürgermeister. Im neuen Amt plädierte Wallmann für Offenheit bei der Nutzung alternativer Energiequellen, wies die nach Tschernobyl heftiger werdenden Forderungen nach einem Ausstieg aus der Kernenergie als unrealistisch zurück, legte einen »Gesetzentwurf zur Überwachung der Radioaktivität in der Umwelt« vor und trat bei der Sonderkonferenz der Internationalen Atomenergie-Konferenz in Wien dafür ein, international bei der Festsetzung der Strahlenwerte zusammenzuarbeiten.
Unmittelbar nach der für die Union erfolgreichen Bundestagswahl 1987 scheiterte die rot-grüne Landtagskoalition in Hessen. Wallmann wollte Wahlen zum »frühestmöglichen Zeitpunkt«, stellte im Wahlprogramm für die vorgezogene Landtagswahl Themen und Aufgaben der modernen Industriegesellschaft mit einer zukunftsorientierten Bildungs- und Technologiepolitik in den Vordergrund. Mit großer Stimmenmehrheit zum Spitzenkandidaten nominiert, stellte er eine Führungsmannschaft vor, der auch die parteilose Präsidentin des Deutschen Landfrauenverbandes, Irmgard Reichhardt, angehörte. Denkbar knapp machten CDU und FDP das Rennen. Börner hatte die Brocken hingeworfen und seinem anticharismatischen Stellvertreter Krollmann die Spitzenkandidatur angedient. Die rot-grüne Koalition war über die Energiepolitik und die Hanauer Atombetriebe zerbrochen. Wallmann, seit 1986 übrigens auch Präsident des Deutschen Turner-Bundes, wurde mit 57 von 110 Stimmen zum neuen Regierungschef gewählt. Im Frühjahr 1991 wird er wieder auf dem Prüfstand stehen, wenn die Wähler über die von loyaler Zusammenarbeit geprägte Regierungskoalition abstimmen werden. Das Bündnis wird vor allem auf seine Erfolge in der Wirtschafts-, Struktur- und Technologiepolitik, ihren Kampf zur Durchsetzung eines freiheitlichen und vielfältigen Schulwesens und ihre Bemühungen zur Förderung der Kultur verweisen. Wallmann wird es auf SPD-Seite mit einem neuen Gegner zu tun haben, dem bisherigen Kasseler Oberbürgermeister Hans Eichel, der inzwischen den sozialdemokratischen Landesverband anführt.

Dr. Christian Schwarz-Schilling: Der Mann und das Monopol

Der außergewöhnlichste, vielseitigste und am wenigsten in die Schubladen deutscher Polit-Kategorien passende Politiker in der Dreggerschen Crew war Dr. Christian Schwarz-Schilling. Der inzwischen sechzig Jahre alte Bundesminister für Post und Telekommunikation und stellvertretende Vorsitzende der Hessen-CDU war im Oktober 1957 nach Hessen gekommen, um nach dem plötzlichen Tod seines Schwiegervaters die Geschäftsführung der Akkumulatorenfabrik Sonnenschein GmbH im oberhessischen Büdingen zu übernehmen. Schwarz-Schilling hatte nach dem Abitur zunächst Jura studiert, war dann aber auf Geschichte und Sinologie umgestiegen. Er promovierte zum Dr. phil. und absolvierte ein Volontariat bei der Deutschen Bank in Hamburg. Geboren war der Sohn eines Musikerehepaares in Innsbruck. Sein jüngst verstorbener Vater, Professor Reinhard Schwarz-Schilling, war Komponist und Dirigent und wegen seiner politischen Einstellung mit den Nationalsozialisten in Konflikt geraten. Die Mutter – Dusza von Hakrid, geb. Blondowicz – eine Pianistin polnischer Abstammung, hatte während des Dritten Reiches Auftrittsverbot. In Hessen entfaltete Christian Schwarz-Schilling politisches Engagement, trat 1960 in die CDU ein, avancierte zum Orts- und Kreisvorsitzenden, Kreistagsabgeordneten und Landesvorstandsmitglied und wurde beim Eltviller Parteitag Erster Stellvertreter Dreggers und Generalsekretär der Landespartei. Im Landesparlament, dem Schwarz-Schilling seit 1966 angehörte, machte er als Kulturpolitiker Furore. Seine Rededuelle mit Prof. Ludwig von Friedeburg, dem entschiedenen Schulreformer, machten Parlamentsgeschichte, waren intellektuelle Highlights, die man in Provinzparlamenten nicht alle Tage geboten bekommt. Wenn der junge Unternehmer ans Rednerpult ging, eilten die Journalisten der Landespressekonferenz vom Tresen der Landtagskantine auf die Pressetribüne. Die Mitarbeiter der Landesgeschäftsstelle der Hessen-CDU lernten den »General« als einen unkonventionellen, häufig zu sehr ins politische Detail verliebten »Workaholic« kennen, der sie am Freitagnachmittag per Autotelefon bat, doch noch zur Besprechung zu bleiben, und dann erst am späten Abend eintrudelte. Schon damals war er das, was er später blieb und was ihn doch im

Ergebnis nicht in seiner Karriere behinderte: ein Einzelgänger. Das Talent, sich eine innerparteiliche Gefolgsschar aufzubauen, ging ihm ab. Übrigens ähnlich wie Dregger. Seit November 1970 stellvertretender CDU-Landtagsfraktionschef, meldete er im Juli 1971 – als Dreggers Wechsel nach Bonn klar war – seinen Anspruch auf die Oppositionsführung in Wiesbaden an, um für eine – wie er formulierte – »liberale Politik der Mitte und der realistischen Reformen« – einzutreten. Ein Ziel, das er nicht erreichte. Gottfried Milde, mit der Begabung einer »Mutter der Fraktions-Kompanie«, hatte bessere Karten als der ebenso feinsinnige wie ehrgeizige Unternehmer.

Seit 1971 Mitglied des Fernsehrates des Zweiten Deutschen Fernsehens und in diesem Gremium Vorsitzender des wichtigen Ausschusses für Politik und Zeitgeschehen, hatte es ihm in der Folgezeit die Medienpolitik als zentrale Vermittlungsfrage immer stärker angetan. 1975 berief ihn das Präsidium der Bundespartei zum Beauftragten für Medienfragen, und als Vorsitzender der Bundesmedienkommission der Union prägte er entscheidend eine neue Ordnungspolitik, die die deutsche Medienlandschaft tiefgreifend verändert hat: das duale System, also den Wettbewerb zwischen öffentlich-rechtlichen und privaten Rundfunkanbietern. Was anfangs als Spinnerei von ein paar liberalen Exoten der Union abgetan wurde, ist heute politische Wirklichkeit. Nur wenige Politiker haben mit soviel Beharrungsvermögen, Fleiß und Entschlußkraft ordnungspolitische Ziele so konsequent verfolgt wie Schwarz-Schilling, der 1981/82 Vorsitzender der Bundestags-Enquéte-Kommission »Künftige Informations- und Kommunikationstechniken« war. Dieses Gremium konnte seine Arbeit nicht beenden, weil die Ära Schmidt schneller als von manchen erwartet zu Ende ging. Schwarz-Schilling wurde als Nachfolger von Hans Matthöfer Bundesminister für das Post- und Fernmeldewesen. Seine neue Medienpolitik setzte er konsequent durch. Die Breitbandverkabelung begann in großem Stil. Schwere Vorwürfe mußte er von der Opposition wie von den Monopol-Verfechtern entgegennehmen. Er schaufele ein »Milliarden-Grab«, setze die veralteten Kupfer- statt der Glasfaserkabel ein, betreibe eine sinnlose Verschwendung von Steuergeldern, tönte es ihm entgegen. Kaum eine Parlamentssitzung, in der nicht sein Rücktritt gefordert wurde.

Inzwischen gehört er zu den kaum noch attackierten Bundesministern. Kabelfernsehen hat sich durchgesetzt, ist zum zweitgrößten Massendienst der Deutschen Bundespost geworden, über acht Millionen Bürger hängen am Kabel, mehr als die Hälfte aller Haushalte ist versorgbar, und die Anschlußbereitschaft wächst immer stärker. Nicht nur auf diesem Gebiet wurde er bestätigt. Auch die von ihm angestrebte und heftig befehdete Liberalisierung der Deutschen Bundespost ist inzwischen durch die Verabschiedung des neuen Poststrukturgesetzes politische Wirklichkeit geworden. Drei selbständige Post-Unternehmen – Postdienst (»gelbe Post«), Postbank und TELEKOM – wurden geschaffen. Sie sollen nach markt- und betriebswirtschaftlichen Gesichtspunkten geführt werden. An ihrer Spitze stehen erfahrene Manager aus der Privatwirtschaft. Schwarz-Schilling hatte frühzeitig gesehen, daß die Deutsche Bundespost drohte den internationalen Geleitzug von Liberalisierung und Deregulation zu verpassen. Die Folge wäre eine erhebliche Minderung der internationalen Wettbewerbsfähigkeit der Deutschen auf dem Weltmarkt der neuen Informations- und Kommunikationstechniken gewesen. Zur Durchsetzung seiner Ziele mußte er auch gegen erhebliche innerparteiliche Widerstände ankämpfen. Die Geschäftsergebnisse der Post waren unter seiner Verantwortung glänzend, die Gebührenerhöhungen blieben im Vergleich zu seinen Vorgängern moderat. Als Hoffnungsträger gelten bei der Post die digitalen Fernmeldenetze, der Mobilfunk und die Satellitentechnik. Ihre Funktionsfähigkeit stellten die neuen »gelben Unternehmen« nach dem Fall der Mauer unter Beweis. In Notprogrammen verbesserten sie in kurzer Zeit die kommunikationstechnische Infrastruktur in der DDR, sorgten dafür, daß die Deutschen schneller Verbindung zueinander haben. Ein großer neuer Markt wartet jetzt auf seine Erschließung. Schwarz-Schilling ist sicher derjenige Bundespostminister in der Nachkriegszeit, der die größten ordnungspolitischen Herausforderungen zu bestehen hatte. Sieht man sich die Bilanz an, kann er auch als der erfolgreichste bezeichnet werden.

Im Post-Ressort gilt er inzwischen wegen seiner hohen Fachkompetenz als unersetzbar. In Helmut Kohl hat er auch in schwierigen Zeiten immer einen entschlossenen Förderer gehabt. Sicher auch ein Ergebnis jahrzehntelanger Freundschaft. Auch Schwarz-Schilling gehörte schon auf dem Saarbrückener Parteitag zu den Protagonisten der Kohl-Kandidatur. Wie elegant Schwarz-Schilling seine Postreform im Windschatten umstrittener anderer Neuordnungen durchs Parlament brachte, dürfte dem Kanzler zusätzlich imponiert haben. Schwarz-Schilling, zu dessen Steckenpferden das Orgelspiel gehört, ist politisch breit angelegt. 1987 legte er als stellvertretender Bundesvorsitzender der CDU/CSU-Mittelstandsvereinigung ein Modell für die Zukunftssicherung der Rentenversicherung vor, gab das Buch »Langfristig sichere Rente« heraus. Just zu einem Zeitpunkt, als er gerade selbst Mühe hatte, seine neue Post-Perspektive parlamentarisch durchzusetzen. Manche seiner Parteifreunde hielten diesen Kampf an zwei Fronten für politisch selbstmörderisch. Doch das ficht den hochgebildeten und auffassungsschnellen Schwarz-Schilling nicht an. Von Taktik versteht er nichts, dafür aber etwas von der Sache. So etwas gefiel Dregger. Auch wenn Dregger den Büdinger Unternehmer in den ersten Jahren der Zusammenarbeit nicht immer unterstützte, weil er bei ihm die innerparteilichen Mehrheiten nicht gerade zu Haus sah, so war das Verhältnis der beiden doch immer von Respekt und Sympathie getragen.

Dr. Heinz Riesenhuber: Naturwissenschaftler als Minister

Der »junge Mann« in Dreggers Mannschaft war damals ein Mitdreißiger: Dr. Heinz Riesenhuber, heute Bundesminister für Forschung und Technologie. Sieht man sich die seinerzeitigen Fotos an, so hat sich der Mann, der als unverwechselbares Kennzeichen eine Fliege trägt, kaum verändert. Der jungenhaft wirkende gelernte Diplom-Chemiker, Inhaber von zahlreichen Patenten und langjähriger Geschäftsführer wichtiger »Töchter« der Frankfurter Metallgesellschaft, sieht immer aus, als hätte er gerade den Wettbewerb »Jugend forscht« gewonnen. Sympathisch, gewandt, sachkompetent, er gehört nach übereinstimmender Auffassung der Medien zu den Aktivposten der Regierung Kohl, zu der er seit der Wende 1982 zählt. Dregger wollte mit der Nominierung des damaligen stellvertretenden Bundesvorsitzenden der Jungen Union Deutschlands, der als frischgebackener Geschäftsführer der Erzgesellschaft mbH gerade eine eindrucksvolle Wirtschaftskarriere gemacht hatte, vor

allem um die Jungwähler werben. An dem langjährigen hessischen JU-Vorsitzenden imponierte ihm neben Frische und Sachkunde in der politisch-persönlichen Darstellung vor allem der berufliche Erfolg. Funktionärskarrieren nach dem Motto »Rechtsreferendar – Landtag – Bonn« waren Dregger zuwider. Immer wieder betonte er, daß seine Teamkollegen nicht nur in der politischen Sacharbeit, sondern auch im Berufsleben »ihren Mann« gestanden hätten.
Ob Riesenhuber eine parlamenarische Karriere anstreben würde, war damals noch unklar. Seine hübsche Frau Beatrix, damals stellvertretende Landesvorsitzende der hessischen Landesfrauenvereinigung und heute Mutter von vier Kindern, hatte ebenfalls glänzende Mandats-Chancen. Die frühere Zivilrichterin am Frankfurter Landgericht entschied sich aber für die Familie, und auch ihr Ehegatte benötigte noch ein gutes halbes Jahrzehnt, bevor er sich für eine Bonner Bundestagskandidatur entschied. Seine berufliche Position behielt er vorerst bei, um den Kontakt zur Praxis zu behalten. 1976 war er Kreisvorsitzender der Frankfurter Union. Eine Position, die er zwei Jahre später – nach dem spektakulären Oberbürgermeisterwechsel von Rudi Arndt zu Walter Wallmann – an den Stadtrat und späteren Oberbürgermeister Wolfram Brück abgab. Riesenhuber war nach stürmischen innerparteilichen Auseinandersetzungen 1973 als Integrations-Kandidat zur Befriedung zum Parteichef gewählt worden. Nach der Wende sollte die Partei eher geräuschlos aus dem Magistrat geführt werden.
In Bonn hielt sich Riesenhuber als einer der brillanten jungen Köpfe der CDU/CSU-Bundestagsfraktion nicht lange auf den Hinterbänken auf. In seiner Jungfernrede vor dem Deutschen Bundestag begründete er 1977 die Große Anfrage der CDU/CSU zum Thema »Energiebedarf und friedliche Nutzung der Kernenergie«, wenig später die Initiative zur »Einrichtung einer Prognose- und Bewertungskapazität zur Begutachtung technologischer und forschungspolitischer Entwicklungen beim Deutschen Bundestag«. Bei Oppositionsführer Helmut Kohl hatte der gebürtige Frankfurter schon immer einen Stein im Brett. Beide Politiker sind aus Zeiten der Jungen Union miteinander verbunden, hielten über Rhein und Main hinweg – als Kohl noch CDU-Landtagsfraktionschef in Mainz und später Ministerpräsident von Rheinland-Pfalz war – Kontakt. Beim Saarbrücker Bundesparteitag gehörte Riesenhuber

schon zur Minderheit der Befürworter einer Kohlschen Kandidatur um den Parteivorsitz. Auf Drängen von Alfred Dregger war es auch der heutige Kanzler, der Riesenhuber 1980 bei der Neuformation der Fraktionsspitze als Vorsitzenden der neuen Arbeitsgruppe für Energiepolitik durchsetzte. Die »Lex Riesenhuber« – der Naturwissenschaftler war der einzige Arbeitsgruppen-Chef, der keinem Ministerium gegenüberstand – löste Grummeln bei frustrierten Abgeordneten, die die Kleiderordnung der bei der Union leider zu oft gebräuchlichen Regelbeförderung mißachtet sahen, aus. Der Befürworter eines behutsamen Ausbaus der Kernenergie machte seine Sache – wie zu erwarten – gut. Emotionsfrei und sachbezogen argumentierend, durch Know-how bestechend, bei der Wirtschaft angesehen und bei den Gewerkschaften als offener Gesprächspartner geschätzt – mit Riesenhuber konnte Kohl Staat machen, was zu seiner Berufung und mehrfachen Wiederbenennung als Bundesminister für Forschung und Technologie führte.

Seinen in einem Interview mit der »Zeit« 1985 geäußerten grundsätzlichen Thesen blieb er treu. Sie lauten wie folgt: Das Innovationspotential der Wirtschaft müsse als Ausgangspunkt des wirtschaftlichen Erfolges gefördert werden, besonders im Bereich der Hochtechnologie (Mikroelektronik, Biotechnik u. a.). Strukturwandel durch technischen Fortschritt sichere den gesamtwirtschaftlichen Beschäftigungsstand. Dieser technische Fortschritt löse eine Wachstumsdynamik aus. Erfolgreiche Innovationen seien abhängig von ihrem Einsatz für Forschung und industrieller Entwicklung. Die staatliche Förderung von Forschung, Entwicklung und Innovation müsse so konzipiert sein, daß sie der Rollenverteilung von Staat und Privatwirtschaft in der sozialen Marktwirtschaft entspreche. Der Staat trage die Verantwortung für die Förderung der Grundlagenforschung, die Finanzierung der Vorsorgeforschung und die Langzeitprogramme (Umwelt-, Gesundheits- und Klimaforschung, Humanisierung der Arbeitswelt). Schließlich sei es die Aufgabe des Staates, die Bedingungen von Forschung und Entwicklung vor allem auch in mittelständischen Unternehmen zu verbessern. Besonderen Wert sei auf die Wirksamkeit der Großforschungseinrichtungen (Max-Planck- und Frauenhofer-Gesellschaft) als Bindeglied zwischen Forschung und industrieller Erneuerung zu legen. Wichtig sei ihm die sachgerechte Abstim-

mung zwischen den Bereichen und Projekten der Forschung und die überlegte Setzung von Prioritäten. Staatliche Hilfen sollten nur mit entsprechenden Eigenanteilen der Geförderten bewilligt werden.
Riesenhuber entwickelte ein Konzept zur Förderung der Informationstechnik, das im Interesse der internationalen Wettbewerbsfähigkeit der Bundesrepublik Deutschland von besonderer Dringlichkeit war, wandte sich den Chancen der Gen-Technologie zu, begrenzte ihre Risiken, sah in der Förderung von Luft- und Raumfahrt eine Schwerpunkt-Aufgabe und ging das Problem der – durch den »sauren Regen« verursachten – Waldschäden an. Seine Arbeit wurde mit öffentlichem Beifall bedacht, des Kanzlers Unterstützung war er sich zumeist gewiß, keine Affäre beeinträchtigte das Wirken des Mannes, der als Hinweis auf weiß-blaue Jugendjahre ein bayerisches Idiom hat und dessen einzige Schwäche überlanges Zaudern als Entscheider ist. Bisweilen wird der hochaufgeschossene Riesenhuber, dessen Wiege wie schon gesagt im romantischen Sachsenhausen stand, wegen seines Namens übrigens der CSU zugerechnet. Sein Großvater war ein niederbayerischer Häute- und Fellhändler. Daß aus Riesenhuber, der seit 1967 unaufhörlich dem Präsidium der Hessen-Union angehört, noch etwas würde, das spürte Dregger schon 1970. Die Besten um sich zu scharen, das war sein Ziel.

Walther Leisler Kiep: Weltläufig und liberal

Elegant, weltläufig, liberal, humorvoll und außenpolitisch versiert – der jetzt 64 Jahre alte Unternehmer Walther Leisler Kiep gehörte zu den hervorstechenden Persönlichkeiten in Dreggers Crew. Sein wahltaktischer Wert für die Mannschaft konnte nicht hoch genug veranschlagt werden. Deckte der Chef, der im hessischen Bundestagswahlkampf 1969 mit der Kampagne »Unser erster Mann in Hessen« erst einmal ins bundes- und landespolitische Bewußtsein gerückt wurde, die konservative und die nach dem bundespolitischen Wechsel der FDP zur SPD politisch heimatlos gewordenen Nationalliberalen sowie die der langjährigen SPD-Vorherrschaft überdrüssigen Wähler ab, entwickelte Kiep vor allem Leuchtkraft für die wirtschaftsliberale Klientel. Für das schwimmende Wähler-

potential zwischen Christ- und Freidemokraten hatte er als Bindeglied auch und gerade auf Bundesebene in den siebziger und achtziger Jahren eine nicht zu unterschätzende Bedeutung. Freilich, das Verhältnis zwischen Dregger und Kiep war nicht spannungsfrei. Insbesondere bei der programmatischen Auseinandersetzung über die Deutschland- und Ostpolitik Anfang der siebziger Jahre. Der Politiker, am Philosophenweg im Prominenten-Ort Kronberg im Taunus zu Hause, hatte sich bei den Auseinandersetzungen um die Ostpolitik Ende 1972 für ein Ja der CDU zum Grundlagenvertrag mit der DDR ausgesprochen. Abweichend von der CDU-Mehrheit hatte er schließlich mit Ja zugestimmt. Doch trotz der Differenzen wußte Dregger um die Bedeutung der Einbindung des gebürtigen Hamburgers, der in einer großbürgerlichen Familie – sein Vater war Vorstandsmitglied der »Hapag«, später Generaldirektor der Hamburger Landesbank und auch Präsident des Hessischen Roten Kreuzes; seine Mutter, eine geborene Rath, entstammte einer nationalliberalen Familie, ihr Vater war Abgeordneter im preußischen Landtag und ein Freund Otto von Bismarcks – aufgewachsen ist. Zu einem öffentlich ausgetragenen Zwist kam es nie, wenngleich konservative Hardliner im zweiten Glied Kiep zu einem »Outcast« zu stempeln versuchten. Verbunden mit dem Vorwurf zu geringer hessischer Bodenhaftung wegen der hochfliegenden bundespolitischen Ambitionen des Reserve-Kapitänleutnants zur See, der nach dem Kriege Geschichte und Volkswirtschaft studiert, eine kaufmännische Lehre bei der Metallgesellschaft AG in Frankfurt absolviert, als Autoverkäufer bei Ford und dann als Hauptbevollmächtigter für Deutschland bei der Insurance Company of North America gearbeitet hatte. Seit 1955 ist er mit der Versicherungs- und Rückversicherungsgesellschaft Gradmann und Holler-Gruppe verbunden, zuerst als geschäftsführender Gesellschafter des Unternehmens, später als stiller Teilhaber. »Unabhängig« ist für die Beschreibung der Kiepschen Persönlichkeitsstruktur das Schlüsselwort.
Der Mittvierziger und Millionär in Dreggers Mannschaft, der sich 1961 der CDU angeschlossen hatte, hatte im Bundestagswahlkampf 1965 erstmals auf sich aufmerksam gemacht. Mit einem unkonventionell geführten, originellen und auf Tausende von Bürgerkontakten abgestellten Wahlkampf. Opas CDU war entsetzt und entzückt zugleich: »Canvassing« hieß fortan das Rezept. Zu deutsch: Klin-

kenputzen à la Kiep. Also Hausbesuche bei den Wählern direkt. Getreu der Devise: Kommen die Bürger nicht mehr zur Parteiversammlung, muß man selbst zu ihnen gehen. Ein Wahlkampf, der Dregger imponiert hatte. Daß Kiep den Hochtaunus-Wahlkreis 135 direkt gegen seinen SPD-Konkurrenten Kurt Gscheidle, den prominenten Gewerkschafter und späteren Bundespostminister, gewann, brachte ihm bundesweite Beachtung. 1969 konnte er zwar den höchsten Abstand zwischen Erststimmen und Zweitstimmen aller Unions-Abgeordneten in der Bundesrepublik Deutschland als großen persönlichen Erfolg verbuchen, doch er zog ebenso wie 1972 nur über die hessische Landesliste in den Deutschen Bundestag ein. In der Bonner Volksvertretung machte er schnell Karriere. Er fing nicht als Hinterbänkler an, sondern wurde sofort Vorsitzender des Bundestags-Entwicklungshilfe-Ausschusses. 1970 galt er vielen schon als »bundespolitischer Geheimtip«, und ein Jahr später wurde er bereits Beauftragter der CDU/CSU-Bundestagsfraktion zur Wahrnehmung internationaler Kontakte. Im gleichen Jahr schaffte er beim Saarbrücker Bundesparteitag den Sprung ins Bundesparteipräsidium als Schatzmeister und Nachfolger des früheren Bundesschatzministers Kurt Schmücker. Sein Erfolg als Landesschatzmeister der Hessen-Union hatte sicherlich zu seiner Wahl beigetragen. Rainer Barzel, der bei diesem Parteitag in einer Kampfabstimmung gegen Helmut Kohl Unions-Vorsitzender wurde, hatte Kiep kurz vor dem Delegierten-Treffen als Überraschungs-Lösung zur Verbesserung der Unions-Finanzen aus dem Hut gezogen. Kieps hohes »Standing« in der Wirtschaft erleichterte es Dregger, mit einem erhöhten Finanzaufwand die politische Schlagkraft der Union in Hessen zu verbessern. Freilich fehlte es trotzdem manchmal an Geld, um wirkungsvolle Kampagnen zu führen, was eine Anekdote von einer Präsidiums-Sitzung vor dem Bundestagswahlgefecht 1969 zeigt. Als man nach einer Vorstellung einer zündenden Wahlkampfkonzeption merkte, daß eine solche Kampagne drei Millionen Mark kostete, Kiep aber mit sorgenvoller Miene bemerkte, nur die Hälfte sei in der »Kriegskasse« und auch bei erhöhter Sammel-Energie sei diese Summe astronomisch, schloß Dregger die Sitzung mit der Bemerkung: »Herr Kiep, das müssen wir schaffen. Die Pfeffersäcke sollen zahlen«.

Kiep, ein Atlantiker mit brillanten Verbindungen zu amerikani-

schen Politikern, blieb in den siebziger Jahren in den Schlagzeilen. Anfang Dezember 1974 entging er knapp einem Pistolenattentat. Die Motive blieben im dunkeln, ein Täter wurde nie gefaßt. In der Außenpolitik, Kieps politischer Leidenschaft, lebte er in der Union in »Splendid isolation«, stieß immer wieder auf Kritik. Die 1973 übernommene Funktion als außenpolitischer Sprecher verlor er im Sommer 1975, als das Präsidium auf dem Mannheimer Bundesparteitag auf die Benennung von Sprechern für die verschiedenen Sachgebiete der Politik verzichtete. Im Februar 1976 gehörte er zu den fünfzehn Unions-Abgeordneten, die den Polen-Verträgen zustimmten. Wenige Tage später begann ein neuer Abschnitt in Kieps Leben. Der damalige niedersächsische Ministerpräsident Ernst Albrecht berief ihn zum Finanzminister in Hannover. Wohl auch, um einen Beitrag zur Wiederannäherung an die FDP zu leisten. Kiep gab sein Bundestagsmandat und seine Funktionen in Hessen auf. Im Wahlkreis folgte ihm der spätere Fraktions-Justitiar Dr. Manfred Langner nach, der als noch junger Parlamentarier 1990 aus familiären Gründen aus dem Bundestag ausscheidet. Als Staatsminister leistete Kiep gute Sacharbeit, doch mochte der unorthodoxe Außenpolitiker nicht nur auf dem Niedersachsen-Roß reiten. 1978 stieß er durch ein Treffen mit SED-Zentralkomitee-Mitglied Prof. Herbert Häber in Erfurt auf innerparteiliche Kritik, im März 1979 beauftragte ihn der damalige Bundeskanzler Helmut Schmidt, eine Finanzhilfe des Westens für die damals bankrotte Türkei zu organisieren. Eine Aufgabe, die er mit Bravour bestand.
Im Strauß-Wahlkampf 1980 sorgte Kiep für eine Überraschung, als er für den Bundestag kandidierte und in die »Kernmannschaft« des bayerischen Ministerpräsidenten und Kanzlerkandidaten, mit dem er manche außen- und sicherheitspolitische Kontroverse ausgefochten hatte, ging. Eine nicht undelikate Entscheidung, denn Kieps »Chef«, Ernst Albrecht, ursprünglich Kanzlerkandidat des CDU-Präsidiums, hatte ja in der innerparteilichen Auseinandersetzung mit Franz Josef Strauß den kürzeren gezogen. In der Führungsmannschaft des Bayern galt Kiep als »Schatten-Außenminister«. Strauß verlor die Wahl, Kiep kehrte in den Bundestag zurück, wurde in der Opposition auf Anhieb stellvertretender Fraktionsvorsitzender und Wirtschaftssprecher. Ein Jahr später zog es ihn von Bonn aus schon wieder in den Norden. Für die Bürgerschafts-

wahlen in Hamburg wurde der »Sohn der Hansestadt« von der CDU an der Alster zum Spitzenkandidaten nominiert, kündigte die »liberale Erneuerung Hamburgs unter Führung der Union« an, wünschte sich die FDP als Koalitionspartner und machte die CDU mit über fünf Prozent Stimmenzuwachs erstmalig mit 43,2 Prozent zur stärksten Partei. Die FDP scheiterte an der Fünf-Prozent-Grenze. So blieb Bürgermeister Klaus von Dohnanyi an der Spitze einer abgewirtschafteten Regierung. Weder Kiep noch er konnten eine Mehrheit zusammenbringen. Es gab weder eine Große Koalition unter CDU-Fühung noch ein rot-grünes Bündnis, stattdessen wurden für den 19. Dezember 1982 Neuwahlen angesetzt, bei denen es eine herbe Schlappe für die CDU (38,6 Prozent) und eine absolute Mehrheit für die SPD aufgrund der bundespolitischen Stimmungslage gab. Kiep, der auf sein Bundestagsmandat verzichtet hatte, nahm das Bürgerschaftsmandat an, Oppositionsführer wollte er aber nicht spielen. Im April 1989 beendete er sein »Hamburger Gastspiel« ganz und kehrte zur hessischen CDU zurück. Seither ist es relativ still um den Bundesschatzmeister der Union geworden, der für seinen 1975 an einem Gehirntumor verstorbenen Sohn Michael – einen jungen Journalisten – eine Stiftung mit Journalisten-Preis gegründet hat. Er geht verstärkt seinen geschäftlichen Interessen und seinen privaten Neigungen – er hat ein Faible für Geschichte und liebt schnelle Autos, Jagd und Tennis – nach. Die hohe Aufmerksamkeit des Präsidialmitglieds der Deutschen Gesellschaft für auswärtige Politik für die Grundfragen der Außen-, Deutschland- und Sicherheitspolitik ist weiterhin gegeben. Daß Kiep als Schatzmeister unverschuldet in vorderer Front zu den Hauptleidtragenden und Prügelknaben einer in seiner zeitlichen Länge quälenden »Vergangenheitsbewältigung« in Sachen Parteienfinanzierung gehört, zählt zu den ebenso tragischen wie ungerechten Varianten einer bemerkenswerten Karriere.

Dr. Hans Wagner: Der Präsident

Er erduldete das Tal der politischen Hoffnungslosigkeit zwei Jahrzehnte. In der Zeit des Aufbruchs stand er mit in vorderster Front. Den Umbruch, den Regierungswechsel von 1987 erlebte er als Ruheständler. Die Rede ist von dem inzwischen 75jährigen Dr.

Hans Wagner, der zu den »Männern der ersten Stunde« in Hessens Union gehörte. Als Dregger den Wählern ein hoffnungsfrohes »Wir kommen« zurief, war der in Niederliebersbach im Odenwald geborene Sohn eines Volksschullehrers, der es bis zum Oberstudiendirektor gebracht hatte, als Chef der CDU-Fraktion im Hessischen Landtag wie selbstverständlich mit von der Partie. Nach der Landtagswahl 1970, die einen politischen Erdrutsch zugunsten der Union gebracht hatte, löste Dregger den zu diesem Zeitpunkt schon zwei Jahrzehnte im Landtag vertretenen Parlamentarier als Oppositionsführer ab. Sein Vorgänger avancierte zum Landtagsvizepräsidenten, kehrte aber zwei Jahre später nach Dreggers Wechsel nach Bonn in sein altes Amt zurück. Als die Union 1974 zur stärksten Partei wurde, gab es einen für alle selbstverständlichen Bewerber um das Amt des Landtagspräsidenten. Hans Wagner, »erster Mann« der hessischen Volksvertretung bis zu seinem Abschied von der landespolitischen Bühne im Jahre 1982, schien für dieses hohe Staatsamt geradezu maßgeschneidert. Ausgleichend, tolerant, verbindlich, auch beim politischen Gegner geachtet – alle Voraussetzungen für einen über dem Parteienstreit des Alltags stehenden Mann waren gegeben. Nachfolger im Fraktionsvorsitz war der heutige Innenminister Gottfried Milde geworden.
Lange Zeit hatte es vor dem Eltviller Landesparteitag 1967 so ausgesehen, als würde Wagner Nachfolger von Dr. Wilhelm Fay als Landesparteivorsitzender. Vom Anciennitätsprinzip war er dran, im Wiesbadener Landesparlament führte er die Opposition, doch er wurde zu stark in einer Union, die sich mit der Rolle des zweiten Siegers angesichts der versteinerten sozialdemokratischen Machtstrukturen abgefunden hatte. Fay, Bürgermeister in Frankfurt, schien den jungen Büdinger Unternehmer Dr. Christian Schwarz-Schilling zu favorisieren. Schließlich einigte man sich im Vorfeld auf den erfolgreichen Fuldaer Oberbürgermeister und Landtagsabgeordneten Alfred Dregger, der dann auch mit überwältigender Mehrheit gewählt wurde. Dregger und Wagner arbeiteten über die Jahre gut und loyal zusammen, aber für eine enge Partnerschaft war die Chemie zu unterschiedlich. Der eine schneidig, energisch und führungsfreudig, der andere harmoniebewußt, integrativ und auf Kooperation angelegt. Zusammen mit seinem Bruder Otto, dem Vorsitzenden des südhessischen Parteibezirks und graue Eminenz

der Landespartei, hatte Wagner starken Einfluß in der Landespartei. Das Wort von der »Wagner-Dynastie« machte die Runde. Grundsatztreu, gottesfürchtig und erdverbunden – diese Eigenschaften zeichneten die beiden Brüder aus. Das »C« im Namen der Christlich-Demokratischen Union empfinden beide als Auftrag und Verpflichtung, Grundwerte wie Nächstenliebe und Solidarität in die praktische Politik einzubringen. Das Interesse von beiden galt besonders der Kulturpolitik, dem praktischen Schulalltag in Hessen, der angesichts der langjährigen SPD-Ideologisierung der Bildungspolitik von schweren Konflikten geprägt war. Hans Wagner, über zwei Jahrzehnte einer der Stellvertreter Dreggers im Landesparteivorsitz, gehörte bis 1933 dem Windthorstbund und der Kolpingfamilie an. Nach dem Zweiten Weltkrieg beteiligte er sich an der Gründung der Jungen Union, deren stellvertretender Landesvorsitzender er später wurde. Der promovierte Philologe, Vater von fünf Kindern, verbringt seinen Lebensabend in Heppenheim an der Bergstraße. In jener reizvollen Landschaft, mit der er persönlich eng verbunden ist, deren Wein er schätzt und die er über drei Jahrzehnte im Wiesbadener Landtag vertreten hat. Dort nennt man ihn liebe- und respektvoll zugleich »Wagner Hans«.

Otto Zink: Mann der Integration

Für die Arbeitnehmer setzte Dregger auf einen eher stillen und unauffälligen Mann: den gelernten Werkzeugmacher Otto Zink aus Rüsselsheim. Heute ein Mittsechziger, der die parlamentarische Bühne in Bonn jetzt als stellvertretender Vorsitzender der CDU/CSU-Bundestagsfraktion verläßt. Zink, damals Landesvorsitzender der Sozialausschüsse Christlich-Demokratischer Arbeitnehmerschaften, war neben Walther Leisler Kiep der einzige »Bonner« in der Mannschaft. Von 1962 bis 1965 hatte der einstige Mitarbeiter von Opel, der sich schon als Mitglied der Jugendvertretung engagiert hatte, später acht Jahre freigestellter Betriebsrat und dann fast ebensolang freigestellter Arbeitnehmervertreter im Aufsichtsrat war, dem Hessischen Landtag angehört. Dann schaffte er den Sprung nach Bonn. Zweieinhalb Jahrzehnte gehörte er zum Deutschen Bundestag. Maßgebliche Gesetzeswerke in der Sozialpolitik tragen seine Handschrift. An Führungsfunktionen hat es nicht

gefehlt: Lange Jahre Vorsitzender der Arbeitnehmergruppe der CDU/CSU-Bundestagsfraktion, stellvertretender Vorsitzender des Bundestagsausschusses für Arbeit und Sozialordnung, Chef der hessischen Landesgruppe der CDU-Bundestagsabgeordneten.
Auf die kameradschaftliche Einbindung des loyalen Zink, wegen seiner Integrationskraft, gepaart mit Sachlichkeit und sozialpolitischem Sachverstand, legte Dregger besonderen Wert. Denn das Markenzeichen der hessischen Union hieß Geschlossenheit, ein den Wähler angesichts der Zerstrittenheit und ideologischen Zerissenheit der Hessen-SPD beeindruckendes Gütesiegel. Ein Parteichef, von den Medien als rechter Flügelmann und Erzkonservativer eingeordnet, der sich gleichzeitig mit seinen Sozialausschüssen nicht ins Gehege kam – das hatte über Hessen hinaus Ausstrahlung. Dabei hatte es einige Belastungsproben gegeben, etwa als Dregger beim Düsseldorfer Mitbestimmungs-Parteitag in einer der stärksten Reden seiner Laufbahn – Herbert Kremp von der »Welt« sprach von einem »High noon«-Auftritt, bei dem man eine Stecknadel hätte fallen hören können – der Parität eine Absage erteilte und dem 7:5-Modell zum Durchbruch verhalf. Während Philipp von Bismarck in Dregger einen »möglichen kommenden Kanzlerkandidaten« sah, schimpfte Norbert Blüm »Dr. Dreggula«.
Zink wußte um den Wert von Teamgeist. Schlagzeilenträchtige Aktionen waren nicht seine Sache, doch vertrat er mit Selbstbewußtsein und Geschick seine Positionen. In der Personalpolitik waren die Sozialausschüsse ebenfalls erfolgreich. Vorwürfe des Gegners, seine Organisation sei nur eine »soziale Badehose« oder ein »getarnter Erfüllungsgehilfe des Kapitals«, war er gewöhnt. Er trug sie gelassen, denn die Sozialausschüsse wurden als eine in der Minderheit befindliche Vereinigung in der Union weit besser behandelt als etwa in den Gewerkschaften, deren aktiver Streiter Otto Zink trotz mancher Enttäuschungen über parteipolitische Einseitigkeit immer geblieben ist. Daß der »erste Mann« der Sozialausschüsse als einer der stellvertretenden Landesvorsitzenden im Präsidium der Landespartei verankert war, verstand sich ebenso von selbst wie der angestammte zweite Platz auf der Landesliste der Hessen-Union für die Bundestagswahl, direkt hinter dem Spitzenkandidaten.
Zink verstärkte in der von einem Westfalen geführten Mannschaft

auch das »hessische Lokalkolorit«. Sein Idiom läßt unschwer seine Herkunft erkennen, seine auf Ausgleich bedachte, eher behutsame Art, die nicht ohne Herzlichkeit ist, läßt erraten, warum er bei Opel so schnell das Vertrauen seiner Kollegen genoß. Freundschaftlich verbunden ist er mit einem ehemaligen »Opelaner«, Dr. Norbert Blüm, dem Bundesminister für Arbeit und Sozialordnung. Für ihn ist klar, so sagte er es in einer Laudatio auf Zink – daß die »Republik ohne den Rüsselsheimer Kollegen nicht zu einem so modernen und fortschrittlichen Sozialstaat« geworden wäre. Zink war immer auf eine Förderung seiner sozialpolitischen Wegbegleiter bedacht. Jüngeren Leuten eine Chance zu geben, nicht in jedem einen möglicherweise eines Tages lästigen Konkurrenten zu sehen – das war seine politische Devise. Ob es sich um »Schorsch« Badeck, seinen Nachfolger im Landesvorsitz der Sozialausschüsse, oder Bernhard Jagoda, Blüms Staatssekretär, oder auch den heutigen Sozialminister Karl-Heinrich Trageser in Wallmanns Kabinett handelte.

Richard Bayha: Ministrables Schlitzohr

Der »Grüne« in Dreggers Mannschaft war der inzwischen 61 Jahre alte Landwirt Richard Bayha aus Linsengericht-Altenhaßlau im Main-Kinzig-Kreis. Damals agrarpolitischer Sprecher der CDU-Landtagsfraktion, heute Bundestagsabgeordneter, Chef des Bundesfachausschusses Agrarpolitik der Union und Präsident der Deutschen Gesellschaft für Agrar- und Umweltpolitik e.V., einer Organisation, die einen programmatischen Brückenschlag zur Versöhnung von Ökologie und Ökonomie in der Landwirtschaft versucht. Mit Bayha, einem Schlitzohr von frohem Naturell und mit großen Karos ausgestattet, hatte Dregger nicht nur den »Proporz- und Parade-Bauern« verpflichtet. Er hatte einen handfesten Vertreter der Scholle mit damals noch beträchtlichem politischen Ehrgeiz und einer ungewöhnlichen Spürnase für aktuelle und kontroverse Themen ausgesucht, der bei den Journalisten der Landespressekonferenz wegen seiner unaufdringlichen Jovialität, seines schwarzen Humors und seiner Originalität zum »Parlaments-Darling« avancierte. Was Dregger an dem schon in mittleren Jahren mit einem weißen Haarschopf ausgestatteten, wie ein »Double« von »Schorsch« Leber aussehenden Mann wohl beeindruckte, war des-

sen Erfolg als landwirtschaftlicher Unternehmer. Der Team-Chef wollte in seiner Umgebung »im Beruf bewährte Männer und Frauen«, wie er immer wieder betonte. Gegen die schon in der Jungen Union zu vermeintlichen »Staatsmännern« gereiften Aktentaschenträger-Profis hatte er eine tief verwurzelte Abneigung.
Daß Bayha seinen 30 Hektar großen Betrieb mit Erfolg bewirtschaftete, daß er frühzeitig moderne, für manche seiner Berufskollegen fast revolutionär wirkende Wege in der landwirtschaftlichen Unternehmensorganisation ging, daß er sich mehr als findiger Unternehmer denn als subventionsheischender Rufer nach mehr Staatshilfe verstand, damit konnte er bei Dregger Staat machen. Auf die »grüne Front« alleine ließ sich der politisch kampfeslustige Mann, der einen guten Landwirtschaftsminister abgegeben hätte, freilich nicht zurückdrängen. Er beackerte als »selbsternannter Generalist« immer die großen bundes- und landespolitischen Themen, nicht immer mit der nötigen Differenzierung und Präzision, aber mit einer gehörigen Portion von populistischem Geschick und kräftiger polemischer Würze. An dem Fall des ersten hessischen Umweltministers, Dr. Werner Best, der über den Hanauer Umweltskandal gestürzt war, hatte Bayha erheblichen investigativen und agitatorischen Anteil. Dregger sah die Anti-Best-Kampagne damals meinem Eindruck nach eher mit gemischten Gefühlen, auch wenn der »Abschuß« des ehemaligen Wetzlarer Landrates die damalige SPD-Landesregierung weiter auf die abschüssige Bahn brachte und die Sterne der Opposition kräftiger leuchten ließ. Der stämmige Best, Feindbild auch linksgewirkter Journalisten, gehörte zum konservativen SPD-Flügel und zur Ex-Landräte-Riege, in welcher der einstige Fuldaer Oberbürgermeister durchaus bemerkenswerte Streiter, auch den später gescheiterten Best, fand. Wie auch der in den achtziger Jahren in Skandale verstrickte Hersfelder Landrat Zerbe, für den Dregger auch ein Gefühl von Respekt und Sympathie hegte.
Bayha versuchte mit Dregger den »Dreisprung«, 1982 gehörte er nicht mehr zur dann verkleinerten Führungsmannschaft. 1976 war er von der Landes- in die Bundespolitik gewechselt, nachdem er in seinem Wahlkreis den fast ein Jahrzehnt jüngeren Sozialpolitiker Dieter Hussing abgelöst hatte. Diese Veränderung hat der ebenso wohlhabende wie unabhängige Landwirt, der sich als Marktwirt-

schaftler unter den Agrariern versteht und daher auch seiner Standesorganisation kritisch gegenübersteht, im Grunde nicht bereut. Obwohl ihm die mangelnden Bonner Erfolgserlebnisse am Anfang seiner oppositionellen Parlamentarierzeit bisweilen geschmerzt und einen Teil seines Kampfgeistes genommen haben. Was er in den siebziger Jahren nicht geschafft hat, nämlich Landwirtschaftsminister zu werden, das gelang seiner Berufskollegin Irmgard Reichhardt auf Anhieb. Sie nimmt dieses Ressort in Walter Wallmanns Kabinett wahr. Der Tip an die Landesführung der Union, die damalige Präsidentin der deutschen Landfrauen in Wallmanns Schattenkabinett zu berufen, kam übrigens von Bayha. Vier Jahre will Dreggers früherer »Renommier-Bauer« noch im Bundestag weitermachen, weil er sonst – wie er gerne scherzt – seiner »Frau Irene auf dem Hof zuviel dazwischenredet«. Dann will er Schluß machen, sich den Enkeln, dem Anwesen und den Immobilien widmen. Dann geht auch eine »verhinderte Staatsminister-Karriere« zu Ende. Doch entgangenen Möglichkeiten nachzutrauern, das ist nicht Bayhas trocken-heitere, mit einer Spur von Zynismus gepaarte Art der Vergangenheitsbewältigung.

Erna-Maria Geier: Mutter von sieben Kindern

Die Frau in Alfred Dreggers Mannschaft war Erna-Maria Geier aus Viernheim, Hessens letztem südlichen Zipfel. Die gelernte Diplom-Wirtschaftslehrerin, von der eine konservative Wochenzeitung schrieb, in ihr verbinde sich »natürlicher Charme, Herzlichkeit und vor allem ein erfrischendes Stück Unbekümmertheit«, war 1966 in ihrem Bergsträsser Wahlkreis auf magere 26,4 Prozent, aber über die Landesliste in den Landtag gekommen. Sie begleitete Dregger auf seinem Erfolgsweg, und bei der nächsten Landtagswahl gelang es ihr bereits, den bis dahin traditionell als rot geltenden Wahlkreis mit 44,6 Prozent direkt zu erobern. In der Führungsmannschaft zeichnete sie für soziale Fragen, Gesundheit, Frauen- und Jugendprobleme verantwortlich, war sie damals doch Vorsitzende des Arbeitskreises Sozialpolitik der CDU-Landtagsfraktion. 1948 hatte sie geheiratet. Sie ließ sich zwölf Jahre Zeit für ihre Kinder, bevor sie ihre politische Karriere startete. Das erste Kind, ein Sohn, starb übrigens mit drei Jahren. Ein Grund für die Geiers, ein Kind von

entfernten Verwandten als Pflegesohn aufzunehmen. Er ist heute Volkswirt. Anschließend bekam die Hausfrau noch sechs Kinder. Die vielbeschäftigte »Erna« – wie sie die Abgeordneten-Kollegen kameradschaftlich-liebevoll nennen durften – gründete bereits Mitte der sechziger Jahre in ihrer Heimat eine Mütter- und Elternschule, die später mit vielen Zweigstellen im Landkreis zu einer umfassenden Familienbildungseinrichtung wurde. Außerdem konzipierte sie das »Viernheimer Modell«, einen Lernversuch für Drei- bis Sechsjährige, der bundesweit Beachtung fand. Fragen der vorschulischen Erziehung hatten es der damaligen Landesvorsitzenden des Katholischen Frauenbundes angetan.
Die Kommunalpolitik betrachtete die Badenserin als die »hohe Schule der Politik«. Und just dort hatte sie auch begonnen. Als Kreistagsabgeordnete im Landkreis Bergstraße und als langjährige Stadtverordnete im Viernheimer Stadtparlament. Der Union hatte sie sich schon in jungen Jahren zugewandt. So war sie in den ersten Jahren der Nachkriegszeit eine Mitbegründerin der Jungen Union in Baden-Württemberg. Nicht nur wegen des damals traditionellen Mangels der Hessen-Union an herausragenden Frauen nahm Dregger die »Erna«, die zu den wenigen gehörte, die das Privileg hatten, ihn zu duzen, in seine Mannschaft auf, er schätzte die Politikerin mit dem unverkennbaren Idiom ihrer badischen Heimat auch als handfeste, zupackende und unkomplizierte Streiterin für die Sache der Union. Bis 1976 gehörte Frau Geier, die für zahlreiche Parlamentsinitiativen – darunter der Entwurf für ein hessisches Kindergartengesetz – verantwortlich zeichnete, der Wiesbadener Volksvertretung an. Die Berufung ihres Teamkollegen aus der »Siebziger-Mannschaft«, Walther Leisler Kiep, zum Finanzminister in Niedersachsen brachte ihr 1976 einen Sitz im Bundestag. Im Wahlkreis Gießen-Alsfeld – einst von dem renommierten Kulturpolitiker Dr. Berthold Martin, heute von dem Haushaltsausschuß-Obmann Adolf Roth gehalten – stellte sie sich bei der darauffolgenden bundespolitischen Entscheidung den Wählern. Sie wurde familienpolitische Sprecherin der CDU/CSU-Bundestagsfraktion. 1982 entschied sie sich, von der bundespolitischen Bühne abzutreten, um zu privatisieren.
Die Streiterin für eine bessere Familienpolitik, die sich in ihrem Selbstverständnis immer als vollemanzipierte Frau sah (»Dazu

mußte ich weder einen Klub gründen noch demonstrieren.«), war und ist vor allem in der Frage des werdenden Lebens kompromißlos. Sie warnte vor verwaschenen Standpunkten, Kompromißlertum und Anpassungssucht in den großen Grundfragen der Sozialpolitik. Modernistischen Strömungen und dem Zeitgeist nachzulaufen war ihr zuwider. Die sozialdemokratische Parteipostille »Vorwärts« widmete ihr deshalb Ende der siebziger Jahre gleich einen vierspaltigen Artikel, wetterte gegen ihr »teutsches Frauenbild«, attackierte sie als »Ideologin einer konservativen Familienpolitik« und warf ihr vor, Frauen zu Gebärmaschinen denaturieren zu wollen. Mehr Schlagzeilen als mit ihren Vorstellungen zur Familienpolitik machte sie freilich 1974, als ihr bei der Kampfkandidatur Alfred Dreggers gegen Albert Osswald um das Amt des Ministerpräsidenten ein böses Mißgeschick passierte. Sie verpatzte den gesamten Wahlgang, weil sie die Karte für Dregger in den Abfallkasten und die für Osswald in den Ja-Kasten geworfen hatte. Jeder Wahlberechtigte hatte zwei Kuverts, erinnerte sie sich damals, »plötzlich hatte ich den Alfred in der rechten und den Albert in der linken Hand, wie sich das gehört. Aber aus purem Leichtsinn oder Unachtsamkeit verwechselte ich dann beide Namen, warf die Karte für Dregger in den plombierten Abfallkasten und die für Osswald in den Ja-Kasten«. Doch schnell bemerkte sie ihren Fehler und ihr Schluchzen erweichte das Hohe Haus. Der Wahlgang wurde wiederholt.

Im »politischen Unruhestand« hat sich Erna-Maria Geier immer mehr von der Politik der Union abgekehrt. Mit oft fundamentalistischen gesellschaftspolitischen Positionen geißelte sie den Kurs der Regierungspartei. In Vorträgen und Veröffentlichungen. Dies ändert freilich nichts daran, daß sie 1970 zu den Pluspunkten in Dreggers Riege gehörte.

Zielstrebigkeit, Intelligenz und Energie – aber Defizite im Sympathiebereich

Alfred Dregger im Spiegel der Meinungsumfragen 1973–1982

von Helmut Jung[*)]

Vorbemerkungen

Die Einladung, sich an dieser Festschrift mit einem Beitrag zur Sicht Alfred Dreggers im Spiegel der Meinungsumfragen zu beteiligen, ist eine reizvolle, zugleich aber auch schwierige Aufgabe. Dies gilt ganz besonders, wenn man selbst das »Analyseobjekt« über einen mehr als zehnjährigen Zeitraum demoskopisch betreut und im persönlichen Kontakt erlebt hat.

Selbst wenn der persönliche Kontakt bei der Behandlung der Thematik keine Schwierigkeiten bereitet, gibt es einige andere Probleme, die zu Beschränkungen verschiedenster Art führen. So stehen zum einen nicht für das gesamte politische Leben Alfred Dreggers Umfragedaten zur Verfügung. Die ersten verfügbaren Untersuchungsergebnisse stammen vielmehr aus dem Herbst des Jahres 1973. Zu diesem Zeitpunkt amtierte Alfred Dregger bereits im fünften Jahr als CDU-Landesvorsitzender, und die CDU Hessen hatte unter seiner Führung bereits zwei Kommunalwahlen sowie jeweils eine Landtags- und Bundestagswahl bestritten.

Eine weitere Beschränkung besteht darin, daß die Umfragedaten, die nach dem Rücktritt Dreggers vom Landesvorsitz der CDU Hessen und seiner Wahl zum Vorsitzenden der CDU/CSU-Bundestagsfraktion erhoben wurden, bruchstückhaft und nicht sonderlich aussagekräftig sind. Da diese bundespolitischen Umfragedaten

---

*) geb. 1946, 1971–1979 Wissenschaftlicher Mitarbeiter und Abteilungsleiter Wahlforschung im Forschungsinstitut der Konrad-Adenauer-Stiftung, 1979–1985 Geschäftsführer bei Contest-Census, Frankfurt, seit 1985 bei BASIS-RESEARCH, Frankfurt; Wahlanalysen und demoskopische Betreuung für die CDU Hessen seit 1973.

wenig Erkenntnisse darüber liefern, wie der Politiker Dregger in der Bevölkerung wahrgenommen wurde, beschränkt sich die Darstellung auf den Teil der Ära Dregger in Hessen, für den aussagekräftige Umfragedaten der verschiedensten Institute zur Verfügung stehen.[1])

Eine weitere Schwierigkeit besteht darin, daß es wenig Sinn macht, die Thematik in der für Wahlforscher wissenschaftlich üblichen Form anzugehen und dabei das gesamte Repertoire von Erklärungsansätzen, Analysetechniken und Grundlagenforschung heranziehen zu wollen. So ist es acht Jahre nach dem denkwürdigen Verzicht Alfred Dreggers auf die Ämter des Parteivorsitzenden und des CDU-Spitzenkandidaten in Hessen eher nur noch von statistischem Interesse, mit Hilfe von Umfragedaten und komplexen Analysetechniken nachzuweisen, mit wieviel Prozent der Kandidat Dregger bei welcher Landtagswahl in die Wahlentscheidung für bzw. gegen die CDU einging. Auf komplizierten statistischen Analyseverfahren basierende Aussagen dieser Art werden der Persönlichkeit Dreggers, seinem Wirken und seiner Bedeutung für die CDU Hessen in keiner Weise gerecht.

Hinzu kommt, daß Analysen von Umfragedaten für den wissenschaftlich weniger interessierten Leser kaum sinnvoll sind, wenn zumindest Details der politischen Rahmenbedingungen, unter denen die Umfrageergebnisse erhoben wurden, in Vergessenheit geraten sind. Dies muß man für die Ära Dregger in Hessen acht Jahre nach deren Ende aber unterstellen.

Üblicherweise haben politische Umfragedaten wegen der Rasanz und Dynamik der politischen Entwicklung ein rasches Verfallsdatum. Ihre Publikation erfolgt im Regelfall in enger Nähe zum Erhebungszeitpunkt. Der Konsument taufrischer Umfragedaten hat in dieser Situation wenig Probleme, diese Umfragedaten mit den aktuellen politischen Ereignissen zu verknüpfen. Bei Umfrageda-

---

1) Die für diesen Beitrag genutzten Umfragedaten wurden freundlicherweise von der CDU Hessen sowie dem Forschungsinstitut und dem Archiv für Christlich-Demokratische Politik der Konrad-Adenauer-Stiftung zur Verfügung gestellt, die die von der CDU Hessen initiierten Umfragen für Reanalysen und zur Archivierung erhielten. Mit der Durchführung der Untersuchungen waren verschiedene privatwirtschaftliche Markt- und Meinungsforschungsinstitute betraut, u.a. Marplan, Offenbach (1973), GETAS, Bremen (1974/77/78/81), Contest-Census, Frankfurt (1977/80/82) und Infratest, München (1978).

ten, die jedoch zwischen acht und siebzehn Jahre alt sind, funktioniert dieser Verknüpfungsmechanismus aber nicht mehr.
Aus diesem Grund und wegen des begrenzten Aussagewertes komplexer statistischer Datenanalysen zum Kandidateneinfluß auf die Wahlentscheidung ist es sinnvoll, streng wissenschaftliche Ambitionen bei der Behandlung des Themas zu unterdrücken. Angesichts der speziellen Rahmenbedingungen bei der Analyse der Wahrnehmung Alfred Dreggers in Meinungsumfragen ist es wesentlich interessanter und angemessener, die verfügbaren Umfragedaten zum Ausgangspunkt der Betrachtungen zu machen und sowohl mit »Kontextdaten« als auch mit eigenen Beobachtungen über die damaligen politischen Rahmenbedingungen zu verknüpfen. Daß die Darstellung aufgrund dieser Vorgehensweise hier und da mit subjektiven Eindrücken und Deutungen angereichert wird, sieht der Autor nicht als Kunstfehler, sondern als durchaus legitim an.

Die Ära Dregger in Hessen – Ein Kurzüberblick

Erfolgsgeschichten von Unternehmen werden nicht nur mit Personen, sondern auch mit Unternehmenskennziffern verbunden. Die wichtigsten Unternehmenskennziffern der politischen Parteien sind die Entwicklung der Stimmanteile bei Bundes-, Landtags- und Kommunalwahlen sowie der Mitgliederzahlen. Betrachtet man die Ära Dregger unter diesem Aspekt, so wird deutlich, daß die CDU Hessen zwischen dem 2. Dezember 1967, dem Tag der Wahl Alfred Dreggers zum Landesvorsitzenden, und dem 18. Dezember 1982, als der Landesparteitag Walter Wallmann auf Wunsch und Vorschlag Dreggers zu seinem Nachfolger bestimmte, die wohl stürmischste Aufwärtsentwicklung aller CDU-Landesverbände in der Bundesrepublik Deutschland erlebte.
Als 1967 der damals 47jährige Oberbürgermeister von Fulda mit einem überzeugenden Votum – 237 von 244 Delegierten stimmten für Dregger – das Amt des CDU-Landesvorsitzenden von Wilhelm Fay übernahm, stand die CDU auf Landesebene bei mageren 26,4 Prozent (LTW 66). Das letzte Kommunalwahlergebnis der Ära Fay aus dem Jahr 1964 war mit 29,0 Prozent nur etwas besser, während es bei der Bundestagswahl 1965 immerhin zu einem Zweitstimmen-

anteil von 37,8 Prozent gereicht hatte (siehe Tabelle 1). Als Alfred Dregger nach seinem vierten Anlauf in Hessen zurücktrat, der nur durch das Auseinanderbrechen der Regierung Schmidt in Bonn und die sich daran anschließende Verratskampagne in letzter Sekunde scheiterte, stand die CDU auf Landesebene bei 45,6 Prozent.
Bei den letzten Kommunalwahlen unter der Führung Alfred Dreggers erreichte die CDU 47,4 Prozent, während es bei der Bundestagswahl 1980 wegen des Anti-Strauß-Effektes nur zu vergleichsweise bescheidenen 40,6 Prozent der Zweitstimmen reichte (siehe Tabelle 1).
Zieht man auf den verschiedenen Ebenen zum Vergleich jeweils das beste Wahlergebnis aus der Ära Dregger heran, so ist die Entwicklung der CDU seit 1967 noch beeindruckender. Bei Bundestagswahlen konnte die CDU maximal 7 Prozentpunkte zulegen (1965: 37,8 %; 1976: 44,8 %). Wesentlich größere Positionsverbesserungen gab es jedoch zwischen den Landtagswahlen 1966 (26,4 %) und 1974 (47,3 %) sowie zwischen den Kommunalwahlen 1964 (29,0 %) und 1977 (47,9 %). Hier betrug die maximale Steigerungsrate 18,9 Prozentpunkte.[2)]
Unabhängig davon, welche Wahljahre man zu Vergleichen heranzieht: Die Bilanz der CDU Hessen zwischen 1967 und 1982 spricht für sich – und natürlich für ihren Landesvorsitzenden und Ministerpräsidenten-Kandidaten Alfred Dregger. Alfred Dregger ist als derjenige Landesvorsitzende in die Annalen der CDU Hessen eingegangen, der durch eine neue, straffere Parteiorganisation und durch eine neue, aggressivere Oppositionspolitik die hessische CDU aus ihrem Dornröschendasein mit Wahlergebnissen unterhalb der 30-Prozent-Marke befreite und zu einer Partei an der Grenze zur absoluten Mehrheit machte. Daß der damalige Zustand der SPD in Hessen mit einer Vielzahl von Skandalen und Affären die Bemühungen Dreggers und der CDU ebenso begünstigte wie die zeitweise schlechte Verfassung der SPD/F.D.P-Koalition in Bonn, schmälert die Leistung des damaligen Landesvorsitzenden in keiner Weise. Die persönliche Tragik im politischen Leben Dreggers

---

2) Zu weitergehenden Informationen über Wahlergebnisse in Hessen und deren Hintergründe vgl. A. Behr, G. Breit, H. Lilge, J. Schissler: Wahlatlas Hessen 1946 bis 1985, Braunschweig, 1986.

Tabelle 1

Wahlergebnisse in Hessen vor und während der Ära Dregger							
Wahlart	Datum	Wahlbet. %	CDU %	SPD %	F.D.P. %	GRÜNE %	Sonstige %
KW[1] 1964	25. 10. 64	79,3	29,0	51,7	11,1	–	8,2
BTW 1965	19.09.65	87,4	37,8	45,7	12,0	–	4,4
LTW 1966	06. 11. 66	81,0	26,4	51,0	10,4	–	12,2
Beginn der Ära Dregger							
KW 1968	20. 10. 68	76,9	29,7	49,9	10,4	–	10,0
BTW 1969	28. 09. 69	88,2	38,4	48,2	6,7	–	6,7
LTW 1970	08. 11. 70	82,8	39,7	45,9	10,1	–	4,3
KW 1972	22. 10. 72	81,4	38,1	51,4	6,4	–	4,1
BTW 1972	19. 11. 72	91,7	40,3	48,5	10,2	–	1,0
LTW 1974	27. 10. 74	84,8	47,3	43,2	7,4	–	2,1
BTW 1976	03. 10. 76	91,9	44,8	45,7	8,5	–	1,0
KW 1977	20. 03. 77	79,5	47,9	42,3	5,4	–	4,4
LTW 1978	08. 10. 78	87,7	46,0	44,3	6,6	2,0	1,1
BTW 1980	05. 10. 80	89,9	40,6	46,4	10,6	1,8	0,5
KW 1981	22. 03. 81	76,3	47,4	39,4	6,0	4,3	2,9
LTW 1982	26. 09. 82	86,4	45,6	42,8	3,1	8,0	0,5

1) Die Kommunalwahlergebnisse weisen die Gemeindewahlen in den kreisfreien Städten und die Kreiswahlen aus

besteht allerdings darin, daß Helmut Schmidt in Erwartung des baldigen Auseinanderbrechens der SPD/F.D.P-Bundesregierung der Agonie der Bonner Koalition zehn Tage vor der 82er Landtagswahl in Hessen beherzt ein Ende setzte und dadurch die Voraussetzungen für die Verratskampagne schuf, die Alfred Dregger den nach Meinung aller Beobachter bis dahin sicheren Wahlsieg am 26. 09. 1982 kostete.[3]

Die Dynamik der Entwicklung der CDU Hessen in den Jahren von 1967 bis 1982 legt den Schluß nahe, daß die Umorganisation und die Erfolge der Partei in dieser Zeit nur unter der Führung eines

3) Für eine prägnante und viele Einzelaspekte beinhaltende Schilderung der Ära Dregger aus der Sicht eines Insiders vgl. W. Wolf: Neubeginn und Kampf um die Mehrheit. Die CDU Hessen unter Alfred Dregger 1967–1982, in: W. Wolf (Hrsg.), CDU Hessen 1945–1985, Köln 1986, S. 59–97.

besonders dynamischen, entschlossenen und leistungsfähigen Vorsitzenden und mit entsprechender Unterstützung einer gleichgesinnten Führungsmannschaft möglich waren. Ob die öffentliche Meinung in Hessen aufgrund der Wahlergebnisse der CDU, der Auftritte Dreggers in der Öffentlichkeit sowie der veröffentlichten Meinung zu ähnlichen Schlußfolgerungen gelangte, soll im folgenden mit Hilfe der verfügbaren Umfragedaten überprüft werden.

Der chancenlose Dregger: Politisches Faktum oder demoskopischer Trugschluß?

Nicht alle Wählerumfragen beschäftigen sich in intensiverer Form mit der Wahrnehmung der Kandidaten. Untersuchungsschwerpunkte sind zumeist die Sachthemen, deren Wahrnehmung und Relevanz, die den Parteien beigemessene themenspezifische Problemlösungskompetenz sowie die Einstellungen zu den Parteien. Dessen ungeachtet werden aber in jeder Wählerumfrage in globalerer Form die Einstellungen zu den Spitzenpolitikern oder zumindest zu dem Regierungschef und zu seinem Herausforderer gemessen. Besonders beliebt und der interessierten Öffentlichkeit weithin bekannt sind Fragen, bei denen Sympathie, Zufriedenheit mit der politischen Leistung oder die allgemeine Übereinstimmung mit Politikern anhand von Skalen gemessen werden. Ebenso populär ist die Frage nach der Kandidatenalternative, bei der sich die Befragten für ihren liebsten Bundeskanzler oder Ministerpräsidenten entscheiden sollen.
Betrachtet man die von 1973 bis 1982 verfügbaren globaleren Indikatoren, so entsteht auf den ersten Blick der Eindruck, daß Alfred Dregger während der gesamten Zeit seines Wirkens als Landesvorsitzender der CDU Hessen sowohl als Herausforderer von Albert Osswald als auch von Holger Börner chancenlos war. Im direkten Vergleich mit Osswald und Börner konnte Alfred Dregger bei der Frage nach der allgemeinen Übereinstimmung, die mit einer Skala von 0 (gar keine Übereinstimmung) bis 10 (völlige Übereinstimmung) gemessen wurde, zu keinem Zeitpunkt auch nur annähernd die für Osswald oder Börner gemessenen Skalenmittelwerte erreichen (siehe Tabelle 2).

Tabelle 2

Allgemeine Übereinstimmung mit den Spitzenkandidaten in Hessen[1]							
	Okt. 1973	Okt. 1977	April 1978	Sept. 1978	Dez. 1980	Okt. 1981	Mai 1982
Dregger	4,5	4,9	4,5	4,7	4,2	4,7	4,5
Börner (bis 1974: Osswald)	6,2	5,6	5,9	6,1	5,5	5,6	5,4
Differenz	−1,7	−0,7	−1,4	−1,4	−1,3	−0,9	−0,9

[1] Mittelwerte einer 10-Punkte-Skala, 0 = gar keine Übereinstimmung,
10 = völlige Übereinstimmung

Ein ähnliches Bild ergibt sich auch bei der Frage nach der Ministerpräsidentenpräferenz. Auch bei diesem relativ groben Indikator zur Beurteilung der Bewerber für das Amt des Ministerpräsidenten konnten die SPD-Ministerpräsidenten ihren Herausforderer auf Distanz halten. Das gilt auch für Albert Osswald, der wegen einer Reihe von Affären und Skandalen unmittelbar nach Schließung der Wahllokale zur Bundestagswahl am 3. Oktober 1976 zurücktrat.
Albert Osswald lag 1974 sogar 21 bzw. 28 Prozentpunkte vor Alfred Dregger. Gegenüber Börner hatte Alfred Dregger bei der Ministerpräsidentenpräferenz im Regelfall einen Rückstand von 11 bis 18 Prozentpunkten, bis ihm im August 1982, ca. einen Monat vor dem Wahltermin in Hessen, der Durchbruch gelang. Eine vom SPIEGEL in Auftrag gegebene Umfrage wies nämlich im August 1982 erstmalig den CDU-Landesvorsitzenden mit einem knappen Vorsprung von drei Prozentpunkten als den am häufigsten favorisierten Ministerpräsidenten aus (siehe Tabelle 3).
War Alfred Dregger mit Ausnahme seiner letzten und vierten Kandidatur auch im Direktvergleich mit den jeweiligen Amtsinhabern tatsächlich völlig chancenlos? Hatte sich die CDU am 2. Dezember 1967 vielleicht für die ungünstigste aus den verfügbaren personellen Alternativen entschieden, als sie auf dem Eltviller Landesparteitag Alfred Dregger mit einem überzeugenden Votum zum neuen Landesvorsitzenden kürte? War Dregger vielleicht sogar ein Hemmfaktor für die CDU Hessen bei ihren Bemühungen zur Ablösung der SPD von der Regierungsmacht? Diese oder ähnlich lautende Fragen dürften sich auch Anhänger der CDU verschie-

Tabelle 3

Ministerpräsidenten-Präferenz in Hessen									
	April 1974	Sept. 1974	Okt. 1977	April 1978	Sept. 1978	Dez. 1980	Okt. 1981	Mai 1982	Aug. 1982
Dregger	31	26	28	29	32	27	28	28	47
Börner (bis 1974: Osswald)	52	54	39	44	47	45	40	43	44
keinen von beiden	16	18	11	8	7	12	16	14	–[a]
kann ich nicht sagen weiß ich nicht	–[a]	–[a]	19	15	–[a]	15[b]	12	11	5
keine Angabe	1	2	3	4	14	1	4	4	4
	100	100	100	100	100	100	100	100	100

[a] = Antwortkategorie nicht erhoben
[b] = Antwortkategorie »beide gleich«

dentlich gestellt haben, wenn in Presse, Funk und Fernsehen wieder einmal Umfrageergebnisse auftraten, die den CDU-Landesvorsitzenden im Vergleich zu den SPD-Amtsinhabern als weniger sympathisch und akzeptiert auswiesen. Weitere Zweifel bei den CDU-Anhängern und Zufriedenheit bei der SPD dürften aber auch durch die Veröffentlichung von Umfrageergebnissen ausgelöst worden sein, die zeigten, daß Alfred Dregger offenbar weniger Zustimmung fand als die CDU Hessen, während Osswald und Börner eine größere Resonanz fanden als die hessische SPD (siehe Tabelle 4).

Tabelle 4

Übereinstimmung mit den Spitzenkandidaten und mit CDU und SPD in Hessen[1]							
	Okt. 1973	Okt. 1977	April 1978	Sept. 1978	Dez. 1980	Okt. 1981	Mai 1982
Dregger	4,5	4,9	4,5	4,7	4,2	4,7	4,5
CDU	4,7	5,1	4,9	4,9	4,7	4,9	4,7
Börner (bis 1974: Osswald)	6,2	5,6	5,9	6,1	5,5	5,6	5,4
SPD	6,2	5,4	5,4	5,9	5,4	5,4	5,1

[1] Mittelwerte einer 10-Punkte-Skala, 0 = gar keine Übereinstimmung,
10 = völlige Übereinstimmung

Die internen, bis dato größtenteils nicht veröffentlichten Umfragen der CDU belegen, daß die CDU tatsächlich immer etwas mehr Zustimmung fand als Dregger, während Osswald und Börner besser als die SPD abschnitten. Die damals von vielen Journalisten, aber auch von politischen Gegnern und Freunden daraus gezogene Schlußfolgerung, daß Osswald und Börner Aktivposten für ihre Partei darstellten, während Dregger eher die Erfolgschancen seiner Partei minderte, schien ausgesprochen plausibel und erfreute sich zeitweise einer großen Popularität.
Diese Popularität wurde im übrigen auch dadurch genährt, daß diese Umfrageergebnisse und die daraus gezogenen Schlußfolgerungen von der SPD und ihr nahestehenden Medien als Instrument der politischen Auseinandersetzung eingesetzt wurden. Offenbar versprach man sich davon, zumindest zeitweise von den erheblichen Schwierigkeiten der SPD in Bonn und Wiesbaden ablenken und den eigenen Anhängern Mut machen zu können. Umgekehrt hoffte man wohl auch, durch die Darstellung der vermeintlichen Chancenlosigkeit Dreggers die CDU und ihre Anhänger demoralisieren und von der SPD enttäuschte Wähler von einem Wechsel zur CDU abhalten zu können.
Die Nutzung dieser Umfrageergebnisse als Mittel der »psychologischen Kampfführung« in der politischen Auseinandersetzung war deshalb besonders erfolgversprechend, weil die zuvor geschilderten demoskopischen Befunde objektiv stimmten und in den Umfragen aller Institute unabhängig vom jeweiligen Auftraggeber und vom Erhebungszeitpunkt ermittelt wurden, wenn man einmal von dem für Börner extrem ungünstigen Ergebnis im August 1982 absieht.
Sowohl die Demoskopen als auch die von ihnen beratenen Politiker und demoskopisch versierte Journalisten wußten jedoch sehr wohl, daß die Umfrageergebnisse zur Übereinstimmung und Ministerpräsidentenpräferenz für Alfred Dregger und seine beiden Gegenspieler von der SPD keineswegs ein Beleg für die völlige Chancenlosigkeit Dreggers beim Kampf um das Amt des Ministerpräsidenten in Hessen waren.
Aus diesen Ergebnissen wurde vielmehr entweder in politischer Absicht oder aber aus Unkenntnis ein demoskopischer Trugschluß gezogen, der jedoch keineswegs ein Trugschluß der Demoskopen

war. Letztere wußten nämlich vom Phänomen der normativen Unterbewertung der Opposition in der Bundesrepublik Deutschland, das u. a. der Politikwissenschaftler Kaltefleiter mehrfach beschrieben hat. Dieses besteht darin, daß die Oppositionsparteien – und natürlich auch ihre Spitzenpolitiker – bei Fragen zur Übereinstimmung und Akzeptanz im Normalfall immer etwas schlechter abschneiden als die Regierungsparteien und ihre Politiker. In diesem Zusammenhang ist es übrigens auch völlig normal und keineswegs Dregger-spezifisch, daß der Spitzenkandidat der Opposition hinter seiner Partei liegt und der amtierende Ministerpräsident vor seiner Partei.

Berücksichtigt man nun noch zusätzlich das Phänomen, daß die CDU-Wähler nicht nur in Hessen die SPD und ihre Politiker in Umfragen üblicherweise weniger negativ beurteilen als SPD-Wähler die CDU und ihre Spitzenpolitiker, so werden die in Tabelle 2 und 4 erkennbaren Abstände bei der allgemeinen Übereinstimmung mit Alfred Dregger einerseits sowie mit Albert Osswald, Holger Börner, der CDU und der SPD andererseits relativiert und zu einem völlig normalen demoskopischen Befund. In einem Bundesland wie Hessen, in dem die SPD über viele Jahre – auch während der Ära Dregger – die soziostrukturellen Voraussetzungen zur Erringung der absoluten Mehrheit besaß, waren die für den CDU-Vorsitzenden gemessenen Werte durchaus normal und keineswegs ein Grund zur Beunruhigung und Mutlosigkeit.

Grund der Beunruhigung ergab sich im Gegenteil vielmehr für die SPD und Ministerpräsident Holger Börner. Betrachtet man die für die CDU, die SPD und ihre Spitzenpolitiker gemessenen Übereinstimmungswerte nämlich etwas eingehender im Zeitreihenvergleich, so wird erkennbar, daß der große Vorsprung, den die SPD und Albert Osswald (jeweils 6,2) vor der CDU (4,7) und Alfred Dregger (4,5) im Oktober 1973 hatten, bis zum Mai 1982 erheblich zusammengeschmolzen war. Während Dregger und die CDU neun Jahre später genauso wie im Oktober 1973 abschnitten, konnte Holger Börner nur noch einen Übereinstimmungswert von 5,4 (– 0,8) erzielen. Die Positionseinbußen der hessischen SPD (von 6,2 auf 5,1) waren noch erheblicher (siehe Tabelle 4). Es wird bei der Betrachtung über einen längeren Zeitraum von neun Jahren somit also durchaus erkennbar, daß sich trotz des Fortbestehens der normativ bedingten und auch anderweitig sichtbaren Unterbewertung der Opposition und ihres Spitzenkandidaten in der Sicht der Parteien und ihrer Spitzenpolitiker in Hessen einiges bewegt und die CDU unter der Führung Alfred Dreggers zunehmend bessere Chancen herausgearbeitet hatte.

Ähnlich wie bei der allgemeinen Übereinstimmung gab es auch bei den Daten zur Ministerpräsidentenpräferenz nur bei Unkenntnis oder bewußtem Übergehen der demoskopischen Hintergründe Anlaß, aus den Ergebnissen eine Chancenlosigkeit des Ministerpräsidentenkandidaten Dregger herauszuinterpretieren. Dies ist nämlich nur dann möglich, wenn man als Gegenstück zur normativen Unterbewertung der Opposition das Phänomen des Amtsbonus für den amtierenden Regierungschef nicht in die Interpretation der Zahlen einbezieht. Inzwischen gehört es zu den gesicherten demoskopischen Erkenntnissen, daß ein Bundeskanzler oder Ministerpräsident bei der Frage nach der Kandidatenalternative einen Vorsprung von mindestens 10, besser aber 15 Prozentpunkten vor seinem Herausforderer haben sollte.

Betrachtet man die Ergebnisse auf die Frage nach der Ministerpräsidentenpräferenz in Hessen im Zeitreihenvergleich zwischen April 1974 und August 1982, so wird erkennbar, daß Alfred Dregger in der Tat gegenüber Albert Osswald im Wahljahr 1974 einen sehr großen, bzw. mit 21 und 28 Prozentpunkten zu großen Abstand aufwies (siehe Tabelle 3). Zu diesem Zeitpunkt besaß Albert Osswald trotz der erfolgreichen Versuche der CDU, seine Mitverantwortung für die Rahmenrichtlinien des Kultusministers von Friedeburg und für die Milliardenverluste der Hessischen Landesbank zu Hauptwahlkampfthemen zu machen, immer noch eine große Popularität und eine wesentlich größere Akzeptanz als die SPD. Dafür spricht auch, daß 1974 trotz – oder vielleicht auch gerade wegen – der mit großer Härte vorgetragenen Vorwürfe mehr als 50 Prozent der Hessen Osswald als Ministerpräsidenten präferierten, während die SPD am 27.10.1974 nur 43,2 Prozent der Stimmen erhielt und die CDU mit 47,3 Prozent stärkste Partei wurde.

Mit dem Rücktritt des skandalgeschüttelten Albert Osswald unmittelbar nach der Bundestagswahl 1976 und der Amtsübernahme durch Holger Börner gab es allerdings bei der Ministerpräsidentenpräferenz keine Umfrageergebnisse mehr, aus denen mehr als ein standesgemäßer und dem Amtsbonus entsprechender Vorsprung Börners abzulesen gewesen wäre. Ausnahmen hiervon bilden die Umfrageergebnisse kurz nach der Bundestagswahl 1980, bei der die CDU und ihre Politiker wegen eines Anti-Strauß-Effektes in allen Ländern und auf Bundesebene Positionsverluste hinnehmen mußten, und die Umfrage kurz vor der Landtagswahl 1982. Begünstigt durch die für SPD und F.D.P. negativen bundespolitischen Rahmenbedingungen, hatte es Alfred Dregger im August 1982 erstmals geschafft, Holger Börner (44 %) bei der Frage nach der Ministerpräsidentenpräferenz mit einer Präferenzquote von 47 Prozent zu überholen, ein für Börner katastrophales Ergebnis, das wie alle anderen Umfrageergebnisse aus dieser Zeit den vermeintlich absolut sicher bevorstehenden Regierungswechsel in Hessen ankündigte. Daß der Machtwechsel in Hessen nach dem von Helmut Schmidt am 17. September 1982 herbeigeführten Auseinanderbrechen der Bonner SPD/F.D.P-Koalition und der sich daran anschließenden Verratskampagne doch nicht stattfand, weil das politische Meinungsklima bis zum Wahltag am 26. September in einer bisher noch nicht gekannten Form umkippte, verleiht der Biographie Alfred Dreggers einen Hauch von Tragik. Dies ändert aber nichts an der Tatsache, daß Alfred Dregger spätestens kurz vor seinem vierten Anlauf die Grundlagen und Voraussetzungen für einen Machtwechsel in Hessen geschaffen hatte und auch bei vorangegangenen Landtagswahlen in Hessen keineswegs so chancenlos war, wie dies aufgrund einer oberflächlichen oder bewußt fehlinterpretierenden Betrachtung der Umfrageergebnisse zur Ministerpräsidentenpräferenz und zur allgemeinen Übereinstimmung der Fall zu sein schien.

Das Dregger-Image zwischen 1973 und 1982

Wesentlich interessanter und aussagekräftiger als die bisher vorgestellten Umfrageergebnisse zur allgemeinen Übereinstimmung und zur Ministerpräsidentenpräferenz sind natürlich Umfragedaten, die sich eingehender mit der Wahrnehmung Alfred Dreggers, seinen politischen Fähigkeiten und persönlichen Eigenschaften beschäftigen.

Diese Ergebnisse liegen ebenfalls nur für den Zeitraum von 1973 bis 1982 vor und decken somit nicht die gesamte Amtszeit Alfred Dreggers als Landesvorsitzender der CDU Hessen seit Dezember

1967 ab. Die erste Image-Messung für den Landesvorsitzenden der CDU erfolgte somit zu einem Zeitpunkt, an dem Alfred Dregger bereits zwei Kommunal- und Bundestagswahlen sowie eine Landtagswahl bestritten hatte, bei der er das 66er-Ergebnis der CDU von 26,4 % auf 39,7 % verbessern konnte. Durch diese Serie von Wahlen mit den dabei üblichen zahlreichen Wahlkampfauftritten und nicht zuletzt durch einen wesentlich aggressiveren, stärker auf Konfrontation angelegten Oppositionsstil außerhalb der Wahlkämpfe war Dregger ein Jahr vor seinem zweiten Anlauf auf das Amt des Ministerpräsidenten bereits ausgesprochen bekannt und profiliert.

Sein Bekanntheitsgrad lag nur knapp unter dem des damaligen Ministerpräsidenten Osswald. Es war also zu erwarten, daß sich knapp sechs Jahre nach der Übernahme des Parteivorsitzes ein relativ klares und festliegendes Image-Profil für Alfred Dregger ergeben würde. Daß sein Image aufgrund der seit 1967 konsequent verfolgten Konfrontationsstrategie mit der SPD keineswegs nur positiv sein würde, war Alfred Dregger vor der ersten Image-Messung im Oktober 1973 durchaus klar. Dies hielt ihn aber keineswegs davon ab, eine Untersuchung seines Image in Auftrag zu geben und die Ergebnisse im Rahmen einer Sitzung des Landesvorstands präsentieren und diskutieren zu lassen. Für Alfred Dregger war es nicht nur selbstverständlich, daß man Meinungsumfragen als Hilfsmittel einer modernen Parteiführung und eines schlagkräftigen Wahlkampfes benötigte, sondern auch ebenso selbstverständlich, daß es dabei keine Tabuzonen geben durfte. Die Schonung der eigenen Person und ein Verzicht auf eine Messung seines Image wegen möglicherweise zu erwartender ungünstiger Ergebnisse waren für den CDU-Vorsitzenden nie ein Thema.

Da das Instrument der Meinungsumfrage für die CDU Hessen vor und zu Beginn der Ära Dregger noch nicht eingesetzt worden war, wurde im Spätherbst 1973 sowohl eine qualitative Untersuchung mit 80 Tiefeninterviews als auch eine repräsentative Umfrage mit ca. 1.500 Befragten in Auftrag gegeben. Zielsetzung war es, zu den Imagedimensionen mit Hilfe der Tiefeninterviews tiefergehende Informationen zu erhalten und damit die Ergebnisse der Repräsentativ-Umfrage anzureichern.

Die in einer tabellarischen Übersicht zusammengefaßte Darstellung

der Ergebnisse aus beiden Untersuchungen bestätigt, daß sich 1973 für Alfred Dregger ein klares, relativ festes Profil ergab, das sich vom Image des damaligen Ministerpräsidenten Osswald in wesentlichen Punkten deutlich unterschied (siehe Tabelle 5).
Bei der Frage nach den Positiva wurden Dregger und Osswald gleichermaßen als sympathisch, sachlich und als guter Oppositionsführer bzw. Regierungschef bezeichnet. Eine gewisse Übereinstimmung ergab sich zwischen beiden Politikern auch noch im Hinblick auf die Fähigkeit, gute Reden zu halten. Bei allen anderen genannten positiven Eigenschaften unterschied sich die Sicht Alfred Dreggers erheblich von der Wahrnehmung Albert Osswalds. Dreggers Oppositionsstil blieb insofern nicht ohne Folgen, als daß man ihm

Tabelle 5

Die hervorstechendsten Eigenschaften von Alfred Dregger und Albert Osswald (Okt. 1973: offene Frage)	
Alfred Dregger	**Albert Osswald**
Positiva: – sympathisch – guter Oppositionsführer – sachlich, nüchtern – energisch, dynamisch – entschlossen, setzt sich durch – intelligent – guter Redner – sicheres Auftreten – sieht gut aus	**Positiva:** – sympathisch – guter Regierungschef – sachlich, nüchtern – guter Redner – volksnah, kontaktfreudig – anständig, fair, ehrlich – sozial, bescheiden
Negativa: – unsympathisch – Arroganz, Überheblichkeit – zu weit rechts, konservativ – Schwatzhaftigkeit – Unglaubwürdigkeit – unsachlich – karrierebesessen – nicht volkstümlich genug	**Negativa:** – Arroganz, Überheblichkeit – Schwatzhaftigkeit – Laschheit, Weichheit – zu weit links – unkritisch gegenüber SPD – keine persönliche Ausstrahlung

bei den Positiva in hohem Umfang Dynamik, Energie, Entschlossenheit, Durchsetzungsstärke und ein sicheres Auftreten attestierte und darüber hinaus auch seine Intelligenz und sein gutes Aussehen ansprach. Im Gegensatz dazu wurde Albert Osswald nahezu völlig konträr als volksnaher, kontaktfreudiger Landesvater gesehen, der anständig, fair und ehrlich sowie sozial und bescheiden ist.

Da Politiker, insbesondere wenn sie hervorgehobene Machtpositionen besitzen, automatisch bestimmte Vermutungen im Positiven wie im Negativen auslösen, verwundert es nicht weiter, daß neben Alfred Dregger auch Albert Osswald bei den Negativa als arrogant und überheblich sowie als »schwatzhaft, zu viel redend« bezeichnet wurde. Diese Eigenschaften sind die negativen Korrelate zu den Positivmerkmalen guter Regierungschef/Oppositionsführer und guter Redner.

Interessanter waren hingegen die personenspezifischen negativen Imageunterschiede zwischen Alfred Dregger und Albert Osswald. Die Übersicht läßt deutlich erkennen, daß Energie, Dynamik und Entschlossenheit als Positiva Dreggers häufiger den Eindruck von Unsachlichkeit, Rechtslastigkeit, Karrierebesessenheit, Unglaubwürdigkeit sowie mangelnder Volkstümlichkeit und Sympathie auslösten. Der alles in allem recht sympathische, volksnahe und kontaktfreudige Osswald wurde hingegen häufig als zu weich, zu lasch, zu links und unkritisch gegenüber seiner Partei bezeichnet. Man vermißte einfach oftmals die bei Dregger offenkundig vorhandene persönliche Ausstrahlung.

Ein recht ähnlicher Gesamteindruck ergab sich im Oktober 1973 im übrigen auch bei einer gestützten Abfrage der Images von Dregger und Osswald, bei der die Befragten das Zutreffen bestimmter Eigenschaften anhand einer Sieben-Punkte-Skala beurteilen sollten (siehe Tabelle 6).

Alfred Dregger war aus der Sicht der Wähler der energische, dynamische, entschlußfreudige, starke und profilierte Politiker, der allerdings im Hinblick auf Glaubwürdigkeit, Sympathie, Anständigkeit und Bescheidenheit nicht sonderlich gut abschnitt. Albert Osswald galt im Gegensatz dazu als sachlich, fortschrittlich, sympathisch, zuverlässig, fair und glaubwürdig, wurde aber gleichzeitig als wenig dynamisch, vorausschauend, entschlußfreudig und bescheiden bezeichnet.

Tabelle 6

Imageprofile von Alfred Dregger und Albert Osswald im Oktober 1973 (positive Rangfolge, gestützte Abfrage)[1]			
Alfred Dregger		**Albert Osswald**	
energisch	2,6	sachlich	2,5
dynamisch	2,8	fortschrittlich	2,6
entschlußfreudig	2,9	sympathisch	2,7
stark	3,0	zuverlässig	2,7
profiliert	3,0	anständig, fair	2,7
zuverlässig	3,5	glaubwürdig	2,7
fortschrittlich	3,5	stark	2,8
vorausschauend	3,5	profiliert	2,9
sachlich	3,7	energisch	2,9
glaubwürdig	3,8	dynamisch	3,0
sympathisch	4,0	vorausschauend	3,0
anständig, fair	4,1	entschlußfreudig	3,1
bescheiden	4,8	bescheiden	3,2

[1] Rangfolge nach Skalenmittelwerten für eine 7-Punkte-Skala, 1 = trifft völlig zu, 7 = trifft gar nicht zu

Daß Osswald damals von der Gesamtheit aller Befragten bei insgesamt 10 von 13 vorgelegten Eigenschaften besser als Dregger beurteilt wurde, ist übrigens nur bedingt im Sinne eines generellen Imagedefizits Dreggers interpretierbar. Die besonders negativen Bewertungen Dreggers durch die Majorität der Befragten mit SPD-Wahlabsicht drückten nämlich zum Ende des Jahres 1973 die Skalenmittelwerte für den CDU-Vorsitzenden beträchtlich nach unten. Bei den eigenen Wählern war das Bild hingegen völlig anders. Hier wurde Alfred Dregger insgesamt deutlich besser beurteilt als Albert Osswald.
Unabhängig davon, ob die von den Wählern wahrgenommenen Eigenschaften Dreggers integraler Bestandteil seines Persönlichkeitsbildes oder aber nur Stilmittel in der Auseinandersetzung mit dem politischen Gegner waren, war das Bild, das man sich 1973 von Alfred Dregger in Hessen machte, konturenscharf und recht eindeutig: Alfred Dregger war der dynamische, energische, entschlußfreudige und offenbar recht leistungsstarke Herausforderer Albert Osswalds, keineswegs völlig unsympathisch, aber mit

erkennbaren Schwächen auf der Sympathieebene und eindeutigen Vorteilen auf der Leistungsebene.
Sein Image war somit völlig konträr und komplementär zu der Sicht des Amtsinhabers Osswald, den man wegen seiner Volkstümlichkeit, Anständigkeit und Bescheidenheit für wesentlich sympathischer hielt als Dregger, dem man aber wegen seiner Laschheit und fehlenden Ausstrahlung im Gegensatz zum CDU-Vorsitzenden keine besonderen Leistungen zutraute.
Damit ergab sich bei den Images von Dregger und Osswald im Jahr 1973 eine Konstellation, die aus der Führungspsychologie hinreichend bekannt ist: Der amtierende Ministerpräsident mit eindeutigen Stärken auf der Sympathieebene, volkstümlich, anständig, eine ehrliche Haut, aber mit generellen Profilierungsproblemen und eindeutigen Defiziten auf der Leistungsebene. Der Herausforderer entschlossen, durchsetzungsstark, leistungsfähig und durchaus profiliert, aber aufgrund der Dominanz auf der Leistungsebene nicht gerade der »Sympathiestar«.
Diese Imagekonstellation muß im Nachhinein als ideal für die Bemühungen Dreggers beim Kampf um die Mehrheit bezeichnet werden. Da Alfred Dreggers Image keineswegs dem Extremtyp des »ekelhaften Alleskönners« entsprach, den die Wähler wegen des Fehlens jeglicher Sympathie auf keinen Fall in einem politischen Amt sehen wollen, gab es gute Möglichkeiten, den vergleichsweise sympathischeren, aber blasseren Osswald glaubhaft auf der Leistungsebene anzugreifen. Als Ansatzpunkt boten sich bis zur Landtagswahl 1974 bereits eine Reihe von Sachthemen (Rahmenrichtlinien) sowie einige Affären und Skandale wie z. B. die »Affäre Best«, der »Umwelt-Skandal« sowie die »Helaba-Affäre« und die »Frankfurter Parteispendenaffäre« an.[4)]
Ein CDU-Vorsitzender mit einer ähnlichen Imagekonstellation wie Albert Osswald, d.h. mit eindeutigen Stärken auf der Sympathie- und gravierenden Schwächen auf der Leistungsebene, anstelle von Alfred Dregger wäre zur damaligen Zeit eine klare Fehlbesetzung gewesen. Nur mit Alfred Dreggers konträrer und zugleich komplementärer Imagekonstellation gegenüber Albert Osswald konnte die

---

[4)] Für eine detaillierte Schilderung der die SPD 1974 belastenden Skandale und Affären vgl. W. Wolf: Neubeginn und Kampf um die Mehrheit. a.a.O., S. 73–78.

damalige CDU-Politik glaubhaft verkörpert und ein erfolgversprechender Angriff auf die bis 1973 nahezu unangefochtene Position des SPD-Ministerpräsidenten gewagt werden.
Da sich der im privaten Umgang ausgesprochen charmante und sympathische Alfred Dregger mit seinem 1973 erstmals erhobenen Image trotz der Schwächen auf der Sympathieebene identifizieren konnte und die aus der Imagekonstellation Dregger-Osswald gezogenen Schlußfolgerungen voll akzeptierte, wurde das Dregger-Image noch gezielter als bisher in die Kommunikationsstrategie der CDU eingebaut. Die CDU hob nunmehr verstärkt in ihrer Werbung die Zielstrebigkeit, Intelligenz und Energie Dreggers gegenüber der Farblosigkeit und Nachgiebigkeit Osswalds hervor.
Aus dem Vergleich von zwei im April und im Oktober 1974 durchgeführten Umfragen mit Ergebnissen zum Image Alfred Dreggers und Albert Osswalds wird sogar erkennbar, daß Alfred Dregger im Gegensatz zu Osswald bis zur Wahl noch deutliche Positionsverbesserungen seines Images erzielen konnte. Besonders beeindruckend waren die Imageverbesserungen Dreggers im Hinblick auf die Eigenschaften sympathisch, verkörpert die gute Tradition des Landes, kennt die zukünftigen Probleme des Bundeslandes und ist ein erfolgreicher Politiker. Außerdem stufte man Dregger kurz vor der Wahl seltener als zu weit rechts stehend ein (siehe Tabelle 7).
Im Gegensatz dazu stagnierte das Osswald-Image oder wurde mit näherrückendem Wahltermin sogar schlechter. Vorteilhaft für Dregger war vor allem, daß man Osswald häufiger vorwarf, zu weit links zu stehen, den Radikalen freien Lauf zu lassen, Versprechen nicht mehr zu halten und weniger auf die Wünsche der Bevölkerung zu hören.
Letztlich dürften nicht nur die sachpolitischen Rahmenbedingungen, sondern auch die eben geschilderten Veränderungen in der Wahrnehmung Alfred Dreggers und Albert Osswalds zwischen Frühjahr und Herbst 1974 mit dazu beigetragen haben, daß die CDU am 27. Oktober 1974 mit 47,3 Prozent das bisher beste Landtagswahlergebnis ihrer Geschichte in Hessen erringen und erstmals stärkste Partei werden konnte. Besonders bemerkenswert ist in diesem Zusammenhang, daß Dregger vor allem bei solchen Eigenschaften Positionsverbesserungen erzielen konnte, die eher

Tabelle 7

Imageveränderungen für Alfred Dregger und Albert Osswald zwischen April und Oktober 1974 (gestützte Abfrage mit Skalenmittelwerten) [1]						
	Dregger			**Osswald**		
Eigenschaft	April 1974	Okt. 1974	Diff.	April 1974	Okt. 1974	Diff.
ist ein erfolgreicher Politiker	2,4	2,0	+0,4	1,9	1,9	±0,0
kennt die zukünftigen Probleme des Bundeslandes	2,5	2,0	+0,5	1,9	2,0	−0,1
hat eine klare Linie	2,0	2,0	±0,0	2,3	2,0	+0,3
hat handlungsfähige Mannschaft	2,9	2,7	+0,2	2,2	2,3	−0,1
verkörpert die gute Tradition unseres Landes	3,1	2,4	+0,7	2,4	2,4	±0,0
ist mir sympathisch	3,3	2,6	+0,7	2,4	2,5	−0,1
hört auf die Wünsche der Bevölkerung	2,8	2,7	+0,1	2,5	2,8	−0,3
läßt den Radikalen freien Lauf	4,8	5,0	+0,2	3,2	2,9	+0,3
hält seine Versprechen	3,0	3,1	−0,1	2,8	3,2	+0,4
steht zu weit rechts	2,8	3,2	−0,4	5,0	5,2	−0,2
steht zu weit links	5,4	5,6	−0,2	3,4	2,6	+0,8

[1] Skalenmittelwerte von 1 bis 7, 1 = trifft völlig zu, 7 = trifft gar nicht zu

auf der Sympathieebene anzusiedeln sind. Dadurch lag Alfred Dregger vor der Landtagwahl 1974 bei der Beurteilung von Einzeleigenschaften plötzlich fast gleichauf mit Albert Osswald, eine Entwicklung, mit der ein Jahr zuvor nach der ersten Image-Messung noch niemand gerechnet hatte und die aus den gröberen Indikatoren wie z. B. der Frage nach der Ministerpräsidentenpräferenz selbst im Herbst 1978 nicht ablesbar war.
Daß Alfred Dregger nicht nur innerhalb des für Imagekorrekturen sehr kurzen Zeitraumes von 1973 bis 1974 Positionsverbesserungen erzielen konnte, wird aus einem Vergleich von Umfragedaten erkennbar, die jeweils vor den Landtagswahlen von 1978 und 1982 erhoben wurden (siehe Tabelle 8).
Nachdem der von Skandalen und Affären gebeutelte Ministerpräsident Albert Osswald noch am Abend der Bundestagswahl 1976 seinen Rücktritt erklärt hatte, stand sein Herausforderer Alfred Dregger unverhofft vor einer neuen Situation. Er hatte es plötzlich

nicht mehr mit einem Gegner zu tun, dessen Image angeschlagen war und dessen Image-Vorsprünge vor allem auch durch eigene Positionsverbesserungen egalisiert worden waren. Mit dem Erscheinen Holger Börners auf der politischen Bühne Hessens wurden die Karten neu gemischt. Bei der Kommunalwahl am 20. März 1977 konnte der von Skandalen und Affären unbelastete Holger Börner offenbar noch keine Wirkung entfalten. Der Osswald-Nachfolger war noch zu kurz im Amt, um das bisher beste CDU-Kommunalwahlergebnis verhindern zu können. Im Laufe des Jahres 1977 und 1978 konnten die SPD und Börner jedoch die Situation in Hessen mit beträchtlichem Erfolg konsolidieren, nicht zuletzt auch deshalb, weil die Bonner Koalition wieder einen wesentlich besseren Eindruck machte, während die Union in Bonn wegen interner Querelen in einen immer desolateren Zustand geriet. Angesichts dieser Situation konnte Holger Börner bei der Ministerpräsidentenpräferenz seinen Vorsprung vor Alfred Dregger kontinuierlich ausbauen (siehe Tabelle 3).
Davon unangetastet blieb 1978 jedoch weitgehend die Beurteilung Alfred Dreggers im Hinblick auf einzelne Eigenschaften. Dregger wurde weiterhin als ausgesprochen energisch und durchsetzungsfähig, als glänzender Redner und führungsstark beurteilt. Neben seiner konservativen Einstellung wurde zudem oft hervorgehoben, daß er ein Mann mit Vertrauen und klarer Linie sowie großer Sachkenntnis sei, der Zuversicht und Erfolg ausstrahle und darüber hinaus mutig und sympathisch sei (siehe Tabelle 8).
Daß sich 1978 bei Eigenschaften wie fortschrittlich, sozial, humorvoll und liberal weiterhin Imagedefizite zuungunsten von Dregger ergaben, ist nicht weiter verwunderlich, wenn man berücksichtigt, daß Images relativ stabile, schwer veränderbare Einstellungen sind und gleichzeitig den viele Jahre praktizierten harten, aggressiven Oppositionsstil Dreggers widerspiegeln (siehe Tabelle 8). An dieser Sicht der Dinge konnten die im Vorfeld der Landtagswahl 1978 erfolgten ersten Versuche einer Imagekorrektur offenbar nichts ändern, mit deren Hilfe ein weicherer, liberalerer Alfred Dregger als Garant für die angekündigte liberale Erneuerung Hessens glaubwürdiger herausgestellt werden sollte.[5)]

[5)] Vgl. hierzu W. Wolf: a.a.O., S. 79–81.

Allerdings wird erkennbar, daß die von Dregger und seinen Beratern im Vorfeld der 82er Landtagswahl wesentlich konsequenter betriebene Imagekorrektur bei der empirischen Überprüfung durch Meinungsumfragen Wirkungen zeitigte. Bei dieser Imagekorrektur ging es nicht darum, ein völlig neues Dregger-Image zu schaffen, sondern die Akzente und Schwerpunkte zu verlagern. Daß dies zumindest teilweise geglückt war, zeigt die folgende Tabelle:

Tabelle 8

Imageveränderungen für Alfred Dregger zwischen 1978 und 1982			
Eigenschaften	1978 %	1982 %	Differenz
energisch, durchsetzungsfähig	50	54	+ 4
konservativ eingestellt	41	52	+ 11
Mann mit Vertrauen und klarer Linie	40	50	+ 10
glänzender Redner	50	49	− 1
starke Führernatur	47	45	− 2
große Sachkenntnis	38	43	+ 5
Zuversicht, Erfolg ausstrahlend	36	42	+ 6
sympathisch	30	35	+ 5
vertrauenerweckend	29	33	+ 4
mutig	33	32	− 1
modern, fortschrittlich	21	25	+ 4
ehrlich, aufrichtig	22	25	+ 3
sozial	17	22	+ 5
humorvoll	15	20	+ 5
liberal, tolerant	10	18	+ 8

Offensichtlich war es gelungen, die Führernatur, Dreggers Mut und seine rethorischen Fähigkeiten als wesentliche Merkmale etwas in den Hintergrund zu drücken und statt dessen die Aufmerksamkeit auch auf solche Eigenschaften zu lenken, deren verstärkte Wahrnehmung Dregger und seinen Beratern besonders am Herzen lag. Dazu gehört auch, daß Alfred Dregger 1982 deutlich häufiger als 1978 als Mann mit Vertrauen und klarer Linie, liberal und tolerant, sozial, sachkundig, sympathisch und humorvoll bezeichnet wurde. Offensichtlich war es Dregger vor seinem vierten Anlauf gelungen, nicht nur eine nochmalige generelle Verbesserung seines Images zu erzielen, sondern auch eine stärkere Wahrnehmung von solchen Eigenschaften zu bewirken, die in der Rolle des erbarmungslosen Herausforderers (Django) zwangsläufig nicht zur Geltung kommen konnten und somit für die Wähler nicht sichtbar waren.

Schlußfolgerungen

Versucht man nach intensiverer Beschäftigung mit Umfragedaten über Alfred Dregger aus der Zeit von 1973 bis 1982 ein Resümee zu ziehen, so ergibt sich eine Reihe bemerkenswerter Schlußfolgerungen. Alfred Dregger ist nicht nur ein Paradebeispiel dafür, daß eine eher verschlafene Landespartei unter einem neuen, dynamischen Vorsitzenden mit Hilfe einer solidarischen Führungsmannschaft Gleichgesinnter einen geradezu unglaublichen Aufschwung von der 25-Prozent- bis nahe an die 50-Prozent-Marke durchmachen kann. Alfred Dregger ist vielmehr auch ein Paradebeispiel dafür, daß Umfragedaten über Spitzenpolitiker einer sehr sorgfältigen und differenzierten Betrachtung bedürfen, wenn man nicht zu voreiligen Trugschlüssen und Fehlinterpretationen gelangen will.
Alfred Dregger, ob seiner politischen Leistung als hessischer CDU-Vorsitzender von seinen Anhängern bewundert und von den politischen Gegnern gefürchtet, war nie ein demoskopischer Star. Da er als Chef der CDU Hessen, einer 26-Prozent-Partei, wie er es selbst einmal ausdrückte, »zwangsläufig den Part des erbarmungslosen Herausforderers« zu übernehmen hatte, hatte Dregger auch keine Chance, sich zu Beginn seiner Amtszeit als Sympathieträger zu profilieren.
Die Folge war, daß Dregger, der als Oppositionspolitiker ohnehin schon den in Umfragen üblichen Oppositionsmalus verkraften mußte, aufgrund des gebotenen Konfrontationskurses mit der SPD und ihrem Ministerpräsidenten zumindest bei den globaleren Indikatoren für Sympathie, Übereinstimmung und Ministerpräsidentenpräferenz ein zusätzliches Handicap aufwies.
Mit Ausnahme der kurz vor der Landtagswahl 1982 durchgeführten Umfrage lag Dregger bei allen Sympathie-, Übereinstimmungs- und Ministerpräsidentenpräferenz-Fragen immer hinter seinen Kontrahenten Osswald und Börner.

Allerdings war sein Rückstand im Regelfall nur im Bereich des für Oppositionspolitiker Üblichen, d. h. dem Oppositionsmalus entsprechend. Der Rückschluß der Chancenlosigkeit Dreggers, von Politikern der SPD und einigen ihr nahestehenden Medien mehrfach genüßlich anhand von Ergebnissen zu Sympathie- und Präferenzfragen in die Öffentlicheit lanciert, war in dieser Form allenfalls für kurze Zeit im Jahr 1973 im Vergleich mit dem damals noch höchst populären Albert Osswald zulässig. Im Gegensatz dazu ließ sich anhand dieser Daten allerdings erkennen, daß Dreggers Chancen von Wahl zu Wahl größer wurden, da Dregger auch bei den globalen Indikatoren zu Sympathie, Übereinstimmung und Ministerpräsidentenpräferenz die Rückstände verringern konnte.
Alles in allem sind die zwischen 1973 und 1982 zur Person Alfred Dreggers erhobenen demoskopischen Befunde ein Musterbeispiel dafür, daß die Beschränkung in Umfragen auf relativ grobe Indikatoren wie Sympathie, Übereinstimmung und Ministerpräsidentenpräferenz zur Beurteilung des politischen Personals der Parteien bei weitem nicht ausreicht.
Die in schöner Regelmäßigkeit erhobenen globalen Sympathie- und Präferenzindikatoren wurden dem Phänomen Dregger im übrigen auch deshalb nicht gerecht, weil Veränderungen in der Sicht des CDU-Landesvorsitzenden bei diesen Fragen entweder gar nicht oder nur teilweise und mit erheblicher Verspätung sichtbar wurden. Erst die differenzierten Fragen zum Image Dreggers – sei es in offener, ungestützter Form oder als Eigenschaftslisten mit Skalenbeurteilungen – offenbaren, daß Alfred Dregger auch unter Image-Aspekten zur damaligen Zeit für die CDU in Hessen die Idealbesetzung war.
Dem als sehr sympathisch, insgesamt aber als blaß und zu weich empfundenen Ministerpräsidenten Osswald stand plötzlich ein Herausforderer gegenüber, dessen Image konträr und komplementär zum Amtsinhaber war und das deshalb einen gezielten Angriff auf die Imagedefizite Osswalds im Leistungsbereich erlaubte. Wähler, die die schwierige Aufgabe Dreggers kannten und akzeptierten, hatten demnach auch keine Schwierigkeiten mit Dreggers Imageschwäche auf der Sympathieebene.
Ferner machen die über einen Zehnjahreszeitraum vorliegenden Datenreihen zur Person Dreggers trotz teilweise fehlender Konti-

nuität in der Abfrage deutlich, daß sich mit entsprechender Energie und Geduld durchaus Imagekorrekturen erzielen lassen und daß diese Veränderungen und Imageverbesserungen nur bei entsprechender kontinuierlicher Beobachtung in differenzierter Form erkennbar werden. So gesehen ist die Beschäftigung mit dem Thema Alfred Dregger im Spiegel der Meinungsumfragen nicht nur eine interessante Überprüfung der Frage, ob damals öffentliche und veröffentlichte Meinungen in der Sicht des CDU-Vorsitzenden weitgehend übereinstimmten, sondern auch ein Lehrbeispiel dafür, wie man Umfragedaten über Spitzenpolitiker adäquat oder fehlerhaft handhaben und interpretieren kann.

Überwindung der Teilung als Auftrag der Geschichte

Die Deutschland-Politik Alfred Dreggers

von Klaus Hoff[*)]

I.

Alfred Dregger und die Deutschland-Politik – wer dem Thema gerecht werden will, muß das Welt- und Geschichtsbild kennen, das Dregger prägt; die Wertvorstellungen, die ihn leiten; die geistigen Traditionen, in denen er wurzelt. Erst vor diesem Hintergrund gewinnt Alfred Dreggers Deutschland-Politik – er selbst sagt lieber: Politik für Deutschland; das ist signifikant – ihre eigentlichen Konturen.

1. Was ist »Deutschland« für Alfred Dregger? Als er dies im Dezember 1989 gefragt wird, am Ende eines Jahres, das 16 Millionen Deutschen nach 40jähriger Knechtschaft wieder die Freiheit gebracht hat, erwidert er: *»Deutschland ist mein Vaterland.«* Er verweist auf ein Wort Leopold von Rankes aus dem Jahre 1836: »Nicht dort ist unser Vaterland, wo es uns endlich einmal wohl ergeht. Unser Vaterland ist vielmehr mit uns, in uns. Deutschland lebt in uns; wir stellen es dar, mögen wir wollen oder nicht, in jedem Lande, dahin wir uns verfügen, unter jeder Zone.« Alfred Dregger dazu:
»So ist es – auch heute. Unser Vaterland ist seit 1945 geteilt. Aber es *lebt fort – in uns und mit uns. Wir stehen in der Kette der Generationen und sind durch gemeinsame Sprache, Geschichte und Kultur nicht nur mit unseren Vorfahren und unseren Nachkommen, sondern mit allen unseren Landsleuten schicksalhaft verbunden.«*
Wie tief diese »schicksalhafte Verbundenheit« reiche, fährt Dregger

---

*) geb. 1936, 1963–1966 Redakteur der Zeitschrift »Die Politische Meinung«, 1966–1970 Bonner Korrespondent der »Welt am Sonntag«, seit 1970 Referent der CDU/CSU-Bundestagsfraktion, 1976 – 1982 Mitarbeiter des CDU/CSU-Fraktionsvorsitzenden Dr. Helmut Kohl, seit 1982 Mitarbeiter des CDU/CSU-Fraktionsvorsitzenden Dr. Alfred Dregger als Referent für Zeitgeschichte.

fort, sei in den Tagen und Wochen nach dem 9. November 1989, nach der Öffnung der Mauer in Berlin und der Stacheldrahtverhaue in Deutschland, spürbar geworden. Dregger schließt, die Deutschen hätten im Spätherbst 1989 auf die Frage, was Deutschland sei, »eine ebenso schlichte wie bewegende Antwort gefunden: Deutschland ist unser Vaterland, *geistige und seelische Heimat, zu der wir uns bekennen; mit der wir Geborgenheit, Wärme und Vertrauen verknüpfen; die uns niemand nehmen kann – und aus der wir niemals vertrieben werden können.«*[1]

Alfred Dregger – solche Sätze machen es deutlich – betreibt Politik für Deutschland aus Liebe zu seinem Vaterland. Vaterlandsliebe ist indessen »kein bloßes Gefühl« – wie Dregger 1985 vor dem Bund der Vertriebenen unter Berufung auf einen Ausspruch Joseph Kardinal Höffners betont –, sondern sie ist mehr: Sie ist *»sittliche Pflicht«*[2]. Dregger hat keine Mühen – er hatte sie nie –, sich mit seinem Vaterland Deutschland zu identifizieren und »elementaren Patriotismus«[3] zu praktizieren. Hier sind – um ein Wort Friedrich von Schillers aus dem »Tell« abzuwandeln – die starken Wurzeln seiner Kraft.

2. Deutschland – das ist für Alfred Dregger das christlich-abendländische, föderalistisch geordnete, europäisch eingebettete und auf Zusammenarbeit in Europa ausgerichtete Deutschland: jenes Deutschland, das im »alten Reich«, im Heiligen Römischen Reich Deutscher Nation, seine »schwierigen Aufgaben in der Mitte Europas«[4] erfolgreich erfüllt hat. »Christentum und griechisch-römische Antike sind der Wurzelgrund der Nationen Europas, auch und besonders der deutschen Nation«, sagt er am 23. Juni 1983 im Deutschen Bundestag. »Auf dieser geistigen Grundlage errichtete Karl der Große sein Reich, das zum erstenmal alle deutschen Stämme vereinte. Dieses Reich, das sich mit Otto dem Großen im Römerreich der Deutschen fortsetzte und bis 1806 bestand, war *nicht auf die eigene Nation fixiert.* Es war *europabezogen und dem*

---

[1] Deutsche Tagespost, Ausgabe vom 30. Dezember 1969

[2] Alfred Dregger, Der Vernunft eine Gasse – Politik für Deutschland, Reden und Aufsätze, zusammengestellt von Klaus Hoff, München 1986, 2. Auflage 1987, S. 38

[3] Augsburger Allgemeine, Ausgabe vom 10. Oktober 1986

[4] Der Vernunft eine Gasse, S. 224

Ganzen der Christenheit verpflichtet. Es war nach dem Untergang der Staufer und insbesondere nach den schrecklichen Verheerungen des 30jährigen Krieges kein strotzendes Machtgebilde, aber es war eine *europäische Friedensordnung*, die allen Völkern und Stämmen, die es umschloß, volle politische und kulturelle Autonomie gewährt hat. Diesem alten Reich verdanken Mittel- und zum Teil Osteuropa die kulturelle Blüte, von der sie noch heute zehren. Engstirniger Nationalismus dagegen ist nicht nur zerstörerisch, er verrät auch unsere besten deutschen Traditionen.«[5)]

Zu diesen Traditionen zählen die kommunale Selbstverwaltung und das »Ordnungsprinzip *Föderalismus*, das dem Zentralismus entgegensteht«[6)]: beides gewissermaßen eine Mitgift des »alten Reiches«. Dregger, der »reichische Patriot«[7)], sieht das in die Zukunft Weisende an dieser Mitgift:

»Der zentralistische Nationalstaat und der Machtstaat haben nicht nur Deutschland zerstört, sondern auch Europa. Es war daher eine echte Reform, als nach dem Zusammenbruch 1945 die Bundesrepu-

---

5) a.a.O., S. 29. Vgl. dazu auch die das »alte Reich« betreffenden Passagen der Rede Dreggers auf dem 32. Bundesparteitag der CDU im Mai 1984 in Stuttgart: »Unser nationales Schicksal ist seit jeher mit dem Schicksal Europas untrennbar verknüpft. Das ergibt sich schon aus der geographischen Lage. Wir leben nicht auf einer Insel wie die Briten und nicht in einem ›glücklichen Sechseck‹ mit nur einer offenen Grenze wie die Franzosen. Wir leben in der Mitte, von vielen Nachbarn umgeben. Das alte, von Karl dem Großen um 800 gegründete Reich konnte trotz dieser Mittellage mehr als 1000 Jahre bestehen, weil es europabezogen war, in vielfältiger Weise mit seinen Nachbarn verflochten, und weil es seiner Idee nach als ›Schutz und Schirm der Christenheit‹ über sich selbst hinauswies. Samuel von Pufendorf hat dieses alte Reich unbeschadet dessen als ein ›Monstrum‹ bezeichnet. Das war ja auch richtig, wenn man die modernen Staaten seiner Zeit – Frankreich, Großbritannien und Spanien – zum Maßstab erhob. Aber dieses Urteil war ungerecht, was wir heute rückblickend besser erkennen können, als es Samuel von Pufendorf erkennen konnte. Das alte Reich war trotz seiner Mängel und Unvollkommenheiten eine großartige Rechts-, Friedens- und Kulturgemeinschaft, eine Gemeinschaft, die das Zusammengehen der Nationen und Konfessionen förderte und uns einen kulturellen Reichtum hinterlassen hat, der uns ja heute immer noch in unseren Städten begegnet.« (Unsere Politik für Deutschlands Zukunft, Rede auf dem 32. Bundesparteitag in Stuttgart, veröffentlicht von der CDU-Bundesgeschäftsstelle, 1984, S. 5f.)

6) Alfred Dregger, Freiheit in unserer Zeit, Reden und Aufsätze, zusammengestellt von Günter Reichert, München – Berlin 1980, S. 67

7) So Otto von Habsburg in seiner Laudatio anläßlich der Verleihung der Paneuropa-Verdienstmedaille an Alfred Dregger am 18. Mai 1990 in Fulda (Fuldaer Zeitung, Ausgabe vom 21. Mai 1990)

blik Deutschland nach dem Prinzip des Föderalismus geordnet wurde; eine Rückkehr zu den *Urformen deutscher Politik*. Und es kann keine Frage sein, *daß allein dieses föderalistische Prinzip den Weg öffnet zu einem vereinigten Europa.*«[8)]
Sechs Jahre später schreibt Dregger in einem Beitrag für eine studentische Zeitschrift: »Was die Deutschen, die über ein Jahrtausend hinweg Träger eines universalen Reiches waren, in die Idee von einem befriedeten Europa einbringen können, ist ihre *geschichtliche Erfahrung* mit einer Ordnung, in der mehrere Völker – Deutsche, Romanen und Slawen – ihren Platz hatten und *zusammenwirkten*, ... mit einer großen zivilisatorischen wie kulturellen Leistung als Ergebnis.«[9)]

3. Die *Nation* gehört in der Sicht Alfred Dreggers »auch heute noch zu den wesentlichen Bestandteilen der Völker- und Staaten-

---

8) Freiheit in unserer Zeit, S. 67

9) Die Nation nimmt uns niemand, in: student, November 1982
Zum Kaiserreich von 1871 hat Dregger – wie aus diesem Aufsatz hervorgeht – ein eher ambivalentes Verhältnis. Dregger führt den sich über Jahrhunderte hinziehenden Verfall des alten, übernationalen Reiches und dessen Ende im Jahre 1806 auf folgende Entwicklungen zurück:
»Die Deutschen haben wie niemand sonst unter dem Wandel gelitten, in dessen Verlauf die Begriffe von Staat und Nation sich einander annäherten und schließlich verschmolzen.
Unter der expansiven Wucht der französischen Nation-Staats-Idee und ihrem imperialen Anspruch unter Napoleon begann das Reich zu zerbrechen. Eine deutsche Staats-Nation als kongruente Erscheinung von Staat, Volk und Idee existierte nicht. Die Klammer des Reiches hielt dem äußeren Druck nicht stand.
Die napoleonische Fremdherrschaft ließ erstmals ein Nationalgefühl im modernen Sinn in Deutschland aufkommen. Die Idee der Nation gewann an Kraft durch den Freiheitskrieg, führte aber *nur über den Bruderkrieg zwischen Preußen und Österreich zum Nationalstaat des zweiten Deutschen Reiches. Diese erste deutsche Teilung war der Preis, den die Deutschen dafür zu zahlen hatten.*«
In seiner Rede vor dem 32. Bundesparteitag der CDU in Stuttgart griff Dregger 1984 das Thema »Bismarck-Reich« noch einmal auf:
»Auf das alte Reich folgte 1871 das Bismarck-Reich, ein *festgefügter, sauber geordneter Nationalstaat, dessen Preis allerdings die erste deutsche Teilung war.* Seiner Mittellage konnte auch dieser Nationalstaat nicht entfliehen. Daß Russen, Franzosen und Briten sich gegen ihn zusammenschließen würden, war eine Gefahr, die von Anfang an bestand. Bismarck konnte dieser Gefahr durch eine ebenso kluge wie maßvolle Politik begegnen. Seine Nachfolger zeigten sich dieser schwierigen Aufgabe nicht gewachsen. So kam es zum Ersten Weltkrieg.« (Unsere Politik für Deutschlands Zukunft, Anmerkung 5, S. 6)

ordnung. Das vereinte Europa, das wir wollen« – so Dregger im Oktober 1985 in einem Aufsatz für den »Rheinischen Merkur«[10] –, »wird die Nationen auf unserem Kontinent nicht zum Verschwinden bringen, sondern ihnen ein gemeinsames Dach geben. Die Vielfalt seiner Nationen ist der Reichtum Europas; er darf nicht eingeschmolzen, er muß erhalten und in seinem Bestand geschützt werden.«

Aus dem Bekenntnis zur Nation ergibt sich das Bekenntnis zum *Nationalstaat;* er ist – für uns Deutsche wie für unsere europäischen Nachbarn – »Ausdruck ihrer und unserer nationalen Identität: Auch in einem vereinten Europa wird Frankreich immer Frankreich, Italien immer Italien, Polen – wenn es einmal dazugehören sollte – immer Polen und Großbritannien immer Großbritannien sein. In einem solchen Europa kann auch Deutschland nichts anderes als Deutschland sein.«

Aber der Nationalstaat, für den Dregger eintritt, hat mit dem »alten« Nationalstaat, »wie er sich im 18. und 19. Jahrhundert herausgebildet hatte«, kaum noch etwas gemein:

»Den autonomen, auf volle eigene Souveränität pochenden, seine Ausdehnung betreibenden und nationale Minderheiten unterdrükkenden Nationalstaat kann und darf es nicht mehr geben. Das freie Europa hat eine übernationale Ordnung – die Europäische Gemeinschaft – geschaffen, an die alle Mitgliedstaaten wesentliche Teile ihrer Souveränität abgegeben haben. Das unterscheidet den ›neuen‹ Nationalstaat in Europa grundlegend vom Nationalstaat des 19. Jahrhunderts.«

Dreggers Fazit in diesem Zeitungsaufsatz: »Der ›neue‹ Nationalstaat in Europa wird folglich seine eigentliche Aufgabe künftig darin finden, den europäischen Völkern, Volksgruppen und Minderheiten sprachliche, geistige und kulturelle Heimstatt zu sein.«

4. Vaterlandsliebe und *Geschichtsbewußtsein* bedingen einander. »Geschichtslosigkeit ist nationale Entmündigung«[11], sagt Dregger 1976. In seinen Augen ist »ein angemessenes, unverkrampftes Verhältnis zu unserer nationalen Geschichte« die Voraussetzung dafür, daß »wir Deutschen eine geschichtsfähige Nation« bleiben:

---

[10] Ausgabe vom 24. Oktober 1985

[11] Freiheit in unserer Zeit, S. 241

»Wer junge Menschen dazu verführt, aus der Geschichte ihres Volkes auszusteigen, der trifft sie in ihrem geistigen und moralischen Kern, der macht sie stumpf und blind gegenüber den Ideen und Werten, die eine politische Ordnung wie die unsere erst möglich machen. Nur wenn wir *aus der Geschichte heraus leben,* sind wir fähig, die Gegenwart zu begreifen und die für die Zukunft notwendigen Entscheidungen zu treffen. Nur wenn unser Volk wieder mit sich selbst versöhnt ist, wird es in innerem Frieden leben und wirksame Beiträge für den äußeren Frieden leisten können.«[12)]
Was ist notwendig, ja unabdingbar, damit das deutsche Volk »wieder mit sich selbst versöhnt« ist und in innerem Frieden leben kann? Alfred Dreggers Antwort darauf – sie zieht sich wie ein roter Faden durch seine Reden und Aufsätze zum Thema »Deutschland«:
Nach 1945, »unter dem Schock der zurückliegenden nationalsozialistischen Barbarei«, sei die deutsche Geschichte »hauptsächlich unter dem Gesichtspunkt gesehen« worden, »inwiefern sie zur nationalsozialistischen Herrschaft führen konnte. Das hatte zur Folge, *daß die deutsche Geschichte insgesamt abgewertet wurde. Seitdem gibt es ein Trauma in unserer Selbsteinschätzung.*«[13)] Aber: »Die Geschichte unseres Volkes umfaßt nicht zwölf, sondern 1200 Jahre ... Uns unserer 1200jährigen Geschichte zu schämen, dazu besteht kein Anlaß ...[14)] Im Laufe unserer nationalen Geschichte sind diese Jahre (der nationalsozialistischen Herrschaft) nur eine Episode, eine schreckliche zwar, die über die Jahrhunderte hinweg mahnen wird, aber doch nur eine Episode.«[15)]
Was ist – im Blick auf die Geschichte der Deutschen – erinnerungswert, was verehrungswürdig? Dregger nennt Epochen, Namen, Bewegungen: »das Heilige Römische Reich Deutscher Nation als die weltordnende Einrichtung, Luther, Goethe, Beethoven, Bismarck, Albert Schweitzer«[16)]; die Männer und Frauen des Widerstandes gegen die nationalsozialistische Diktatur, »die das Vater-

---

[12)] Der Vernunft eine Gasse, S. 211f.
[13)] a.a.O., S. 27
[14)] a.a.O., S. 212
[15)] Freiheit in unserer Zeit, S. 83
[16)] Ebd.

land retten«[17] und die »Ehre des deutschen Volkes wiederherstellen wollten«[18] und deren »Tat ... zu den Fundamenten« gehöre, »ohne die das demokratische Deutschland nicht hätte erbaut werden können«[19]. Dies alles seien »Dimensionen deutscher und europäischer Geschichte, die nicht nur uns, sondern auch der Welt auf Dauer mehr bedeuten als dieser schreckliche Mann aus Braunau, dem es im Zusammenwirken mit Stalin gelang, Europa in einen schrecklichen Krieg zu stürzen und Deutschland zu zerstören«[20].

Alles in allem: »Wir waren die Mitte Europas und sind es noch heute ... Mit Deutschland wurde Europa geteilt. Mit Deutschland wird Europa wiedervereint oder auch nicht. Ohne diese deutsche Mitte hat Europa keine Zukunft. Das ist kein Grund zur Überheblichkeit, am wenigsten für uns, die jetzt lebende Generation. Aber es ist Anlaß, sich der Leistungen der Väter und Vorväter würdig zu erweisen *und ihr Erbe anzunehmen.*«[21]

5. Zu diesem Erbe gehören »geistige Grundhaltungen, die die deutsche Nation einmal ausgezeichnet haben«[22]: Werte, Tugenden und Ideale, »die mit den guten Traditionen unserer Geschichte verbunden sind«[23]. Eine Nation – so Dregger am 23. Juni 1983 im Deutschen Bundestag – »besteht ja nicht allein aus sprachlichen und kulturellen Gemeinsamkeiten, nicht allein aus dem Schicksal gemeinsam durchlittener Geschichte, eine Nation besitzt vielmehr in ihrer Sprache und in ihren kulturellen und gesellschaftlichen Verhältnissen ein *gemeinsames Welt- und Wertbild, menschliche Leitvorstellungen, die über die Generationen hinweg weitergegeben werden.*«[24]

Zur »Substanz unserer nationalen Identität« rechnet Alfred Dregger die *»Tugenden des Preußentums«*, die aber – wie er hinzufügt – »nie für Preußen allein gegolten haben«. Der preußische Staat habe

---

17) Der Vernunft eine Gasse, S. 222

18) a.a.O., S. 34

19) Ebd.

20) Freiheit in unserer Zeit, S. 83

21) Der Vernunft eine Gasse, S. 212

22) a.a.O., S. 27

23) a.a.O., S. 28

24) a.a.O., S. 25

»seine eigentliche Mitte in verpflichtenden Wertüberzeugungen gehabt, die nur aus Torheit oder Ahnungslosigkeit einseitig dem Militär oder dem Adel zugerechnet werden« könnten. »*Pflichtgefühl, Unbestechlichkeit, Verantwortungsbewußtsein vor Gott und den Menschen, Opferbereitschaft:* das sind die Tugenden, die wir mit dem Begriff Preußen verbinden. Preußen ist äußerlich untergegangen, geistig lebt es aber fort, solange die Wertvorstellungen leben, die Teil unseres kulturellen Erbes geworden sind.«[25]

Dregger hält es für ein »bemerkenswertes Phänomen ..., daß das sogenannte Dritte Reich mit all seinen revolutionären Attitüden, mit seiner bewußten Umwertung der Werte und seinen totalitären Eingriffen in die geistige Substanz unseres Volkes diese deutsche Wertetradition nicht zerstören konnte«; sie habe sich vielmehr, »gewissermaßen im ethischen Untergrund«, durch die zwölf nationalsozialistischen Jahre hindurch erhalten. »Der Wiederaufstieg aus den materiellen, moralischen und politischen Trümmern nach 1945 – eine einzigartige, von der Welt mit Recht bewunderte Leistung –, die Schaffung einer Verfassung, deren Geist und Wortlaut an die Verfassungen von 1848 und 1919 anknüpfen, das Wirtschaftswunder und das noch viel größere demokratische Wunder der Bundesrepublik Deutschland wären nicht möglich gewesen, wenn ihnen nicht als Triebkräfte eben jene deutschen Wertetraditionen zur Verfügung gestanden hätten.«[26]

Sie heute *wiederzubeleben,* »unsere nationale Identität in der Identität unserer Werte wiederherzustellen«[27], nachdem die »antiautoritäre Bewegung« und die »sogenannte neue Pädagogik« in den 70er Jahren einen »Bruch mit der deutschen Wertetradition« herbeigeführt hätten, ist in den Augen Alfred Dreggers ein Auftrag, der sich nicht nur an die Politiker und an die Parteien, sondern auch – und gerade – an die Wissenschaftler, die Dichter, die Publizisten, an das »ganze geistige Deutschland«[28] richtet:

---

25) Ebd. Mit dem Thema »preußische Tugenden« befaßte sich Dregger auch in seiner Rede zum Volkstrauertag 1986. Es heißt dort: »Der Nationalsozialismus hat diese Tugenden mißbraucht und verraten. Haben sie deshalb für alle Zeiten ihren Sinn verloren? Wollten wir das anerkennen, dann würden wir ungewollt ein schreckliches Werk vollenden.« (Der Vernunft eine Gasse, S. 224)

26) a.a.O., S. 26

27) a.a.O., S. 28

28) Ebd.

»Es geht darum, daß wir uns in unserer Herkunft neu entdecken, um einen neuen Konsens für die Zukunft zu begründen ... Unsere deutsche Nation besitzt geistig, kulturell und auch politisch ein Erbe, auf das sich eine freie und demokratische Zukunft gründen läßt. Dieses Erbe und die geistigen und ethischen Grundlagen, die es bestimmen, dürfen nicht verlorengehen. Wir sollten es erneuern, damit sich unsere Nation als Kultur- und Willensgemeinschaft im Sandsturm der Geschichte behaupten kann. Das ist der Beitrag, den vor allem das geistige Deutschland für den Fortbestand der Nation und ihrer Freiheit zu leisten hat.«[29]

II.

Das ist der Hintergrund, vor dem der Patriot und Europäer Alfred Dregger Politik für Deutschland betreibt: »dem nationalen Schicksal seines Volkes und der Freiheit ganz Europas zutiefst verpflichtet«[30] – wie er in seiner ersten großen Rede zur Deutschland-Politik im Februar 1971 vor dem Bund der Vertriebenen in Bonn sagt.

Bereits in dieser Rede nennt Dregger die Vision, an der er in der Folgezeit unbeirrt – und unbeirrbar – festhält: die Vision einer *»Friedensordnung in Europa«*[31], die mit der Sowjetunion ausgehandelt und von ihr »gebilligt« werden müsse; ein »langfristiges Ziel, ... das keine nationalen Schranken errichtet, sondern *alle* Europäer diesseits und jenseits des Eisernen Vorhangs einbezieht, eine Zielsetzung, die *allen* Menschen und Völkern dieses gequälten Kontinents dient. Sie kann nur lauten: *Nicht Sozialismus, sondern Freiheit für ganz Deutschland und ganz Europa.*«[32]

Mit »reinem Pragmatismus und tagespolitischem Opportunismus«[33] sei der »säkulare Weltkonflikt«[34] zwischen Freiheit und Sozialismus, der Deutschland und Europa teile, freilich nicht zu bestehen:

»Wir müssen uns vielmehr zuerst und vor allem auf die *geistigen und*

---

29) a.a.O., S. 29
30) Freiheit in unserer Zeit, S. 71
31) a.a.O., S. 77
32) a.a.O., S. 78f.
33) Ebd.
34) a.a.O., S. 71

moralischen Grundlagen unserer Politik besinnen ...[35] Schutz des Individuums vor staatlicher Willkür und Selbstbestimmungsrecht der Völker sind Kennzeichen unserer Ordnung ...[36] Gestützt auf das Menschen- und Völkerrecht, überzeugt von der Überlegenheit unserer freiheitlich-rechtsstaatlichen und marktwirtschaftlichen Ordnung und entschlossen, unser Recht und unsere Freiheit gegen jede Bedrohung zu verteidigen, müssen wir uns der Auseinandersetzung stellen ...[37] Fest verankert im westlichen Bündnis ..., müssen wir mit den Kommunisten, mit der Sowjetunion und ihren Satelliten reden und verhandeln wie ein cleverer Kaufmann: geduldig und noch einmal geduldig, hart und nüchtern ... Auf dieser Grundlage ... gilt es, eine *realistische* und *kluge* Politik zu machen[38], ... *mit Würde, mit Selbstachtung und mit Nachdruck die deutschen Interessen zu vertreten.«*[39]

Alfred Dregger hat dies getan – und tut dies. Wer den Deutschland-Politiker Dregger an den Maßstäben mißt, die er sich selbst setzt – Standfestigkeit und langer Atem, Grundsatztreue, nationale Solidarität –, der kann nur zu dem Urteil kommen: Wort und Tat stimmen bei Alfred Dregger überein; in seiner Politik für Deutschland hat er sich niemals zu korrigieren brauchen: »Mein Kurs war immer gleich.«[40]

1. *Standfestigkeit, langer Atem:* 1971 sagt er in seiner Rede vor dem Bund der Vertriebenen, die von ihm entworfene langfristige Perspektive – ein freies Deutschland in einem freien Europa – möge »manchem als Utopie erscheinen«. Was er gesagt habe, sei »aber nicht utopischer als das Gegenkonzept des sozialistischen Lagers«. Dann folgt ein Satz, der für den »standfesten« Dregger charakteristisch ist:

»Wer das eigene weitgesteckte Ziel als Utopie abwertet und die Utopie des Gegners als Realität nimmt, hat verloren, ehe die Auseinandersetzung begonnen hat.«[41]

---

35) a.a.O., S. 78
36) a.a.O., S. 72
37) a.a.O., S. 78
38) a.a.O., S. 79
39) a.a.O., S. 241
40) Rede im Deutschen Bundestag, 21. Juni 1990 (stenographisches Protokoll)
41) Freiheit in unserer Zeit, S. 79

Dregger hat in den Jahrzehnten der Teilung immer wieder »die Kraft und die Macht des Einheitsgedankens und des Freiheitsstrebens ... unseres Volkes« beschworen: »Politik – gar solche in *historischen Dimensionen* – muß langfristig, beharrlich, zäh und entschlossen angelegt sein.«[42] Er hat nie auch nur den geringsten Zweifel daran gehabt, daß »die Kraft der Freiheit, die Sehnsucht der Menschen, frei zu sein, und der Wille der Völker, über sich selbst zu bestimmen«, die »Systemgrenze zwischen Demokratie und Diktatur in Deutschland und Europa« zu Fall bringen würden.[43] »Die Teilung Deutschlands und Europas kann nicht das letzte Wort der Geschichte sein«[44], schreibt Dregger in seinem Buch »Der Preis der Freiheit«, das 1985 erscheint.

1978, auf einer Freiheitskundgebung der CDU Hessen zum Gedenken an den 17. Juni 1953, findet er Worte, die heute geradezu prophetisch anmuten:

Die »infame Mauer in Berlin« werde »als Groteske ..., *als Zeichen des Größenwahns ihrer Erbauer so wie der Turmbau zu Babel ... in die Geschichte eingehen und wie dieser vergehen.«*[45] Und weiter: *»Das Absurde hat keinen historischen Bestand. Deutschland wird wieder vereinigt werden, die Frage ist nur wann und unter welchen Vorzeichen.«*[46]

Elf Jahre später, am 1. September 1989, dem 50. Jahrestag des Ausbruchs des Zweiten Weltkrieges, sagt Dregger im Deutschen Bundestag unter Hinweis auf die Freiheitsbewegungen in Ungarn und in Polen:

»Auch für uns Deutsche ist die *Nation eine Kraft, die dazu beitragen wird, die DDR für die Demokratie reif zu machen.* Das Fehlen der Demokratie, der persönlichen Freiheit und des daraus erwachsenden Wohlstandes der breiten Schichten in der DDR ist ja das einzige, was Mitteldeutschland und Westdeutschland voneinander unterscheidet. Wenn diese Unterschiede wegfallen – sie werden

---

42) a.a.O., S. 84

43) Rede auf einer Festveranstaltung des CDU-Kreisverbandes Wetterau zum 40jährigen Bestehen der Bundesrepublik Deutschland, Pressedienst der CDU/CSU-Bundestagsfraktion vom 22. September 1989

44) Alfred Dregger, Der Preis der Freiheit, München 1985, 2. Auflage, S. 271

45) Freiheit in unserer Zeit, S. 81

46) a.a.O., S. 83

wegfallen, weil sich auch die DDR den Entwicklungen in Osteuropa nicht entziehen kann und weil die Menschen in der DDR es satt sind, das länger zu ertragen, was drüben als Sozialismus bezeichnet wird –, *dann ist auch die staatliche Einheit der Deutschen Nation nicht mehr aufzuhalten.*« Die Geschichte werde »vor der DDR, diesem ›künstlichen Gebilde‹, wie de Gaulle es einmal genannt hat, nicht haltmachen, und das ist gut so.«[47)]
Als es dann wenige Wochen später so kommt; als nach dem Fall der Mauer und der Öffnung der Grenzen der Ruf »Deutschland, einig Vaterland« immer mächtiger wird, leitet Dregger seine Reden in den DDR-Wahlkämpfen – er spricht auf 19 Veranstaltungen; in Dresden vor 50 000 Menschen – mit einem »persönlichen Bekenntnis« ein, in dem er gleichsam die Summe seines Engagements in der Deutschland-Politik zieht:
»Deutschland, einig Vaterland: das ist der Verfassungsauftrag, der im Grundgesetz der Bundesrepublik Deutschland vor über 40 Jahren verankert wurde. Für mich war diese Formel ... *immer der Kernsatz meines politischen Lebens, von 1949 bis heute*. Entsprechend glücklich und dankbar bin ich jetzt, wo Deutschland auf dem Weg ist, seine Einheit in Freiheit wiederzufinden.«[48)]

2. *Grundsatztreue:* 1979 plädiert Alfred Dregger in einer Rede vor der Paneuropa-Union »für ein christliches, d. h. letztlich europäisches Europa, für ein Europa, das seinem *geschichtlichen Auftrag* treu bleiben will, das das in die Zukunft der Welt hineintragen will, was es der Welt geschenkt hat: die Überzeugung nämlich von der Würde des Menschen, des einzelnen Menschen, jedes einzelnen Menschen, aller Menschen also in ihrer einmaligen Individualität.«[49)]
Der geschichtliche Auftrag heißt Freiheit, heißt Frieden *durch* Freiheit. Im Bewußtsein dieses Auftrages sei nicht zuletzt die Bundesrepublik Deutschland gegründet worden: der »deutsche Kernstaat«, wie Dregger, Konrad Adenauer aus dessen erster

---

47) Friedensordnung für Europa, Zum Kriegsausbruch vor 50 Jahren, Rede im Deutschen Bundestag am 1. September 1989, veröffentlicht von der CDU/CSU-Bundestagsfraktion (Broschüre), S. 8
48) Pressedienst der CDU/CSU-Bundestagsfraktion vom 12. Februar 1990
49) Freiheit in unserer Zeit, S. 97

Regierungserklärung vom 20. September 1949 zitierend, in einem Aufsatz aus dem Jahre 1989[50] hinzufügt. Dregger: »›Kernstaat‹ – das Wort war bedachtsam gewählt; in ihm kam das *Selbstverständnis* zum Ausdruck, von dem sich die Bundesrepublik Deutschland – unter *nationalem* wie unter *europäischem* Blickwinkel betrachtet – leiten ließ.«

Dregger knüpft an diesen Satz »drei Bemerkungen«, in denen die Grundsätze seiner Deutschland-Politik niedergelegt sind:

- »Deutsche Politik nach Hitler konnte nur Politik für die Freiheit und den Frieden sein. Die Gründung des deutschen ›Kernstaates‹ Bundesrepublik Deutschland war eine Antwort auf die Erfahrungen, die Deutschland und Europa mit einer Politik zynischer Menschenverachtung, der Gewalt und des Hasses hatten machen müssen. Im Zeichen dieser Antwort auf die nationalsozialistische Diktatur hat die Bundesrepublik Deutschland eine Entscheidung getroffen, die fortan ihren politischen Weg bestimmte: die Entscheidung für die Einbettung der Bundesrepublik Deutschland in die Gemeinschaft der westlichen Demokratien, in das Atlantische Verteidigungsbündnis ebenso wie in die Europäische Gemeinschaft. Konrad Adenauer hat diese *historische Grundentscheidung unseres Staates für Freiheit, Menschenrechte und Selbstbestimmung* in klassische Sätze gekleidet: ›Freiheit verpflichtet. Es gibt für uns in der Welt nur einen Satz: an der Seite der freien Völker.‹«
- »Der deutsche ›Kernstaat‹ Bundesrepublik Deutschland trägt Verantwortung für *ganz* Deutschland. Er ist Anwalt und Treuhänder *aller* Deutschen – vor allem jener, die unfrei sind; im Grundgesetz, das vor 40 Jahren in Kraft trat, heißt es, das ›Deutsche Volk‹ habe ›*auch für jene Deutschen gehandelt, denen mitzuwirken versagt war*‹. Nach unserer Verfassung bleibt ›das gesamte Deutsche Volk aufgefordert, in freier Selbstbestimmung die Einheit und Freiheit Deutschlands zu vollenden‹. Der Satz hat politisches und rechtliches Gewicht. Das höchste deutsche Gericht entschied 1973: ›Die Wiedervereinigung Deutschlands ist

[50] 50 Jahre seit Kriegsbeginn, 40 Jahre Bundesrepublik Deutschland, in: Hans-Jürgen Häßler (Hrsg.), 1939–1949, Erinnerungen, Standpunkte, Perspektiven, Zur Wiederkehr zweier Gedenktage, Würzburg 1989, S. 71–73

ein verfassungsrechtliches Gebot‹. Wir handeln im Sinne dieses Gebotes, wenn wir unsere Kräfte darauf richten, auf einen Zustand des Friedens in Europa hinzuwirken, in dem das deutsche Volk in freier Selbstbestimmung seine staatliche Einheit wiedererlangt.«

- »Der deutsche ›Kernstaat‹ Bundesrepublik Deutschland trägt nationale *und* europäische Verantwortung. Das Grundgesetz verpflichtet uns nicht nur auf die Wiederherstellung der nationalen und staatlichen Einheit Deutschlands, sondern gibt uns auch den Auftrag, ›in einem vereinten Europa dem Frieden der Welt zu dienen‹. *Beide Verfassungsziele stehen in engem Zusammenhang*: Europa ist geteilt, weil Deutschland geteilt ist – und Deutschland ist geteilt, weil sich in Europa zwei antagonistische politische Systeme in militärischer Konfrontation gegenüberstehen. Deshalb müssen wir die deutsche Frage im gesamteuropäischen Zusammenhang sehen; die deutsche und europäische Einheit sind nur gemeinsam wiederzugewinnen.«

Das staatlich geeinte Deutschland, als »gleichberechtigtes Glied« – wie es in der Präambel des Grundgesetzes heißt – in ein »vereinigtes Europa der Menschenrechte und des Selbstbestimmungsrechts« eingebunden: dieses »große nationale Ziel« ist nicht nur in der Verfassung, sondern auch im *Deutschland-Vertrag* von 1952/1954 zwischen der Bundesrepublik Deutschland und ihren Verbündeten im Westen »festgeschrieben«[51] – wie Dregger im Juni 1988 auf dem CDU-Bundesparteitag in Wiesbaden feststellt. Artikel 7 des Deutschland-Vertrages enthalte in Absatz 2 die »gemeinsame Verpflichtung« der Bundesrepublik Deutschland und ihrer Partner im Bündnis, ein »wiedervereinigtes Deutschland« anzustreben, »das eine freiheitlich-demokratische Verfassung, ähnlich wie die Bundesrepublik, besitzt und das in die europäische Gemeinschaft integriert ist«. Dregger: Mit dem Deutschland-Vertrag – das sei Konrad Adenauers »historische Leistung« – sei »die ungelöste deutsche Frage zu einer Sache des gesamten Westens«[52] gemacht worden. Dreggers Mahnung, um der *gesamt*deutschen Interessen willen mit

---

[51] Reformen zum Wohl der Bürger und der Nation, Rede auf dem 36. Bundesparteitag der CDU in Wiesbaden, veröffentlicht von der CDU-Bundesgeschäftsstelle, 1988, S. 14

[52] Deutschland-Union-Dienst, Ausgabe vom 2. Januar 1990

dem Vertragswerk und den in ihm enthaltenen gegenseitigen Verpflichtungen sorgsam umzugehen, richtet sich an *beide* Seiten:

- An die Adresse der *Deutschen* sagt er 1988: »An unserer *Verläßlichkeit* darf es keinen Zweifel geben ... Wir können nicht gleichzeitig militärischen Schutz im Bündnis, offene und gesicherte Märkte in Europa und Rücksichtnahme auf unsere nationalen Interessen von seiten unserer Verbündeten erwarten, wenn diese damit rechnen müssen, daß wir bereit sein könnten, das alles bei der nächsten Gelegenheit gegen ein neutralisiertes Gesamtdeutschland einzutauschen ... Wir haben uns für den *europäischen Weg* entschieden, und zwar aus guten Gründen. *Es ist der einzige Weg, der unsere freiheitliche Existenz hier in Westdeutschland nicht aufs Spiel setzt, und auch der einzige Weg, der eine Erfolgschance für Deutschland als Ganzes bietet.«*[53)]
- An die Adresse der *Alliierten* sagt er Anfang 1990 – die zunehmende Rasanz des deutschen Einigungsprozesses hatte im Westen besorgt-zweifelnde Fragen nach der *Bündnistreue* der Bundesrepublik Deutschland aufkommen lassen –: »Es gibt Grund, unsere Verbündeten im Westen an die Verpflichtungen zu erinnern, die sie im Deutschland-Vertrag für die Wiedervereinigung Deutschlands eingegangen sind. Mit Recht hat Botschafter a.D. Wilhelm Grewe unlängst gesagt, wenn heute im Westen die ›Bündnistreue‹ der Bundesrepublik Deutschland angemahnt werde, so dürfe die ›Geschäftsgrundlage‹ des Deutschland-Vertrages nicht vergessen werden: ›Die Bundesrepublik Deutschland ist der NATO beigetreten unter der vertraglich festgelegten Voraussetzung, daß die Mitglieder des Bündnisses zur Wiedervereinigung beitragen würden.‹«[54)]

Die Westbindung der Bundesrepublik Deutschland, *»unsere verläßliche Politik«* in der Atlantischen Allianz und in der Europäischen Gemeinschaft – darauf weist Alfred Dregger in den DDR-Wahlkämpfen immer wieder hin – war eine wesentliche Voraussetzung für den Erfolg der friedlichen Revolution in der DDR: »Ohne unsere von Konrad Adenauer herbeigeführte Entscheidung für den Westen wäre die jetzige Entwicklung nicht möglich

---

53) Parteitagsrede Wiesbaden, a.a.O., S. 13
54) Deutschland-Union-Dienst, a.a.O.

gewesen. Diese Entscheidung war *moralisch* und *strategisch* richtig,

- moralisch, weil sie uns zum Glied einer Gemeinschaft machte, für die Demokratie, Freiheit und Menschenrechte wesensbestimmend sind;
- strategisch, weil der Platz in der Mitte der Platz zwischen den Stühlen ist, wenn die Mitte nicht stärker ist als die Peripherie. Und daß die deutsche Mitte nicht stärker ist als das europäische Umfeld, haben wir in zwei Kriegen schmerzlich erfahren müssen.
- Ohne unsere damalige Entscheidung für den Westen hätten wir heute weder Verbündete im Westen noch Optionen im Osten; der Ring des Mißtrauens hätte sich längst wieder um unser Land geschlossen. *Das ist eine Erfahrung und eine Erkenntnis, die auch das vereinte Deutschland von Anbeginn berücksichtigen sollte.* Deshalb kommt für uns eine Neutralisierung oder Demilitarisierung Deutschlands nicht in Frage. Das vereinigte Deutschland wird ein souveräner Staat sein, der seine Bündnisse selber wählt. Für uns sind die EG, die Atlantische Allianz *unverzichtbar.*«[55]

Gleichfalls unverzichtbar wie die politische, moralische und militärische Westbindung ist das Festhalten an einer Politik, die das »Recht des eigenen Volkes« achtet und wahrt; die sich entschlossen zeigt, »um deutsche Positionen zäh zu ringen« und sie nicht »als Ballast« wegzuwerfen.[56]

Gemeint sind die *Rechtspositionen* Deutschlands, die rechtlichen Grundlagen der Deutschland-Politik, wie sie sich aus den Entscheidungen der vier Siegermächte in den Jahren zwischen 1943 und 1945 ergeben: Entscheidungen, auf denen das Grundgesetz und der Deutschland-Vertrag aufbauen – und an denen auch die Ostverträge von 1970 und 1972 »nichts geändert«[57] haben, wie Dregger 1985 vor dem Bund der Vertriebenen hervorhebt:

»Am 8. Mai 1945 ist kein Schlußstrich unter die deutsche Frage gezogen worden ... Das Deutsche Reich in den Grenzen vom 31. Dezember 1937 wurde völkerrechtlich nicht aufgelöst und ausgelöscht ... Weder in Jalta noch in Potsdam ist vertraglich

---

55) Pressedienst der CDU/CSU-Bundestagsfraktion vom 24. April 1990

56) Freiheit in unserer Zeit, S. 74

57) Der Vernunft eine Gasse, S. 41

besiegelt worden, ... daß Deutschland als Ganzes aufgehört habe zu existieren.«[58)]

Dregger bezeichnet die Rechtspositionen – Festhalten an der Einheit der Nation, an der *gesamt*deutschen Staatsangehörigkeit, am »Selbstbestimmungsrecht für unser Volk«[59)], am »geschichtlichen Auftrag«[60)] des Grundgesetzes, Deutschland wiederzuvereinigen – als »*unverzichtbare Instrumente* freiheitlicher, auf Frieden und Ausgleich ausgerichteter Politik«.[61)]

Diese Instrumente zum Verschwinden zu bringen, vor allem eines zu erreichen: für die Deutschen in Mitteldeutschland eine eigene DDR-Staatsbürgerschaft durchzusetzen, ist das Ziel, das sich Honecker und die SED zeit ihrer Herrschaft setzen.

Im Sommer 1984 schickt sich Honecker an, die Bundesrepublik Deutschland zu besuchen. Ob er komme oder nicht – das läßt er jedenfalls ausstreuen –, hänge letztlich davon ab, worüber man miteinander spreche. Was er selber will, sagt er unverblümt: Das Thema »Staatsbürgerschaft« gehöre auf den Tisch. Als Honeckers Taktik Wirkung zeigt; als sich in der Bundesrepublik Deutschland die Stimmen mehren, die sorgenvoll prognostizieren, der Staatsratsvorsitzende werde sich versagen, wenn er nicht die ihm wichtigen Themen besprechen könne, wird es Dregger zu bunt: »Uns geht es, wie bei jeder deutsch-deutschen Begegnung, um mehr Freizügigkeit und um mehr Umweltschutz in Deutschland.« Im übrigen: *»Unsere Zukunft hängt nicht davon ab, daß Herr Honecker uns die Ehre seines Besuches erweist.«*[62)]

Im Herbst 1989 wird offenbar, welches Verhängnis es für die Deutschen in der DDR – vor allem für sie, aber auch für uns, ja für das ganze Deutschland – bedeutet hätte, wenn beispielsweise das Instrument »gesamtdeutsche Staatsangehörigkeit« auf unserer Seite nicht mehr vorhanden gewesen wäre. Dregger sagt es in seinen Wahlkampfreden in der DDR: »Ohne die gemeinsame deutsche Staatsbürgerschaft hätten unsere Botschaften in Budapest, Prag und Warschau Deutschen aus der DDR keine deutschen Pässe ausstellen

58) a.a.O., S. 38f.
59) a.a.O., S. 39
60) Ebd.
61) Ebd.
62) Die Welt, Ausgabe vom 23. August 1984

können. Die Massenflucht über Ungarn, die Tschechoslowakei und Polen, die letztlich die Öffnung der Mauer erzwungen hat, wäre nicht möglich gewesen. Die Mauer wäre heute noch geschlossen.«[63]

3. *Nationale Solidarität:* sie erwächst aus der Liebe zum Vaterland; sie ist – wie Alfred Dregger im Deutschen Bundestag formuliert – eine »selbstverständliche sittliche Haltung«.[64]

- *Solidarität* gilt den Deutschen, die nach 1945 »für die gemeinsame Niederlage weit härter zu zahlen hatten ... als wir«: den Deutschen in Mittel- und Ostdeutschland. »Auch andere Nationen in Ost und West sollten begreifen, daß die Deutschen in der Bundesrepublik Deutschland ihre Landsleute in Mittel- und Ostdeutschland nicht im Stich lassen können. *Das wäre schändlich*. Daß wir in Freiheit, die anderen aber in einer Republik leben müssen, die sich durch Mauer und Stacheldraht gegen die Republikflucht schützen muß, und daß unsere Landsleute in Ostdeutschland nicht nur einem ungeliebten Zwangsregime, sondern auch einem brutalen Prozeß der Entnationalisierung unterworfen sind – diese Verschiedenheit des deutschen Schicksals in West, in der Mitte und in Ost ist nicht das Ergebnis unterschiedlicher Verdienste oder Missetaten. Es ist allein die Folge der Geographie und der Entscheidungen der Siegermächte«[65] – so Alfred Dregger im Juni 1983 im Deutschen Bundestag.
  Sieben Jahre später greift er diesen »moralischen Aspekt« im DDR-Wahlkampf wieder auf: »Wer nicht bereit ist, seinem Nachbarn zu helfen, ja in diesem Falle seinem Bruder zu helfen, *der handelt verächtlich*«.[66]
- *Solidarität* gilt den Deutschen, die 1945 aus ihrer Heimat in Schlesien, in Ost- und Westpreußen, im Sudetenland vertrieben wurden; die »in besonderer Weise zum Opfer der braunen und der roten Diktatur geworden«[67] seien; die »sich in den vergangenen vier Jahrzehnten um den Frieden, um unser Volk, um ganz

---

63) Pressedienst der CDU/CSU-Bundestagsfraktion vom 12. Februar 1990
64) Der Vernunft eine Gasse, S. 18
65) Ebd.
66) Pressedienst der CDU/CSU-Bundestagsfraktion vom 24. April 1990
67) Freiheit in unserer Zeit, S. 80

Europa verdient gemacht« hätten; auf deren »Treue zu Deutschland« es zurückgehe, »daß das Bewußtsein der Einheit der Nation, 40 Jahren staatlicher Teilung zum Trotz, wachgehalten worden« sei »in den Köpfen und Herzen unserer Bürger«.[68]
Alfred Dregger stellt sich immer wieder öffentlich an die Seite der Vertriebenen: »Ich bin ... gewählter Abgeordneter des *ganzen* deutschen Volkes, *also auch der Heimatvertriebenen*.«[69]
Über das »Verbrechen der Vertreibung«[70], über »14 Millionen Menschen, von denen zwei Millionen bei Flucht und Vertreibung umkamen«, könne man »nicht hinweggehen«[71], sagt Dregger 1985 vor dem Bund der Vertriebenen in der Bonner Beethovenhalle. »Heimatliebe hat die Menschen geprägt und bleibt in ihnen lebendig auf immer ...[72] Das mindeste, was die Vertriebenen erwarten können, ist der Verzicht auf den Versuch, sie ihrer Identität zu berauben. *Schlesien oder Ostpreußen und die anderen deutschen Siedlungsgebiete im Osten sind nicht von Hitler erobert worden. Sie sind – wie die anderen deutschen Landschaften – über Jahrzehnte hinweg die Heimat deutscher Menschen gewesen, die dieses Land zur kulturellen Blüte gebracht haben* und 1945 aus ihm vertrieben wurden. Auch wenn sie und ihre Nachkommen dieses Land nie wiedersehen würden: *daß es ihr Land war, darf niemand bestreiten*«.[73]
Dregger ruft Deutsche und Polen in dieser Rede auf, das gemeinsam erlittene Unrecht »miteinander« zu überwinden; nur dann sei »der Boden bereitet für Lösungen, die vor der Geschichte Bestand haben werden«.[74] In seiner Bundestagsrede zum 50. Jahrestag des Ausbruchs des Zweiten Weltkrieges ergänzt Dregger diesen Gedanken: »Bei allem Schlimmen, das Polen und Deutsche ... sich gegenseitig zugefügt haben, *wir müssen nach vorn blicken*. Polen und Deutsche waren seit Anbeginn ihrer

[68] Ostpreußenblatt, Ausgabe vom 7. April 1990
[69] Der Vernunft eine Gasse, S. 37
[70] a.a.O., S. 33
[71] a.a.O., S. 36
[72] a.a.O., S. 38
[73] a.a.O., S. 36
[74] a.a.O., S. 38

Geschichte Nachbarn. Sie müssen wieder gute Nachbarn werden«.[75)]

1987 unterstützt Alfred Dregger den Vorschlag des bayerischen Ministerpräsidenten und CSU-Vorsitzenden Franz Josef Strauß, die deutschen Heimatvertriebenen für den Friedensnobelpreis vorzuschlagen: Niemand habe den Friedensnobelpreis »mehr verdient« als die Vertriebenen, die eine *»große Friedensbewegung«* seien: »Ich kenne keine Heimatvertriebenen in der Welt, die haßfreier, friedenswilliger und politisch verantwortungsbewußter gehandelt hätten als die deutschen Heimatvertriebenen«.[76)]

Die Charta der Vertriebenen vom August 1950 nennt Dregger ein »Dokument der Humanität und der Friedensliebe«, mit dem »Zeichen gesetzt« worden seien für eine friedliche Zukunft in Europa.[77)] Im März 1990 schlägt er auf einer Festveranstaltung zum 40jährigen Bestehen des »Ostpreußenblatts« einen Bogen zwischen der Charta von 1950 und dem friedlichen Wandel in Ostmitteleuropa im Herbst 1989: »Freiheit, Frieden, Versöhnung: auf diesen Dreiklang ist die Charta gestimmt ... Versöhnung zwischen uns Deutschen und unseren Nachbarvölkern im europäischen Osten fruchtbar zu machen für eine gemeinsame Zukunft freier Völker auf dem europäischen Kontinent: Das war die Botschaft der Vertriebenencharta ... Als *Friedensbotschaft* hat sie *bahnbrechend* gewirkt in Europa – wie wir heute sehen«.[78)]

Solidarität mit den Deutschen, die vertrieben wurden: 1990 ist sie

---

75) Friedensordnung für Europa, Zum Kriegsausbruch vor 50 Jahren, a.a.O., S. 14. Vgl. dazu auch die Äußerungen Dreggers vor dem Bund der Vertriebenen am 28. April 1985 in Bonn: »Ich gebe meine Vision nicht auf, daß Deutschland und Polen dereinst als souveräne Staaten miteinander Frieden schließen, einen *Versöhnungsfrieden,* der auf der Erkenntnis beruht, daß unsere Völker derselben christlich-abendländischen Zivilisation angehören und daß sie ihre Freiheit und Einheit nur wiederfinden, wenn sie nicht gegeneinander, sondern zueinander stehen. Dazu gehört auch die Einsicht auf polnischer ... Seite, *daß aus einem Versöhnungsfrieden die deutschen Heimatvertriebenen nicht ausgeschlossen werden können; im Gegenteil: Sie müssen das Fundament sein, auf dem der Friede ruht.«* (Der Vernunft eine Gasse, S. 44)

76) Schlesische Nachrichten, Ausgabe vom 4. Januar 1987

77) Der Vernunft eine Gasse, S. 35

78) Ostpreußenblatt, a.a.O.

mehr gefordert denn je. Denn der Deutsche Bundestag muß am 21. Juni etwas »tun, was nahezu alle als *Voraussetzung der Wiedervereinigung* von uns verlangen«[79]: eine Entschließung verabschieden, in der der politische Wille bekundet wird, nach der Wiederherstellung der staatlichen Einheit Deutschlands in einem zwischen Deutschland und Polen auszuhandelnden Vertrag die Oder-Neiße-Linie als endgültige Grenze anzuerkennen. Alfred Dregger (»... es muß klar sein, daß das keine Anerkennung der Vertreibung sein kann«) wendet sich im Deutschen Bundestag direkt an die deutschen Heimatvertriebenen: »Was wir von Ihnen an Verantwortungsgefühl für ganz Deutschland und für Europa verlangen, ist ungeheuer viel ... Denjenigen von uns Deutschen, die durch völkerrechtswidrige Vertreibung aus ihrer angestammten Heimat am meisten gelitten haben, wird auch jetzt wieder am meisten abverlangt.«
Was aber wäre, fragt Dregger, wenn diese Entschließung nicht gefaßt werde? »Nach allen Äußerungen der Mächte, auf deren Zustimmung wir angewiesen sind ..., käme die staatliche Einheit Deutschlands nicht zustande.« Er räumt ein: »Ich weiß, diese Aussage könnte die Bitterkeit mancher verstärken, die aus dem Gefühl erwächst, Ostdeutschland werde für Mitteldeutschland preisgegeben.« Doch das treffe nicht zu: Für die Deutschen in den Gebieten jenseits von Oder und Neiße seien »Verbesserungen ... nur als Ergebnis von Verhandlungen zwischen den beiden Nachbarn, dem vereinigten Deutschland und der Republik Polen, denkbar«. Daraus folge: *»Auch um dieser Gebiete willen muß als erstes die staatliche Einheit Deutschlands wiederhergestellt werden.«*
Der Grenze zwischen Polen und Deutschland einen »europäischen Charakter« zu geben; sie zu einer Grenze der Versöhnung und des Ausgleichs zu machen; Freizügigkeit, Niederlassungsfreiheit auf beiden Seiten, Volksgruppenrechte zu vereinbaren und den vertriebenen Deutschen »Heimatrecht« zu gewähren: das seien die Hoffnungen, die er, Dregger, mit einem Vertrag zwischen dem wiedervereinigten Deutschland und Polen verbinde. Ein deutsch-polnischer *Freundschaftsvertrag* liege »im

---

[79] Rede im Deutschen Bundestag, 21. Juni 1990 (stenographisches Protokoll)

Interesse der Deutschen, der Polen und ganz Europas. Dieses Anliegen wird Zukunft haben, wenn wir uns dahinterstellen.« Wer ihm vorhalte, er greife der Entwicklung weit voraus, dem müsse er entgegnen: »Wer keine Perspektive hat, der hat auch keine Zukunft.« Und: »Ohne Glauben, ohne Hoffnung und ohne Liebe gibt es keine Zukunft.«

- *Solidarität* gilt schließlich den Toten: »Pflicht der Lebenden ist es, der Toten in Ehrfurcht zu gedenken.«[80)]
  Die Toten: das sind die Opfer des Völkermordes an den Juden und der Vertreibung ebenso wie die »Opfer des Bombenkrieges, die Soldaten, die an den Fronten fielen, ... die Widerstandskämpfer, die den Aufstand gegen Hitler mit ihrem Leben bezahlen mußten«. Verdienen Sie *alle* die gleiche Ehrfurcht? fragt Dregger in seiner Rede zum Volkstrauertag 1986. Seine Antwort:
  »Wenn wir uns von den Toten abwenden, verlieren wir nicht nur unsere Vergangenheit, sondern auch unsere Zukunft. Wir Lebenden sind nur ein Glied in der Kette der Generationen. Wir stehen in der Lebens- und Kulturgemeinschaft unseres Volkes, die keine Generation neu schaffen konnte, die jede nur übernehmen und mit ihren Beiträgen weitergeben kann. *Wir Lebenden gehören daher zu den Toten und zu den kommenden Geschlechtern und diese zu uns.*«[81)]
  Dreggers Bemühen, »die Ehre unserer toten Soldaten zu schützen«[82)], löst Kritik, ja Polemik aus: Wie könne man »Opfer« und »Täter« in einem Atemzug nennen, sie gar gemeinsam ehren? Dregger verwahrt sich gegen den Versuch, die Soldaten zum »Gegenstand der Vergangenheitsbewältigung«[83)] zu machen und sich zum »Richter dieser Toten«[84)] aufzuspielen:
  »Es geht nicht an, die toten deutschen Soldaten den anderen Opfern als ›Täter‹ gegenüberzustellen ... ›Täter‹ waren nicht sie, sondern diejenigen, die aufgrund ihrer politischen Macht Krisen und Kriege auslösen und deren Ablauf, deren Ergebnisse und deren Ende bestimmen konnten. Die Schuld und das Versagen

---

80) Der Vernunft eine Gasse, S. 220
81) Ebd.
82) Ebd.
83) a.a.O., S. 52
84) a.a.O., S. 48

der Verantwortlichen – in Deutschland und anderswo – können nicht auf diejenigen abgewälzt werden, die als Soldaten zu ihren Opfern wurden.«[85)]
Der »tiefen Tragik des Geschehens« könne man »mit schlichten Schwarz-Weiß-Klischees ... nicht gerecht«[86)] werden. Hinter »abstrakten Kollektivbezeichnungen wie ›Täter‹ und ›Opfer‹« stünden »jeweils *einzelne Menschen* mit ihrem individuellen, nicht wiederholbaren, unvergleichlichen Schicksal«. Es gehöre »wohl zu den größten Grausamkeiten unseres Jahrhunderts, die Einzelmenschen zu gesichtslosen Massenartikeln von Kollektiven herabzuwürdigen.« Er, Dregger, ziehe daher den Schluß: »Man kann die Toten unseres Volkes nicht nach Spruchkammerkategorien in Gerechte und Ungerechte einteilen. Im übrigen: Jeder einzelne dieser Toten hat bereits vor dem obersten Richter gestanden, vor dem auch wir einmal stehen werden. Ich bin

---

85) a.a.O., S. 220

86) a.a.O., S. 223. »Schwarz-Weiß-Klischees« – so Dregger in seiner Rede zum Volkstrauertag 1986 – seien vor allem »um Bitburg« aufgebrochen (Der Vernunft eine Gasse, S. 223).
An der Absicht des damaligen amerikanischen Präsidenten Ronald Reagan, während seines Besuches in der Bundesrepublik Deutschland im Mai 1985 den Soldatenfriedhof in Bitburg aufzusuchen und dort zum Gedenken an die Toten einen Kranz niederlegen zu lassen, entzündete sich im Frühjahr 1985 ein Streit, der »vernarbte Wunden« (Dregger) aufriß und Schatten auf das deutsch-amerikanische Bündnis zu werfen drohte. Dazu Dregger am 28. April 1985, wenige Tage vor dem Bitburg-Besuch, unter Hinweis auf das Treffen zwischen François Mitterrand und Helmut Kohl im Herbst 1984 auf den Schlachtfeldern bei Verdun:
»In Bitburg wollen Präsident Reagan und Bundeskanzler Kohl besiegeln, was Präsident Mitterrand und Bundeskanzler Kohl auf dem Douaumont bei Verdun für ihre Völker besiegelt haben. Douaumont war mehr als der Ausdruck der Versöhnung. Es war die Besiegelung eines Bündnisses, das die Menschen und Freiheitsrechte in Europa und der Welt verteidigt. Es war die Besiegelung der Freundschaft zwischen zwei Völkern, die sich jahrhundertelang auf den Schlachtfeldern gemessen, jetzt aber begriffen haben, daß sie – wenn überhaupt – nur noch gemeinsam eine Zukunft haben ... Sind auch Amerikaner und Deutsche zu einer solch menschlichen, christlichen und ritterlichen Geste fähig? Nicht die Kraft der Waffen, sondern die Kraft der Herzen entscheidet letztlich über Bestand und Wert eines Bündnisses.
Ich will die Gefühle derer nicht verletzen, die den Besuch in Bitburg ablehnen. Das muß jeder vor sich selbst beantworten und verantworten. Ich will nur eines sagen: Die Toten sind irdischer Gerechtigkeit entzogen. Sie können sich nicht mehr wehren ... Vor den Toten ... können wir Lebenden uns nur verneigen. An den Gräbern muß der Haß ein Ende haben.« (Der Vernunft eine Gasse, S. 42f.)

sicher, daß dieser die Toten nicht nach der Uniform oder der Sträflingskleidung beurteilen wird, die sie getragen haben, nicht nach der Frage, ob sie zu den Siegern oder den Besiegten gehört haben, und auch nicht nach der moralischen und politischen Qualität derer, die sie in den Tod geschickt haben. Der Herrgott wird jeden einzelnen von uns für sein persönliches Verhalten in Anspruch nehmen – und für sonst nichts.«[87)]

III.

Alfred Dregger – so hat es Helmut Kohl einmal ausgedrückt – sei »ein Mann, der für Geschichte lebt«[88)]. Dreggers Politik für Deutschland ist ein eindrucksvoller Beleg für dieses Urteil; sie stand – und steht – unter der Losung, »daß wir die moralische Kraft und den politischen Willen haben, die deutsche Geschichte fortzusetzen«.[89)]

In einer Bundestagsrede Dreggers steht der Satz: »Jeder von uns – auch jede Fraktion – hat sich ... vor der Geschichte für das zu verantworten, was wir für die Freiheit und Einheit der deutschen Nation getan und was wir versäumt haben.«[90)] Alfred Dregger *handelt* nach dieser Maxime: als Christ und Europäer, als Demokrat und Patriot.

---

87) a.a.O., S. 49

88) Rede zum 60. Geburtstag Alfred Dreggers, Schriftenreihe der Hessischen Akademie für Politische Bildung e.V., Bd. 1, Wiesbaden 1981, S. 10

89) Freiheit in unserer Zeit, S. 85

90) Der Vernunft eine Gasse, S. 18

Europa als friedenserhaltende Mitte zwischen den Weltmächten

Die europäische Sicherheitspolitik Alfred Dreggers

von Markus Berger[*)]

»Ohne eine richtige Analyse der Wirklichkeit gibt es keine richtige Politik«[1)]

A.

Die Uneinigkeit Europas

Der Sicherheitspolitiker Alfred Dregger ist dem Verfasser zum ersten Mal 1975 begegnet – damals nur mittelbar. In einem Zeitungsbericht über seinen Aufsatz »Europas Verteidigung im nuklearen Zeitalter« in der Wochenzeitung »Deutsche Zeitung – Christ und Welt« lautete die Schlagzeile: *»Selbstmord kann nicht Bündnispflicht sein.«*

Schärfer hätte auch ein Skalpell nicht schneiden können. Jegliche Bündnisrhetorik außer acht lassend, rührte er an den Kern der (damaligen) Probleme.[2)]

Alfred Dregger hat mit diesem Satz das in seinen Augen legitime

---

*) geb. 1938, Soldat der Bundeswehr seit 1957, 1977–1987 Mitglied des Deutschen Bundestages, seit 1982 Vorsitzender des sicherheitspolitischen Fachausschusses der CDU Deutschlands, 1983-1987 Mitglied der Beratenden Versammlung des Europarates und der Parlamentarischen Versammlung der Westeuropäischen Union, seit 1987 Mitarbeiter der CDU/CSU-Fraktion des Deutschen Bundestages und Referent für Sicherheitspolitik des CDU/CSU-Fraktionsvorsitzenden Dr. Alfred Dregger.

1) Alfred Dregger in einer Rede vor der amerikanisch-deutschen Parlamentarierkonferenz am 10. April 1980 in Bonn; in »Freiheit in unserer Zeit« von Alfred Dregger, München/Berlin 1980, Seite 217.

2) Ausgabe vom 8. 8. 1975; vgl. auch Alfred Dregger, »Freiheit in unserer Zeit«, S. 193ff. Damals diskutierte das Bündnis über den Zusammenhang zwischen strategischer Parität, den »Grauzonenwaffen« und dem konventionellen Übergewicht der Sowjetunion in Europa; also über die Probleme der »Koppelung«.

Bestreben der USA begründet, die nukleare Schwelle so weit als möglich anzuheben, um so den sie selbst bedrohenden nuklearen Schlagabtausch mit strategischen Waffen zu vermeiden. Daraus zog er den Schluß:
»Die unvermeidliche Folge dieses Konzeptes ist aber die Tatsache, daß der konventionelle Krieg und gegebenenfalls auch der Krieg mit taktischen Nuklearwaffen in Europa wieder denkbar geworden ist«.
Weil für Europa auch schon der konventionelle Krieg und erst recht der Krieg mit taktischen Nuklearwaffen nahezu tödlich wäre, müsse daher das Sicherheitsinteresse Europas mehr noch als das der USA darauf gerichtet sein, nicht nur den Nuklearkrieg, insbesondere den Nuklearkrieg mit strategischen Waffen, sondern *jeden Krieg in Europa zu verhindern.*
Alfred Dregger beklagte dann das *Fehlen einer »eigenen nuklearen Abschreckungsmacht« in Westeuropa,* die Tatsache, daß im französischen Konzept der nationalen Verteidigung Europa keinen Platz habe, und forderte die Entwicklung eben dieses europäischen Verteidigungskonzeptes. Das Problem der europäischen Verteidigung ließe sich *optimal nur in einem europäischen Bundesstaat mit voller Kompetenz in Verteidigungsfragen lösen.* Eine »europäische Verteidigungsgemeinschaft« im Rahmen der atlantischen Allianz sei dazu ein geeigneter Zwischenschritt.

B.

Atomares Gleichgewicht und die Treuhandfunktion der USA

Vier Jahre später[3] hat Alfred Dregger im Deutschen Bundestag zu Fragen des militärischen, insbesondere des nuklearen Gleichgewichtes gesprochen. Anlaß war die Antwort der damaligen Bundesregierung auf eine Große Anfrage der Opposition zur Sicherheitspolitik. Diese Debatte war wohl der erste Höhepunkt jener umfassenden »Friedensdebatte«, die uns dann in den frühen 80er Jahren an den Abgrund einer sowjetischen Hegemonie über ganz Europa geführt hat. Vorangegangen waren die Auseinandersetzung um die

---

[3] Stenographisches Protokoll des Deutschen Bundestages 8. WP, 142. Sitzung am 9. März 1979, Seite 11270.

Neutronenwaffe, Helmut Schmidts Londoner Forderung[4] nach den notwendigen Mitteln zur »Implementierung« der Strategie der flexiblen Antwort des Bündnisses und sein – von Dregger beklagtes – Schweigen in der innerparteilichen Diskussion der SPD über diese Politik.
»Deshalb«, so führte Dregger aus, »war es keine gute Politik, daß der Bundeskanzler in der Diskussion der letzten zwölf Monate geschwiegen hat, daß er trotz seiner zweistündigen Ausführungen heute wiederum die eigentlichen Fragen nicht beantwortet hat. Das ist deshalb so bedauerlich, weil führende Politiker seiner Partei es anders gehalten haben, weil sie in diesen Lebensfragen des Volkes in einer Weise öffentlich Stellung genommen haben, die die Sicherheit unseres Landes und auch den Zusammenhalt des Bündnisses bedroht«.[5]
In zehn Punkten analysierte Alfred Dregger die deutschen Interessen in der Sicherheitspolitik, die Lage, insbesondere den drohenden Verlust der Handlungsfreiheit und die Notwendigkeit der Wiederherstellung des verlorengegangenen Gleichgewichtes. Die Rede ist heute noch lesenswert.
Für die Entwicklung des sicherheitspolitischen Denkens von Alfred Dregger sind jene Passagen seiner Rede aufschlußreich, in denen er sich mit unserem jeweiligen Verhältnis zu den atomar bewaffneten Bündnispartnern USA und Frankreich auseinandersetzte.
Er stellte die Frage, wie die Sicherheit »der Nicht-Nuklearmacht Bundesrepublik Deutschland« in unmittelbarer Grenzberührung mit der »sowjetischen Vormacht« ermöglicht werden soll. Seine Antwort, in der er sich mit den vorausgegangenen Debattenbeiträgen der Sprecher der damaligen Regierungskoalition auseinandersetzte: »... (ich) bin der Meinung, daß es dafür nur ein Mittel gibt: *die engstmögliche Verflechtung deutscher und amerikanischer Truppen auf deutschem Boden und zwar nicht nur im konventionellen Bereich, sondern auch im nuklearen Bereich, wie das schon heute bei*

---

[4] 28. Oktober 1977 vor dem Londoner Internationalen Institut für Strategische Studien, Bulletin der Bundesregierung Nr. 112 vom 8. 11. 1977; diese Forderung führte später zum Nachrüstungsbeschluß (Doppelbeschluß) der NATO.

[5] Alfred Dregger erinnerte in diesem Zusammenhang an Egon Bahrs Unterstützung für die sowjetische Kampagne gegen die (amerikanische) Neutronenwaffe.

den taktisch nuklearen Waffen der Fall ist. Nur durch eine solche Verflechtung kann der Vorstellung begegnet werden, die Automatik der Eskalation, der Zusammenhalt zwischen der amerikanischen Weltmacht und uns könnten einmal aufgelöst werden«.
Die »Nuklearverteidigung der Bundesrepublik Deutschland«[6] – so führte er weiter aus – werde von den USA treuhänderisch wahrgenommen. Dieses *Treuhandverhältnis* sei seinerzeit durch den Beitritt der Bundesrepublik Deutschland zum *Nichtverbreitungsvertrag völkerrechtlich verbindlich* geworden. Es verbinde die Bundesrepublik Deutschland nur *mit den USA,* mit keinem anderen westlichen Verbündeten. Kein anderer sei bereit und in der Lage, diese »Verflechtung« im nuklearen Bereich mit uns vorzunehmen. Dies werde bestätigt durch die Militärdoktrin unseres französischen Nachbarn. *»Für Frankreich sind wir insoweit nur militärisches Glacis.* Wenn wir Deutschland verteidigen, verteidigen wir Frankreich; ob sich Frankreich, in welcher Weise sich Frankreich an der Verteidigung Deutschlands beteiligt, bleibt offen«.

C.

Abschreckung durch Kurzstreckensysteme?

Acht Jahre später[7], im Oktober 1987, untersuchte Alfred Dregger vor der Clausewitz-Gesellschaft in Hamburg die in Europa entstandene militärische Lage *nach der »Doppelten Null-Lösung«.*
Deren Folgen für die Fähigkeit der Allianz, einen Angriff auf Europa abzuschrecken, seien erheblich.
Einige unserer Verbündeten hätten geglaubt, was durch die Abrüstung der Waffen mit einer Reichweite zwischen 500 und 5500 km ausfalle, könne durch Aufrüstung im Bereich unter 500 km ausgeglichen werden. Er hätte »dagegen von Anfang an Front gemacht,

---

[6] Später wird Alfred Dregger bestreiten (vgl. Abschnitt D), daß die Bundesrepublik Deutschland atomar verteidigt werden könne.

[7] »Pro Pace«, Beiträge und Analysen zur Sicherheitspolitik, Deutsches Strategie-Forum Bonn, Herford 1987, »Entwurf einer Sicherheitspolitik zur Selbstbehauptung Europas« von Dr. Alfred Dregger.

da es uns Deutschen weder zuzumuten ist, noch einen strategischen Sinn ergibt.[8)]

Würde unter 500 km (Reichweite) aufgerüstet, was über 500 km wegfällt, dann würde der aufgrund der Grenzlage unvermeidbaren Sonderbedrohung unseres Landes *eine durchaus vermeidbare nukleare Sonderbedrohung* hinzugefügt.«

Im europäischen, insbesondere im deutschen Interesse hätte es nach seiner Meinung gelegen, mit der atomaren Abrüstung bei den Reichweiten unter 500 km zu beginnen und sie dann schrittweise auf größere Reichweiten auszudehnen.[9)]

»Solange die Sowjetunion uns an Panzerarmeen und chemischen Waffen haushoch überlegen ist, solange fordern wir für die atomaren Kurzstreckenraketen keine Null-Lösung, aber wir fordern *schon jetzt westliche Anstrengungen mit dem Ziel, die Sowjetunion zu einem Abrüstungsabkommen zu veranlassen, das zu einer drastischen Verminderung der atomaren Waffen mit Reichweiten unter 500 km führt.* Das gilt auch für die atomar bewaffnete Rohrartillerie...«[10)]

Dies war einer der zahlreichen Beiträge Alfred Dreggers zu der

---

8) Der britische Premierminister, Frau Margaret Thatcher, hatte den Begriff des atomaren »Fire-break« geprägt. Das Wort ist zweideutig. Es kann Brandmauer, aber auch Brandschneise bedeuten. Frau Thatcher war der Meinung, daß die atomare Abrüstung auf jeden Fall vor den Kurzstreckensystemen mit weniger als 500 km Reichweite halt machen müsse.

9) Offensichtlich hat Alfred Dregger seine Ansicht über atomare Kurzstreckensysteme geändert. Sie erscheinen ihm nicht mehr als wesentliches Element der »Verflechtung der amerikanischen und deutschen Truppen im taktisch nuklearen Bereich« zum Zweck des »Zusammenhalts zwischen der Weltmacht USA und der Bundesrepublik Deutschland« in den Kategorien der Abschreckung (vgl. Abschnitt B).
Er hat den »Abschreckungsverbund« erhalten wollen und sich gegen die »Doppelte Null-Lösung« eingesetzt. Erst als diese beschlossene Sache war, hat er auf eine (teilweise) Abrüstung der Kurzstreckensysteme gedrängt und (immer stärker) auf die Beseitigung der atomaren Rohrartillerie.

10) Diese Forderung hat damals größtes Aufsehen erregt. Viele Beobachter glaubten, Alfred Dregger nähere sich der Forderung nach der Denuklearisierung Europas an. Sie habe Sprengkraft für das Bündnis, meinten manche. Alfred Dregger hat sie seitdem bei jeder sich bietenden Gelegenheit wiederholt. Heute besteht Einvernehmen innerhalb des Bündnisses und mit der Sowjetunion darüber, daß entsprechende Verhandlungen unmittelbar nach einem ersten Abschluß der Wiener Verhandlungen über konventionelle Abrüstung (VKSE) geführt werden sollen.

damaligen Diskussion über das *Gesamtkonzept für Sicherheit und Abrüstung* des Bündnisses, das dessen Politik in Zukunft bestimmen sollte.

D.

Abschreckung oder Kriegsführung

Im Frühjahr 1988 löste der *»Iklé-Wohlstetter-Report«* im Bündnis neue Irritationen aus.[11)]
In dieser wichtigen Phase fuhr der Vorsitzende der CDU/CSU-Bundestagsfraktion zu politischen Gesprächen nach Washington. Er traf dort mit Präsident Reagan zusammen und mit vielen anderen höchstrangigen Vertretern der Administration und der beiden Häuser des Parlamentes. Im Mittelpunkt seines Besuches stand ein Vortrag am 5. Mai 1988 vor dem amerikanischen Institut für zeitgenössische deutsche Studien der Johns-Hopkins-Universität in Washington über das Thema: »Nukleare Abrüstung – Konsequenzen für das Bündnis – *Perspektiven für Deutschland und Europa«*.[12)]
Alfred Dregger hat dort Klartext gesprochen, der mit Aufmerksamkeit zur Kenntnis genommen wurde: »Unser *erstes deutsches* Interesse ist es, *zu verhindern,* daß *unser Land durch Krieg vernichtet* wird ... Dieses *dicht besiedelte Land kann atomar vernichtet, aber nicht atomar verteidigt werden.*[13)] *Wir erwarten daher von unseren Verbündeten,* daß *sie ihre atomaren Abschreckungswaffen* – wenn irgend möglich – *nicht gegen unser Land, sondern gegen das des potentiellen Angreifers richten.* Das erklärt unsere Abneigung gegen atomare Kurzstreckensysteme, die in beide Richtungen nur von Deutschland nach Deutschland reichen ...«
Auch einen nicht atomaren Krieg zu verhindern sei »deutsches Überlebensinteresse«. Unser Land wäre Hauptkriegsschauplatz eines europäischen Krieges, was sich nicht nur aus der Tatsache

---

11) »Discriminate Deterrence« – Bericht einer (halbamtlichen) Kommission über die integrierte langfristige Strategie (der Vereinigten Staaten von Amerika) vom 12. Januar 1988.
12) Presseveröffentlichung der CDU/CSU-Bundestagsfraktion vom 9.5.1988.
13) Vgl. Ende Abschnitt B.

seiner Teilung ergebe, sondern auch aus dem Umstand, daß der Osten eine offensive und der Westen eine defensive Militärstrategie verfolge.

»*Entscheidend*[14] *war und ist der Risiko- und Abschreckungsverbund,* der das Allianzgebiet, also Nordamerika und Westeuropa, zu einer strategischen Einheit macht«.

Dieser Verbund bedeute, daß die Sowjetunion bei einem Angriff auf Deutschland auf eine Allianz treffen würde, deren Bündnisphilosophie keine Zonen unterschiedlicher Sicherheit dulde.

»Bleibt diese Philosophie«, so fragte er eindringlich, »und mit ihr die Strategie der Kriegsverhinderung durch Abschreckung . . . erhalten, oder sind die USA dabei, eine neue, grundlegend andere Strategie zu entwerfen?

Im Iklé-Report lautet ein Schlüsselsatz wie folgt:

> ›Wenn wir unseren Verbündeten helfen, sich zu verteidigen, können wir uns nicht auf Drohungen stützen, von denen wir erwarten müssen, daß sie unsere eigene Vernichtung auslösen, wenn sie verwirklicht werden‹.

Bemerkenswert an diesem Satz ist zunächst die Tatsache, daß in ihm nicht von der Verteidigung des Allianzgebietes durch die Allianz die Rede ist, sondern von der *Hilfe,* die die USA denen gewähren, die ihr Gebiet verteidigen.«

Bei dieser »Hilfe« sollten – so vermutete er – die Waffensysteme ausgeschlossen bleiben, »deren Einsatz die Vernichtung der USA auslösen könnten.« Darunter müßten wohl die strategischen Systeme der USA verstanden werden, deren Abschreckungskraft damit für Europa nicht mehr zur Verfügung stünde.

Das sei um so bemerkenswerter, als das zu einem Zeitpunkt gesagt werde, zu dem die USA ihre landgestützten Mittelstreckensysteme abschaffen wollten.[15] »*Was bleibt, sind vor allem die Kurzstreckensysteme, die zwar weder die USA, noch die Sowjetunion treffen, dafür aber vor allem unsere Vernichtung auslösen könnten*«.

---

[14] Für die Verhinderung von Krieg und Erpreßbarkeit.

[15] Aus seiner Sicht waren diese das »Gelenkstück« des (atomaren)Abschreckungsverbundes, wie er sie im Vortrag vor der Clausewitz-Gesellschaft (vgl. Abschnitt C) bezeichnet hat.

Es entspreche dieser Logik, wenn der Iklé-Report fordere, die amerikanischen Atomwaffen in Europa dürften nicht primär als Mittel der Eskalation gesehen werden, sondern als Mittel, mit dem das Bündnis angreifende sowjetische Kräfte ohne eskalatorische Wirkung zerschlagen könne.[16)]
Dann stellte er nach der Meinung vieler Beobachter die Bündnisfrage: »Ich möchte mit der Klarheit, die in einer Existenzfrage geboten ist, sagen: *Eine Strategie, die auf eine Regionalisierung eines europäischen Krieges hinausliefe, entzöge dem Bündnis in Europa,* insbesondere in Deutschland, *die Grundlage.* Wir Deutsche können nicht bereit sein, unser kleines und dicht besiedeltes Land für eine atomare Kriegsführungsstrategie zur Verfügung zu stellen, die bei ihrer Verwirklichung unseren Untergang bedeuten würde«.
Diese Warnung ist nicht ohne Wirkung geblieben.

E.

Die langfristige Perspektive: Überwindung der Teilung Deutschlands und Europas

Im zweiten Teil seines Vortrages sprach Alfred Dregger über die Notwendigkeit einer *europäischen Sicherheitsunion, die als europäischer Pfeiler der NATO dieses Bündnis stärken und für die Zukunft rüsten sollte.*[17)]
Im letzten Teil fragte er nach den Perspektiven für Deutschland: »...die *Überwindung dieser Teilung* (Deutschlands und Europas) entspricht dem Wunsch der Völker Europas. Es ist die Zwangsherr-

---

16) Diese Kritik setzt sich – logisch – über die im Abschnitt A zitierte Erkenntnis, »Selbstmord kann nicht Bündnispflicht sein«, hinweg. Doch ging es Alfred Dregger damals um die Glaubwürdigkeit der Abschreckung, mit Konsequenzen für deren Verbund und für Europa. Jetzt wendet er sich gegen den möglichen Versuch, diesen Verbund aufzulösen, den Krieg zum Zweck der Schadensbegrenzung zu regionalisieren – ihn also nach seiner Einschätzung leichter führbar und damit wieder möglich zu machen.

17) Vergleiche Abschnitt A.

schaft in den kommunistischen Ländern, die sie verhindert. Diese Zwangsherrschaft können wir nicht ignorieren, aber wir können sie auch nicht akzeptieren. *Deshalb werden wir am Ziel der Einheit Deutschlands und Europas festhalten«.*[18)]

Alfred Dregger zitierte dann die bekannte Ziffer 8 des *Harmel-Berichtes,* nach der eine endgültige und stabile Regelung in Europa nicht möglich sei ohne eine Lösung der Deutschland-Frage, die den Kern der Spannungen in Europa bilde.

Die nach dem Zweiten Weltkrieg quer durch Europa gezogene Grenze sei weder historisch noch kulturell bedingt. Sie *sei »eine Demarkationslinie der Siegermächte; ein Stück erstarrter Kriegsordnung«,* die die Würde Europas und die Rechte seiner Menschen auf Freiheit und Selbstbestimmung verletze.

Die Überwindung der Teilung Deutschlands und Europas sei ein Ziel, das nur in enger Zusammenarbeit mit den beiden Weltmächten, unter Berücksichtigung ihrer Interessen – auch ihrer Sicherheitsinteressen – verwirklicht werden könne.

»Ob und wann die Sowjetunion sich einer solchen Politik öffnen wird, ist ebenso ungewiß wie die Entwicklung, die sie unter Gorbatschow eingeschlagen hat.

Aber auch die Sowjetunion muß sich fragen, was künftig von größerem Nutzen für sie ist: ein wiedervereinigtes Europa, mit dem auch sie eng zusammenarbeiten könnte – oder die Aufrechterhaltung der Herrschaft über ihre Zwangsverbündeten in Ost-Mittel-Europa, *einer Herrschaft, deren ökonomische, politische und militärische Folgelasten für die Sowjets von Jahr zu Jahr nicht kleiner, sondern größer werden«.*[19)]

In einem Memorandum, das er im November 1988 der Bundesregierung vorgelegt und unter allseitiger Zustimmung in das »Aktionskomitee für Europa« eingebracht hat, präzisierte er seine

---

18) In einem anderen Vortrag vor geladenen Gästen – insbesondere Journalisten – der Konrad-Adenauer-Stiftung in Washington am 5. 5. 1988 führte er den Begriff »Einheit Europas« weiter aus: Das abendländische Europa von Polen bis Portugal müsse in Freiheit geeint werden.

19) Diese Passage seiner Rede vom Mai 1988 widerlegt die Legende, daß niemand die Entwicklung in Ost-Mittel-Europa, die ein Jahr später sich dramatisch vollzogen hat, für möglich gehalten hätte.

langfristigen Vorstellungen für Europa.[20] Das eigentliche Ziel sei eine handlungsfähige politische Union Europas, die in allen Fragen einer künftigen gesamteuropäischen Friedensordnung für die Sowjetunion ein kompetenter und ernstzunehmender Gesprächspartner sein müsse. Unsere Verbündeten dürften sich ebensowenig mit der Teilung Deutschlands und Europas abfinden wie die Deutschen. Der jetzige Zustand »ist unnatürlich und unwürdig; nicht nur für Deutschland, sondern auch für Europa; nicht nur für die Deutschen, sondern auch für die Polen, Tschechen, Slowaken und Ungarn, für alle Völker Mittel- und Ost-Mitteleuropas«.
Die Überwindung dieses Zustandes sei möglich, wenn alle bereit seien, auf Herrschaft über andere zu verzichten und sowohl die berechtigten Interessen der anderen als auch die Menschenrechte und das Selbstbestimmungsrecht zu respektieren.
»Ein *vereinigtes Europa,* das alle Völker umfaßt, die nach ihrem kulturellen und historischen Selbstverständnis zum Abendland gehören[21], könnte so zur *friedenserhaltenden Mitte zwischen den Weltmächten* werden; es würde der Sowjetunion und den USA ersparen, sich in Europa hautnah und hochgerüstet gegenüberzustehen«.[22]

F.

Eine Strategie für die Zukunft

Im Herbst 1989 – vor der Öffnung der Berliner Mauer – veröffentlichte Alfred Dregger in der Reihe »Pro Pace« des »Deutschen Strategie-Forum« einen Beitrag mit dem Titel:

---

[20] Memorandum des Vorsitzenden der CDU/CSU-Bundestagsfraktion vom 11. November 1988 »Sicherheit für Europa und das Atlantische Bündnis« (nicht veröffentlicht). Vergleiche auch: Vorwort zu »Preis der Freiheit. Sicherheitspolitik im geteilten Europa«, von Alfred Dregger, München, 1985.

[21] Vergleiche Fußnote 18.

[22] Das ist inzwischen die Perspektive der Abrüstungspolitik in Europa, die gegenwärtig in der Gruppe der 23 (NATO- plus WP-Staaten) in Wien (VKSE) verhandelt wird.

»Eine Strategie für die Zukunft«.[23] Darin setzte er sich intensiv mit der *atomaren Abschreckung* auseinander und mit der *Besonderheit der Atomwaffen:*

»Ihre Wirkung ist so fürchterlich, daß niemand sich ihr aussetzen will. Das ist die Ratio der Abschreckung oder, wie die Franzosen formulieren, der Abhaltung vom Krieg. Wer eine atomare Reaktion befürchten muß, unterläßt den militärischen Angriff«.

Wegen dieser Wirkung werde niemand sie um taktischer oder operativer Ziele willen einsetzen; besonders dann nicht, wenn er damit wiederum eine atomare Reaktion der anderen Seite auslösen könnte. *Mit Atomwaffen könne man keine Schlacht gewinnen. Sie seien keine Waffen des Sieges;* sie hätten nur eine legitime Aufgabe: *den Krieg zu verhindern.*

»Atomare Abschreckung erzwingt, um die bekannte, aber falsche Clausewitz-Interpretation durch Lenin wieder auf die Füße zu stellen, selbst in schwerwiegenden Konflikten – *die Fortsetzung der Politik mit politischen Mitteln. ..*

Wenn Abschreckung, also Kriegsverhinderung, die politische Funktion der Atomwaffen ist, dann muß sie sich gegen denjenigen richten, der in Europa als einziger einen Krieg beginnen könnte. Polen und die Tschechoslowakei können das nicht. Die DDR kann das auch nicht. Nur die Sowjetunion könnte dies. *Das Abschrekkungspotential der NATO in Europa muß daher, wenn es seinen Zweck erfüllen soll, die Sowjetunion erreichen können. ..«*

Abschreckung sei heute anders zu definieren als vor zehn oder zwanzig Jahren, meinte er. Tschernobyl habe denen, die es nicht vorher gewußt hätten, gezeigt, daß der Atomkrieg nicht führbar sei.

Niemand könne mit Aussicht auf Gewinn einen Atomkrieg beginnen oder damit drohen. Niemand werde einen Krieg, gleich welcher Art, beginnen, wenn er damit rechnen müsse, daß dies eine atomare Reaktion des Angegriffenen auf sein Territorium auslösen könne.

»Atomare Macht ist also nur für die Abschreckung zu gebrauchen. Dafür aber sehr wohl«, so seine Folgerung.

---

[23] »Pro Pace«, Beiträge und Analysen zur Sicherheitspolitik, Deutsches Strategie-Forum, Sonderdruck aus »Europäische Wehrkunde/Wehrwissenschaftliche Rundschau«, Heft 12/89, Verlag Europäische Wehrkunde, Herford/Bonn.

Er führte diesen Gedanken noch weiter aus: Abschreckung wirke auch immer auf sich selbst zurück. Denn niemand könne diese Waffen einsetzen, ohne damit ein existentielles Risiko für sich selbst einzugehen. Das führe *»zur Mäßigung und Selbstbeschränkung«*. Diese Selbstbeschränkung entspringe dem gemeinsamen Interesse der Atommächte an der Vermeidung einer horizontalen Eskalation, d. h. an der Vermeidung der Ausweitung eines regionalen Konfliktes, in den auch nur eine von ihnen verstrickt sei, zu einer direkten Konfrontation gegeneinander.

»Atommächte mäßigen sich sogar im Gebrauch ihrer konventionellen Mittel. Sie grenzen den Krieg ein, weil sie Atommacht sind. Und *sie können nicht siegen,* weil sie diese Selbstbeschränkung akzeptieren«, schrieb er unter Hinweis auf die Tatsache, daß beide »Supermächte« in einem begrenzten Krieg, den sie führten, nicht gesiegt haben.

»Dies bestätigt die Erkenntnis: Krieg ist kein Mittel der Politik mehr, zumindest nicht zwischen Atommächten oder dort, wo Atomwaffen eingesetzt werden könnten«.

In Konsequenz dieser Ausführung forderte Alfred Dregger dann für die Zukunft des Bündnisses ein *Konzept der hinlänglichen konventionellen Verteidigung, gekoppelt an eine atomare Rückversicherung* (Minimalabschreckung), das die NATO mit ihrer antagonistischen Gegenmacht, der Sowjetunion, *vereinbaren* solle. Entscheidend wäre die Hinlänglichkeit beider Komponenten, weil keine der beiden die Unzulänglichkeit der anderen ausgleichen könne. Obwohl das Ost-West-Verhältnis seit dem Erfolg der Politik des »Containment«[24)] immer weniger von den militärischen Faktoren bestimmt werde, bliebe Sicherheit die Voraussetzung für eine positive Entwicklung dieses Verhältnisses. Eine europäische

---

24) Diese »Eindämmung« der expansiven Sowjetmacht durch adäquate politische und militärische Mittel war notwendig und erfolgreich während der gesamten Dauer des »kalten Krieges«. Ein letzter Höhepunkt: Die westliche Nachrüstung (1983) aufgrund des Doppelbeschlusses des Bündnisses (1979). Bekanntlich boykottierte die Sowjetunion zunächst sämtliche Abrüstungskonferenzen. Danach setzte bei der sowjetischen Führung ein fundamentaler Umdenkungsprozeß ein.
Die damalige sowjetische imperialistische und expansive Politik wird inzwischen auch von der sowjetischen Wissenschaft (Daschitschew) und Führung (Schewardnadse vor dem Kongreß der Volksdeputierten) als Fehler eingestanden.

Friedensordnung, in der alle Völker ohne Furcht und Zwang unter Wahrung ihrer Eigenständigkeit zusammenleben könnten, könne nur auf dieser Grundlage geschaffen werden.

G.

Die Neuordnung Europas

Diese langfristige Perspektive der Überwindung der Teilung Europas und Deutschlands hat Alfred Dregger in seiner Sicherheitspolitik immer im Blick behalten.
Als sie Realität zu werden begann, als die Mauer geöffnet wurde, als die kommunistischen Machtstrukturen in Mittel-Europa zerbrachen, waren die künftigen Sicherheitsstrukturen Europas für ihn eines der wichtigsten Probleme, das ihn unablässig beschäftigte.
»Wir stehen vor einer Neuordnung Europas, auch der Sicherheitsstrukturen«, formulierte er in einem Namensartikel für die angesehene Zeitschrift »Revue Des Deux Mondes«.[25)]
Zunächst räumte er darin mit der Legende auf, daß die NATO im Falle der Auflösung des Warschauer Paktes ihre Funktion verloren hätte. Beide »Bündnisse« seien hinsichtlich ihrer Zielsetzung und Struktur nicht gleichzusetzen, also auch nicht gleich zu behandeln.
In einer militärgeographischen Analyse beschrieb er die Lage in Europa nach einem Erfolg der Wiener Konferenz für konventionelle Abrüstung.
»Die Sowjetunion bleibt stärkste konventionelle Macht in Europa. Sie will dies auch bleiben. Und sie wird atomare Supermacht bleiben. Ihre diesbezüglichen Potentiale definiert sie im Verhältnis zur anderen atomaren Weltmacht, den USA... Selbst wenn auch dieser Abrüstungsprozeß weiter ginge als seine derzeitigen Verhandlungsziele[26)], wird die Sowjetunion gegenüber den europäi-

---

25) »Revue Des Deux Mondes«, Mai 1990 »Quelle défense pour l'Europe?«

26) In den Genfer START-Verhandlungen zwischen den USA und der Sowjetunion über die Verringerung der strategischen Waffen wird eine Verringerung um ca. 30% der derzeitigen Bestände angestrebt.

schen Atommächten Frankreich und Großbritannien atomar überlegen bleiben. Wer wollte sie also angreifen, wenn nicht unter dem Risiko der Selbstvernichtung?...
Die Sowjetunion ist der einzige Staat in Europa, der sich aufgrund seiner geographischen Größe, der Zahl seiner Menschen und seines militärischen Potentials allein verteidigen könnte. Sie braucht dafür weder ein Bündnis, noch dessen Glacis.«
Die freien Staaten Westeuropas blieben indessen auf ihr Bündnis und auf die Mitwirkung der Deutschen im Bündnis angewiesen, um auch in Zukunft den Krieg verhindern zu können. Keiner dieser Klein- und Mittelstaaten könne sich gegenüber der *euro-asiatischen Weltmacht Sowjetunion* allein verteidigen, ohne Deutschland verlöre die gemeinsame Verteidigung ihren Zusammenhalt.
Alfred Dregger forderte deshalb, daß das vereinte Deutschland Mitglied des westlichen Sicherheitsbündnisses bleiben müsse.[27)]
»Denn Deutschland liegt mitten in Europa. Ein *wirtschaftlich starkes Deutschland ohne Bindung an ein Bündnis wäre ein Faktor der Instabilität für Europa.* Für Deutschland wäre es der Platz zwischen den Stühlen«.
Auch in diesem Zusammenhang mahnte er eine Struktur der hinlänglichen Verteidigung für beide Seiten an. Im Rahmen einer solchen Struktur, die in einer zweiten Phase der Wiener Abrüstungsverhandlungen miteinander vereinbart werden müsse, könne auch die bisherige gemeinsame »Vorneverteidigung« aller nationalen Bündniskontingente an der Teilungsgrenze in Deutschland durch eine effizientere militärische Friedensaufstellung abgelöst werden. *Die Solidarität des Bündnisses sollte ihren Ausdruck finden in hochmobilen multinationalen und möglicherweise auch gemisch-*

---

27) Diese Forderungen hat Alfred Dregger zum ersten Mal Anfang Januar 1990 erhoben – als einer der ersten überhaupt. (Radio Moskau hat dies damals als eine »Schnapsidee«, die Illustrierte »Quick« als »Flachsinn der Woche« bezeichnet.) Er hat dabei der Sowjetunion die Konzession angeboten, daß alliierte Truppen nicht weiter im Osten als bisher stationiert werden sollten, also nicht auf dem Gebiet der bisherigen DDR; eine Formel, die inzwischen von allen Beteiligten – nach dem Besuch von Bundeskanzler Kohl im Kaukasus im Juli 1990 auch von der Sowjetunion – übernommen worden ist.

ten Verbänden, die in der Tiefe des Raumes – aber nicht nur auf deutschem Boden – bereitgehalten würden.[28)]
Unter diesem Aspekt müßte und könnte die grenznahe Verteidigung Deutschlands anders organisiert werden als bisher. Die moderne Waffenentwicklung, insbesondere die zur besseren Zielauffassung und Lenkung mit Hilfe des breiten elektromagnetischen Spektrums ermögliche eine wirksame grenznahe Verteidigung, ohne starke Truppen im Frieden vorne stationieren zu müssen. Dies könnte durch territoriale, nicht der NATO unterstellte Kräfte geschehen.[29)]
Dann griff er die Frage nach einem »neuen Sicherheitssystem« für Europa auf.
Er forderte die Sowjetunion auf, die Sicherheitserfordernisse der europäischen Klein- und Mittelstaaten anzuerkennen, zu denen auch die Anwesenheit der USA und Kanadas in Europa gehöre. Er fuhr dann fort:
»Im KSZE-Prozeß hat die Sowjetunion die Beteiligung der USA und Kanadas anerkannt.
Viele folgern daraus, daß dies genüge. Es sei ausreichend, wenn die Amerikaner im Rahmen dieses KSZE-Prozesses in Europa präsent blieben. Die Amerikaner sind aber nur im KSZE-Prozeß – und sie wurden und werden von der Sowjetunion in diesem Prozeß anerkannt –, weil sie in Europa präsent und weil sie Partner der westlichen Allianz sind. Eine Auflösung dieses Bündnisses, wie sie von einigen schon vorschnell gefordert worden ist, zugunsten neuer kooperativer, die bisherigen ›Bündnisse‹ überwölbender – sie mög-

---

28) Alfred Dregger erwähnte in diesem Zusammenhang die deutsch-französische Brigade. Bisher sei sie mehr ein Symbol gewesen für den guten Willen der beiden Regierungen denn ein tatsächlicher Beitrag zu einer umfassenden militärischen Kooperation der beiden Länder und deren Identität in der Sicherheitspolitik. Nun könne sie zum Modell solcher multinationaler Verbände werden.

29) Diese Kombination – Verzicht auf das bisherige Konzept der bündnisgemeinsamen »Vorneverteidigung« an der ehemaligen Teilungsgrenze in Deutschland, zugunsten einer Aufstellung von multinationalen Verbänden in der (ohnehin geringen) Tiefe des Raumes, die auch nach der angestrebten Truppenverminderung (VKSE) militärisch sinnvoll ist, verbunden mit einer von deutschen territorialen Streitkräften organisierten »grenznahen Verteidigung« – könnte nach Meinung des Verfassers den Kern der neuen Bündnisstrategie für die Sicherheit Westeuropas bilden (Stand Juni 1990).

licherweise damit auflösender – Sicherheitsstrukturen entzöge der Mitwirkung der Vereinigten Staaten und Kanadas in der KSZE das feste Fundament. *Die KSZE kann den Rahmen bilden für eine gesamteuropäische Friedensordnung, garantieren könnte sie diese nicht«.*[30)]

Dann forderte Alfred Dregger erneut, daß die westeuropäische Integration nicht an den Sicherheitsproblemen vorbeigehen dürfe. Die Entwicklung in Ost- und Ost-Mittel-Europa hätte eine gemeinsame europäische Sicherheitsunion im Rahmen der atlantischen Allianz nicht überflüssig, sondern dringlicher gemacht.

»Deshalb sollten wir die WEU – nicht die EG – als europäischen Pfeiler der NATO ausbauen. Dies würde die Sicherheit des ganzen Bündnisses stärken, die Stabilität in Europa fördern und es der Europäischen Gemeinschaft erleichtern, sich nach Osten zu öffnen. Der Schlüssel dafür liegt bei Frankreich. Frankreich müßte sich an diesem europäischen Verteidigungssystem ohne jede Einschränkung beteiligen und dürfte nicht weiter seine Neigung zur Autonomie in der Sicherheitspolitik pflegen.[31)]

In einer so veränderten Nordatlantischen Allianz werde die Verantwortung der Europäer für ihre eigene Sicherheit gestärkt, ohne daß die Sowjetunion dies als Machtzuwachs der USA empfinden müsse. Dies erleichtere es der Sowjetunion, eine solche Entwicklung als Beitrag zur politischen Stabilität in Europa zu begreifen und um dieser Stabilität willen die Mitgliedschaft des vereinten Deutschland in der NATO zu akzeptieren.

---

30) In einem anderen Zusammenhang hat Alfred Dregger auf das Prinzip der Gleichberechtigung innerhalb der KSZE hingewiesen. Beschlüsse bedürfen der Zustimmung aller 35 Teilnehmerstaaten. Deshalb könne die KSZE weder Macht ausbalancieren, noch mit Macht vorgetragene Interessengegensätze lösen (Presseerklärung der CDU/CSU-Bundestagsfraktion vom 31. 5. 1990).

31) Alfred Dregger hat intensiv im »Aktionskomitee für Europa« mitgearbeitet und innerhalb dessen in einem Ausschuß für Sicherheitspolitik. Seine zentrale Forderung, die er nach den sich ändernden Umständen immer wieder variiert hat, die deutsch-französische Zusammenarbeit – gemeinsame Brigade, deutsch-französischer Sicherheitsrat – müsse zum Nukleus einer europäischen Sicherheitsunion im Rahmen des Bündnisses werden, ist – bisher jedenfalls – unerfüllt geblieben (vergleiche auch das Zitat am Ende von Abschnitt A). Daher seine Enttäuschung über die französische Haltung.

H.

Schlußbetrachtung

Das waren wichtige Beiträge zur europäischen Sicherheitspolitik aus unterschiedlichen Zeiten, in denen deutlich wird, daß Alfred Dregger seinem selbstgesetzten Maßstab gerecht wird.[32)]
Weitsicht, frühe Wahrnehmung von Veränderungen, Sachlichkeit in der Analyse, Mut zur Konsequenz; solche »Beurteilung der Lage« überzeugt auch Fachleute, deren Rat er seinerseits schätzt.
Das begründet den Wert seines Urteils und seiner Vorschläge. So ist er zu einem »Vordenker« in der modernen europäischen Sicherheitspolitik geworden, auch zum »Demandeur«, der seine Forderungen ohne Umschweife, manchmal direkt bis zur Schroffheit, vorträgt.[33)]
Seine langfristigen Ziele verfolgt er hartnäckig, immer auf das Wesentliche konzentriert, doch beweglich in der Wahl der Mittel.
Oberstes Ziel: das vereinigte Deutschland in einer europäischen Sicherheitsunion im Rahmen einer reifen, gleichgewichtigen Partnerschaft (Dregger: zweipoligen Allianz) mit den Vereinigten Staaten von Amerika. Die Lage vor dem Ersten Weltkrieg, dem ersten Abschnitt des »30jährigen europäischen Bürgerkrieges«[34)], darf nicht wiederkehren. Denn der große Verlierer dieses Krieges war Europa.
Ziel dieser Sicherheitspolitik ist eine europäische Friedensordnung, in der Recht vor Macht geht, aber nicht in Ohnmacht verfällt. Dazu müssen Interessen ausgeglichen und muß Macht ausbalanciert werden. Das ist die Aufgabe der Politik und nur der Politik. Krieg darf dazu kein Mittel mehr sein. Deshalb hält Alfred Dregger an der »atomaren Rückversicherung« fest.
Wesentliche Elemente dieser Ordnung sind Menschenrechte, offene Grenzen und Kooperation.
Voraussetzung dafür ist Stabilität in den Beziehungen zwischen den

---

32) Vgl. Eingangszitat

33) In Frankreich ließ z. B. sein Satz aufhorchen, daß es für die Deutschen keinen Unterschied mache, ob sie von einer sowjetischen Kurzstreckenrakete getroffen würden oder »eine Hades ins Kreuz« bekämen.

34) Raymond Aron, »Les dernières années du siècle«, Paris: Juillard 1984.

Staaten und ihren Bündnissen. Nur dazu ist militärische Macht noch sinnvoll einzusetzen.
»Denn mit Panzern füllt man keine Regale«, sagt er zur gegenwärtigen Lage in der Sowjetunion.
Freiheit, Menschenrechte, Kooperation, das sind die Werte der NATO, von Anfang an. Das sind die Werte, welche auch die sowjetische Führung nach und nach im KSZE-Prozeß anerkannt hat und die zum Wegbereiter der friedlichen Revolution in Ost-Mittel-Europa geworden sind. Für Alfred Dregger ist die NATO unverzichtbare Grundlage dieser KSZE, in der nach seinen Vorstellungen die gesamteuropäische Friedensordnung weiterentwickelt werden soll.
An seinem siebzigsten Geburtstag ist Alfred Dregger diesem großen Ziel seiner Politik näher denn je. Er hat viel dazu beigetragen.

Der persönliche und politische Lebensweg Alfred Dreggers im Spiegelbild der Fotografie, des Plakates und der Karikatur

von Werner Wolf[*)]

The good-looking boy: Ein Blick in das Fotoalbum von Alfred Dregger

Diese Fotoserie sollte eigentlich die Überschrift erhalten: Vom Älterwerden eines Politikers, denn auch diese Spezies bleibt hiervon nicht verschont. Eine entsprechende Anordnung der Fotos, die das Älter- und Reiferwerden Alfred Dreggers hätte zeigen können, gestaltete sich jedoch schwierig. Bei manchen Aufnahmen Mitte der siebziger oder Mitte der achtziger Jahre ist nicht recht zu erkennen, ob Dregger jünger oder älter geworden ist. Eigentlich sah er, in Zehnjahresfristen gerechnet, weitgehend gleich aus. Das deutet seine gute körperliche und geistige Konstitution an. Er läßt sich so schnell nicht erschüttern oder unterkriegen und bewahrt Ruhe auch in schwierigen Situationen. Disziplin, Humor und eine gewisse Leichtigkeit des Lebens, die er nach außen hin aber kaum zeigt, dürften die Abnutzung, der jeder Mensch unterworfen ist, in Grenzen gehalten haben. Dazu kam früh ein Bewußtsein für gesundes und naturnahes Leben, soweit ein Politiker dies verwirklichen kann. Ein merkwürdiges Phänomen ist, daß Dregger lediglich Ende der sechziger, Anfang der siebziger Jahre etwas voller im Gesicht war. Auch bei Weggefährten ist ähnliches zu beobachten: ein Zeichen des bundesdeutschen Wohlstandes dieser Jahre, bevor die Gesundheitswelle heranrückte?

Good-looking-boy: Dregger hat bei seinem öffentlichen Auftreten den Vorteil der guten Erscheinung, er kann zudem seine Rollen hervorragend spielen und gut sprechen. Allerdings war es für ihn nicht ganz einfach, aus der ersten erfolgreichen Rolle des unbekümmerten Angreifers herauszukommen und charaktervollere Rollen zu übernehmen. Es ist ihm aber gut gelungen, in den letzten Bonner Jahren war er manchmal sogar ein bißchen zu ernst. In Bonn Humor zu bewahren, ist ja auch nicht immer ganz einfach.

Was ein Politiker alles können soll: Sich für Plakate und Postkarten portraitieren lassen, auf Parteitagen die Richtung vorgeben, eigene Leute mobilisieren und Journalisten überzeugen, im Parlament eine scharfe Klinge führen und sich doch mit dem Gegner vertragen, immer wieder mit dem Auto ferne Ziele im Land ansteuern, auf Marktplätzen und in Hallen reden, in einem engen Terminplan ein politisches Gespräch nach

---

*) geb. 3. 1. 1945, 1972–1983 Referent für Grundsatzfragen der hessischen CDU, 1983–1987 Stellvertretender Direktor, seit 1987 Direktor der Hessischen Landeszentrale für politische Bildung.

dem anderen führen, volkstümlich das Bad in der Menge nehmen, Bündnisse schmieden und wieder auslaufen lassen, Seilschaften und Mannschaften bilden – und an die eigene Familie denken sowie für sich selbst Erholungszeit einplanen. Die Fotos bringen zum Ausdruck, daß sich Dregger den Prozeduren dieses Berufes letztlich gerne unterwirft.

Was die Fotos nicht zeigen, ist die inhaltliche Arbeit, die Konzipierung und Ausführung einer eigenen und persönlichen Politik, der Versuch, Ziele und Praxis in Übereinstimmung zu bringen, den Lauf der Dinge ein wenig zu beeinflussen, Schaden vom eigenen Land abzuhalten und nützlich für die Bürgerinnen und Bürger zu sein. Dregger ist ein hervorragender strategischer und taktischer Denker, der in schwierigen Situationen sofort Handlungsanweisungen für sich selbst und für seine Mitstreiter entwerfen kann. Er hat die Fähigkeit, an seinem Schreibtisch in Fulda oder Bonn sitzenzubleiben, bis er ein wichtiges Papier oder einen langen Brief bis zum äußersten ausgefeilt hat. Er ist ein Fanatiker rationellen Arbeitens.

Schwer zu erklären bleibt, woran es liegt, daß ein Politiker Menschen gewinnen kann. Das Image Dreggers bestand wie das anderer auch aus positiven und negativen Eigenschaften. Die beiden Parameter Leistung und Sympathie sind in der Politik jedoch nicht alles. Mit den Mitteln der Meinungsforschung kaum meßbar sind Vitalität, Elan und Durchhaltevermögen. Aus diesen Eigenschaften entstand in der Anhängerschaft seiner Partei ein großes Maß an Vertrauen in den Spitzenmann Dregger, was wiederum auf eine breite Wählerschaft ausstrahlte.

Im übrigen ist Dregger ein normaler Mensch. Im privaten Gespräch macht er sich und seinen Freunden nichts vor. Er kann über seine eigenen Taten und Worte lachen. Er sucht im kleinen Kreis Entspannung und Gedankenaustausch, auch ohne politischen Zweck. Wie andere auch ist er auf sein Leistungsvermögen stolz und nicht ganz frei von Eitelkeit – wer will es ihm verdenken. Er gleicht dies jedoch durch Offenheit und Kameradschaftlichkeit aus.

Jugend, Familie, Freizeit

Alfred Dregger wurde am 10. Dezember 1920 im westfälischen Münster geboren. Sein Vater war Verlagsdirektor. Das Foto zeigt ihn als Vierjährigen mit seiner Mutter Änne. (1)

Dregger heiratet 1952 seine Frau Dagmar. Sie ist Dipl.-Volkswirtin. Das Ehepaar hatte drei Söhne: Wolfgang, Meinulf und Burkard. Der älteste verunglückte 1972 tödlich. Die Fotos zeigen die Hochzeit, den Jungverheirateten beim Wandern sowie mit seiner Frau beim Reiten. Er liebt die heimatliche Rhön und z. B. auch das nördliche Sylt. (2–5)

Das eine Familienfoto wurde 1967 gemacht, das andere über 10 Jahre später vor seinem Haus in Fulda. Die Küche ist ihm kein fremder Ort. Eine seiner Aufgaben ist, wenn er nachts nach Hause kommt, die Spülmaschine auszuräumen. Seine Frau, selbst Kommunalpolitikerin, ist ihm stets eine gute Gesprächspartnerin. Hie und da begleitete sie ihn auf Auslandsreisen, so 1976 in die Volksrepublik China. In den Wahlkämpfen 1978 und 1982 war Frau Dregger für ihren Mann aktiv. Sie ging teilweise mit auf Tournee und veranstaltete selbst eine Vortragsreise zur Unterstützung ihres Mannes. (6–11)

1

2

3

4

5

6

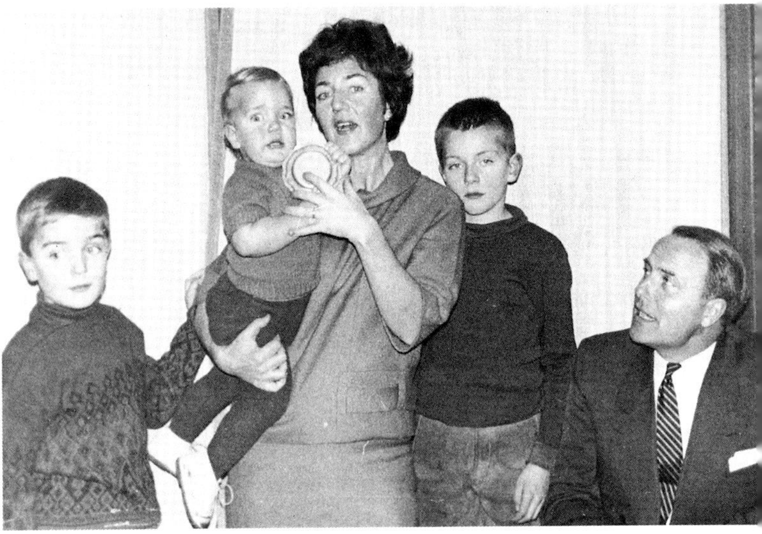

7

8

9

10

11

12

Der Oberbürgermeister

Alfred Dregger war 14 Jahre lang Oberbürgermeister von Fulda. Es war seine einzige »Regierungszeit«. In Wiesbaden und Bonn folgten bis heute parlamentarische Arbeiten. Von 1965–1970 war er Präsident bzw. Vizepräsident des Deutschen Städtetages. Die Fotos: Vereidigung in Fulda 1965, Gespräch mit dem Münchner Oberbürgermeister Hans Jochen Vogel bei einer Präsidiumssitzung des Städtetages 1966 in Berlin, bei einer Grundsteinlegung in Fulda. (12–14)

13

14

Auf Parteitagen

15

Landesparteitage sollten Siegeswillen und innere Einheit der hessischen CDU zeigen. Auf Bundesparteitagen galt es, den hessichen Parteiverband mit seinem Vorsitzenden ins rechte Licht zu rücken. Die Fotos zeigen zwei Landesparteitage von 1972 und 1974. Auf dem 50. Landesparteitag der hessischen CDU bedankt sich Dregger bei den Delegierten für die Wiederwahl. (15–17)

16

17

18

Mannschaften

Zwei Schattenkabinette bzw. Regierungsmannschaften in spe: zunächst die in der hessischen CDU legendär gewordene Mannschaft in »Victory-Form« von 1970, Vorbild für ein Wahlkampfplakat (siehe Seite 322). Von links nach rechts: Walther Leisler Kiep, Otto Zink, Christian Schwarz-Schilling, Erna Maria Geier, Alfred Dregger, Richard Bayha, Walter Wallmann, Hans Wagner, Heinz Riesenhuber.
Darunter die »Kernmannschaft« von 1982 (v.l.n.r.): Manfred Kanther, Gottfried Milde, Gertrud Höhler, Alfred Dregger, Karl-Heinz Trageser, Bernhard Sälzer. Stile der Zeit und des Lebensalters: 1970 fast militärisch, 1982 recht locker. (18, 19)

19

Der Wahlkämpfer

Effektive Wahlkämpfe waren ein Markenzeichen Dreggers in seiner hessischen Zeit. Er benutzte die Präsentation seiner Person, um Sachaussagen und Kandidatenimage an die Frau und den Mann zu bringen. Jeder Wahlkampf wurde sorgfältig inszeniert und mit großem Einsatz in die Praxis umgesetzt.
Das erste Bild zeigt einen »frühen Dregger« bei einer Straßendiskussion in Wiesbaden 1970. Die zwei folgenden Fotos sind aus dem Landtagswahlkampf 1974, einmal vor dem Werbebus eines Wahlkreiskandidaten, dann auf der abschließenden Großkundgebung auf dem Frankfurter Römerberg (in der oberen Reihe v.l.n.r.: Heinz Riesenhuber, Wolfgang Fay, Karl Carstens, Franz Josef Strauß, Helmut Kohl). (20–22)

20

21

22

23

Der Landtagswahlkampf von 1978 – hier drei Fotos aus der Kampagne – lebte ganz von der Begegnung Dreggers mit Bürgern. Filme, Plakate und Werbeschriften drückten die Fähigkeit Dreggers aus zuzuhören und die Fragen der Bürger ernstzunehmen. (23–25)

Der Landtagswahlkampf 1982 zeigte einen lockeren, fröhlichen Alfred Dregger. Seine Wahlkampfreden waren humorvoll aufgebaut, er ließ sich auf vielen Sommerfesten sehen und stellte sich der Jugend in eigens dafür organisierten »Festivals«. (26–28)

24

25

26

27

28

29

Am Rande des Wahlkampfes: Autogrammstunde 1972 und Heimfahrt nach Fulda nach einem langen Wahlkampftag 1978. (29, 30)

30

Der Parlamentarier

31

Im Hessischen Landtag trat Dregger 1970, 1974 und 1978 demonstrativ zur Wahl des Hessischen Ministerpräsidenten an, obwohl es für ihn keine Mehrheit gab. Das Foto zeigt die Wahl von 1970. (31)

32

Strategische Linie und innere Logik kennzeichnen eine gute parlamentarische Rede und auch eine interessante Debatte insgesamt. Dregger hielt sich hierauf etwas zugute; er konnte scharf reden, so in einer Debatte von 1975, aber auch aus gutem Zuhören für die nächste Rede Kapital schlagen, ein Foto von 1980. Im Umgang mit dem politischen Gegner war Verläßlichkeit oberste Maxime, ein Foto mit Horst Ehmke 1983. (32–34)

33

34

Weggefährten

35

Zwei Fotos gegen Ende der sechziger und Anfang der siebziger Jahre: mit einem seiner hessischen Weggefährten, Richard Bayha, und mit Kurt Georg Kiesinger bei einem seiner Wahlkampfauftritte in Fulda. (35, 36)

36

Hoffnungsträger der Union: Ernst Albrecht, Kurt Biedenkopf und Lothar Späth. Die Fotos mit Albrecht und Biedenkopf stammen aus der ersten Hälfte der siebziger Jahre, das mit Späth und Barzel ist von 1984. Auf diesen Bildern sieht man beispielsweise, wie wenig sich Dregger in den siebziger und achtziger Jahren verändert hat. (37–39)

37

38

39

Dregger und die beiden Parteivorsitzenden: Franz Josef Strauß gratuliert ihm 1980 in Frankfurt zu seinem 60. Geburtstag, darunter mit Helmut Kohl bei einer Reise nach Moskau im Oktober 1989. (40, 41)

40

41

Vorgänger, Nachfolger und Konkurrenten

42

43

44

Vorgänger und Nachfolger: Wilhelm Fay gratuliert Alfred Dregger 1967 als seinem Nachfolger im Amt des hessischen Parteivorsitzenden. Aus dem Jahre 1981 ein Foto mit Dreggers Nachfolger von 1982, Walter Wallmann. Karl Carstens war ein Vorgänger Alfred Dreggers im Amt des Vorsitzenden der CDU/CSU-Fraktion im Deutschen Bundestag. (42–44)

Konkurrenten: Alfred Dregger gratuliert 1974 im Hessischen Landtag Albert Osswald zu seiner Wiederwahl zum Hessischen Ministerpräsidenten. Gegenseitiger Respekt verband Ministerpräsident Holger Börner und Herausforderer Alfred Dregger. Dies gilt auch für das Paar Hans-Jochen Vogel und Alfred Dregger, beide Fraktionsvorsitzende im Deutschen Bundestag. (45–47)

45

47

46

Der Außenpolitiker

Außen-, Verteidigungs- und Deutschlandpolitik waren für Dregger die wichtigsten Felder der Politik. Hier Gespräche 1976 mit Anwar al Sadat und mit Ronald Reagan 1988.
Das nächste Bild zeigt eine Delegation des Deutschen Bundestages 1985 in Moskau. Am 8. Dezember 1989 sprach Dregger zu DDR-Bürgern, die auf die Öffnung des Grenzüberganges zwischen Tann und Motzlar in der Rhön warten. (48–51)

48

49

50

51

Das Portrait

52

53

Zwei »Standard-Portraits« Alfred Dreggers für Werbezwecke Ende der sechziger bzw. in der ersten Hälfte der siebziger Jahre: einmal betont markig, einmal besonders offen, stets aber freundlich. (52, 53)

Sportlich, besinnlich und charmant: Ausdrucksmöglichkeiten Dreggers aus den Jahren 1978, 1982 und 1989. (54–56)

54

Redeportraits sind schwierig. Hier zwei gelungene. (57, 58)

55

56

57

58

Personalisierung in der politischen Werbung: Alfred Dregger im Plakat

Politische Werbung folgt besonderen Gesetzen. Der Spitzenkandidat einer Partei will und muß sich den Wählern präsentieren, während beispielsweise der Vorstandsvorsitzende eines Unternehmens meist gerne im Hintergrund bleibt. Die Wähler selbst halten sich in ihren politischen Überlegungen und Gesprächen weitgehend an Personen und erleichtern sich so, wenn ein Wahltag naht, die Entscheidung. Die Parteien wiederum kommen diesem Bedürfnis nach Personalisierung in ihrer Öffentlichkeitsarbeit und Werbung nach.

Alfred Dregger hat sich von Beginn seiner Karriere an der Personalisierung und der politischen Werbung freudig gestellt. In seiner Zeit als hessischer Spitzenkandidat verkörperte er Ziel und tägliche Arbeit seiner Partei in einer besonderen Weise. Die abgebildeten Plakate vermitteln hiervon einen gewissen Eindruck. Dabei sollte man allerdings bedenken, daß der Spitzenkandidat in einem Wahlkampf nie alleine steht. Das gilt politisch und auch werblich. Er ist eingebunden in eine Vielzahl von Parteiinitiativen, er hat eine Mannschaft zur Seite – und auch in der Werbung wird sein Bild von Text- und Motivplakaten, programmatischen Anzeigen und Fernsehspots u. ä. begleitet. Um daran zu erinnern, wurden daher der Auswahl an »Dregger-Plakaten« einige andere Motive beigegeben.

Alfred Dregger war in den Wahlkämpfen jederzeit bereit zu intensivem Einsatz. Bereits in der Vorwahlzeit unternahm er immer wieder mehrtägige »Hessenbereisungen« mit öffentlichen und parteiinternen Auftritten, mit Redaktionsbesuchen und Zielgruppengesprächen. In den letzten acht Wochen vor einem Wahltag war er ständig auf Achse und erledigte die übrige Arbeit entweder sehr früh an seinem Schreibtisch in Fulda oder von unterwegs. Die Öffentlichkeit sollte auch an seinem Einsatz seinen Siegeswillen ablesen.

Dregger war in vier Landtagswahlkämpfen von 1970 bis 1982 Spitzenkandidat der hessischen CDU. Auch in den dazwischenliegenden Kommunal- und Bundestagswahlen engagierte er sich stets als erster Mann der hessischen Partei. In diesen Jahren änderte sich mehrfach die politische Konstellation und damit auch die Rolle der in ihrer Zeit stehenden Politiker. Bis 1969 regierte die Union in Bonn. Junge Kräfte in ihr drängten nach vorne und wollten die »Honoratiorenpartei« programmatisch und organisatorisch erneuern. In der Bonner Oppositionszeit der Union verstärkte sich Anfang der siebziger Jahre diese Tendenz. Gleichzeitig vollzog sich in der SPD im Gefolge der »Studentenrevolte« eine Radikalisierung an ihrer Basis, besonders in Hessen. Möglichst alles sollte radikal verändert werden: Schule, Universität, Justiz, Wirtschaft. Neomarxistische Gruppen setzten sich zum Ziel, die staatlichen Institutionen zu unterwandern.

Gewalttätige Demonstrationen, Häuserbesetzungen und politischer Druck bis hin zum persönlichen Terror gegen die beharrenden Kräfte – zum Beispiel an den Universitäten – waren Zeichen der Zeit.

Diese Periode prägte zunächst das Image Alfred Dreggers. War Ende der sechziger Jahre das Wort von der »liberalen Erneuerung« Hessens gegen zuviel Einfluß des Staates und der »Staatspartei« SPD in allen Lebensbereichen die wichtigste Aussage der unter Dregger neu formierten hessischen CDU, standen jetzt Polarisierung und Kampf auf der Tagesordnung: Der spätere Slogan »Freiheit statt Sozialismus« deutete sich bereits an. Dregger verteidigte entschieden die bestehenden staatlichen Institutionen. Provokativ rief er zu Recht und Ordnung auf, interpretierte diese Begriffe positiv und nahm in Kauf, als »law and order-man« verschrien zu werden.

Der noch ungefestigten Landespartei kam die von Dregger gesuchte Konfrontation mit der SPD zugute, sie mußte kämpfen und wuchs zusammen. Maßlose Angriffe des politischen Gegners auf Dregger schienen willkommen zu sein, denn sie rückten den Oppositionsführer in den Mittelpunkt der Landespolitik und machten ihn bundesweit bekannt.

Die Plakate dieser Periode symbolisieren folgerichtig seine Sturm- und Drangzeit. Da die verwendeten Fotos an den Typ des Westernhelden erinnerten, erhielt Dregger nach dem damals laufenden gleichnamigen Film von Sergio Corbucci den Beinamen »Django«.

Der Anspruch in der Landtagswahl 1970 lautete »Wir kommen«. Er wurde von einem markig-forschen Dregger symbolisiert; er marschierte auf dem Großflächenplakat vorneweg, die Mannschaft insgesamt in »Victory-Form« aus der Morgenröte den selbstgesteckten großen Zielen entgegen. Noch im Landtagswahlkampf von 1974 bezog sich die SPD in einem karikierenden Anti-Dregger-Poster auf dieses Mannschaftsplakat von 1970; es scheint einen traumatischen Eindruck hinterlassen zu haben. (siehe auch Seite 305 sowie den Beitrag von Dieter Weirich). Das Plakat »Sicherheit für unser Land« stammt aus der Kommunalwahl 1972. (1–4)

1

2

Wehe, wenn sie kommen
Ich heiße Dr. Christian Schwarz-Schilling und bin für Dregger, weil ... äh ... ähh ...
Ich heiße Franz Josef Strauß und bin für Dregger, weil er in Hessen bayerische Verhältnisse schaffen wird!
Ich heiße Gerhard Löwenthal und bin für Dregger, weil auch der Hessische Rundfunk „Schwarzer Kanal" werden muß!
Ich heiße Hanns Martin Schleyer und bin für Dregger, weil auch in Hessen das „Große Geld" das Sagen haben muß!

3

Wir kommen
CDU
Alfred Dregger
Damit unser Land besser regiert wird

4

Sicherheit
für unser Land
Alfred Dregge
CDU
besser für Hessen!

Die Periode der ideologischen Konfrontation war mit Dreggers erstem großen Wahlerfolg in der Landtagswahl 1974 zu Ende. In diesem Jahr löste in Bonn der Pragmatiker Helmut Schmidt den Romantiker Willi Brandt ab, in Hessen mußte der revolutionär eingestellte Kultusminister Ludwig von Friedeburg gehen, und ab 1976 sorgte Holger Börner für Ordnung in der hessischen SPD, die allerdings seit 1973 zunehmend von einer ganzen Reihe von Personal- und Finanzskandalen auf allen politischen Ebenen geschüttelt wurde.

Die Milliardenverluste der Hessischen Landesbank waren lediglich der aufsehenerregendste Fall. Die Skandale wurden auch für die Werbung genutzt, z. B. auf Plakaten oder in einem Würfelspiel, das beiden Lagern zwar dieselben Chancen gab, sie aber optisch stark unterschied. (7, 8, 13) Das Motto der CDU »30 Jahre SPD-Regierung sind genug« schien voll gerechtfertigt zu sein.

Insofern blieb der hessischen CDU noch genügend Stoff zum Angriff – neben den Skandalen auch die Schulpolitik –, allerdings war die Stoßrichtung eine andere geworden. Denn die Öffentlichkeit tendierte eher wieder zur Befürwortung einer Zusammenarbeit der politischen Kräfte, um der Inflation, der Massenarbeitslosigkeit und dem aufkommenden Terrorismus Herr zu werden. »Sicherheit« war daher auch der wichtigste Begriff der CDU im Landtagswahlkampf 1974.

Dregger erschien folgerichtig auf den Plakaten und in anderen Werbemitteln, besonders in den Fernsehfilmen, ab diesem Jahr als zwar entschlossener, aber freundlicher und bürgernaher »Landesvater«. (5, 6) Mit einigem Erfolg versuchte die hessische CDU, der SPD das Image der »Hessenpartei« streitig zu machen. Auch sie verwandte jetzt in ihrer Werbung Hessen-Symbole. (9)

5

6

Jetzt zupacken -
die Zukunft sichern
Alfred
Dregge
CDU
besser für Hessen!

7

Lieber Albert Osswald.
Du hast mit Deiner Helaba 2 Milliarden Mark verloren. Meine Mutti sagt, dafür hättest Du 10 Jahre lang 5000 Lehrer bezahlen können.
Was machst Du jetzt?
Meine Mutti wählt jetzt CDU!
Gabi
CDU
besser für Hessen!

8

SCHLUSS
MIT DEM GENOSSEN-FILZ
HELABA
CDU
besser für Hessen!

9

FRISCHER WIND
FÜR UNSER LAND
CDU
besser für Hessen!

10

DER MANN, DER HÄLT,
WAS ER VERSPRICHT
Dr. Alfred Dregger
CDU
besser für Hessen!

11

füreinander
miteinander
mitmachen
bei uns
CDU

12

Die Wende
Jetzt wird Hessen renoviert

Seit der Kommunalwahl 1972 verfügte die hessische CDU über eine landesweit einheitliche und einprägsame »gelbe« Werbelinie (CDU – besser für Hessen!), die erst nach der Landtagswahl 1983 durch eine neue abgelöst wurde.

Dregger sprach in den kommenden Jahren bis 1982 gegenüber Journalisten immer wieder offen über Stärken und Schwächen seines Images. Die Diskussion hierüber war sogar ein Teil seiner politischen Kampagne, um ein neues Bild von ihm durchzusetzen. Er wußte, daß er die absolute Mehrheit nicht mit dem einseitigen Persönlichkeitsbild der frühen Jahre erreichen konnte.

So berichtete am 28. September 1978 Hans-Ulrich Kempski in der Süddeutschen Zeitung, Dregger zeige sich sogar in seinen Wahlkampfreden als »behutsamer Pragmatiker mit Sinn für Proportionen«. Nichts mehr erinnere an die »Rolle eines stürmischen Eroberers«, an die frühere »bissige Angriffswut«. Auch von den neuen Plakaten – »Dregger im weißen Lumberjack mit Sporthemd und Krawatte« (10) – gehe »etwas unbekümmert Jungenhaftes aus«, im Gegensatz zu Wahlplakaten früherer Zeit, »bei denen Dregger nichts dagegen hatte, kantig und autoritär dargestellt zu werden, als schneidiger Feuerfresser«.

Immer wieder wurde Dregger auf den Plakaten dieser Zeit im Gespräch mit Bürgerinnen und Bürgern dargestellt, um Dialogfähigkeit und Volkstümlichkeit zu demonstrieren. (11, 14)

Programmatisch appellierte Dregger in den Landtagswahlkämpfen 1978 und 1982 an »Optimismus, Zuversicht und Mut« der Deutschen und setzte dies dem »Pessimismus« der SPD gegenüber. »Jetzt wird Hessen renoviert!«, so begann er seine Wahlkampfreden im Jahre 1978. (12, Titelblatt einer Illustrierten) »Gemeinsamkeit, Besonnenheit und Entschlossenheit« würden die Leitworte einer von ihm ab 1982 zu führenden Landesregierung sein.

Dreggers neuer persönlicher Stil und eine in sich ausgewogene Programmatik trugen ihm erheblichen Ansehensgewinn ein und halfen mit, ihm einen guten Abgang aus der hessischen Politik zu verschaffen. In seinem neuen Amt in Bonn war für ihn allerdings wieder die Konfrontation der wichtigste Teil des politischen Geschäftes.

Manchmal kann politische Werbung auch falsch liegen. Im Landtagswahlkampf 1982 sollte, als sich Dregger und die CDU bereits auf einer vermeintlich sicheren Siegesstraße befanden, ein letztes Plakat diese Stimmung ausdrücken, um noch Unentschlossene auf den Wagen des Sieges aufspringen zu lassen. Als das Plakat jedoch zehn Tage vor dem Wahltermin an den Litfaßsäulen hing, war die Stimmung bereits umgeschlagen, denn der Koalitionswechsel in Bonn war begleitet von quälenden Verhandlungen zwischen Union und FDP sowie einer Flut unabgesprochener Ankündigungen bezüglich Haushaltskürzungen und Steuererhöhungen. Der Weg des konstruktiven Mißtrauensvotums schien vielen Beobachtern zudem im Vergleich zu Neuwahlen eher unverständlich und unfair zu sein.

So gelang es Helmut Schmidt und Holger Börner, mit einer Mitleids- und Verratskampagne die Stimmung in Hessen umzudrehen und die CDU in die Defensive zu bringen. Ein »Victory«-Plakat konnte in dieser Situation jedenfalls nicht mehr helfen. Sogar das die Wirtschaftslage ansprechende Plakat »Damit es wieder aufwärts geht« schien durch das ungünstige Bild in Bonn kurzfristig von seiner Gültigkeit verloren zu haben. (15, 16)

13

DAS GROSSE HESSEN-SPIEL
Ritter Alfred jagt den Filz
CDU
Entwickelt von der CDU Hessen unter Mitarbeit von Rudi Hoffman

14

Laßt uns gemeinsam neu beginnen
Alfred Dregger
CDU
besser für Hessen!

15

Damit es wieder aufwärts geht
Alfred Dregger
CDU
besser für Hessen!

16

ALFRED DREGGER
EIN WECHSEL
WIRKT
WUNDER
CDU
besser für Hessen!

Die Erfüllung des politischen Traumes von Alfred Dregger symbolisiert das letzte Motiv der Reihe. Es kündigt eine Veranstaltung Dreggers am 12. März 1990 in Weimar vor den Volkskammerwahlen in der DDR an. 30.000 Menschen waren gekommen. (17)

17

Hervorstechende Konfliktmomente mit spitzer Feder eingefangen:

Alfred Dregger in der Karikatur

Die politische Karikatur verdeutlicht und spitzt zu. Die Zeichner gehen am liebsten ans Werk, wenn zwischen Politikern ein Knall stattgefunden hat oder bevorsteht, denn sie leben von der Personalisierung nach dem Motto: Wer den Schaden hat, braucht für den Spott nicht zu sorgen. Allerdings können umgekehrt Politiker, die karikiert werden, gewiß sein, daß nichts so sehr ihren Bekanntheitsgrad steigert wie eine gelungene Karikatur.

Alfred Dregger ist immer bestrebt, in seinen Aussagen an der Sache zu bleiben und persönliche Eskapaden zu vermeiden. Disziplin ist ihm für sich und die Partei wichtig. Er gehört also nicht zu denen, die dauernd Anlaß zu Karikaturen geben. Sie konzentrieren sich daher auf die größeren Konflikte in seiner Laufbahn.

Zunächst war dies der Kampf um die Regierungsmehrheit in Hessen. Neben den Fährnissen des Wahlkampfes war hier die Koalitionsaussage der FDP das entscheidende Moment. In seiner Zeit als Fraktionsvorsitzender im Deutschen Bundestag stechen hervor der dauernde Richtungsstreit in der Union, der immer wieder Funken sprühen ließ, und sein starkes persönliches Engagement in der Außen-, Verteidigungs- und Deutschlandspolitik.

Bubecs Zerr-spektive

Spitzenkandidat in Hessen

1

Demontage zweier Wahlkämpfer

Kandidaten Osswald und Dregger, Vogel und Goppel: Schlagabtausch vor dem Urnengang Zeichnung: Hartung

Landtagswahl 1974
Die Lage an den Schulen und der Skandal um die Hessische Landesbank waren die wichtigsten Themen der CDU im Landtagswahlkampf 1974. »Marx statt Rechtschreibung«, so kennzeichnete Dregger die neuen Unterrichtspläne (»Rahmenrichtlinien«) der Landesregierung. (1)

2

Der CDU-Vor-Sitzende

Der Sprung der CDU von 39,7 auf 47,3 Prozent stärkte die Position Dreggers innerhalb der Union erheblich. Immer wieder war er seit diesem Erfolg auch als möglicher Kandidat für das Amt des Bundeskanzlers im Gespräch. (2, 3)

3

„Ich habe keinerlei Kanzlerambitionen, Kohl — es sei denn, daß die Partei mich hoffentlich ruft!"

Landtagswahl 1978
Es war Dregger klar: Die angestrebte Regierungsmehrheit konnte er nur entweder mit der FDP als Koalitionspartner oder mit einem beträchtlichen Teil bisheriger FDP-Wähler erreichen. Da die Bonner Koalition von SPD und FDP auch wegen der Mehrheitsverhältnisse im Bundesrat Hessen nicht preisgeben konnte, war ein Koalitionswechsel praktisch unmöglich. Daher hatten die mehrfachen und hartnäckigen Koalitionsangebote Dreggers an die FDP im Wahlkampf 1978 hauptsächlich das Ziel, schwankende FDP-Wähler für die CDU zu gewinnen. (4–6)

4

„Komm doch mal zu mir, Kleiner!" Gezeichnet von Eckart Munz

5

„Ehrlich Geißlein, ich bin für eine ganz liberale Auslegung des Radikalenerlasses!" tz-Zeichnung: Haitzinger

6

Der Unentwegte Zeichnung: Hanel

Die Aussichten für die CDU schienen 1978 zunächst sehr gut zu sein. Auch diesmal verhagelte aber die Bonner Großwetterlage die landespolitische Ernte. Dabei war die Diskussion um die Vergangenheit Filbingers eher eine Randerscheinung. Entscheidend war, daß es Schmidt, Brandt und Genscher gelang, die Hessenwahl zur Überlebensfrage für die Bonner Koalition hochzustilisieren und sie schließlich noch mit dem Wunsch nach einer Wiederwahl von Bundespräsident Walter Scheel zu verknüpfen. So fand am 8. Oktober in Hessen eine »kleine Bundestagswahl« statt. Obwohl die CDU einen Zuwachs von 46.000 Stimmen verbuchen konnte, mußte sie wegen der hohen Wahlbeteiligung einen Verlust von 1,3 Punkten hinnehmen. Dies war im Vergleich zu

7

Vorsicht, Steinschlag! Handelsblatt: Bensch

8

Abgeschminkt

9

Gries wird deutlich

10

Der doppelte Genscher auf der Überholspur
Zeichnung: Cerny

11

Hessen-Ernte 82 **Karikatur: Schöppe**

anderen Landtagswahlen dieser Periode zwar immer noch ein gutes Ergebnis. Aber die Regierungsmehrheit hatte Dregger wiederum verfehlt. (7, 8)

Landtagswahl 1982
Hohe Verluste der SPD in anderen Bundesländern und das Auftauchen der Grünen in den Landtagen machten eine erneute Mehrheit von SPD und FDP in Hessen rechnerisch unwahrscheinlich. Daher reagierte FDP-Landesvorsitzender Gries, bisher ein klarer Verfechter der rot-gelben Koalition, auf die diesmal verhalten vorgetragenen Koalitionsangebote Dreggers zunehmend positiver, zumal in Bonn das Ende der Ära Schmidt/Genscher zu nahen schien. (9)

Anfang August 1982 versuchte Genscher, die Diskussion um den Bestand der Bonner Koalition zu beenden, sprach sich aber gleichzeitig für eine Koalition mit der CDU in Hessen aus. Schließlich legte sich die FDP in Hessen auf die CDU fest. (10)

Bis Anfang September schien eine Regierung Dregger mit oder ohne Beteiligung der FDP als fast gewiß. Für den Montag nach der Wahl hatte der SPIEGEL bereits ein Titelbild mit Alfred Dregger als Triumphator und Joker, der den Kreuz-Buben Helmut Kohl übertrumpft, vorgesehen. Dann aber zerstörten wiederum Bonner Ereignisse die Chancen Dreggers. Der Bruch der Bonner Koalition und die folgenden chaotischen Verhältnisse veränderten die Stimmung in der Wählerschaft grundlegend. Bundeskanzler Schmidt und Holger Börner konnten mit einer Mitleids- und Verratskampagne das Ruder herumwerfen. Die FDP blieb mit 3,1 Punkten unter der Fünfprozentgrenze, die CDU verlor 0,6 Punkte. (11–13)

12

13

Das Machtwort NRZ-Zeichnung Bernd Bruns

Fraktionsvorsitzender in Bonn

Richtungsstreit
Am 4. Oktober 1982 wählten die Abgeordneten von CDU und CSU Alfred Dregger zum Vorsitzender ihrer Fraktion im Deutschen Bundestag. Dieser Fraktion vorzusitzen heißt, ständig zwischen den verschiedenen Richtungen in der Union auszugleichen, alle Parteien unter einen Hut zu bekommen, aktuelle Kräfteentwicklungen in diesen Parteien zu berücksichtigen, die eigene Regierung mit aller Kraft zu stützen, aber sie gleichzeitig auf Schwächen und Fehler hinzuweisen – und dabei immer Richtung zu halten und sich durchzusetzen.

Es verwundert nicht, daß die ersten Karikaturen dieser Serie jeweils in den Monaten August und September entstanden sind: Jedes Jahr neu mußten der Fraktionsvorsitzende und der Bundeskanzler die Sommerloch-Debatten in der Union bereinigen, so beispielsweise im Jahre 1983, als sich Graf Lambsdorff und Franz Josef Strauß heftige Wortgefechte wegen des von Strauß vermittelten Milliardenkredits für die DDR lieferten. (14–16)

14

Ende der Vorstellung HANDELSBLATT: Bensch

15

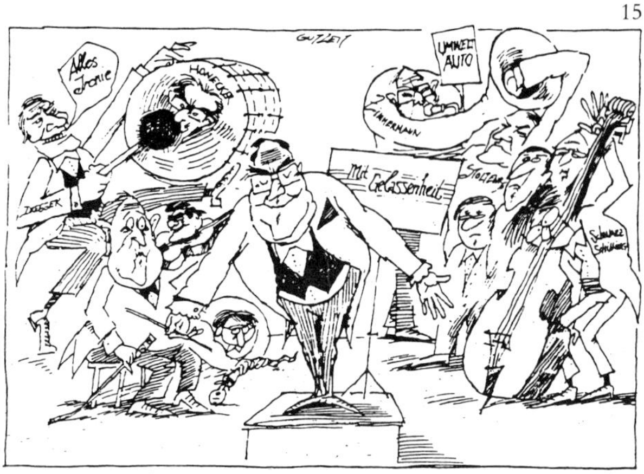

Und die Musik spielt dazu... Zeichnung: Bernd Gutzeit

16

Hier irrt der Chef. NRZ-Zeichnung: Bernd Bruns

Immer wieder spitzten sich die Richtungsdiskussionen in der Union zu, besonders nach ungünstigen Ergebnissen in Landtagswahlen. Die einen wollten einen Links-, die anderen einen Rechtsruck vermeiden.

Zwischen den Schwesterparteien CDU und CSU auszugleichen, war Dregger von seiner politischen Einstellung als nationalliberaler Konservativer besonders geeignet.

Manche Beobachter meinten ironisch, die Auseinandersetzungen mit ihrem Höhepunkt im Herbst 1987 dienten letztlich dazu, für verschiedene Wählergruppen verschiedene Angebote zu präsentieren. Schließlich hatten die führenden Personen alle den gleichen Packen zu tragen. (17–20)

18

Nicht locker lassen! HANDELSBLATT: Bensch

19

17

„Diese Rechts-Mitte-Links-Sense müßte einen ganz guten Schnitt bringen!" Wolter

20

DIE KARAWANE ZIEHT IMMER WEITER Zeichnung: Hanel/Kölner Stadt-Anzeiger

Einmal in seiner Amtszeit, im Dezember 1988, war der innerfraktionelle Wind für Dregger besonders rauh. Manche sahen schon die Stühle seines Sessels abgesägt. Er aber behauptete sich. Sirenenklänge, zum Amt des Bundestagspräsidenten »aufzusteigen«, z. B. nach dem Rücktritt Jenningers, mißachtete Dregger immer wieder. (21–24)

21

„Wie schafft der das?" AZ-Zeichnung: Klaus Espermüller

22

„Wie Sie sehen, der Fraktionsvorsitzende hat alles im Griff" Karikatur: SCHOENFELD

23

Die Zielscheibe

24

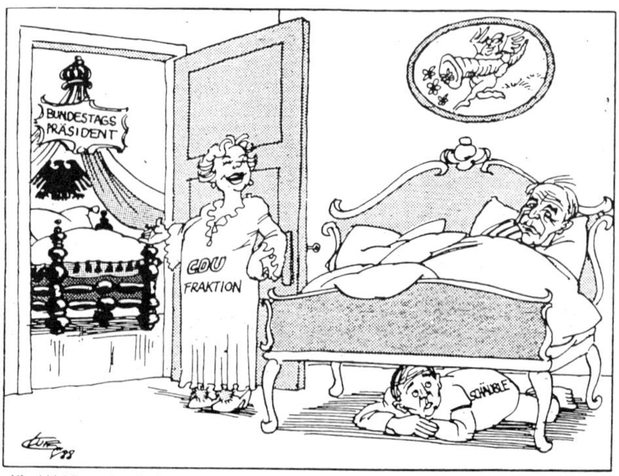

„Alfred-Liebling, schau doch, was ich ganz allein für dich habe einrichten lassen!" Karikatur: Henn

Zwischenrufe im Deutschen Bundestag

25

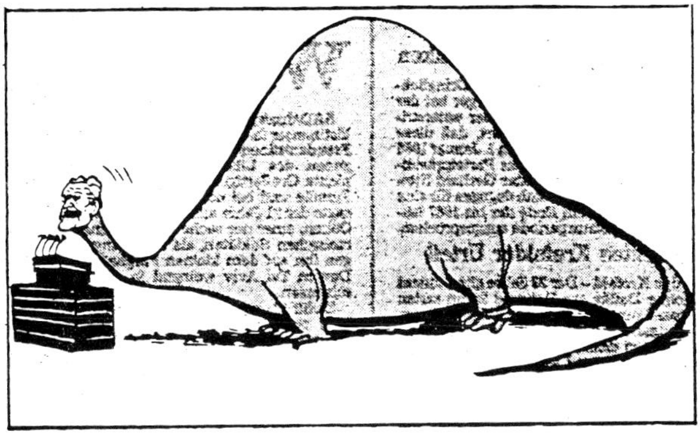

Dregger – „der Dinosaurier des Kalten Krieges" Karikaturen: SCHOENFELD

26

Die neue Außenpolitik waz-Zeichnung: Klaus Pielert

27

„Der Esel braucht ja keine Angst zu haben, wir prügeln nur den Sack." Zeichnung: Haitzinger

28

Freundlicher Empfang. NRZ-Zeichnung: Bernd Bruns

Außen- und Verteidigungspolitik
Die politische und militärische Philosophie der NATO, das Verhältnis zur UdSSR, die Definition der Entspannungspolitik: Alle dies beschäftigte Dregger in besonderem Maße. Größer angelegte Reden und Aufsätze dokumentieren dies, so sein Beitrag in der Bundestagsdebatte um die Stationierung von amerikanischen Mittelstreckenraketen in der Bundesrepublik im November 1983.

Dregger beanspruchte gegenüber der Regierung eine stärkere Beteiligung der Fraktion, wenn es darum ging, außenpolitische Richtlinien zu entwerfen. Auseinandersetzungen mit Außenminister Genscher – beispielsweise um die verschiedenen Varianten von »Null-Lösungen« in der Raketendebatte – waren hierbei nicht immer zu vermeiden. (25–28)

Deutschlandpolitik
Deutschland wiederherzustellen, war die beherrschende Triebkraft Alfred Dreggers. Er trug zwar die Entspannungspolitik mit, legte aber auch großen Wert auf Distanz zu den kommunistischen Machthabern. Der für Ende September 1984 geplante Besuch Honneckers in Bonn war ihm zu schlecht vorbereitet und zu viel des Gutgemeinten. Hier scheute Dregger auch »Mißklänge« nicht. Der Besuch wurde zunächst abgesagt und kam erst im September 1987 zustande. (29–33)

In der zweiten Hälfte der achtziger Jahre wurden Spaltung und Einheit Deutschlands in der Öffentlichkeit wieder stärker diskutiert. Viele Anzeichen deuteten auf eine nationale und internationale Bewußtseinswende. Ein Teil der Regierung und ein Teil der CDU aber wichen vor dieser neuen Perspektive zurück. Dregger selbst brachte 1987 daher die Wiedervereinigung als Möglichkeit für ein europäisches Sicherheitskonzept ins Gespräch. Anfang 1988 nahm er eine deutschlandpolitische Entschlußvorlage für einen CDU-Bundesparteitag kritisch unter die Lupe – und nach der Wende in der DDR gehörte Dregger zu denen, die sich besonders um glaubwürdige Partner für die Union in der DDR bemühten. (34–36)

29

Molto furioso
AZ-Zeichnung: Klaus Espermüller

30

Als Mann der Tat für Nägel mit Köpfen
Gezeichnet von Eckart Munz

31

„Hundertmal abschreiben, Alfred!“

32

Der eine rollt den roten Teppich –
dem andern ist das einfach nebbich…
SZ-Zeichnung: E. M. Lang